KB183810

주변4망(網)의 사이버 국제관계

미·일·중·러의 네트워크와 한국의 전략

주변4망(網)의 사이버 국제관계

미·일·중·러의 네트워크와 한국의 전략

2024년 12월 23일 초판 1쇄 인쇄
2024년 12월 31일 초판 1쇄 발행

엮은이 김상배
지은이 김상배·김소정·박용한·정성철·이정환·조은일·윤대엽·김상규·양정학·차정미·
        윤민우·신범식·양정윤·두진호

편집 김천희
디자인 김진운
마케팅 유명원

펴낸이 윤철호
펴낸곳 (주)사회평론아카데미
등록번호 2013-000247(2013년 8월 23일)
전화 02-326-1545
팩스 02-326-1626
주소 03993 서울특별시 마포구 월드컵북로6길 56
ISBN 979-11-6707-169-9 93340

* 이 저서는 2023년 한국사이버안보학회의 지원을 받아 수행된 연구임.

한국사이버안보학회 총서
02

CYBER SECURITY

주변4망(網)의 사이버 국제관계

미·일·중·러의 네트워크와 한국의 전략

김상배 엮음 | 김상배 김소정 박용한 정성철 이정환 조은일 윤대엽
김상규 양정학 차정미 윤민우 신범식 양정윤 두진호 지음

사회평론아카데미

차례

제1장

주변4망(網)과 한국의 사이버 국제관계

김상배 서울대학교 정치외교학부 교수

I. 머리말

사이버 안보는 이제 국가전략의 핵심 사안이 되었다. '정보보호'나 '시스템보안'의 기술·공학 시각뿐만 아니라 전통적으로 '국가안보'를 다루어 온 국제정치학 시각에서도 그러하다. 사이버 안보가 글로벌 패권을 다투는 미중 갈등의 주요 쟁점이 된 지는 이미 오래됐다. 최근 발발한 러시아-우크라이나 전쟁에서 사이버전(戰)은 물리적 전쟁의 한 축을 담당하는 양상을 드러냈다. 대만해협의 위기 때마다 중국의 사이버 공격은 큰 변수로 거론되고, 북한의 핵·미사일 행보의 이면에는 해킹 공격을 통해서 벌어들인 자금이 있다. 그야말로 사이버 안보는 전통적으로 한반도의 외교안보 의제를 구성했던 미·일·중·러 네 강대국의 국제관계 속에서 고민해야 할 국가전략의 논제가 되었다.

그러나 사이버 안보의 국제정치를 '주변4강(强)'이 부국강병을 추구하며 '세력균형(balance of powers)'의 지정학적 시소게임을 벌이는 기존 국제정치학의 비유로만 담아낼 수는 없다. 일국 차원에서 사이버 안보 역량을 강화하고 이를 바탕으로 공격과 방어의 밀고 당기기에서 승리하는 것은 물론 중요하다. 그러나 사이버 안보의 지정학은 이러한 '단순지정학'이 아니라 영토 공간을 초월하는 다양한 변수들이 복잡하게 연루된 '복합지정학'의 성격을 지닌다. 또한 사이버 안보는 일국 차원의 역량과 전략 이외에도 이들 국가가 형성하는 양자-삼자-소다자-다자 등 국제관계의 다층적 네트워크, 즉 '세력망(network of powers)' 속에서 풀어가야 할 문제가 되었다. 이러한 와중에 네트워크의 빈틈을 공략하고 전략적으로 입지를 굳히면서 주변국들과의 관계를 유리하게 활용해야 할 문제가 되었다. 이러한 문제의식을 바탕으로 '주변4강' 대신에 '주변4망(網)'이라는 용어를 제안해 본다.

사이버 안보는 전통안보와 그 속성이 다르다는 점도 잊지 말아야 한다. 사이버 안보는 미시적 차원의 '안전' 문제가 집단의 '보안' 문제를 거쳐서, 가장 거시적인 차원에서는 국가의 '안보'까지도 거론케 하는 '신흥안보(emerging security)' 문제의 대표적 사례다. 따라서 전통안보 분야에서 주로 동원되던 '단순 방어'의 대책만으로는 부족하고, '예방-치료-복원'의 좀 더 복합적인 거버넌스의 메커니즘이 요구된다. 참여 주체라는 점에서도 복합위협의 성격을 가진 사이버 안보는 국가 행위자가 혼자서 풀어가기 어려운 종류의 난제이다. 전통적인 국민국가의 정부 이외에 민관협력을 통한 기업과 사회, 개인의 적극적인 참여가 필요하다. 또한 주변국이나 국제사회와의 초국경 협력도 중요하다. 국가가 중심이 되어 안과 밖의 다양한 행위자들과 네트워크를 형성하는 새로운 국가 모델, 즉 '네트워크 국가(network state)'의 발상이 필요한 분야이다. 그렇다면 주변4망 사이에서 한국이 풀어야 할 과제는 무엇인가?

첫째, 한미동맹의 구도에서 보는 사이버 안보협력의 강화가 제일 큰 과제이다. 그런데 주변4망 국제관계론의 시각에서 보면, 사이버 동맹을 논하는 수준에까지 이른 한미관계는 단순히 '강화론'의 관점에서만 볼 문제는 아니다. 무엇보다도 미국이 펼치는 인도·태평양 지역 동맹전략의 네트워크 구도 속에서 한미관계의 본질을 냉정히 바라보아야 한다. 이러한 구도에서 미국이 추구하는 '통합억지'와 한국이 원하는 '확장억제'가 상정하는 사이버 억지는 다를 수 있다. 게다가 오늘날 한미관계는 단순 군사동맹을 넘어서는 복합 상호의존의 관계로 발전했기 때문에, 일방적으로 받기만 하는 것이 아니라 서로 주고

받는 관계가 되었다는 사실도 명심할 필요가 있다. 또한 사이버 안보 협력은 한미관계의 '링크'만 강화해서 달성될 성격의 문제가 아니라는 점도 알아야 한다. 최근 파이브 아이즈(Five Eyes), 쿼드(Quad), 오커스(AUKUS), 나토(NATO) 등과의 사이버 안보협력 필요성이 꾸준히 제기되고 있고, 더 나아가 아세안(ASEAN)이나 인도·태평양 지역의 다른 나라들과의 사이버 안보협력도 적극 고려할 필요가 있다.

둘째, 최근 개선된 한일관계의 구도에 사이버 안보협력을 제대로 착상시키는 문제도 주변4망론의 관점에서 풀어야 할 중요한 과제다. 2차대전 이후 미일동맹은 미국이 추구한 동아시아 전략의 주축을 이루었으며, 최근에는 일본의 적극적 대응에 힘입어 사이버 안보를 비롯한 첨단기술 분야에도 그 협력의 기조가 투영되고 있다. 이러한 미일관계의 구도와 앞서 언급한 한미관계의 양상에 비추어 볼 때, 최근의 한일관계는 '약한 고리'가 아닐 수 없다. 이를 보완할 목적으로 최근 한미일 3국은 '캠프 데이비드 선언'을 통해서 국제협력의 프레임워크를 마련했고 그 안에 사이버 안보를 포함한 첨단기술 협력이 포함되었다. 향후 한일관계는 한일 두 나라만의 문제가 아닌 한미일 관계와 여타 소다자 협력체, 그리고 인도·태평양 지역 국가들과의 협력도 염두에 두면서 그 방향과 내용을 고민할 문제다. 특히 아세안을 매개로 한일 또는 한미일 관계를 어떻게 설정할지, 그리고 또 다른 삼각관계인 한일중 관계나 북중러 관계와의 중첩과 대립의 구도를 어떻게 풀어나갈지가 관건이 될 것이다.

셋째, 사이버 안보의 주변4망 구도에서 한미관계나 한미일 관계가 강화될 경우, 파생될 가능성이 큰 빈틈은 한중관계이다. 최근 중국의 사이버 위협 공세가 거세지는 가운데 이에 대응하는 미국의 동맹전략에 보조를 맞추면서 한국이 어떠한 입지를 추구할지가 중요한 관건이 되었다. 실제로 최근 중국의 사이버 공격은 다양한 패턴 변화를 보이고 있는데, 특히 사이버 영향력 공작의 수행이 큰 논란거리다. 중국은 사이버 군사전략의 정비뿐만 아니라 사이버 외교의 수행 차원에서도 미국에 대항하는 국제적 연대의 전선을 형성하고 있다. 이러한 과정에서 미국과 중국은 단지 사이버 안보 분야뿐만 아니라 디지털 패권경쟁 관련 분야 전반에서 다층적인 표준경쟁을 벌이고 있다. 그 사이에서 제기되는 한국의 전략적 고민은 단순히 중국의 사이버 위협에 대해서 미국과 공동으로 대처하는 문제를 넘어선다. 특히 미국의 안보 요구를 따라가면 한중 경제협력의 기회를 놓치게 될 뿐만 아니라, 중국이 북한과 밀착하게 될 빌미를 제공하게 될지도 모른다는 우려가 제기되고 있다. 이러한 맥락에서 최근 재개된 한일중 정상회담을 어떻게 발전시킬지의 문제는 큰 관건이 아닐 수 없다.

끝으로, 주변4망의 국제관계 중에서 가장 소홀히 다루기 쉬운 링크는 한러관계이다. 최근 러시아-우크라이나 전쟁은 물리전과 사이버전이 적극 결합하는 양상을 보여주었으며, 사이버전이 우주전이나 인지전 등과 같은 여타 미래전의 양식과도 연계되는 모습을 드러냈다. 사이버 안보의 시각에서 보아도 러시아-우크라이나 전쟁에서 드러난 대결의 구도는 러시아 대 우크라이나가 아니라 러시아 대 나토로 대변되는 서방 진영 간에 형성되었다. 그동안 우크라이나를 비롯한 동유럽 국가들을 효과적으로 공략했던 러시아의 사이버 공격은 이번 러시아-우크라이나 전쟁에서는 나토의 적극적 대응으로 인해 큰 성과를 거두지 못했다. 그럼에도 러시아의 사이버 전략은 사이버 공격의 기술적 역량뿐만 아니라 중러연대를 포함한 사이버 외교의 추진, 그리고 사이버 국제규범의 형성 과정에 적극 참여 등과 같은 요인으로 인해서 앞으로도 계속 주목해야 할 중요한 변수이다. 이러한 '러시아 변수'는 한국에도 사이버 안보협력의 지평을 확장해야 할 큰 숙제를 안겨 주고 있다. 특히 러시아의 사이버 위협에 대응하는 서방 진영, 특히 나토와의 관계 설정이 최근 쟁점으로 제기되고 있다. 게다가 최근 북러 관계의 밀착이 새로운 변수로 부상하면서 한러관계의 관리는 한국 외교의 새로운 고민거리가 되었다.

한국 사이버 안보 전략의 일차적 목표가 북한의 사이버 공격에 대한 효과적인 대응임은 물론이다. 랜섬웨어 공격이나 암호화폐 해킹, 사이버 영향력 공작 등 날로 교묘해지는 북한의 사이버 위협에 대응하기 위한 국내적으로 역량을 강화하고 법제도를 정비하는 노력의 중요성은 아무리 강조해도 지나치지 않다. 그러나 사이버 안보는 자강의 전략만을 통해서 달성될 목표가 아니다. 또한 공격과 방어의 당사자인 남북한의 양자구도에서만 볼 문제도 아니다. 좀 더 입체적인 네트워크 발상을 가지고 미·일·중·러 주변4망과 협력하고 여타 동지국가들과 연대하며 인도·태평양 지역과 글로벌 공간을 복합적으로 활용하는 지혜가 필요한 문제다. 이러한 과정에서 한국이 미국을 비롯한 우방국들과 형성하는 국제관계와 북한이 중국, 러시아 등과 모색하는 국제관계가 어떻게 경합하고 또는 중첩되면서 사이버 안보의 영역으로 투영되는지를 살펴보려는 노력이 필요하다. 주변4망의 사이버 국제관계 속에서 글로벌 중견국으로서 한국의 사이버 국가책략(cyber statecraft)에 대한 본격적인 고민이 필요한 때다.

이러한 문제의식을 바탕으로 이 글은 크게 네 부분으로 구성되었다. 제II절은 한미동맹 구도에서 보는 사이버 안보협력 강화의 움직임을 소개하고, 한미협력이 실질적인 성과를 거두기 위해서는 입체적인 네트워크 발상이 필요함을 지적하였다. 제III절은 '미일 사이버 동맹'의 전개와 확장이라는 맥락에서 2023년 한미일 캠프 데이비드 정상회의 이후 제기되고 있는 3국 간 사이버 안보협력의 과제를 짚어 보았다. 제IV절은 안보와 군사 및 외교 차원에서 전개되는 중국의 사이버 전략과 이러한 과정에서 가속화되고 있는 미중 사이버 갈등 사이에서 한국이 추구할 과제를 짚어 보았다. 제V절은 러시아의 사이버 안보 전략의 관점에서 최근 발발한 러시아-우크라이나 사이버전의 복합적 양상을 살펴보고, 그 연장선에서 파생되는 한-나토 사이버 안보협력의 과제를 살펴보았다. 끝으로, 맺음말은 한국이 펼쳐나갈 사이버 안보 국가전략의 국내외적 과제를 간략히 짚어 보았다.

II. 한미동맹과 한미 사이버 안보협력의 과제

최근 한미동맹의 구도에서 사이버 안보협력을 강화하자는 논의가 펼쳐졌다. 지난 70여 년의 역사를 지닌 한미동맹을 사이버 공간으로 확장하고, 이를 바탕으로 북한의 사이버 위협에 대처하는 굳은 태세를 보여주자는 것이었다. '사이버 부국강병론'을 지향하는 기술·공학적 시각도 가세하여, 한미동맹 강화를 사이버 안보 분야에서 더 많은 정책적 지원을 확보하는 계기로 삼자는 주장도 제기되었다. 이러한 논의는 나름의 결실을 보아 2023년 4월 한미 정상회담에서 한미동맹을 사이버 공간에까지 확장하기로 선언하는 데 이르렀고, '전략적 사이버 안보 협력 프레임워크(SCCF)'라는 별도의 문서를 채택하여 양국 협력의 범위와 원칙 및 체계를 구체화했다. 사이버 적대세력 억지, 핵심 인프라 보호, 사이버 범죄 및 자금세탁, 가상자산 및 블록체인 앱 보호, 역량강화, 공동훈련, 정보공유, 군사 분야 사이버 협력 심화, 법 시행, 기술개발, 인력양성, 민관협력 등 핵심 사안을 명문화해서 향후 한미 사이버 안보협력의 플랫폼을 마련했다고 평가할 수 있다.

그 이후 한미 사이버 안보협력을 이행하고 확대하는 차원에서 다양한 후속 조치가 이루어졌다. 글로벌 사이버 위협에 범국가적으로 신속히 대응하기 위해 2023년 6월 '한미 사이버 안보 고위운영그룹(SSG)'이라는 이름으로 협의체를 출범시켰으며, 2024년 5월에는 '고위급운영그룹' 제3차 회의를 개최했다. 한편, 2023년 2월 북한의 사이버 공격 위협 실태를 알리고 이를 예방하기 위해 한미 양국의 정보기관들이 '한미 합동 사이버 보안 권고문'을 발표한 데 이어, 2024년 7월에는 영국도 가세하여 '한미영 합동 사이버 보안 권고문'을 발표했다. 또한 2023년 11월에는 일본도 참여하여 한미일 협력 차원에서 '고위급 사이버 협의체'도 신설됐다. 이 밖에 한미 양국은 국방 분야에서 사이버 정책·작전·인력·훈련 교류를 추진하고 있으며, 사이버 범죄수사 분야에서도 양국 간 협력 강화 및 교류의 다변화를 모색하고 있다.

이렇게 안보·국방·범죄수사 등의 분야에서 활발히 진행되고 있는 한미 사이버 안보협력이 제대로 안정적인 궤도에 진입하여 실질적인 성과를 거두기 위해서는, 역설적으로 들릴 수도 있겠지만, '한미 사이버 동맹'을 강화하겠다는 생각에만 집착하지 말고 오히려 좀 더 유연한 접근을 가미해야 한다. 다시 말해, 한미관계라는 양자의 '링크'만을 강화하겠다는 다소 협소한 발상을 넘어서, 한미를 둘러싼 사이버 국제관계의 '네트워크' 전반을 입체적으로 성찰하는 좀 더 넓은 시각이 필요하다.

첫째, '한미 사이버 동맹'의 강화는, 우리의 희망 사항만을 투영시킬 문제가 아니라, 상대국인 미국이 구상하는 동맹전략의 구도 내에서 한미동맹이 어떠한 위상과 비중을 차지하는지를 성찰해야 할 문제다. 미국의 사이버 억지 전략이 원용하는 '통합억지'는 주로 양자관계에 기초한 기존의 동맹을 '연맹해서(federated)' 중국발 위협에 대응하겠다는 개념이다. 한국을 비롯한 동맹국과 파트너 국가들을 미국 주도 동맹 네트워크에 참여시키고, 전진 배치된 미국의 전략자산을 통합·사용하는 맞춤형 전략을 구사하겠다는 것이다. 이에 비해 우리가 생각하는 '한미 사이버 동맹론'은 북한발 사이버 위협을 억지하는 차원에서 미국의 재래식 능력과 핵 능력을 빌려 쓰듯이 사이버 능력을 빌려 쓰자는 이른바 '확장억제'에 기반을 둔다. 이렇게 보면 글로벌 공간에서 중국의 위협을 염두에 둔 미국의 '통합억지'는 한반도 공간에서 북한의 위협을 상정한 한국의 '확장억제'보다 좀 더 포괄적인 구도에서 설정된 개념이라고 할 수 있다. 여기서 관건은 '통합억지'를 추구하는 미국의 목표와 '확장억제'에 대한 한국의 기대를 얼마나 조율할 수 있느냐의 문제일 것이다.

둘째, '한미 사이버 동맹'의 강화는, '사이버 안보'라는 좁은 범위에만 국한해서 추진할 문제가 아니라, 한미관계의 성격 변화를 전반적으로 고려하여 여타 분야와의 균형을 맞춰서 진행할 문제이다. 최근 사이버 이슈의 외연이 확장하고 내포가 심화하고 있는 상황에서, 좁은 의미의 사이버 안보 분야가 아니라 디지털 분야 전반에 걸쳐서 한미협력의 내용을 고민할 필요가 있다. 최근 한미관계는 과거와 같은 정치·군사동맹을 넘어서 기술·경제동맹과 가치·규범동맹의 성격도 가미된 '비대칭 복합동맹'으로 발전했다. 한미관계가 과거와 같이 한국이 일방적으로 미국에 의존하는 구도가 아니라, 분야에 따라서는 한미 양국이 상호의존하는 구도로 변화했다. 한미동맹 관계에서 한국이 일정한 역할을 담당해야 한다는 목소리가 부쩍 커진 것은 바로 이러한 맥락이다. 한국이 미국으로부터 '사이버 동맹'의 약속을 받아내는 대신에, 한국이 기술경쟁력을 보유한 여타 디지털 분야에서 미국에 양보해야 할 상황이 벌어질 수도 있다. 게다가 최근 가속화되는 미중 디지털 패권경쟁의 와중에, 한국이 좀 더 적극적으로 자국의 편을 들어 중국 견제에 나서 달라는 미국의 요구를 거절하기가 어려워질 수도 있다. 2019년의 '화웨이 사태'처럼, 미국이 기술안보를 내세워 중국과 관련된 특정 기술을 배제하라고 압박하는 상황이 발생할 수 있다는 말이다. 실제로 최근 경제안보와 데이터 안보 분야에서 이러한 전략적 딜레마가 발생할 조짐이 보이기도 했다.

셋째, '한미 사이버 동맹'의 강화는, 미국과의 협력을 통해서만 이루어지는 것이 아니라, 미국의 동맹 전선에 참여한 여타 우방국들과의 협력도 병행해야만 실효성이 있는 문제다. 다시 말해, 전통안보와는 성격을 달리하는 사이버 안보 분야의 국제협력은 수직적 차원에서 한미 간의 '허브-스포크(hub-spoke)' 관계를 강화해서만 되는 것이 아니라, 수평적 차원에서 우방국들과의 '인터-스포크 관계(inter-spoke relation)'도 활성화해야 할 문제다. 최근 미국은 파이브 아이즈, 쿼드, 오커스, 한·미·일 협력, 미·일·필리핀 협력 등과 같은 소다자 안보 협력체의 결속 및 확장을 추진하고 있다. 이들 소다자 협력체와의 관계 설정은 한국 외교의 과제로도 제기되었는데, 현재 공식(de jure) 가입까지는 아니더라도 참여국들과 사실상(de facto) 협력을 양자 또는 삼자 차원에서 추진하고 있다. 실제로 2023년 한국과 영국은 '전략적 사이버 파트너십'을 체결했고, 2023년 한국과 미국, 일본은 캠프 데이비드 정상회담을 통해서 협력 강화의 고삐를 당겼다. 또한 여타 자유민주주의 가치를 공유하는 국가들과도 협력을 강화하고 있다.

끝으로, '한미 사이버 동맹'의 강화는, 미국이 구축한 동맹 프레임

내의 협력만이 아니라, 인도·태평양 지역 여타 나라들과의 다자협력이라는 좀 더 넓은 프레임을 설정해야만 그 실효성이 더 커질 수 있다. 최근 협력관계가 확대되고 있는 인도·태평양 지역 국가들과의 관계를 염두에 두면, 북한의 사이버 안보위협에 대응하기 위해서 한미동맹의 '강한 고리(strong tie)'만을 강화하겠다는 발상은 다소 협소한 프레임 설정이라고 할 수 있다. 사이버 안보 분야의 국제협력은 그 특성상 네트워크상의 '약한 고리(weak tie)'의 활용도 놓치지 말아야 한다. 한반도를 향해서 가해지는 사이버 공격의 성격과 주체가 다변화되고 있는 최근의 양상을 제대로 이해하고 적절히 대응하기 위해서는, 사이버 안보협력의 대상과 프레임을 넓혀서 볼 필요가 있다. 이러한 연장선에서 볼 때, 인도·태평양 지역뿐만 아니라 국제기구 차원의 글로벌 프레임을 적극 활용한 국제협력의 모색도 병행해야 할 것이다.

2차대전 이후 미국은 아시아·태평양 지역에서, 나토로 대변되는 유럽 지역의 안보협력과는 다르게, 양자동맹으로 구축된 '허브-스포크 관계'를 기반으로 지역안보질서를 유지해 왔다. 이른바 '샌프란시스코 체제'라고 불리는 미국 주도의 질서가 그것이다. 그러던 것이 최근에는 이른바 '격자형(lattice) 동맹 네트워크'로 불리는 소다자 안보협력체의 구성 및 운영을 추구하고 있다. 사이버 안보 분야에도 이러한 미국 동맹전략의 변화 양상이 그대로 투영되었다고 할 수 있다. 그런데 올해 말 미 행정부가 바뀌게 되면 이러한 미국의 동맹전략뿐만 아니라 한미동맹의 구도도 변화할 가능성이 거론되고 있다. 누가 집권하든지 간에 동맹전략과 국제협력은 추진하겠지만 그 형식과 내용은 바뀔 가능성이 크다는 것이다. 사이버 안보 분야에서도 사정은 마찬가지일 것이다. 미국이 차기 행정부에서도 중국을 견제하는 공세적 태세는 계속 유지되겠지만, 그것을 실천하는 동맹전략과 그 네트워크의 아키텍처는 정권의 향배에 따라서 다르게 설계될 수 있다. 이러한 동맹 구도의 변화는, 한미동맹을 사이버 안보협력의 주축으로 삼아온 한국의 입장에서 볼 때, 사이버 안보 전략뿐만 아니라 미래 국가전략 전반에도 영향을 미칠 중요한 변수가 아닐 수 없다.

이 책의 제1부 "미국의 사이버 안보-국방-외교 전략과 한미관계"는 이상에서 제기한 문제의식을 발전시킨 세 편의 논문을 실었다. 제2장 "미국의 사이버 안보 전략과 한미동맹"(김소정)은 한미 사이버 안보협력의 최근 현황과 전망에 대해서 다루었다. 2022년 윤석열 정부 출범 이후, 한미 사이버 안보 분야 협력은 공고해졌고 그 협력 분야들은 가시화되고 있다. 그 시작은 2022년 한미 정상회담인데 회의 직후 공개된 공동성명은 광범위한 기술 및 협력 분야를 명기함으로써 양국 간 협력을 구체화하는 계기를 마련했다. 이 문서에는 '사이버'가 10회 이상 언급되면서, 통신, 양자, 암호화폐 등 사이버 공간 이슈들의 중요성에 대한 양국의 인식을 재확인하였다.

이후 개최된 2023년 4월 한미 정상회담에서 양국은 '전략적 사이버 안보 협력 프레임워크'를 채택하였고, 이 프레임워크의 구도 내에서 양국 간 사이버 안보협력을 더욱 구체적으로 진행할 것을 선언했다. 양국은 2022년 5월 한미 정상회담에서 설정된 기조를 유지하면서 사이버 안보에 국가의 정책 및 전략적 우선순위를 부여하였고 개방적이고 상호운영이 가능하며 안전하고 신뢰성 있는 인터넷과 사이버 공간의 구축을 목표로 하였다.

2023년 8월 개최된 캠프 데이비드 한미일 정상회담에서 한미 사이버 안보 분야 상호협력 활동을 일본과의 협력으로 확대·적용하는 계기를 마련했다. 3국 간 사이버 협력을 수행하기 위해 북한의 사이버 활동에 대응하는 한미일 3국 고위급 '사이버 협의체'를 출범시켰고,

그 신설을 위한 실무 작업을 시작했다. 이러한 한미 양국 간 협력 강화 과정에서는 후속되는 조치 및 정책의 실행력 확보가 관건이며, 이를 통해 2023년 체결한 양국 간 협력 프레임워크가 도출하는 주요 성과를 얻을 것으로 기대된다. 아울러 제2장은 미국이 그동안 공개해 온 사이버 안보 전략과 국방 사이버 안보 전략에 대한 개괄적 이해를 통해 미국이 추진하고자 하는 사이버 안보 협력 방향도 가늠해 보았다.

제3장 "미국의 사이버 국방 전략과 한미동맹"(박용한)은 국방 분야의 시각에서 한미 사이버 안보협력의 이슈를 다루었다. 미래 전장은 모든 전투체계가 연결된 네트워크 환경에서 작전을 수행하게 된다. 사이버 작전 환경은 육·해·공뿐만 아니라 우주와 사이버 및 전자기 영역으로 확대된다. 미 국방부는 미국의 동맹 및 파트너가 보유한 독자적인 기술과 관점을 활용하기 위해 군사 관계를 지속적으로 강화하고, 미국의 동맹 및 파트너가 공동의 사이버 안보 태세에 기여할 수 있도록 이들의 역량을 구축하기 위해서 협력할 방안을 제시했다. 미국은 동맹 차원에서 향후 포괄적·전면적 협력 참여를 요구할 것으로 전망된다.

한국과 미국은 사이버 공간으로 양국 동맹의 영역을 확장하고 한미 전략적 사이버 안보 협력 프레임워크를 체결했다. 양국의 동맹 관계가 사이버 '영역'을 포괄하는 관계로 진화했다. 미국은 북한을 중국·러시아·이란 등과 함께 주요 위협으로 주시한다. 북한은 김정은 집권 이후 불법 경제활동으로 사이버 활동의 범위를 확장했다. 한미 양국은 북한 핵 개발을 지원하는 수익 창출 수단인 북한의 불법적 사이버 활동을 차단해야 한다는 공통의 목표 아래, 관련 활동을 차단하기 위한 '정보공유 확대'와 '국제사회 인식 제고'라는 이행 과제를 도출했다. 앞으로 한미 양국은 정보공유를 확대하고 상호운용성을 고도화하면서 기술적 연대를 모색하고, 동시에 기술적 역량을 강화해야 한다. 한미는 상호 국익을 극대화할 방안을 고심하며, 사이버 및 통신 관련 장비 공급망에 대해도 긴밀하게 조율해야 한다.

제4장 "미국의 사이버 안보 동맹 전략(정성철)은 동맹전략의 시각에서 미국의 사이버 안보 전략을 살펴보았다. 19세기 아메리카 패권을 차지한 미국은 대서양과 태평양에 둘러싸인 해양국의 이점을 활용하며 국제정치를 선도하였다. 하지만 9.11 테러 이후 미국은 자국의 사이버 취약성을 우려하며 이를 극복하고자 노력을 기울여 왔다. 하지만 지리적 이점을 발휘할 수 있는 물리적 공간과 달리 사이버 공간에서 미국은 세력균형, 상호의존, 수비우위를 활용하여 분쟁을 방지하거나 공격을 억제하는 전략의 한계를 꾸준히 절감하였다. 이라크 전쟁과 글로벌 금융위기 이후 탈냉전기 미국의 자유패권 전략에 대한 비판 속에 현실주의에 기초한 축소전략을 지지하는 목소리가 거세졌다. 그러나 사이버 위협이 일상화된 상황에서 미국이 유럽과 중동의 분쟁과 거리를 둔 채 해외개입을 선별적으로 취하겠다는 역외 세력균형 전략의 효용성은 점차 의심받고 있다.

지정학 공간에서 '민주주의 대 권위주의' 대립 구도는 사이버 공간에서 뚜렷하게 펼쳐지고 있다. 미국의 적대세력이 사이버를 활용해 다른 국가를 상대로 심리전과 국내 개입을 시도하고, 미국의 핵심 인프라에 대한 사이버 공격의 위험성은 줄어들지 않고 있으며, 미국 주도 질서에 도전하는 비(非)민주국가들은 사이버 활동을 통하여 자국의 역량과 정보를 확보하는 전략을 펼치고 있다. 비록 미국 우선주의를 내세우면서 글로벌 리더십을 행사하는 전략을 비판하는 국내세력이 늘어났지만, 미국의 사이버 전략은 2000년대부터 꾸준히 '다영역억지' 혹은 '통합억지'를 추구하였다. 이는 국가안보를 위해 국방·경제·외교 등의 총체적 노력을 우방과 함께 기울이는 전략으로 확장된 안보개념에 바탕을 둔다. 최근 바이든 행정부의 사이버 전략은 유사 국가 및 민간 행위자와 함께 규범과 규칙에 기초한 디지털 생태계를 구축하는 데 집중하고 있다. 최근 사이버 협력을 중심으로 한미 양국 은 다영역·다공간에서 안보협력을 제도화하면서 글로벌 포괄적 동맹 으로의 변환을 지속하고 있다.

III. 미일동맹과 한미일 사이버 안보협력의 과제

최근 한미일 사이버 안보협력에 대한 기대가 커졌다. 2023년 8월 18일 '캠프 데이비드 선언'은 한미일 3국이 전통안보 분야의 협력 강 화를 넘어서 '정보·사이버 동맹'의 형성을 모색할 가능성을 기대케 했다. 캠프 데이비드 정상회의에서 한미일 정상은 인공지능(AI)·양 자·우주·사이버 안보 등 분야의 기술개발과 인력양성 및 표준화·규 제 등에서 긴밀하게 협력하기로 했다. 특히 한미일 3국은 북한의 사이 버 위협 및 허위조작정보에 대한 공동 대응과 함께 인도·태평양 지역 의 디지털 인프라 구축을 위한 공동 지원에 협력하기로 천명했다.

이후 한미일은 캠프 데이비드 합의의 이행을 위해 고위급 및 실 무급 회동을 마련하여 후속 조치를 논의하고 있다. 2023년 11월 한미 일 3국은 '고위급 사이버 협의체'를 신설하기로 했으며, 12월에는 한 미일 고위급 사이버 워킹그룹 회의를 개최하여 캠프 데이비드 합의를 재확인했다. 외교 분야에서도 한미일은 2023년 12월 '북한 사이버 위 협 대응 한미일 외교 당국간 워킹그룹'을 창설하는 데 합의했고, 2024 년 3월에는 외교 당국 간 워킹그룹 제2차 회의를 개최했다. 국방 분야에서도 한미일은 2024년 7월 한미일 국방장관회의를 개최하여 해상·공중 및 사이버 공간에서 3국의 공동 군사훈련을 정례화하기로 했다.

　캠프 데이비드 선언을 통해서 기본적인 프레임워크를 정비한 한미일은 고위급 회동의 정례화나 협력 의제의 설정이라는 성과를 거두었지만, 아직 협력의 내용이 주로 선언적인 단계에 머무는 한계를 안고 있다. 특히 한미일 협력에 참여하는 세 나라의 동상이몽도 극복해야 할 과제다. 북핵에 중점을 두는 한국과 포괄적 지역안보에 초점을 맞춘 미일 사이에는 상당한 이견이 존재한다. 사이버 안보 분야에서도 북한의 사이버 위협에 대한 공동 대응의 계기를 마련했지만, 3국 간에는 이를 수행할 국내외적 여건의 차이가 존재한다. '캠프 데이비드 1년'을 맞는 현시점에서 한미일 사이버 안보협력이 실질적인 성과를 달성하기 위해서는 한미일을 포함한 주변국들과의 사이버 국제관계를 고려하는 입체적 발상이 필요하다.

　첫째, 한미일 사이버 안보협력의 '주축 링크'인 '미일 사이버 동맹'의 전개와 그 성격을 이해하는 것이 필요하다. 미국과 일본은 2013년 '사이버 방호정책 워킹그룹'을 창설한 뒤 지속적으로 사이버 안보협력에 대한 논의를 진행했다. 2015년 4월 미일 정상회담에서 합의한 '방위협력지침' 개정안에 사이버 안보협력을 포함시켰는데, 미국은 일본의 군사시설과 국가 기반시설에 대한 사이버 공격에 대응하는 지원을 약속했다. 이는 일본이 미국의 사이버 방위역량에 기대어 자국의 사이버 안보를 보장받았다는 점에서 미국의 '사이버 우산'에 일본이 편입됐다고 평가받기도 했다. 이는 2019년 4월 '미일안보조약' 제5조 집단자위권 조항에 사이버 공격을 포함하는 행보로 이어졌는데, 미일 양국이 집단자위권을 사이버 공격에도 적용한다고 확인하였다. 2023년 1월 발표한 공동성명에도 미일 양국은 합동 태세를 강화하여 사이버 억지력을 확장할 것이라고 강조했다.

둘째, '미일 사이버 동맹'을 기반으로 펼쳐지는 일본의 전략적 행보를 파악하는 것이 필요하다. 일본은 미일동맹의 제고를 위해서 일본의 사이버 안보 능력 강화가 필요하다는 미국의 요청을 활용하여, 이러한 역량의 강화를 집단자위권 행사를 실현할 수단으로 이용하려고 한다. 더 나아가 일본은 파이브 아이즈 국가들과 개별 협정을 맺어 사실상 파이브 아이즈 참여국 모두와 협력하고 있다. 미일동맹 차원에서 일본은 미국과 '주둔군지위협정(SOFA)'을 맺고 있으며, 영국과도 협력하여 2022년 5월 일본 자위대와 영국군의 공동 훈련절차를 규정한 '상호접근협정(RAA)'을 체결했다. 일본은 호주와도 이미 상호접근협정을 체결한 상태인데, 2022년 4월에 개시하기로 합의된 뉴질랜드와의 정보보호협정이 체결되면 파이브 아이즈 중에서 캐나다를 제외한 모든 나라와 군사협력과 정보공유가 가능해진다.

셋째, '미일 사이버 동맹'과 이를 기반으로 확장하는 일본의 전략 구도에서 한일관계가 '약한 고리'임을 인지하는 것이 필요하다. 한일 양국은 각각 미국과 '사이버 동맹' 수준의 협력체제를 구축하고 있다. 한국은 미국과 '전략적 사이버 안보 협력 프레임워크'를 체결했다. 일본은 2015년 사이버 안보협력 조항을 미일 방위협력지침에 추가한 데 이어, 2019년에는 집단자위권을 사이버 공격에도 적용한다고 밝힌 바 있다. 이렇듯 이미 고도화된 한미 및 미일 간 사이버 안보협력에 비해, 한일 간의 사이버 안보협력 수준은 아직 보안 인프라 구축이나 민관 기술협력 등과 같은 기본적인 수준에 머물러 있다. 한일 간에 활발한 협력이 진행되지 못했던 것은, 일본이 한국보다는 사이버 위협에 덜 노출된 까닭도 있고, 일본의 사이버 대응 역량이 그리 높지 않았던 때문이기도 했다. 최근 개선되고 있지만, 한동안 악화했던 한일관계 전반의 분위기도 부정적인 환경요인으로 작용했다.

넷째, 한일관계를 회복하여 장차 한미일 관계를 어떠한 아키텍처로 구성할지를 고민할 필요가 있다. 사실 한미일 캠프 데이비드 정상회의는 미국이 주도하는 미일동맹 구도에 한국을 끌어들이는 데 그 목적이 있었다고 볼 수 있다. 이를 통해 기대하는 한미일 관계의 구도는 당분간은 '비대칭 삼각관계'가 될 가능성이 크다. 한국과 일본 사이에는, '사이버 동맹'에 준하는 '강한 고리'를 만들기보다는, 고위급 사이버 대화 등을 통해서 정책 공조를 진행하는 정도의 포괄적인 형태를 모색할 가능성이 크기 때문이다. 그러나 향후 한미일 사이버 안보협력의 진행 과정에서 한미일 정보공유협정(TISA)과 같이 미국을 매개로 한 한일 협력의 방식이나 한일 간의 빈틈을 메우기 위해 체결된 한일 군사정보보호협정 등과 같은 기존의 안보협력 모델을 고려할 필요가 있다. 한편, 2024년 7월 개최된 한미일 국방장관회의에서 공동 군사훈련의 정례화를 명문화한 '안보협력 프레임워크(TSCF) 협력 각서'도 고려해야 할 것이다.

끝으로, 한미일 관계의 외연을 확장 문제도 고민할 필요가 있다. 이는 미국이 주도하는 소다자 협력체에 한국과 일본이 참여하는 문제이다. 제일 많이 거론된 것은 한국과 일본의 파이브 아이즈 참여였는데, 최근에는 파이브 아이즈의 '구조적 확장'보다는 '기능적 확장'이라는 차원에 힘이 실리고 있다. 이밖에도 한국의 쿼드 참여도 제기된 바 있지만, 이보다는 한국과 일본의 오커스 필러-II 참여가 더 큰 쟁점이다. 최근 미국은 오커스 필러-II에 일본을 초청하기도 했으나, 오히려 일본이 신중한 태도를 보였다. 미국의 전략도 오커스 구도와 한미일 구도를 '결합'하기보다는 '병행'하는 쪽으로 방향을 잡는 조짐이 감지된다. 최근에는 나토와 인도·태평양 4대 파트너 국가(IP-4)인 한국, 일본, 호주, 뉴질랜드와의 협력이 주목받고 있는데, 2024년 7월 나토 정상회의에서는 우크라이나 지원, 사이버 방위, 허위조작정보 대응, 첨단기술 협력 등에서 나토와 IP-4 간의 협력이 언급되었다.

궁극적으로 한국이 당면한 핵심 과제는 한미일이나 여타 소다자 구도 내에서 한국의 위상을 설정하는 문제다. 북핵 대응이 한국이 원하는 바라면, 한미일 구도의 강화는 나쁘지 않은 방안이다. 미국이 주도하여 인도·태평양 지역질서를 재편하는 상황에서 한미일 구도의 적극적 수용은 중국 견제에 나선 미국의 요구를 들어주는 모양새를 띠는 데다가, 북중러 삼각관계에 대응하는 효과도 크기 때문이다. 그러나 이러한 과정에서 한국의 위상이 미국-일본-한국으로 이어지는 위계적 구도에서 설정될 가능성이 있다는 점도 염두에 두어야 한다. 또한 최근 미중갈등의 양상을 볼 때, 한미일에 대한 지나친 밀착과 미국의 정책에 대한 적극적 동조화가 초래할, 예기치 않은 외교적·경제적 비용 발생도 고려해야 한다. 이러한 변수들에 대한 복합적인 고려를 바탕으로 '주변4망(網)의 사이버 국제관계'라는 맥락에서 한미일 사이버 안보협력의 구도를 입체적으로 보는 발상이 시급히 필요하다.

이 책의 제2부 "일본의 사이버 안보-국방-외교 전략과 한일관계"는 이상에서 제기한 문제의식을 발전시킨 세 편의 논문을 실었다. 제5장 "일본의 '능동적 사이버 방어' 수용과 전수방위 원칙"(이정환)는 일본의 사이버 안보 정책을 '능동적 사이버 방어(active cyber defense, ACD)' 개념에 초점을 맞추어 검토하였다. 일본 정부는 2022년 '안보 3문서'에서 명시된 '능동적 사이버 방어' 개념 도입에 대한 법적 기반 구축 작업을 진행하고 있다. '능동적 사이버 방어' 개념은 헌법 21조의 통신 비밀 규정과 헌법 9조에 대한 전수방위 원칙과 논리적으로 충돌하기 때문에, 이에 대한 논리 체계 구축 작업이 요구되는 상황이다.

사이버 공간에서 잠재적 공격을 감시하고, 공격자를 특정하고, 이에 대한 실력 대항조치를 전방 방위로 추진하는 '능동적 사이버 방위' 개념의 도입 자체는 이미 결정된 미래다.

무엇보다도 '능동적 사이버 방위'는 미국이 제시하는 국제표준으로서 일본에 수용되고 있다. 일본의 보통국가화는 외부 위협에 대한 적극 대응이 필요하다는 논리와 더불어 일본의 국가 역할이 다른 국가들과 동일해야 한다는 보편주의적 국제주의 논리에 입각해 전개되고 있다. 미국 주도로 새로운 국제규범이 된 '능동적 사이버 방위'의 도입은 국제표준 수용 차원에서 당연한 것으로 일본 정책관여자들에게 인식되는 사항이다. 국제표준 수용으로서의 정책 변화에도 불구하고, 일본은 국제표준에 맞춘 헌법 해석 변경을 전면적으로 추진하지 않고 있다. '능동적 사이버 방어' 수용은 글로벌 보편 현상인 가운데, 새로운 국제표준이 된 '능동적 사이버 방어'와 정합성을 지니는 차원의 적극적 국내 법제도 변경을 회피하는 것은 일본의 특수적 현상이다.

제6장 "일본 방위성의 사이버 안보 정책과 미일협력"(조은일)은 국방의 시각에서 최근 일본의 안보전략에서 중요하게 다뤄지고 있는 사이버 안보 이슈를 살펴보았다. 2022년 12월 발표한 일본의 '국가안보전략서'는 사이버 안보가 언급하면서, 안전하면서 안정되게 사이버 공간을 이용할 수 있는 정책을 추진하겠다고 밝혔다. 이를 위해 '능동적 사이버 방어'라는 개념을 도입하고 '중대한 사이버 공격을 미연에 방지하며 피해 확대를 방지'하기 위한 사이버 안보를 강화할 것으로 보인다.

이를 위해 일본 방위성은 전시뿐만 아니라 평시에도 사이버 공간을 감시할 수 있도록 방위정책을 재정비할 전망이다. 첫째, 육해공 자위대 합동의 사이버 방위부대 창설과 같은 부대구조의 재편이다. 둘째, 군과 민간 인력을 충분히 활용하는 인력 양성이다. 이러한 두 가지 노력을 통해 사이버 공격 가능성을 사전에 무력화할 수 있는 방위력을 갖춘 좀 더 적극적인 형태의 사이버 안보 정책이 추진될 수 있다. 그리고 일본은 사이버 분야에서 미국과의 안보협력을 심화시키면서 능동적 사이버 방어를 완성해 갈 것이다. 이를 위해 일본 국회는 능동적 사이버 방어 도입을 위한 입법 조치를 추진할 것인데 통신의 자유와 같은 헌법을 포함한 논의가 전개될 수 있다. 향후 방위성은 국회 논의 및 정부 입장을 반영한 사이버 안보 전략을 구체화할 것으로 보인다.

제7장 "일본의 사이버 안보 전략과 국제협력"(윤대엽)은 아베 내각 이후 일본의 안보개혁이 미중경쟁, 북핵위협, 양안위기와 상호작용하면서 인도·태평양 지역의 전후 안보질서를 변화시키고 있다고 주장한다. 일본은 미일동맹을 기반으로 방위력의 증강, 다자협력의 확대는 물론 우주, 사이버, 인공지능을 연계하는 포괄적인 방위개혁을 추진하고 있다. 특히 일본은 이미 2000년대 인도·태평양 국가 중가장 먼저 사이버 공간을 안보화하고 포괄적인 사이버 안보 전략을 추진해왔다. 2006년 처음 발표된 '정보시큐리티 기본계획'은 2010년 '정보시큐리티 전략'으로 변경되었고, 아베 내각은 2013년 '사이버시큐리티전략'으로 수정하고, 국가안전보장회의가 총괄하는 사이버 안보 거버넌스를 재편했다. 그리고 2021년에는 디지털 전환(DX)을 목표로 2000년 제정된 'IT기본법'을 '디지털사회형성기본법'으로 개정하고 디지털 정책을 총괄하는 디지털청을 신설했다. 주목되는 특징은 디지털 전환에 앞서 사이버 공간의 안보화가 선행되었던 일본의 사이버 안보 전략에서 일관되게 국제협력이 강조되었다는 점이다.

일본이 사이버 공간의 안보화가 디지털 전환보다 우선되었던 이유는 무엇인가? 그리고, 다자안보협력보다 앞서 사이버 안보 전략에서 국제협력이 강조된 이유는 무엇인가? 제7장은 역사적·비교적 시각에서 일본의 사이버 안보 전략이 전후 안보개혁과 점진적·창발적으로 형성·전환되어 온 과정을 구조와 행위자 측면에서 분석하고 사이버 국제협력의 특징을 분석하였다.

　일본의 사이버 안보 전략과 국제협력은 1) 정보시큐리티 기본계획(2004-2012) 단계와 2) 사이버시큐리티 전략(2013-2022) 시기로 구분하여 검토할 수 있다. 정보시큐리티 기본계획은 9.11 사태 이후 비전통 안보가 새로운 안보위협으로 인식되는 가운데, 탈(脫)전후 안보 전략을 추진한 고이즈미 내각에 의해 추진되었다. 잠재적 안보위협에 대한 선제적 인식에도 불구하고 정보통신기술이 가진 경제적·기술적 이해가 중심이 되면서 경제협력 기반의 국제협력이 추진되었다. 2000년대 일본의 정보시큐리티 정책과 국제협력을 주도한 것도 경제산업성(METI)과 총무성이었다. 아베 내각 이후 사이버 안보 전략은 포괄적인 안보개혁의 일부이자, 위협주체에게 직접적인 영향을 미치는 '전략'으로 재정립되었다. 미중경쟁이 본격화된 2018년 방위규범이 개정 이후에는 사이버 영역의 방어, 억지, 상황인식에 대한 전략이 되는 한편, 2021년 사이버시큐리티 전략에는 능동적 억지 개념이 명시되었다. 아베 내각 이후 사이버 공간이 군사화가 되는 가운데 역량구축, 사이버 법치 및 신뢰구축을 위한 사이버 국제협력도 확대되었다. 사이버 안보와 동시에 2019년 이후 '신뢰에 기반한 데이터의 자유로운 유통(DTTF)'의 국제적인 규범화와 제도화를 위한 국제협력도 주도하고 있다.

IV. 중국의 사이버 전략과 미중갈등 사이의 한국

최근 한국을 겨냥한 중국발 사이버 공격이 늘어났다. 북한발 사이버 공격보다 양적으로는 적지만, 실제로 유발하는 피해는 더 큰 것으로 알려졌다. 게다가 중국발 사이버 공격은 그 대상과 수법도 새로운 양상으로 변화하고 있다. 이전에는 국가기간시설 교란이나 첨단기술·데이터 탈취를 목적으로 하거나 랜섬웨어 공격 등의 형태로 나타났다면, 최근에는 우주공간을 매개로 한 위성통신에 대한 해킹, 허위조작정보 유포를 통한 사이버 영향력 공작, 인공지능을 활용한 사이버 공격 등의 형태로 진화하고 있다.

이들 공격은 독립적인 해커 그룹에 의해 수행되기도 하지만, 그 배후에 중국 정부나 군이 있다는 지적이 제기되면서 국제적 갈등의 빌미가 되기도 했다. 실제로 중국은 사이버 안보를 국가안보의 중요한 구성요소로 인식하고 국가적 차원에서 적극적인 전략을 펼쳐왔다. 게다가 미래전(戰)의 새로운 양식으로 사이버전(戰)이 자리 잡아가면서, 중국은 사이버 안보의 군사전략에도 각별히 역점을 두어 왔다. 2010년 이후 여러 차례에 걸쳐서 출간된 중국의 '국방백서'는 사이버전을 수행할 역량의 구비를 지속적으로 강조하고 있다. 군사작전 차원에서도 중국은 2015년 12월 '전략지원부대'를 창설하여 그 예하의 '네트워크계통부'가 사이버 작전을 담당하게 했는데, 2024년 4월 군 구조 개편이 단행되면서 '전략지원부대'가 해체된 이후, 새로 편성된 '사이버공간부대'가 관련 업무를 담당하는 것으로 알려져 있다.

사이버 외교 차원에서도 중국은 서방 진영에 대항하는 연대의 전선을 구축하고 사이버 분야의 국제규범 형성을 주도하려는 노력을 펼치고 있다. 이러한 노력의 이면에 디지털 인프라를 구축하고 중국 기업들의 이익 극대화를 지원하는 기술·경제 외교의 속내가 작동하고 있음은 물론이다. 이를 위해 일대일로(一帶一路) 선상의 국가들과 협력을 확대하고 있으며, 이외에도 상하이협력기구(SCO), 브릭스(BRICS) 등의 다자협력체에도 참여하고 있다. 중국은 서방 진영이 주도하는 자유주의 질서에 반기를 들고, 사이버 공간의 '주권' 원칙에 기반을 둔 '사이버 인류운명공동체'의 건설을 지향하는 행보를 보이고 있다. 궁극적으로 사이버 공간에 중국이 내세우는 담론과 표준을 세우겠다는 것이다.

　이렇듯 전방위로 펼쳐진 중국의 전략적 행보가 미국과의 갈등을 유발했음은 물론이다. 2020년대 들어 미국에 대한 중국발 사이버 공격은 세간의 큰 관심을 끌었다. 미국은 국내적으로 이에 대응하는 역량의 강화를 위한 적극적인 정책을 펼쳤으며, 국제적으로도 중국의 불법적 사이버 활동을 견제하기 위해 나토 동맹국들과 외교적 보조를 맞추기도 했다. 이러한 동맹 협력의 전개와 관련하여 놓치지 말아야 할 것은, 미국 사이버 갈등의 양상이 여타 분야로 확장되고 있다는 사실이다. 특히 2018-19년 '화웨이 사태'를 거치면서 미중 사이버 갈등은 공급망 안보의 이슈로 확장되었다. 최근에는 데이터 안보와 관련된 공급망 이슈가 논란거리인데, 중국산(産) 드론, CCTV, 안면인식AI, 항만크레인, 자율주행차, SNS 플랫폼, 이커머스 등이 양국 갈등의 도마 위에 올랐다. 이러한 논란거리들이 늘어나면서 '사이버 공간의 진영화'를 우려하는 목소리도 높아지고 있다.

　긴박하게 전개되는 미중 사이버 갈등의 현실은 한국에 쉽지 않은 과제들을 던지고 있다. 우선 양적으로 늘어났을 뿐만 아니라 질적으로도 점점 더 교묘해지는 중국의 사이버 공격에 능동적으로 대응할 필요성이 커졌다. 이를 위해 한미 사이버 안보협력을 강화하면서도 좀 더 포괄적인 의미의 국제협력도 동시에 모색해야 할 필요가 있다. 그러나 미중 사이버 갈등의 대상이, 좁은 의미에서 본 해킹 공격에만 국한된 것은 아니라는 사실을 명심해야 한다. 앞서 살펴본 바와 같이, 다양한 분야를 아우르는 미중 사이버 경쟁은 좀 더 넓은 시야에서 다양한 문제들에 접근할 것을 주문한다. 특히 사이버 외교 분야에서 전개되는 미·일·중·러 주변4망(網)의 국제관계 속에서, 미중 갈등의 소용돌이를 헤쳐갈 사이버 안보의 국제협력 전략을 고민하는, 좀 더 입체적인 시각이 필요하다.

무엇보다도 중요한 과제는 미중 사이버 갈등 사이에서 한중협력의 위상을 적절히 설정하는 문제일 것이다. 미중 사이의 균형보다는 한미동맹의 강화를 강조하는 현 상황에서 한중협력의 운신 폭이 좁아진 것은 사실이다. 그럼에도 디지털 경제 분야 전반으로 넓혀서 보면, 한중협력은 여전히 한국에 이익을 안겨줄 여지가 있다. 다양한 분야에서 중국은 우리에게 경쟁의 상대이기도 하지만 협력의 상대가 될 수도 있음을 잊지 말아야 한다. 사이버 안보 분야에서도 사이버 범죄와 같은 비(非)정치적 사회문제를 놓고 한중 양국이 협력할 상황도 상정할 필요가 있다. 중국의 불법적인 공격에는 단호하게 대응하지만, 안전한 사이버 공간을 구축하기 위한 양국 협력의 필요성을 외면할 필요는 없을 것이다.

더 나아가 사이버 안보 분야의 한중관계를 미·일·중·러 주변4망(網) 속에서 작동하는 양자 및 삼자관계 간의 대립 구도 속에서 볼 필요가 있다. 예를 들어, 최근 대중국 견제를 목표로 가동된 한미일 협력의 구도에서 새롭게 설정될 한중관계의 방향을 가늠해 볼 필요가 있다. 또한 최근 4년 5개월 만에 정상회담을 개최하여 주목받은 한일중 협력의 구도에서 한중관계가 차지하는 위상도 꼼꼼히 생각해 봐야 한다. 중국은 한일중 구도를 한미일 협력을 견제하기 위한 고리로 활용하려 하겠지만, 한국의 입장에서 보면, 한일중 정상회담을 통해 그간 소원했던 한중 간의 소통 채널이 마련된 의미도 크다. 국제정치 일반을 넘어서 사이버 안보 분야에서도 한미일 및 한일중의 구도에서 한국이 담당할 역할을 좀 더 복합적으로 고민할 필요가 있다.

또한 북중 또는 북중러 구도에서 한중관계가 어떠한 의미를 갖는지 성찰하는 것도 중요하다. 북한발 사이버 공격을 귀속하는 차원에서 한중 양국 정부가 협력할 가능성이나, 최근 사이버·데이터 안보 관련 의혹을 낳고 있는, 중국의 전자상거래 플랫폼(이른바 '차이나 커머스')이 한국이나 북한에 진출하는 행보의 의미 등을 되새겨 볼 필요가 있다. 한국의 입장에서 볼 때, 중국은 북한의 사이버 공격을 견제하는 수단이 될 수도 있지만, 동시에 남북한 관계의 미래에 좀 더 포괄적이고 새로운 종류의 '사이버 위협'을 초래할 변수가 될 수도 있기 때문이다. 아울러 최근 물밑 진행되는 것으로 알려진, 러시아와 북한의 군사협력, 그리고 그 연장선에서 보는 양국의 사이버 안보협력을 견제하는 차원에서 한중관계를 어떻게 활용할 것인지도 새로운 고민거리로 떠올랐다.

사이버 공간에서 진화하는 한중관계와 관련하여, 당장 중국이 제기하는 전방위적 사이버 안보위협에 신속하게 대응하는 것이 매우 중요하고 시급한 문제임은 물론이다. 이를 위해 동맹국인 미국과의 사이버 안보협력을 강화하고, 여타 우방국들과의 연대 전선을 형성하는 것도 중요한 일이 아닐 수 없다. 그러나 주변4망(網) 구도에서 사이버 안보의 국제협력 전략을 풀어가는 좀 더 입체적 발상을 가져야 한다. 미중 갈등 사이에서 한국의 위상을 설정하고 대응 전략을 모색하는 것은, 두 강대국의 갈등 구도에만 시야를 고정해서 풀어갈 문제가 아니라, 오히려 시야를 좀 더 넓혀서 주변4망(網)의 네트워크를 복합적으로 활용하는 과정에서 해법을 찾아야 할 문제이기 때문이다.

이 책의 제3부 "중국의 사이버 안보-국방-외교 전략과 한중관계"는 이상에서 제기한 문제의식을 발전시킨 세 편의 논문을 실었다. 제8장 "중국 사이버 공격 양상 변화와 사이버 안보에의 함의"(김상규)는 중국의 사이버 공격이 어떤 형태로 변화하고 있는지, 그리고 그것이 사이버 안보에 주는 함의는 무엇인지를 고찰하였다. 이를 위해 사이버 공격의 일반적 정의와 방식에 대해 살펴본 뒤, 중국이 감행하는 사이버 공격의 주요 주체와 방식, 목표 등을 보여주는 사례를 분석하였다.

연구 결과, 중국은 초창기의 부족한 기술력과 제도적 미비점을 마련하기 위한 전략을 수립하고 이에 따라 관련 정보 탈취와 기술 축적을 위한 공격을 진행하였으며, 이후 국가 차원에서 사이버 공간에 관한 인식과 목표, 전략을 천명하고 정보 수집, 군사 기밀 획득, 정치적 영향력 확장, 경제적 이익 추구 등 다양한 형태의 사이버 공작을 진행하는 것을 확인하였다. 공격의 주체는 국가기관을 비롯한 민간 사이버 해킹 단체 등을 망라하고 있으며 대상 역시 중국에 반하는 행동을 하는 국가와 민간 단체, 개인 등을 포괄해 전방위적으로 행동 범위를 넓히고 있다. 중국은 전통적인 수법에 기반을 둔 사이버 공격뿐만 아니라, 인공지능 등 고도화된 기술력을 활용하여 소프트웨어 공급망까지 침투하는 방식을 활용하고 있다. 더욱이 평시에는 가짜 뉴스를 생성하고 사회 인프라 곳곳에 악성코드를 유포하여, 유사시 사회적 혼란을 초래하는 것을 넘어 군사력 동원까지 제어하려는 영향력 공작과 사이버 심리전, 인지전의 행태를 보이기도 한다.

그러나 중국의 입장에서도, 중국을 경유하거나 중국 내부의 사이버 공격과 범죄는 물론 북한과 러시아를 비롯한 미확인 대상의 위협 행위에 대한 방어와 통제를 위한 협력이 필요한 상황이 있을 수 있다. 따라서 한국은 중국의 불법적이고 공격적인 행태에 대해 단호하게 대응하면서도, 다른 한편으로는 중국과 양자 간 혹은 다자 간 공통 의제를 찾는 노력을 병행한다면 사이버 공간의 안보와 국가의 이익을 실현할 기회가 될 것이다.

제9장 "중국 사이버 안보와 군사전략: 중국 사이버 안보와 군사전략의 연계, 미래 안보에의 함의"(양정학)는 중국의 사이버 안보에 대한 인식과 전략적 접근을 분석하였다. 중국은 사이버 공간을 국가주권의 핵심 영역으로 간주하고 있으며, 이에 따라 사이버 안보를 국가 전체 안보의 중요한 구성요소 중 하나로 인식하고 있다. 이러한 배경하에 중국은 '사이버 안보법'과 '국가 사이버 공간 안보전략' 등을 만들어 사이버 공간을 체계적으로 관리 및 통제하고 있다.

사이버 안보는 중국의 군사전략에서도 매우 중요한 위치를 차지하고 있다. 중국군은 사이버 공간을 새로운 전장으로 정의하며 사이버 공간을 통해 정보 수집, 정찰, 공격 및 방어 등의 작전을 수행하고 있다. 특히, 2024년 4월에 신설된 '사이버공간부대'는 사이버 작전을 수행하는 군내의 핵심 조직으로 민간과의 협력을 통해 기술개발은 물론 기술적 우위를 확보하고자 노력하고 있다. 중국의 사이버 군사전략은 단순히 방어에 그치지 않고 사이버 공격을 통해 사이버 공간에서의 상대국 '작전중심(作戰重心)'을 무력화시키고, 상대국의 정치·경제 영역 등 국가 차원의 위기를 초래시키는 것을 목표로 하고 있다. 이러한 전략적 접근은 중국이 사이버 강국의 지위를 확립하고 향후 전쟁에서의 승리를 보장하기 위한 것이라 볼 수 있다.

오늘날 사이버 공간에서의 안보 이슈는 '항상 존재하는 문제'로 인식되고 있으며 중국은 사이버 공간을 국가주권 차원으로 격상시켜 대응하고 있다. 이에 따라 중국군은 사이버 공간에서의 작전능력을 강화하고 민간과의 협력을 적극적으로 추진하고 있다. 한국 정부는 이러한 중국의 움직임을 면밀히 주시하고, 동맹 및 우방국들과의 협력을 강화하며, 사이버 안보 체계 정립과 사이버 공간에서의 능력 강화를 위한 대규모 투자를 진행해야 한다

제10장 "중국의 사이버 안보외교와 글로벌 사이버 안보 질서의 진영화: 중국은 어떻게 사이버 공간 운명공동체를 만들어 가고 있는가?"(차정미)는 사이버 공간이 안보와 경제 등 모든 측면에서 강대국 경쟁의 핵심 공간으로 부상하면서, 중국이 구축하고자 하는 글로벌 거버넌스, 글로벌 리더십의 비전인 인류운명공동체 담론이 사이버 공간으로 확대되고 있다고 주장하였다. 사이버 안보가 미중 영향력 경쟁의 주요 공간으로, 우호그룹 확대와 결집의 주요한 외교수단으로 부상하는 가운데 중국의 사이버 안보를 외교적 관점에서 분석한 연구는 취약한 실정이다. 이에 제10장은 미중경쟁하에서 중국이 어떻게 사이버 안보외교를 글로벌 영향력 확대와 서구에 대항하는 우호그룹 구축의 중요 수단으로 적극 활용하고 있는지를 분석하였다.

중국은 안보와 발전의 이중 목표하에 개발도상국 및 비서구국들과의 규범적 연대, 물리적 결합을 추구하면서 사이버 공간 운명공동체 구축을 목표로 하고 있다는 점에 착안해서, 제10장은 중국의 사이버 안보외교를 '안보·가치규범 외교'와 '인프라 외교·기술 외교'의 두 분야를 중심으로 고찰하고, 사이버 안보 운명공동체라는 중국 주도의 사이버 안보 블록, 사이버 안보 거버넌스 구축을 위한 중국의 사이버 안보 규범 외교와 사이버 안보 기술 외교를 분석하였다. 중국이 이를 통해 중국 주도 혹은 중국에 우호적인 글로벌 사이버 안보 거버넌스를 구축하는 것은 물론 중국의 사이버 안보 시장과 파트너의 확

대, 이를 통한 중국의 네트워크 지배력, 디지털 경제 지배력을 제고하는 안보와 발전의 동시 추구 전략을 추구하고 있음을 보여주었다. 결론적으로 이러한 안보와 발전의 이중목적을 가진 중국의 전방위적 전면적 사이버 안보외교가 비서구 사이버 안보 블록 형성의 주요한 토대가 될 것으로 전망하고, 중국 주도의 비서구 사이버 안보 운명공동체 구축이 갖는 국제정치적 함의를 지적하였다.

V. 러시아-우크라이나 전쟁과 한·나토 사이버 안보협력의 과제

러시아의 사이버 공격은 글로벌 차원에서는 오래전부터 논란거리였지만 한반도 차원에서는 큰 주목을 받지 못했던 것이 사실이다. 2018년 평창동계올림픽 당시 러시아 해커들의 공격이 발생하긴 했지만, 그 외에 국내적으로 관심의 대상이 된 큰 사건은 별로 없었다. 그러나 시야를 넓혀서 보면, 러시아의 사이버 공격 및 전략은 무시할 수만은 없는 중요한 변수이다. 특히 최근 러시아가 일으킨 우크라이나에서의 전쟁은, 사이버전이 사이버 공간에만 국한되는 것이 아니라, 육·해·공·우주 공간에서의 물리전과 결합하는 방식으로 진화했음을 여실히 보여주었다. 특히 러-우 전쟁에서 드러난 사이버 공격은 개전을 전후한 전쟁 초기 단계에서 지휘통제체제를 공략하는 최초의 수단이 될 수 있음을 여실히 보여줬다.

실제로 러시아는 2022년 1~2월 개전 직전 네 차례에 걸쳐 디도스 공격을 감행했는데, 대규모 사이버 공격이 이루어진 다음 날인 2월 24일에 개전 선언과 함께 본격적인 군사작전을 우크라이나 곳곳에서

단행하였다. 그러나 사이버 공격으로 승기를 잡고 전쟁을 속전속결로 끝내려는 러시아의 전략은 기대했던 것만큼의 성과를 보지는 못했다. 우크라이나의 사이버 방어역량도 만만치 않았던 까닭도 있었으며, 나토와 국제사회의 적극적 지원이 큰 변수로 작동했다. 우크라이나의 'IT 군(IT Army)' 소집에 국제적 지원이 이루어졌고, 유명한 핵티비스트 그룹인 어나니머스도 참전했다. 이밖에 MS, 구글, 메타 등 서방의 민간 빅테크 기업들도 나름의 기여를 했다. '사이버 세계대전'이라는 말이 나올 정도로 러-우 사이버전에는 다양한 주체들이 참여했다.

　러-우 사이버전은 양국만의 전쟁이 아니라, 러시아를 한편으로 하고 나토로 대변되는 서방 진영을 다른 한편으로 해서 발생한 '국제전'이었다. 나토는 사이버 공격 대응뿐만 아니라 허위조작정보 대응, 교육·훈련과 민간 협력 등의 분야에서 우크라이나를 지원했다. 우크라이나도 크림반도 병합 이후 나토식 표준에 부합한 전방위적 국방개혁을 추진하면서, 나토와 함께 사이버 방어 협력의 전선을 구축했다. 또한, 서방 기업들의 지원으로 우크라이나의 데이터센터를 해외 클라우드에 분산시킴으로써 러시아 사이버 공격의 예봉을 막았다. 아울러 러시아에 대한 서방의 '사이버 공격'도 병행된 것으로 알려져 있다. 2022년 6월, 폴 나카소네 미 국가안보국장 겸 사이버사령관은 영국 언론과의 인터뷰에서, 러-우 전쟁에서 미국이 '선제적 사냥(Hunt Forward)'이라고 불린 사이버 작전을 실시했다고 밝힌 바 있다.

　러-우 전쟁이 장기화 국면에 들어섰지만, 러시아는 물리전의 수행과 함께 자신들의 독특한 방식으로 사이버전을 지속할 것으로 예견된다. 사실 러시아의 사이버 안보 전략은 러시아의 독특한 역사적 전통과 지정학적 정세 인식에서 비롯된 산물이다. 독자적인 슬라브 문명국으로 자부하는 러시아는 서방의 위협으로부터 자신의 정체성을 수호하고 체제안보를 지키는 차원에서 사이버전의 수행을 이해한다. 러시아의 관점에서 사이버 공간은 서방 진영의 공세로부터 자국의 영토적 완결성을 보전하고 국가적 통합을 이루기 위해 지켜야 할 '주권 공간'이다.

이런 이유로 러시아는 미국이 내세우는 '사이버전'보다는 '정보전(戰)'의 개념을 강조한다. 러시아가 1997년에 처음 '국가안보전략'을 발표한 이후 다섯 번째로 나온 2021년 6월의 '국가안보전략'은, 사이버 안보 전략과 관련해서 '정보전'에 상당히 큰 비중을 두고 있다. 러시아는 이러한 '정보전' 개념에 기반을 두고 전시와 평시를 막론하고 '사이버전'을 수행하는 전략을 펼치고 있다. 러시아의 '사이버전' 수행은 연방보안국(FSB), 연방군 총참모부 정보총국(GRU), 대외정보국(SVR) 등과 같은 국가 정보기관과 군이 수행하는데, 이밖에도 다양한 민간 또는 비국가 행위자들이 동원되고 있다.

사이버 외교의 추진 차원에서도 러시아는 서방 진영이 주도하는 자유주의 질서의 규칙을 그대로 수용하기보다는, 자신들이 주장하는 '주권' 개념에 입각해서 새로운 질서의 규칙을 만들자고 주장한다. 미국 주도의 자유주의 진영과 러시아와 중국을 위시한 권위주의 진영 간의 대립 구도가 사이버 안보 분야에서도 드러나고 있다. 양자관계 차원에서도 러시아는 중국과의 사이버 연대를 통한 '디지털 권위주의' 블록 형성을 도모하고 있다. 미중 전략경쟁이 심화하면서 러중 디지털 협력의 필요성은 더욱 커지고 있는데, 첨단 디지털 기술 분야와 함께 사이버 안보 분야에서도 다양한 협력이 모색되고 있다.

최근 북러 군사협력의 전개는 한국의 안보에 큰 위협이 아닐 수 없다. 북러 군사협력을 통해서 북한 문제는 핵·미사일 이슈를 넘어서 새로운 지평으로 확장되고 있다. 러시아의 러-우 전쟁 수행을 지원하는 북한의 대러시아 무기 지원이나 북한의 군사 정찰위성 개발을 지원하기 위한 러시아의 대북한 첨단 군사기술 이전 등이 새로운 쟁점으로 부상하였다. 이와 더불어 북러 양국 간에 사이버 안보 분야의 협력이 진행될 가능성도 우려되고 있다. 북한이 세계적으로 앞선 사이버 공격력을 지닌 러시아로부터 기술을 지원받거나, 러시아가 주도하는 국제규범의 플랫폼 위에서 사이버 안보협력을 전개할 가능성도 없지 않다.

이렇게 러시아의 사이버 위협이 직간접적으로 제기되는 상황에서 한국과 나토 간에 새로이 협력관계를 마련할 필요성이 제기된다. 사이버 위협 대비 공동 지휘체제 운용이나 사이버 훈련 및 작전 수행 등의 차원에서, 나토의 사이버 방위 모델이 우리에게 주는 시사점은 매우 크다. 이와 더불어 최근에는 미국 주도의 동맹협력 차원에서 한-나토 사이버 안보협력의 움직임도 활발히 진행되고 있다. 이미 한국은 나토 '사이버방위센터(CCDCOE)'에 기여국으로 가입했고, 나토 차원의 사이버 방어 훈련인 '락드쉴즈(Locked Shields)'에도 참가했다. 일반 안보협력 차원에서도 한국은 2023년 7월 나토 정상회의에서 기존 안보협력을 한 단계 격상시킨 '개별맞춤형 파트너십 프로그램(ITPP)'을 체결했으며, 나토의 '전장정보 수집활용체계(BICES)'에도 참여했다.

2024년 7월 열린 나토 정상회의는 나토와 IP-4, 즉 한국, 일본, 호주, 뉴질랜드 등과의 협력을 언급하면서, 우크라이나 지원, 사이버 방어, 허위조작정보 대응, 첨단기술 등을 주요 협력 분야로 명시하였다. 마이클 카펜터 미 국가안보회의(NSC) 특보도 나토와 인·태 파트너 국가들이 많은 이해를 공유하며, 사이버 안보와 허위조작정보 등과 같은 다양한 현안 영역에서 협력할 수 있다고 밝혔다. 아울러 나토 회원국 정상들은 북러 군사협력 강화에 대한 우려를 표명하는 내용을 담은 '워싱턴 정상회의 선언'을 발표했는데, 나토와 IP-4의 방위산업 협력 강화를 위한 '나토 산업 역량 확대 선언'도 채택했다.

이렇듯 사이버 안보와 관련된 '러시아 변수'의 전개는, 한반도 차원을 넘어 시야의 지평을 넓힐 것을 요구한다. 멀리 유럽 지역에 발발한 러-우 전쟁에서부터 미러 대결을 배경으로 한 러시아의 정보전 수행 및 국제규범·외교 전략, 그리고 북러 군사협력과 한-나토 협력 등으로 이어지는 사태 전개의 연장선에서 '러시아 변수'가 한국에 주는 의미를 되새겨 보아야 한다. 이러한 과정에서 문제시되는 이슈 영역도 좁은 의미의 사이버 안보만이 아니라, 좀 더 넓은 의미의 국제정치적 이슈들, 즉 전쟁과 외교, 경제와 규범으로 확장되고 있음도 놓치지 말아야 한다. 주변4망(網)의 사이버 국제관계를 복합적으로 활용하는 차원에서 '러시아 변수'를 보는 발상의 전환이 요구된다.

이 책의 제4부 "러시아의 사이버 안보-국방-외교 전략과 한러관계"는 이상에서 제기한 문제의식을 발전시킨 세 편의 논문을 실었다. 제11장 "러시아의 사이버 안보 전략"(윤민우)은 한국을 둘러싼 주요 사이버 안보 주변 강대국들 가운데 러시아의 사례를 살펴보았다. 러시아의 사이버 안보 전략은 러시아의 독특한 지정학적이고 전략적인 인식과 개념을 반영하는 독자적인 전략 전통의 결과물이다. 러시아는 글로벌 인터넷을 미국의 패권공간으로 인식한다. 따라서 러시아 국가의 통제 아래 러시아의 주권이 작동하는 독립된 공간으로 사이버 공간을 구축하고 싶어 한다. 러시아의 이와 같은 주권과 사이버 공간에 대한 인식은 근본적으로 미국·서방의 주권과 사이버 공간에 대한 인식과는 다르다.

러시아의 이와 같은 주권적 사이버 공간의 시각에 기초하여 사이버 위협을 복합적으로 인식한다. 이에 따라 러시아는 사이버 위협이라는 개념 대신에 정보 위협이라는 개념을 사용한다. 러시아의 정보 위협에는 악성코드와 같은 물리적·기술적 침해뿐만 아니라 러시아의 문화적·정신적·도덕적 가치를 위협하는 정보 내용이 포함된다. 러시아는 이를 정보-기술과 정보-심리의 위협으로 구분하며 모두 정보충돌 또는 정보전쟁의 위협으로 인식한다. 러시아의 격리된 배타적 사이버 공간에 대한 방어는 외부로부터의 정보-기술과 정보-심리의 위협 모두를 의미한다.

이처럼 러시아의 사이버 안보 전략은 러시아의 유라시아 문명으로서의 독특한 자기인식과 철학과 가치관, 세계관을 담고 있으며, 이를 구체화한 국가 안보전략의 기반 위에 세워져 있다. 또한 이와 같은 러시아의 사이버 안보 전략은 군사부문과 비군사부문으로 나뉘어 추진된다. 전자는 러시아의 군사 및 정보 부문과 관련이 있으며 전·평시를 막론한 정보전쟁 수행으로 구체화 된다. 후자는 경제산업, 법제, 국내보안 등의 문제와 관련되며, 독자적인 러시아 인터넷망 구축이라는 구체적 추진 전략으로 구현된다. 이러한 러시아 사이버 안보 전략은 적어도 2000년 이후로 지난 20여 년간 꾸준히 지속적으로 일관되게 추진되어 오고 있다.

제12장 "우크라이나 전쟁과 사이버전: 러시아의 사이버 공격 및 나토의 우크라이나 지원"(신범식)은 러시아의 사이버 공격에 대응하고 우크라이나의 사이버 전쟁 수행을 지원하는 나토의 전략과 이에 따른 영향 및 함의를 고찰하였다. 2022년 2월 24일 발발한 러시아-우크라이나 전쟁의 사이버전 양상과 전쟁을 지원하는 타국의 역할은 현대전에 새로이 등장한 사이버 공간이 전쟁에 미치는 영향에 대한 통찰력을 제공한다. 세계적으로 최고 수준의 사이버 공격 역량을 보유

한 것으로 알려진 러시아는, 전쟁 개시 이래 사이버 공간을 활용한 사이버전, 정보전, 심리전, 하이브리드전을 다면적으로 수행하였다.

이에 대응하여 우크라이나도 미국과 나토를 위시한 서방 국가들의 적극적인 지원을 통해 러시아의 사이버 공격에 대응하고 있다. 전쟁 전후 대대적 사이버 공격을 실행하여 전쟁에서 승기를 잡고 전쟁을 속전속결로 끝내려는 러시아의 전략은, 우크라이나의 강화된 사이버 방어역량과 나토의 적극적 지원으로 실패하였다. 나토는 분쟁을 확대하지 않으면서 가시성이 낮은 사이버 영역에서 우크라이나를 적극적으로 지원하고 있다.

그러나 우크라이나전의 확대는 나토는 물론 러시아도 우려하는 상황으로, 러시아의 사이버 공격의 영향이 지리적 경계를 넘어 나토 회원국에 미칠 경우, 나토 조약 제5조의 집단방위체제가 가동될 것이 우려되고 있으며, 전쟁에서 나토의 역할이 커짐에 따라 전쟁 확전의 계기 내지는 게임 체인저가 될 수 있는 우크라이나 전쟁의 사이버전적 측면은 우려와 관심의 대상이 되고 있다.

제13장 "러시아의 사이버 안보외교: 중러의 전략적 협력과 권위주의 국가의 사이버 국제연대"(두진호)는 사이버 안보에 대한 러시아 및 중국의 위협인식을 식별하고, 이들이 전개하는 사이버 국제연대의 특징과 실태를 살펴보았다. 2022년 러시아의 우크라이나 침공으로 시작된 글로벌 차원의 세력권 분리 현상은 사이버 공간에서 민주주의 진영과 권위주의 진영 간 갈등과 대결을 심화하는 요인으로 작용하고 있다. 러시아의 안보 정체성에서 사이버 영역은 주권적 영역이자 사활적 이익의 대상이다. 러시아는 서구식 민주주의 유입 등 이른바 '색깔 혁명'을 신흥안보 영역에서의 가장 심각한 위협으로 인식하고 있다. 이런 맥락에서 사이버 공간은 국가의 전통적 가치를 훼손하고 국

가통합을 방해하는 서방의 사이버 영향력 공작에 대비해 반드시 확보해야 할 '전장 영역'이다.

사이버 영역에 대한 러시아와 중국의 위협인식은 국가주의 및 국가 중심성이라는 '사이버 안보 정체성'으로 수렴된다. 중국에도 정보화 및 경제성장은 정보통신기술과 시장의 성장을 견인하지만 동시에 사이버 공격 및 테러 등 내부 취약성을 키우는 요인이다. 또한 중국도 미국이 전략경쟁 수단으로 사이버 안보를 활용한다는 인식을 견지하고 있는 만큼 사이버 영역은 중국 공산당의 핵심적인 관리 대상으로 인식하고 있다. 이렇듯 사이버 공간에 대한 러시아와 중국의 일치된 인식은 미국 등 서방의 사이버 패권에 대응해 연대를 강화하고 이란 및 북한 등 동지국가들의 연대를 촉진하고 있다. 여기에 우크라이나 전쟁과 이스라엘-하마스 무력충돌로 촉발된 세력권 분리 현상이 글로벌 차원의 사이버 영역의 진영화를 가속화하고 있다.

VI. 맺음말

오늘날 사이버 안보는 국가안보의 핵심 어젠다로 명실상부하게 부상했다. 우리에게 제일 큰 과제는 북한의 공세적 사이버 공격에 대한 대응이다. 그 대응 방안으로 사이버 안보 분야의 기술역량 강화와 위협정보 공유, 공급망 안보의 확보 등이 필요하다. 사이버 범죄 및 테러의 예방·대응 역량 제고도 큰 과제이다. 이에 효과적으로 대응하기 위해서는 사이버 안보 관련 법제도와 국가적 수행체계를 정비해야 한다. 국방 분야에서도 사이버전 수행 역량의 강화, 사이버 불법 활동과 사이버 영향력 공작의 차단 및 이를 위한 사회적·제도적 기반의 조성,

그리고 사이버 군사전략의 추진 등이 중요한 과제이다. 이외에도 외교 분야에서 사이버 안보 동맹 협력 및 소다자 협력체에의 참여, 사이버 안보 국제규범 및 지역협력 외교의 추진, 사이버 안보 분야 국제 민관협력 추진 등의 필요성도 제기된다.

공격자가 우위에 서는 사이버 안보 분야의 특성상 방어와 억지 역량의 구축이나 추진체계 정비와 법제정의 노력만으로 효과적인 대응방안을 마련할 수 없다. 이런 점에서 초국적으로 발생하는 사이버 공격에 적절히 대응하기 위해서는 주변 국가들과의 국제협력과 이러한 과정에서 발생하는 문제들을 풀어가는 외교적 노력이 병행되어야 한다. 전통적인 우방국인 미국과 일본, 그리고 최근 그 중요성이 커지고 있는 중국 및 글로벌 변수로서 의미를 갖는 러시아 등과의 사이버 외교 추진에 대한 인식의 제고와 적극적인 실천은 매우 중요한 과제가 아닐 수 없다. 특히 북한의 사이버 공격과 관련하여 관건이 되는 것은 이들 국가와의 정보공유 네트워크를 구축하고, 사법공조를 위한 외교적 노력을 펼치거나, 국제규범의 형성 과정에 참여하여 호소하는 문제이다.

사이버 안보의 국제정치를 기존의 '세력균형' 시각을 넘어서 '세력망'의 입체적 시각으로 보는 발상의 전환이 필요하다. 물론 사이버 안보의 이슈가 장차 한반도의 고질적인 지정학적 이슈와 결합할 가능성도 놓쳐서는 안 된다. 그러나 동시에 냉전 시대에 잉태된 단순동맹 전략의 시각에서 주변4망(網)과의 관계를 풀어가는 오류도 경계해야 한다. 그도 그럴 것이 사이버 안보를 위한 바람직한 대응방안은 어느 일면만을 강조하는 접근이 아니라 기술과 전략, 국가와 사회, 일국적 대응과 외교적 대응, 양자적 해법과 다자적 해법, 지역적 협력과 글로벌 협력 등을 다방면으로 아우르는 복합전략에서 찾아야 하기 때문이다. 사이버 안보 문제가 급속히 국가안보의 문제로 부상하는 속도만큼 우리 모두의 중지(衆智)를 모아서 이 분야에서 제기되는 위협에 대한 대응방안을 탐구하는 국제정치학적 연구가 시급히 필요한 때이다.

이 책은 2024년도 한국사이버안보학회의 총서 시리즈 제2권을 발간하기 위해서 기획된 연구의 결과물이다. 2023년 상반기의 학회 창립 이후 여섯 차례의 '사이버 국가전략 포럼'을 개최하면서 연구 어젠다를 정리하고, 2024년 초부터 필진을 구성하여 마무리 연구를 거쳐서 잉태된 작품이다. 이 책에 실린 최종원고는 2024년 5월 24일에 '주변4망(網)의 사이버 국제관계: 미·일·중·러의 경쟁과 협력'이라는 제목을 내걸고 개최된, 한국사이버안보학회-한국국제정치학회 공동 컨퍼런스에서 발표되었다. 학회 발표 이후 수정·보완의 작업을 거쳐서 학회 홈페이지에 워킹페이퍼로 탑재되었고, 그 이후 추가 마무리 작업을 거쳐서 '사이버안보연구 총서 2'로 세상에 나오게 되었다.

이 책이 나오기까지 도움을 주신 많은 분께 감사의 말씀을 드리고 싶다. 무엇보다도 길지 않은 시간 내에 원고를 작성해 주신 열두 분의 필자들께 깊은 감사의 말씀을 드린다. 또한 이 책의 초기 구상과 초벌원고들이 발표되었던, 2023년 '사이버 국가전략 포럼'과 2024년 5월 '공동 컨퍼런스'에 사회자와 토론자로 참여해 주신 여러 선생님께 감사드린다.

직함과 존칭을 생략하고 가나다순으로 언급하면, 고명현(국가안보전략연구원), 김규철(한국외국어대학교), 김보미(국가안보전략연구원), 김숙현(국가안보전략연구원), 김은영(가톨릭관동대학교), 김태형(숭실대학교), 나용우(통일연구원), 마상윤(가톨릭대학교), 박동휘(육군3사관학교), 박영준(국방대학교), 박원곤(이화여자대학교), 박인휘(이화여자대학교),

박재적(연세대학교), 손한별(국방대학교), 송태은(국립외교원), 알리나 쉬만스카(서울대학교), 양정윤(국가보안기술연구소), 오승희(서울대학교), 오일석(국가안보전략연구원), 유인태(단국대학교), 유지훈(한국국방연구원), 이기태(통일연구원), 이승주(중앙대학교), 이영학(한국국방연구원), 이용재(통일연구원), 이종진(서울대학교), 이중구(한국국방연구원), 임은정(공주대학교), 전재성(서울대학교), 전혜원(국립외교원), 정명현(고려대학교), 정재흥(세종연구소), 최근대(육군교육사령부), 홍건식(국가안보전략연구원), 황지환(서울시립대학교) 등 여러분께 감사드린다.

또한 '사이버 국가전략 포럼'과 '공동 컨퍼런스'에서 축사 말씀을 전해 주신, 윤오준 국가정보원 3차장, 신용석 국가안보실 사이버 안보 비서관, 이동렬 외교부 사이버국제협력대사께 큰 감사를 드린다. 이 책에 담긴 주요 주장을 온라인 지면을 통해 독자들에게 소개할 기회를 마련해 주신 '보안뉴스'의 김경애 기자께도 감사한다. 학회의 총무간사인 안태현 박사의 수고에 고마운 마음을 전한다. 또한 이 책의 출판 과정에서 번거로운 교정 작업의 총괄을 맡아준 서울대학교 신승휴 박사과정에 대한 감사의 마음도 빼놓을 수 없다. 끝으로 출판을 맡아주신 사회평론아카데미 관계자들께도 감사의 말씀을 전한다.

제1부

미국의 사이버 안보-국방-외교 전략과 한미관계

제2장

미국의 사이버 안보 전략과 한미동맹

김소정 국가안보전략연구원 책임연구위원

* 이 글은 이 글은 한국개발연구원(KDI)의 『KDI 북한경제리뷰』, 2024년 5월호의 동향과 분석 파트에 동일한 제목으로 게재된 글을 수정 및 보완한 내용이다.

I. 서론

2023년 4월 한미정상회담을 계기로 "전략적 사이버 안보협력 프레임워크(Strategic Cybersecurity Cooperation Framework)"가 공동 발표되었다. 이는 2022년 5월 한미정상회의에서 설정된 기조를 유지하면서 사이버 안보를 국가의 정책 및 전략적 우선순위로 설정하고 개방적이고 상호운영이 가능하며 안전하고 신뢰성 있는 인터넷과 사이버 공간을 목표로 한다.

2022년 한미정상회담 공동성명은 광범위한 기술 및 협력 분야를 명기함으로써 양국 간 협력의 구체화를 시작한 계기가 되었다. 동 문서에는 사이버가 10회 이상 언급되면서, 통신, 양자, 암호화폐 등 사이버 공간의 이슈들에 대한 양국의 중요성을 재확인한 바 있다. 이에 우리나라는 △북한 사이버 위협 공동 대응을 위한 기술정보 사전 확보 및 공유 강화, △사이버 분야 공동훈련 참여 확대, △사이버 공격 대응을 위한 공통 판단기준 개발, △위기시 국가이익 보장을 위한 의사결정지원체계 확보, △사이버 분야 규범질서 및 가치외교 쟁점 대응력을 강화, △실효성 있는 협력을 위한 구체성과 지속성 추구 등을 제안한 바 있다(김소정 2022a). 이를 계승한 2023년 "전략적 사이버 안보협력 프레임워크"는 기술, 정책, 전략 분야에서 협력을 증진하고 신뢰를 구축하며, 진영 간 경쟁 구조 속에서 한국의 입장을 명확히 하고 이를 명문화한 점이 주요한 특징이다.

이후 2023년 8월 개최된 캠프 데이비드 한미일 정상회의에서 한미 간 사이버 안보 분야 상호협력 활동이 일본과의 협력으로 확대 적용될 것이며, 이를 시행하기 위해 한미일 고위급 안보 책임자가 함께 북한의 사이버 활동에 대응하는 '사이버 협의체'를 출범시키고, 한미일 3국 간 고위급 사이버 협의체 신설을 위한 실무 작업을 시작했다. 동 협의체는 핵·대량살상무기(WMD) 등 북한 무기 개발의 주요 자금원으로 악용되는 사이버 활동에 대한 차단 방안을 함께 마련할 것으로 알려지고 있다.[1]

이를 위한 후속조치 및 시행 실행력 확보가 프레임워크 도출 성과의 안정화를 위한 전제 요건이 될 것이다. 이하에서는 미국의 사이버 안보 전략과 국방 사이버 안보 전략, 한미 간 협력을 위한 고려사항에 대해 살펴보고자 한다. 이를 통해, 앞으로 진행될 양국 간 협력의 방향 정립에 참고하며, 한미 간 협력뿐 아니라, 주요 우방국 간 협력 방향 설정에도 활용할 수 있을 것으로 기대한다.

II. 미국의 사이버 안보 전략

1. 2023년 이전 국가 및 국방 사이버 안보 전략

21세기 정보기술의 발전으로 국가안보를 위협하는 새로운 유형의 안보 영역으로 사이버 분야를 고민하게 되었다. 위협의 주체와 공격의 방법이 다양화되면서 전통적 방법의 대응책만으로 사이버 위협을 막는다는 것은 한계가 있다. 2000년대 이후 발생한 국내외 주요 공격들은 국가 간 전략목표 달성을 위해 국가 차원에서 실행되었으며 안보적 차원의 위협으로 가시화되었다. 국가안보에 주축을 이루었던 전통적 분야인 군사 영역을 넘어서 사이버 역량(cyber power)이 중요

---

1   https://www.yna.co.kr/view/AKR20231106061900001

한 안보 요소로 등장하게 된 것이다. 사이버 공격자에게 사이버 수단은 전략적으로 유용하지만, 방어자에게는 대응전략과 체계구성에 어려움을 가중시킨다. 특히 사이버 공간이 공격 우위의 안보구조라는 주장으로 이는 뒷받침된다(Whyte and Mazanec 2019). 공격 의도를 가진 국가는 심지어 상대국에 사이버 위해를 직접 가하지 않더라도 개인이나 집단을 사주하는 등 다양한 방식을 연계하여 국가 전략 목적을 실현할 수도 있다(김소정 2022c, 19).

미국은 2000년대 이후 다양한 정책문서를 통해 사이버 안보의 중요성을 지속적으로 강화해 왔다. 2001년 직후 추진된 사이버 관련 법, 전략, 정책, 프로젝트, 계획들은 대부분 전자 정부 보안, 주요기반시설 보호에 초점이 맞추어져 있었다. 2001년 9.11 테러 직후 국토안보부 신설 시 백악관에는 사이버 안보 담당 보좌관이 임명되었다. 이후 거버넌스 체계의 변화는 있었지만, 최상위 정책결정 그룹에서는 항상 사이버 안보 이슈를 중요하게 다루어왔다. 국가기관이 사용하는 인터넷과 네트워크의 안전성 확보는 가장 중요한 문제로 인식되어 2001~2003년 2년 동안에만 관련법 4건 이상 제정, 2개 이상 전략 수립, 4개 이상 대통령 명령 발표가 이루어졌고 이를 담당할 실무기관으로 국토안보부가 설립되었다. 특히 2003년 최초로 사이버 공간 보호를 위한 국가 전략이 수립 및 발표되면서, 사이버 공간 안보 강화를 위한 미국의 의지를 확인할 수 있다.

2003년 발표한 '안전한 사이버 공간을 위한 국가전략(National Strategy to Secure Cyberspace)'은 미국 정부의 최초 사이버 안보 전략으로 민관협력 체계 구축과 사이버 사고 대응을 위한 연방 차원의 대응계획을 수립하는 데 기여했다. 2009년 오바마 정부 집권 초기에 발표한 사이버 공간 정책 리뷰(Cyberspace Policy Review)는 전략은 아니나, 당시 집권한 오바마 정부의 사이버 안보 강화 활동의 기본이 되었다. 2011년 사이버 공간 국제 전략(International Strategy for Cyberspace)은 사이버 공간에서 책임 있는 행위에 관한 국제규범과 표준 제정의 필요성을 강조하고, 미국 국익을 위한 적극적 방어(active defense) 태세를 갖출 것을 명확히 했다. 또한, 다양한 행정명령(Executive Order)과 대통령 정책 지침(Presidential Policy Directive)을 통해 주요기반시설 사이버 안보 활동을 지속적으로 강화시켜 왔다(김소정 2011).

2018년에는 2003년 사이버 안보 전략을 개정한 국가사이버전략(National Cyber Strategy)을 발표했다. 2018년 전략은 △미국의 정보와 기밀 보호를 위한 사이버 공격 대응 및 방어 능력 강화, △사이버 위협에 대한 정보 수집·분석 능력 강화를 위해 민간 협력 강화 및 정보공유 확산, △인프라와 중요시스템 보호 역량강화, △국제사회와 협력하여 사이버 공격에 대한 규제와 법적 대응체계 구축, 국제적인 사이버 안보협력 강화를 추진했다. 특히 2014년 크리미아반도 합병, 2016년 러시아의 미국 대선 개입 등 러시아의 공격 행위에 적극적으로 대응할 것을 분명히 했다. 이때에도 러시아, 중국, 이란, 북한을 4대 위협국가로 평가하고 있었다.

미국 국방부(Department of Defence, DoD)는 '악의적인 네트워크 행위자에 대한 행위 탐지와 대응의 필요성을 인식하여 적의 위협 및 취약성을 발견, 탐지, 분석 및 완화하도록 동기화된 즉각적인 역량'을 적극적 사이버 방어(Active Cyber Defence, ACD)라는 개념으로 정의하기도 했다(U.S. Department of Defense. 2011). 사이버 공격자에게 사이버라는 공간과 수단은 전략적으로 유용하지만, 방어자에게는 대응전략과 체계를 갖추기 어렵게 하는 요소이다. 악의적 의도를 가진 국가들은 상대국의 사이버 안보를 위협하는 직접적인 공격을 하지 않더라도 개인이나 집단을 사주하거나, 사회공학적 방식으로 회유 및 포섭하는 등 다양한 방식으로 국가의 전략목적 실현을 위한 악의적 행위를 시행할 수 있다. 이러한 사이버 위협의 완화와 방지를 위해서는 공격자에 대한 응징, 처벌이 필수적이다. 이를 위해 2015년 미국 국방부는 2015년 국방부 사이버 전략에서 귀속(attribution)을 효과적인 사이버 억지전략의 근본적인 요소로 식별하고 있다(김소정 2022c, 25-26).

2018년 발표된 국방부 사이버 안보 전략은 미 국방부가 평시, 위기 시 또는 갈등 시를 포함해 어느 상황에서도 미국 국내법 및 국제법을 준수하며 미국에 대한 모든 공격을 억지하고 미국의 국익을 저해하려는 목적을 가진 적으로부터 미국을 보호하기 위해 노력하고 있으며, 이를 위해 사이버 작전을 위한 역량을 개발하였고 이러한 사이버 역량을 미국 정부가 국익을 보호하기 위해 사용하는 외교, 정보, 군사, 경제, 금융, 법집행 등의 여러 가지 수단과 통합하고 있다고 설명하고 있다. 또한 "국방부는 상호 기관 파트너, 민간 부문, 동맹국, 파트너 국가와 협력하여 미국 국토와 국익에 심각한 결과를 초래할 수 있는 사이버 공격을 억지하고 필요할 경우 무력화시킨다. 정보, 경고, 작전 역량을 개발하여 정교하고 악의적인 사이버 공격을 완화하여 미국의 국익에 실질적인 여파를 미치지 못하도록 한다. 국방부는 모든 적용 가능한 법과 정책에 따라 글로벌 네트워크, 시스템, 적군의 역량, 악성 소프트웨어 브로커 및 시장에 관한 상세하고 예측 가능하며 조치를 취할 수 있는 정보를 수집하도록 한다. 국가 방위를 위해 정부 내 다른 기관과 협력하여 연합 사이버 작전을 수행하고 이를 통해 사이버 공간에서의 공격을 억지하고 필요할 경우 무력화시키도록 한다."는 전략목표를 설명하고 있다(U.S. Department of Defense. 2018). 이를 구체화하기 위한 전략적 개념이 2018년 미국 국방부의 사이버 안보 전략에서 명시한 지속적 개입(persistent engagement)과 선제적 방어(defend forwar) 개념이다(Jun 2022).

위협국가들은 그들의 국가이익 달성을 위해 경제적 강압, 정치적 영향력 개입, 정보작전, 사이버 작전, 재래식 및 비재래식 군사작전을 통합하고 있다는 점이 지속적 개입의 필요성을 강화시켰다. 악성코드를 침투시킨 사이버 공격뿐만 아니라 정치적 목적을 띤 선거 개입 등의 동시다발적 공격이 이러한 적성국의 의지를 확인시켜주고 있다.

지속적 개입은 기존의 억지전략을 강화하여 가장 직접적이고 일상적인 형태의 억지를 강제하고자 하는 개념으로, 미국 및 동맹국의 국가안보 및 경제안보를 저해하려는 무력충돌에 미치지 않는 지속적인 사이버 공격을 가하는 지능형 지속적 위협(Advanced Persistent Threat, APT)에 대한 대응을 말한다(Fischerkeller et al. 2022). 지속적 개입의 주목적은 무력충돌의 기준에 미치지 않는 경쟁에서 주도권을 잡고 사이버 우위를 차지하는 것이다.[2]

"Defend forward" 전략은 미국이 사이버 공격에 대응하기 위해 적극적으로 행동하는 데 있어 다양한 사례를 포함한다. 이 전략은 실제로 사이버 공간에서의 위협에 대응하기 위해 국방부와 사이버 보안 기관들이 협력하여 다양한 활동을 실시하고 있다. 사전에 공격자의 활동을 탐지하고 그들의 공격을 막기 위해 사이버 위협을 모니터링하고 분석하는 능력을 강화시키고 있고, 다양한 사이버 공격의 원천이 되는 국가와 조직을 대상으로 정보 수집 및 사이버 공격을 미리 예방하기 위한 작전을 수행한다.

2   John Mallery(전 MIT Media Lab 교수) 인터뷰, 2019년 9월 30일.

예를 들어, 미국은 2015년 키예프에 대한 러시아의 공격으로 전력망이 마비되었던 시점 이후 적극적으로 우크라이나를 지원해왔다. 폴 나카소네 NSA 국장은 미 의회 청문회에서 "실제 침공이 이루어지기 전에 … 우크라이나의 기반시설을 공고히 하기 위해 NSA, 사이버사령부, 관계기관, 민간 파트너들과 함께 했습니다… 우리는 'hunt forward' 팀도 우크라이나에 보냈습니다"(Nakasone 2022a; 2022b)라고 청문회에서 언급했다(김소정 2022b).

2022년 발표된 국가안보전략에서는 사이버(cyber)라는 단어만 30회 이상이 언급되며, 위협인식, 대러·대중 경쟁우위 달성, 책임 있는 행위에 기반한 국제규범 수립, 역량강화, 인력 양성 등 모든 분야에서 사이버의 중요성과 이를 통한 전략적 억지력 달성을 언급하고 있다.

2. 2023년 국가 사이버 안보 전략[3]

2023년 3월 2일 미국 정부는 국가 사이버 안보 전략(National Cybersecurity Strategy)을 공개했다. 5년 만에 개정된 이번 미국의 사이버 안보 전략은 미중 전략경쟁과 진영대립이 사이버 공간에서도 심화되는 현 상황을 반영해 큰 틀에서 주요기반시설 보호 체계 강화, 국제협력을 통한 위협국가 대응 활동 강화, 신기술 도래로 인한 미래 대비에 방점을 두고 있다고 요약할 수 있다. 시장에 기반한 자율적 보안을 추구한다는 원칙에는 변함이 없지만, 그 속에서 백악관 등 연방정부의 역할을 강화하고 실질적 보안수준 향상을 이끌 수 있는 구체적인 제

3　이하 내용은 김소정(2023)의 내용임.

도개선안들을 제시하고 있다.

우선, 국가 주요기반시설의 보호를 강조하면서 정부의 역할 강화를 통한 종합적인 책임 구조 구축을 강조하고 있다. 우리나라의 주요 정보통신기반보호법 체계와 달리 미국은 전기, 에너지, 의료, 금융 등 영역별 보안 활동을 자발적으로 시행해 왔다. 1998년 대통령 행정명령(Presidential Policy Directive) 63에서 주요기반시설 보호의 중요성을 언급한 이래, 약 90%에 해당하는 민간 주요기반시설 소유자 및 운영자들은 자발적으로 소유 및 운영하는 시스템의 보안 향상을 위해 노력해 왔다. 하지만 2021년 5월 발생한 콜로니얼 파이프라인 해킹 공격으로 자발적 보안체계만으로는 사이버 안보 위협에 효과적으로 대응하지 못한다는 점을 인식하게 되었다. 주요기반시설의 소유자 및 운영자가 민간에 속함에 따라 정부는 국토안보부를 통해 간접적으로 관리해 왔지만, 사이버 공간과 주요기반시설에 대한 국가 및 국민의 의존성 증대, 이러한 주요기반시설의 인프라 대상 공격 증대는 정부의 직접적 개입과 강제적 보안 요구사항 적용 필요성을 제기하게 되었다. 이에, 민간 자율에만 맡겨두던 주요기반시설 보호 체계 변화를 수용할 수 있는 시작점으로써 이번 전략이 기능하게 된 것이다. 특히 영역별 보안수준의 편차가 크게 발생했던 점을 인식하고, 영역별 보안수준 조정 및 최소 보안요구사항 강제가 진행될 것으로 보인다.

둘째, 주요기반시설과 시스템 보안 강화를 위한 민관협력 강화, 연방 네트워크 현대화 및 사고대응 정책 개선을 강조하였다. 민간과의 협력 강화와 산업 촉진을 위해 시장 주도의 기술혁신을 위한 인센티브를 지속적으로 제공하고, 정보공유를 강화할 것으로 언급하고 있다. 자발적 보안 활동 강화를 통한 방어력과 복원력(resiliency) 향상을 유도하고자 한다. 특히, 클라우드 서비스의 확산으로 중소규모 기업의 보안수준 향상에 크게 기여할 것을 기대하고 있다.

셋째, 악의적 행위자에 책임성을 강화하고 비용 부과를 지속한다는 것이다. 미국이 지난 약 20년간 사이버 공격에 대응해 온 방식은 1) 기소나 형사사법공조와 같은 법집행 활동, 2) 개인에 대한 여행제한, 자산동결, 수출입 제한, 3) 국가에 대한 개발원조 및 안보지원 등 중단, 무기수출 금지, 해당국 정부와의 금융거래 금지 등의 제재, 4) 가해국에 대한 항의, 비난, 국제기구 제재 추진, 외교관 추방 혹은 공관 폐쇄 등의 외교적 조치, 5) 사이버를 이용한 대응 작전 시행 등이다. 그 연장선에서 공격자에게 책임과 비용을 부과하는 제재조치 시행이 지속될 것이다. 미 재무부는 '악의적 사이버 활동(malicious cyber activities)'을 이유로 행정명령 13694 및 13757에 의한 제재를 부과한 바 있으며(U.S. Department of State. 2022), 우리나라도 북한의 사이버 활동에 대한 단독 대북 제재를 시행한 바 있다.

넷째, 공급망 보안 강화, 특히 소프트웨어 안정성 확보를 위해 노력할 것이다. 해당 내용들은 기발표되었던 대통령 행정명령 및 관련 법 제개정 등을 통해 연방정부기관을 대상으로 시행 중인 정책이다. 이들을 지속적으로 추진함으로써, 소프트웨어의 세부 내용에 대해 명확히 식별할 수 있는 소프트웨어 자재명세서(Software Bill of Materials, SBOM) 제도를 도입하고, 소프트웨어 개발, 배포 및 적용 전 과정을 관리 감독하고, 소비자가 직관적으로 소프트웨어의 안전성을 인지 가능하도록 하며, 정부 차원의 획득 및 조달 과정에 이러한 내용을 요구함으로써, 소프트웨어의 보안 강화를 질적으로 유도하고자 한다. 이러한 내용을 전략에 명문화함으로써 앞으로의 공급망 강화 노력도 이에 기반하여 출발할 것임을 분명히 하고 있다.

다섯째, 신기술 개발 및 인센티브 지원 등 시장의 자발적 참여를 유도하고, 보안인식 제고를 강조한다는 점이다. 신기술 개발은 이미 국가의 비교우위 달성을 위한 기본 전제조건이 되고 있다. 특히 양자 컴퓨팅 및 AI를 통한 보안생태계 변화는 막대할 것이지만, 이와 관련된 정책결정, 보안생태계 및 거버넌스 구축에는 어려움을 겪고 있다. 이에 이러한 신기술의 연구개발, 표준 및 인증 등 과정에서 창의적 대안 모색과 국제사회와의 협력을 강조하고 있다.

여섯째, 국제협력을 강화하여 구체적이고 가시적인 결과물을 도출하고자 한다. 랜섬웨어 대응 이니셔티브 사례와 같이, 다수국이 공동으로 아이디어를 도출하고, 그 과정에서 참여국의 역할과 기여를 명확히 함으로써 책임감을 갖도록 유도할 것이다. 또한 UN의 사이버안보 정부전문가그룹(Group of Governmental Experts) 논의와 개방형 워킹그룹(Open-Ended Working Group)의 규범형성 노력도 지속할 것을 명시하고 있다. 이 외에도 쿼드(QUAD), 오커스(AUKUS), 인도·태평양 경제프레임워크(IPEF) 등 모든 소다자간 협력체계와 사안별 양자협력도 활성화시킬 것이다.

본 전략에서 다루는 제도개선 사항들은 앞으로의 방향을 명확히 제시하고 있다. 하지만, 전략에서 제시한 내용을 구현하는 데는 어려움이 있을 수 있기에, 대통령실 내 국가사이버국(Office of National Cyber Director)의 역할과 책임이 막중하다. 사이버국은 현재 80명 규모의 인력을 100명 수준으로 확대하고, 부처 간 업무조율과 규제의 조화를 유도하는 데 앞으로 큰 역할을 지속할 것으로 예상된다(CSIS 2023).

3. 2023년 국방 사이버 안보 전략

또한 개정한 2023년 미국방 사이버 안보 전략 요약문에 따르면, 2018년 이후 지속된 미국의 적극적 개입 정책도 지속될 것으로 설명하고 있다. 동 전략은 2022 국가안보전략, 2022 국방전략, 2023 국가 사이버 안보 전략과 함께, 바이든 정부의 사이버 국방 활동의 기본 전략으로 사용된다. 중국 및 러시아, 국제범죄조직이 야기하는 사이버 위협 증대, 러시아의 우크라이나 침공으로 드러난 현대전에서의 사이버의 기능과 역할, 민간협력을 통한 통합적 작전 수행이 적국 및 국가후원 해킹조직의 공격 피해를 최소화하고, 사이버 분야 국방에 적극적 노력을 기대할 수 있다는 점을 명시하고 있다. 특히 미 국방부는 캠페인을 목적으로 사이버 공간 작전을 수행하여 무력 충돌 수준 이하에서 적의 활동을 제한, 좌절시키거나 방해하고 유리한 안보 조건을 달성하기 위한 조치를 취하여, 지속적으로 적극적인 방어와 공세적 활동을 이어갈 것을 명확히 했다(U.S. Department of Defense 2023, 1-2).

III. 한미 사이버 안보협력을 위한 고려사항

1. 차단 및 억지, 정보공유 강화

2022년 정상회담 이후 북한의 악의적 사이버 행위 대응은 한미 간 공조가 가장 명확한 분야이다. 양국은 북한의 IT인력 외화벌이 차단과 암호화폐 탈취를 통한 제재 우회 저지 및 핵미사일 프로그램 자원조달 차단에 큰 노력을 기울이고 있다. 2022년 12월 8일 외교부·국가정보원 등은 국적과 신분을 위장한 북한·IT인력을 고용하거나 이들과 업무 계약을 체결하지 않도록 국내 기업들이 주의와 신원 확인을 강화할 것을 요청하는 정부 합동주의보를 발표하였다.[4] 동시에 북한인 4명과 기관 7곳을 첫 사이버 분야 독자 제재 대상으로 지정한 바 있으며, 최근 한국과 미국이 불법 사이버 활동을 통해 북한의 대량살상무기(WMD) 자금 조달에 관여한 북한 국적자 1명을 한미 양국이 동시에 제재 대상으로 지정했다(오수진 2023). 국가정보원은 미국 국가안보국(NSA)·연방수사국(FBI) 등 정보기관과 합동으로 북한의 사이버 공격 위협 실태를 알리고 이를 예방하기 위한 보안 권고문을 발표하기도 했다(길민권 2023).

이러한 노력은 정부 간 협력 외에도 연구계 및 관련 산업계의 연계와 함께 이루어졌다는 점에서 협력의 실질성을 더하고 있다. 2022년 UN 대북제재 패널보고서에 처음 북한 가상자산 탈취자금의 핵무기 개발 프로그램 사용을 언급한 미국 CNAS(Center for a New American Security)는 한국과 공동으로 라운드테이블을 개최하였고,[5] 제3차 워킹그룹과 연계한 비공개 1.5트랙 회의 개최, 제4차 한국안보서밋(Korean Security Summit)과 같은 주요 국제 학술회의에서 주제로 다루는 등[6] 관·학·연·산 협력이 활발히 진행했다. 또한 2023년 상반기 발표된 UN 대북제재 패널보고서는 북한의 악의적 사이버 행위와 인물 등에 대해 상세한 내용을 다루고 있으며,[7] 미국 제재 담당 부서인

---

4   https://www.mofa.go.kr/www/brd/m_25605/view.do?seq=1&page=1
5   https://www.cnas.org/events/virtual-event-u-s-rok-strategy-for-enhancing-cooperation-on-combating-cyber-enabled-financial-crime
6   https://thereadable.co/us-south-korea-experts-call-for-practical-cooperation-to-tackle-north-korean-crypto-theft/

OFAC(Office of Foreign Assets Control)은 가상자산이 유통되는 분산 금융환경 위험 경감을 위한 보고서[8]를 발표하기도 했다.

이러한 적극적 활동을 위해서는 사전에 정제된 한미 간 북한의 사이버 역량과 위협 평가 등에 있어 공통의 시각을 갖고, 상호 간 이해에 기반한 협력이 가능한 환경 구축이 필요하다. 이 지점은 정부 간 협력 외 연구기관 간 협력이 유용할 것이다. △사이버 공격 및 자산 탈취 대응을 위해 부과된 제재의 유효성 평가, △가상자산 탈취를 포함한 악의적 행위자 식별·공개 과정의 절차적 정당성 확보, △공격자 식별 및 지목 과정의 신뢰성 보장, △국가 차원의 정책결정과정 지원용 데이터 기반 정책자료 생산, △국가 대응 매트릭스 고도화 등이 공동 연구 어젠다가 될 수 있다.

이 과정에서 양국 간 정보공유는 필수적으로 선행되어야 한다. 현재 정보·외교·국방·법집행·IT 등 부처별 협력체계는 구성 및 운영 측면에서 그 역할을 충분히 잘 수행해 왔다. 민간 전문가들 간 전문가 교류 및 민관학 협력도 부처별 층위에 맞추어 다층화되어 시행되었다. 앞으로는 국가안보 이슈들에 대한 통합적 정책결정이 가능하도록 안보실을 중심으로 한 정보공유 체계를 군건히 해야 한다. 동 프레임워크 발표를 통해 부처별 단독행동 및 불협화음을 상당수 줄일 수 있을 것이다. 동시에 다층 및 다분야 전문가 교류, 민관학 협력을 장려하며, 민간 분야의 자생적 교류 활성화 체계를 마련해야 할 것이다. 특히 사이버 안보 분야 트랙2 활성화를 통해 부처 간 직접적 협력이 어렵거나, 사전 공감대 형성이 필요한 분야에 적극적으로 활용할 필요가

---

7   https://documents-dds-ny.un.org/doc/UNDOC/GEN/N23/037/94/PDF/N2303794.
     pdf?OpenElement
8   https://home.treasury.gov/system/files/136/DeFi Risk Full Review.pdf

있다.

또한, 미국과의 정보공유 강화는 향후 일본을 포함한 한·미·일, 나아가 파이브아이즈(Five Eyes)와의 정보공유까지도 고려해야 할 것이다. 상호 간 정보 강점과 수요를 적절히 조정해야 할 것이며, 특히 정보공개 딜레마에 대해 주의가 필요하다. 국가 간 통합 및 조정된 정보공유 체계 활성화와, 정보 공유 범위와 대상 등의 구체화가 추가적으로 필요할 것이다.

2. 국제규범 형성과 역량강화

사이버 공간의 규범 형성 노력은 지난 약 30년간 지속적으로 추구되어 왔으나, 구체적 결과물 도출에는 아직 이르지 못했다. 2004년 이후 지속된 UN의 사이버 안보 정부 전문가 그룹(GGE)회의는 6차 회의를 끝으로 정체되어 있다. GGE에서 도출한 결과는 3차 회의 시 합의한 "기존 국제법과 주권의 온라인공간 적용" 원칙과 제4차 회의에서 합의한 11개 규범뿐이다. 제6차 GGE와 병행된 개방형 워킹그룹(OEWG)도 현재 2차 회의를 진행하고 있으나, GGE에서 합의한 결과 외에 추가 결과물은 아직 도출하지 못한 상태이다. 그럼에도 불구하고, OEWG에서 사이버 사고 대응을 위한 컨택포인트 설정에 회원국이 합의하고, 이를 구체화하는 활동을 지속하고 있어, 규범의 전 세계적 적용을 시작하고 있다는 점과, GGE와 OEWG는 사이버 공간에서의 악의적 국가행위에 대한 규범 제정의 필요성을 촉발시켰으며, 사이버 공간에서 발생하는 행위에 대한 국제법 적용을 위한 노력을 유도함으로써 탈린매뉴얼 등의 연구결과물이 도출되는 계기가 되었다는 점에서 그 활동 의의가 있다고 볼 수 있다. 특히 한국은 2024-2025

년 비상임이사국 기간 동안 한국이 집중하고자 하는 분야에 사이버를 포함시켰고 관련한 활동을 적극적으로 개시하고 있어 상당한 논의의 진전이 예상되는 바이다. 다만, UN 대북제재 패널 운영이 종료됨에 따라, 북한의 대북제재 위반에 대해 어떻게 대응할 것인지에 대해 지속적으로 관심을 가져야 한다.

미국은 UN 중심의 논의에는 소극적으로 대응하고 있으며, 자국이 중심이 된 양자 및 소다자 협의체를 통해 실무 차원의 협력을 강화하고 있는 것으로 보인다. 특히, 민주주의 가치 보호를 강조함으로써 냉전시기로의 회귀에 대한 우려도 발생하고 있다. 이에 워싱턴 소재 주요 싱크탱크는 UN을 중심으로 한 사이버 안보 규범 논의의 한계를 명확히 인식하고, 이를 대체할 수 있는 논의체 구성에 주의를 기울이기 시작했다. 하지만, 사이버 공간이 인류의 보편적 공공재의 역할도 수행하고 있기 때문에 UN을 논의에서 완전히 배제시킬 수는 없다는 점도 명확히 인식하고 있다.

앞으로의 논의가 어떤 형태로 지속되더라도, IT기술의 급격한 발전과 탈중앙화된 환경변화는 국가의 기능과 역할, 미래에 많은 고려사항을 제기하고 있다. 블록체인, 프라이버시 보호 기술 등 IT기술의 발전은 탈중앙화된 정치·경제 체계 구축 가능성을 높였고, 전통적인 국가의 기능과 역할의 변화 가능성도 높아졌다. 예를 들어, 러시아-우크라이나 전쟁에서 큰 기여를 한 민간 업체와 전문가들은 기술적 측면에서 전쟁 수행 방식의 변화를 가져왔으며, 이는 앞으로의 규범 형성에 그들의 의견 반영도 고려해야만 하는 상황을 유도하게 되었다.

국제적으로도 민간사업자와 전문가의 의견이 얼마나 반영될 수 있느냐는 점에 대해서는 향후 논란의 여지가 있다. 공개 귀속 및 식별에 대한 GGE 논의 시 미국은 MS, 시만텍 등 민간전문가들을 회의 과정에 참여시켜 이들의 의견을 반영한 규범 정립을 주장했다. 중국 등은 민간사업자들의 의견은 국가별로 국내에서 청취하고, 국제기구에서는 정부가 이들의 의견을 포함한 대표의견만 논의하자고 주장한 바가 있었다. 이를 현재에 다시 적용해 본다면, 민간사업자들 및 전문가들의 의견이 직접적으로 규범 형성에 반영되기는 어려울 수 있지만, 러-우 전쟁에서와 같이 위성서비스 제공 등 국가의 기반시설 운영에 결정적 기여를 했다는 점에서 그 적용이 다르게 될 여지도 있을 수 있다(김소정 2022b).

이러한 상황에서 한미가 국제규범 정립을 위한 협력 논의에 있어서는, 국제법 적용과 같은 진영 간 논리가 첨예한 분야보다는 북한 가상자산 탈취 대응과 같은 개별 사안별 협력을 중심으로 대응하는 것이 우리 의견 반영과 역할 구체화를 통한 기여에 긍정적일 것이다. 2022년 한미정상회의 및 이번 프레임워크 발표를 통해, 진영 간 규범경쟁에서 미국 측에 한층 가까운 입장을 보인 것은 주지의 사실이다. 그럼에도 불구하고 진영 간 경쟁구도 속 전략적 자율성 확보를 위한 여지를 갖기 위해, 상대적으로 이해관계가 첨예하지 않은 사이버 역량강화 활동 등에 적극적으로 기여함으로써 논리적 대립보다는 실질적 이익을 추구하는 것이 바람직할 것으로 판단된다.

사이버 역량강화는 의미 그대로의 역량강화 지원과 동시에 우리의 안보적 목적도 달성할 수 있는 수단이 된다. 세계은행(World Bank)이나 국제전기통신연합(International Telecommunication Union, ITU) 등을 통해 동남아의 저개발국 및 개발도상국들은 한국의 사이버 분야 전략 및 정책 수립, 법제도 개발, 훈련 및 인력양성을 적극적으로 요청하고 있으며, 한국의 경험과 노하우를 공유해 주기를 희망하고 있다. 이를 개발협력의 형태 혹은 공적개발원조(ODA) 사업으로 사이버 안보 역량강화를 지원함으로써 우리나라의 사이버 안보 수준 향상에 기여할 수 있다. 이런 부분이 우리나라가 2022년 발표한 인태전략에 다수 반영되어 있다는 점을 매우 고무적이라고 판단할 수 있다. 특히 동남아 국가 등 북한이 IT 인프라를 악용하고 인력을 파견시키고 있는 국가들 대상의 역량강화 활동에 집중하는 것이 효과적일 것이다.[9] 러-우 전쟁 개전 이전 미국이 우크라이나의 전략과 정책 수립, 인력양성 및 역량강화 등에 기여했다는 점은 시사하는 바가 크다. 다만, 개발협력사업의 전단계(기획에서 평가까지)상 사이버 안보 이슈는 비주류적 어젠다에 그치고 있으며, 국무조정실이 발표한 ODA 사업 성과지표 모델(안)에도 CCB 사업의 성과를 측정할 수 있는 항목이 부재하다는 점에서 한국의 연계 접근 및 CCB 선진화를 위한 향후 과제로 주목할 수 있다(이지선·김소정 2023, 46).

이 외에 실질적인 역량강화를 위한 유도 활동에 적극적으로 참여해야 한다. 우리 정부는 2022년 4월 북대서양조약기구(NATO) 사이버 방위협력센터(Cooperative Cyber Defence Centro of Excellence)의 기여국(Contributing Partner)으로 가입하였고, CCDCOE 주관의 Locked Shields에 참여해 왔다. 국가 간 사이버 공간에서 발생한 악의적 행위 혹은 무력공격에 적용 가능한 국제법이 성문화되지 않은 상황에서, 개별국가의 사례별 판단에 따른 대응이 가능해짐에 따라 이에 대한 국가별 해석과 적용은 추후 사이버 공간에 적용 가능한 국제법 개발에 적극적으로 활용될 것으로 예상된다. LS는 기술 측면의 공방훈련 외에도 전략훈련, 미디어 대응 등 정책결정 지원을 위한 다양한 분

---

9 https://directionsblog.eu/south-koreas-indo-pacific-strategy-promotes-cyber-cooperation/

야가 포함되며, 이는 사이버 공간의 갈등 대응을 위한 국가 간 대응체계 파악뿐만 아니라 참여 국가들 간 유사한 프로토콜 및 국제법 적용 관습을 만들어가는 데 중요한 요소가 되고 있기 때문이다.

이 외에도 미국 주관의 사이버스톰 및 분야별 훈련이 다양한 만큼 훈련 참여를 확대하여 전략·정책·기술 모든 층위에서의 공통 인식과 대응절차 개발에 초점을 맞출 필요가 있다. 재래식 분야에서처럼 훈련, 전술 및 정책, 전략 측면 공조가 가능한 통합훈련 등도 필요할 것이다. 이를 통해 한미 간 악의적인 행위자에 대한 공통의 책임 부과 기준을 개발하고, 국가 차원의 대응체계를 조율해 나갈 수 있을 것이다.

러시아-우크라이나 전쟁 발발으로 기술선진국들에 대한 지원 요청과 미국 주도의 전진방어 전략의 적극적 활용이 증가할 것이다. 이번 전쟁 수행 과정에서 미국은 수십 차례의 "선제적 예방 활동(hunt forward)"시행을 청문회에서 공개했다. 전쟁 전과 진행 중 과정에서 민간 전문가 및 기업의 지원이 적극적으로 활용된 상황에서, 전후 복구 및 역량강화를 위해 동맹국에 지속적인 지원 요청이 예상된다. 우리나라는 특히 IT 및 사이버 보안 분야 전문가들의 역량이 높아, 이들에 대한 지원이 가시화될 수 있을 것이다. 미국과 캐나다 등은 사이버 분야 국가예비군(Natioonal Reserve Guard)을 상시적으로 운영하고, 국가 위기 시 활용하고 있다. 우리나라도 상비군 개념의 전문가집단을 운영 및 관리하고, 이들을 적법하게 활용할 수 있는 법제도적 준비가 필요할 것이다(김소정 2022b).

3. 사이버 기술의 무기화와 대응

2010년 이란에서 발생한 스턱스넷 공격으로 취약점이 사이버 공간에서 전략무기가 될 수 있다는 점이 증명되었다. 이후 제로데이 취약점은 실제 무기로 블랙마켓을 통해 거래되고 있다. 해커들이 취약점을 통해 막대한 이익을 얻게 되면서 취약점 시장이 중국 등 다른 나라로 확대되고, 여러 국가가 제로데이 취약점을 비축하게 되었다. 전 세계적으로 실력을 보유한 해커가 다양한 국가에서 생겨남으로써 국가들은 사이버 무기 시장에서 통제권을 상실하고, 안보를 위협하는 결과를 가져오게 되었다. 실제 해킹으로 자동차, TV 등의 제품뿐만 아니라 군사시설, 드론 등 해킹 범위가 확장되고 있으며, 제로데이 취약점을 활용한 국가 간 공격행위도 발생하고 있다.

이러한 상황은 규범의 문제에 있어 또 다른 쟁점을 제기한다. 지금까지 전략무기나 이중용도 기술은 바세나르체제에 따라 수출입을 관리 및 통제해 왔다. 하지만, 특정국가에 치명적인 손실을 입힐 수 있는 제로데이 취약점이 개인에 의해 개발, 생산 및 유통되고, 손쉽게 구할 수 있게 되면서 기존 바세나르체제를 통한 수출입규제는 더 이상 적용하기 어렵게 되었다. 이 과정에서 국가들은 취약점을 분석 및 취득하는 주요 기능을 정보기관에 의존하고 있으며, 이는 정보기관이 전통적인 정보수집 방법과 함께 사이버 공간에서 취득·모니터링한 결과를 통합함으로써 상대적 우위를 갖게 되는 또 다른 이유가 되고 있다.

국제연합은 국가 및 국가가 후원하는 공격자들, 테러리스트들에 의한 사이버 공격 위험에 대해 UN 차원에서 대응해야 한다고 판단하고 있으며, 특히 ICT를 활용하거나 ICT에 대한 테러리스트의 활동을 심각하게 다루고 있다. 이 과정에서 사이버 안보 침해행위 및 보호활동 양 측면에서 정보기관의 역할과 기능이 점점 중요해지고 있다. 공격자들은 정보기관의 정보와 해킹기술력을 산업기밀 절취 등에 실제로 활용하고 있거나, 정부가 재정적·인적 자원을 지원하여 악의적인 행위를 수행한다. 방어자들은 상대편 네트워크에 실제 침투하거나 원격으로 제어된 시스템을 통해 공격활동 모니터링 및 방어, 공격근원지 관리 및 제어 등의 활동을 한다. 이러한 직간접적인 지원 혹은 직접 수행된 국가행위에 대한 책임을 묻기 위해서는 공격 원점에 대한 식별이 필수불가결하며, 여기에서 정보기관과 민간 전문기업들에의 의존도가 높아지고 있다.

이를 위해 정보기관은 위협 인텔리전스 활동과 사이버 보안 활동을 동시에 수행하며, 이 행위들은 국가안보적 목적을 띠게 될 때, 사이버 안보 활동이 된다. 우선 기술적으로 사용되는 위협 인텔리전스 활동과 사이버 보안 행위에 대한 구분이 필요하다. 일반적으로 이야기되는 위협 인텔리전스는 애플리케이션 및 시스템을 대상으로 하는 위협과 관련된 정보를 수집, 처리, 분석 및 배포하는 지속적인 활동으로 정의된다. 이 정보는 다양한 출처에서 실시간으로 수집되는데, 단일 데이터베이스에 집계되어 보안 전문가에게 악의적인 행위자가 악용하는 취약점 및 활성 위협에 대한 중앙집중식 정보 소스를 제공한다. 사이버 보안은 위협을 모니터링뿐만 아니라 공격에 대처한다는 점에서 위협 인텔리전스와 구분된다. 사이버 보안의 목표는 무단 접근 또는 사이버 공격으로부터 중요한 네트워크, 애플리케이션, 장치 및 데이터를 보호하는 것이다. 사이버 보안 조치는 침입 방지를 목표로 새로운 공격보다 앞서려고 시도하며, 가능한 한 빨리 피해를 완화할 목적으로 공격에 대한 대응책을 개발한다(김소정 2022e).

사이버 공간에서의 활동이 갖는 은밀성과 촉박함은 실제 발생한 행위의 세부사항에 대해 공개하기 어렵게 하고 있고, 정보기관이 수행한 실제 행위들이 정보수집 행위인지 사이버 공간의 방어행위인지

구분하기도 어렵다. 더욱이 발생한 행위에 대한 책임을 묻기 위해 필수 전제조건인 공격자 식별이 명확히 이루어졌던 사례도 없다. 설령 피해국 혹은 피해국과 유사 입장을 가진 국가들이 특정 국가를 공개 지목할지라도, 가해국으로 지목된 국가가 그 행위를 실제 당사국의 행위로 인정하지 않았다. 2007년 에스토니아, 2010년 이란에 대한 스턱스넷, 2014년 소니해킹 이후 발생한 북한에서의 전산마비, 2018년 동계올림픽 개막식에서 발생한 공격 사례 등이 모두 이에 해당한다.

국제규범을 형성하는 데 있어 정보기관이 주도하는 사이버 안보는 이러한 이유로 새로운 고려사항을 제시한다. 전통적으로 정보기관의 활동은 명시적 규율대상이 아니었기 때문에, 사이버 안보 담당기관의 적극적인 악의적 행위 저지는 규율의 공백 혹은 일종의 회색지대로 인식될 여지가 있다는 지적이 생긴 이유이다. 이 공백을 어떻게 규율할 것인가는 전통적인 정보기관의 활동에 대한 국제관습에 변경을 요구할 수도 있는 사안이기도 하다. 또한 사이버 안보 기관이 사전에 공격을 탐지하고 방어하는 행위는 국가안보적 차원에서 중요한 활동이지만, 상대국의 입장에서는 직간접적으로 주권, 영토, 국민에 대한 침해가 발생할 수 있는 소지가 있다. 이는 정보기관이 아니라도 사전적 예방행위를 적극적으로 수행하는 모든 경우에 해당한다. UN GGE에서 협의하고자 했던 "사이버 공간에서의 책임 있는 행동(responsible behaviour in cyberspace)"을 규범화하는 데는 국가별 이해관계가 다르게 적용될 수밖에 없는 실정이다.

IV. 결론

사이버 분야에서의 강대국 간 경쟁은 매우 치열해지고 있고, 미국의 정보통신기반서비스 기업에 대한 의존도가 높은 현 상황에서, 한미 간 사이버 안보 분야 협력을 공고히 할 것을 천명한 것은 중요한 의미를 갖는다. 한편으로는 전략적 규범경쟁하 우리의 입지가 좁아졌다고 판단할 수 있으나, 우리나라가 기술적 자생력을 갖고, 전략적 자율성을 도모할 수 있도록 핵심분야 공동 연구개발과 규범 형성에 적극적으로 참가하여, 국제사회 및 동북아 지역에서 우리나라의 입지와 전략적 요충지로서의 중요도를 공고히 하는 기회로 삼아야 할 것이다.

이를 가능하게 하기 위해서는 한미 간 북한의 사이버 역량과 위협 평가 등에 있어 공통의 시각을 갖고, 상호 간 이해에 기반한 협력이 가능한 환경 구축이 필요하다. 이 과정에서 양국 간 정보공유는 필수적이다. 최근 개최된 UN의 OEWG 회의에서 전 국가를 대상으로 한 사이버 안보 위기 대응을 위한 컨택포인트 디렉토리 설립이 추진되고 있다는 점은 정보공유 강화의 필요성을 전 세계가 공감하고 있다고 볼 수 있는 점이다.

현재 정보·외교·국방·법집행·IT 등 부처별 협력체계는 구성 및 운영 측면에서 그 역할을 충분히 잘 수행해 왔다. 민간 전문가들 간 전문가 교류 및 민관학 협력도 부처별 층위에 맞추어 다층화되어 시행되었다. 앞으로는 국가안보 이슈들에 대한 통합적 정책결정이 가능하도록 안보실을 중심으로 한 정보공유 체계를 굳건히 하고, 부처별 단독행동 및 불협화음을 상당수 줄일 수 있을 것이다. 동시에 다층 및 다분야 전문가 교류, 민관학 협력을 장려하며, 민간 분야의 자생적 교류 활성화를 체계를 마련해야 할 것이다. 특히 사이버 안보 분야 트랙2

활성화를 통해 부처 간 직접적 협력이 어렵거나, 사전 공감대 형성이 필요한 분야에 적극적으로 활용할 필요가 있다.

또한, 미국과의 정보공유 강화는 향후 일본을 포함한 한·미·일, 나아가 파이브아이즈(Five Eyes)와의 정보공유도 고려해야 할 것이다. 상호 간 정보 강점과 수요를 적절히 조정해야 할 것이며, 특히 정보공개 딜레마에 대해 주의가 필요하다. 국가 간 통합 및 조정된 정보공유 체계 활성화와 정보 공유의 범위와 대상 등의 구체화가 추가적으로 필요할 것이다.

참고문헌

국가보안기술연구소 옮김. 2014. 『사이버 전쟁에 적용 가능한 국제법: 탈린매뉴얼』. 글과 생각.

길민권. 2023. "국정원, 北의 랜섬웨어 공격에 '韓美 합동 사이버 보안 권고문' 발표." 『데일리시큐』 2월 10일.

김소정. 2011. "오바마 정부의 사이버안보 정책 추진현황과 정책적 함의." 『외교안보연구』 7(2).

_____. 2013. "사이버안보 국제협력과 국가전략." 제주평화연구원 Peace-Net 2013-17.

_____. 2022a. "2022 한미정상회담과 사이버안보: 억지력 강화를 위한 전략적 과제." 국가안보전략연구원 이슈브리프 361.

_____. 2022b. "러시아-우크라이나 전쟁과 사이버안보 전략구상의 함의." 국가안보전략연구원 이슈브리프 358.

_____. 2022c. "미국의 사이버공격 대응정책과 한국에의 시사점 – 솔라윈즈 해킹 대응사례를 중심으로." 국가안보전략연구원 연구보고서 2022-04.

_____. 2022d. "우크라이나 사이버전 대응사례와 한국의 역량 제고 방안." 국가안보전략연구원 전략보고 No.200.

_____. 2022e. "사이버공간에서의 정보기관의 역할 확대와 시사점." 서울대 국제문제연구소 이슈브리핑 No.170.

_____. 2023. "2023 미국 사이버안보 전략 주요내용과 한국에의 시사점." 국가안보전략연구원 이슈브리프 423.

오수진. 2023. "한미, 사이버분야 첫 동시 대북제재… '암호화폐 세탁' 북한인." 『연합뉴스』 4월 24일.

이지선·김소정. 2023. "사이버 안보와 개발협력 연계 접근에 관한 연구: 영국과 한국 사례 비교." 『21세기정치학회보』 33(1): 27-54.

장노순·김소정. 2016. "미국의 사이버전략 선택과 안보전략적 의미." 『정치·정보연구』 19(3): 57-92.

조상진. 2023. "한국 첫 '대북 사이버 독자제재'…개인 4명·기관 7곳 지정." 『VOA』 2월 11일.

CSIS. 2023. "The Biden-Harris Administration's National Cybersecurity Strategy." Roundtable, 02 March.

Fischerkeller, Michael P. et al. 2022. *Cyber Persistence Theroy : Redefining National Security in Cyberspace*. Oxford Unitersity Press.

Jun, Jenny. 2022. "The Promises and Limits of "Defend Forward" in the ROK Context." GCPR(서울, 플라자 호텔, 2022년 9월 21일).

KIM, So Jeong. 2023. "South Korea's Indo-Pacific Strategy Promotes Cyber Cooperation."

Nakasone, Paul M. 2022a. The U.S. Senate Select Committee on Intelligence. '22. 3. 10.

_____. 2022b. Subcommittee on Intelligence and Special Operations Hearing: "Defense Intelligence Posture to Support the Warfighters and Policy Makers". '22. 3. 17.

UN General Assembly. 2021. "Group of Governmental Experts on Advancing Responsible State Behaviour in Cyberspace in the Context of International Security." 7.14.

U.S. Department of Defense. 2011. Strategy for operating in cyberspace. Washington,
      DC: Department of Defense.
_____. 2018. Summary of the Department of Defense Cyber Strategy. Washington, DC:
      Department of Defense. September.
_____. 2023. 2023 Cyber Strategy of Department of Defense.
U.S. Department of State. 2022. PRESS RELEASE, Imposing Sanctions on Virtual
      Currency Mixer Tornado Cash. AUGUST 8.
Whyte, Christopher and Brian Mazanec. 2019. Understanding Cyber Warfare: Politics,
      Policy and Strategy. Routlege.

웹사이트

https://www.koreancenter.or.kr
https://www.yna.co.kr/view/AKR20231106061900001
https://www.mofa.go.kr/www/brd/m_25605/view.do?seq=1&page=1
https://www.cnas.org/events/virtual-event-u-s-rok-strategy-for-enhancing-cooperation-
      on-combating-cyber-enabled-financial-crime
https://thereadable.co/us-south-korea-experts-call-for-practical-cooperation-to-tackle-
      north-korean-crypto-theft/
https://documents-dds-ny.un.org/doc/UNDOC/GEN/N23/037/94/PDF/N2303794.
      pdf?OpenElement
https://home.treasury.gov/system/files/136/DeFi-Risk-Full-Review.pdf
https://n.news.naver.com/article/023/0003836147?sid=104
https://directionsblog.eu/south-koreas-indo-pacific-strategy-promotes-cyber-
      cooperation/

제3장

미국의 사이버 국방 전략과 한미동맹

박용한 한국국방연구원 선임연구원

I. 군사 분야 사이버 위협 특징

1. 네트워크 마비전

미래전장은 모든 전투체계가 연결된 네트워크 환경에서 작전을 수행하게 된다. 초연결된 네트워크 환경은 사이버 공간과 전자기스펙트럼 공간으로 구성된다. 무기체계가 발전하면서 두 영역에 대한 의존도는 높아진다. 따라서 사이버 작전 환경은 지·해·공뿐 아니라 우주와 사이버 및 전자기 영역으로 확대된다. 특히 분리된 폐쇄망도 침투 및 접속 가능성을 완전하게 배제하기 어렵다. 모든 제대가 노출될 수 있다. 사이버 작전은 비물리적 작전뿐 아니라 물리적 수준도 포함하는 작전으로 전개될 수 있다. 지휘체계뿐 아니라 무기체계와 기반시설도 포함될 수 있다. 이러한 공격에서 군사 영역뿐 아니라 민간 영역도 표적화될 수 있다. 이러한 네트워크 마비전은 다영역으로부터 제공되는 다양한 수단과 방법을 포괄한다. 따라서 합동작전 또는 다영역작전(MDO) 개념으로 통합해 접근해야 한다(송운수 2022, 189-193). 미래 다영역작전은 과거 물리적 타격에 초점을 둔 효과중심작전(EBO)과 달리 이제는 네트워크중심작전(NCO)을 바탕으로 전개된다고 전망된다.

시간적 영역에서 보자면 전시와 평시를 구분하기 어려운 상황도 예상된다. 사이버 공간은 물리적 영역과 달리 평시에도 은밀한 활동이 전개되며 임의의 상황을 예비한 공격이 이뤄진다. 여기에는 군사적 대상뿐 아니라 기반시설을 포함한 민간 영역도 포함된다. 전시에 두 영역을 동시 공격해 효과를 높일 가능성이 있으며, 이러한 혼합 공격 양상에 따른 위협 대비가 필요하다.

다만, 이러한 위협에 적절한 대응도 가능하다. 우크라이나 전쟁 개전에 앞서 러시아 사이버 공격에 대비한 서버 분산과 대응이 효과를 보았다. 모든 사이버 공격이 만능이 아니라는 경험이다. 이는 과거 러시아 공격 양상을 분석했고, 공격 징후를 판단한 적절한 대응의 결과다. 나토와 미국이 우크라이나 전쟁에 대응한 '회복력' 구축을 교훈으로 분석해야 한다.

2. 하이브리드 전쟁

하이브리드 전쟁은 사이버 선제공격 후 물리적 전쟁을 개시하는 특징을 내포하며, 북한은 전면적 침공을 앞두고 한미 연합군에 대규모·동시적 사이버 공격에 나선다고 전망된다.[1] 본격적인 공격에 앞서 평시에는 스피어 피싱 공격 전략으로 전시 공격을 위한 여건을 조성한다. 악성 이메일로 안보 관련 연구자를 대상으로 공격하면서 악성 명령어가 포함된 파일을 첨부해 발송한다. 컴퓨터 정보를 외부로 유출하려는 목적이며 이를 통해 통제권을 얻어낸다.[2]

특히 우크라이나 전쟁에서 정보전의 위력을 확인할 수 있다. 2021년 가을부터 러시아는 군사훈련 및 병력 이동과 함께 우크라이나 현지 저항 감소와 국제사회 동조를 견인하기 위한 내러티브를 확산했다. 특히 침공에 대해서 자국 방위를 위한 제한적 군사작전이라고 주장했다. 러시아는 동시에 개전 첫날 우크라이나 통신 시스템과 인터넷 인프라를 공습했다. 이에 대응한 우크라이나는 러시아 주장을 반

---

[1]   러시아는 2022년 2월 24일 우크라니아 침공에 앞서 사이버 공격은 두 달 전인 2021년 12월 28일 시작했다는 기록도 발견됐다. 박동휘 외(2022, 147-148).

[2]   '엔드포인트보안연구개발실' 위협 분석 부 고서(2023.9.26.).

박하는 내러티브를 신속하게 발신했다. 젤렌스키 우크라이나 대통령이 도주했다는 러시아 주장을 반박하는 등 항전 의지를 소셜미디어를 통해 확산했다. 일론 머스크는 스타링크를 제공해 통신 시스템을 정상화하도록 도왔다. 미국 IT 기업 마이크로소프트는 러시아 공격 패턴을 분석해 우크라이나 대응에 도움을 줬다. 구글은 정찰과 감시, 물리적 타격을 위한 목표물 탐지 및 식별에 필요한 공간 정보를 제공했다 (송태은 2023a, 94-100).

이처럼 정보전은 진화하고 있다. 전쟁 초반부터 전자전 사이버전 정보작전 물리적 포격이 유기적으로 활용된 작전 형태를 확인할 수 있다. 정보작전이 심리적 교란이나 마비의 효과를 추구하는 기존 개념을 탈피해 보다 유기적으로 물리적 살상에 기여했다는 평가다. 결정적 작전을 위한 지원 차원을 넘어 전쟁 수행의 핵심 위치를 차지했다. 정보전의 영역이 초연결된 사이버 영역으로 확장됐다. 이는 데이터를 정보로 활용하게 되면서 가능해졌다. 데이터가 결정중심전의 핵심적인 위치를 차지하게 됐다. 장기적으로 미군이 추구하는 모자이크전의 핵심도 데이터에 있다(손한별 2023, 107-112).

이처럼 미래 전쟁의 양상은 앞서 살펴본 바와 같이 다영역작전 (MDO) 개념이 실증적으로 구현될 전망이며 이미 일부분 현실에서 확인되고 있다. 또한, 데이터 중심의 정보전으로 이동하는 추세도 드러나고 있다. 사이버전의 중요성과 취약성이 함께 부각된다. 미래 전쟁의 성패가 사이버전 결과에 따라 좌우될 수 있다는 전망이 나오는 배경이다.

3. 우주자산 위협[3]

　우주 분야 발전에 따라 사이버 공간 의존도가 증가하며 동시에 사이버 위협 영향을 피할 수 없다. 2022년 2월 유럽우주국(ESA)은 우주 사이버 보안 강화를 위해 실시간 인공위성 해킹을 시도할 참가자를 모집했다. 2019년 12월 궤도 515km 고도에 올려둔 위성을 상대로 기술을 검증했다. 사이버 인공위성 해킹으로 위성을 물리적으로 공격하지 않더라도 위성을 무력화하거나 운용자 의도와 다르게 제3자의 통제가 가능하다. 인공위성을 손쉽고 저렴한 방법(300달러)으로 해킹한 사례는 꽤 많다. 사실상 대부분의 상용 위성은 당장 비전문가의 공격으로도 일시적·영구적인 침해가 가능한 상황이다.

　위성에 대한 직접적인 사이버 공격뿐 아니라 지상 관제소에 침투해 통제권을 빼앗거나 무력화도 가능하다. 만약 위성을 운용하는 서버가 해킹 공격이나 물리적인 침해를 받는다면 위성 운용에도 큰 차질이 불가피하다. 지구에서 3만 6,000km 떨어진 정지궤도 위성을 해킹하기 위해 멀리 갈 필요가 없다. 3,000km 바다 건너에서 사이버 공격으로 원하는 목적을 달성할 수 있다. 사이버 공격에 성공할 경우 내가 쏜 위성이 없더라도 다른 국가에서 쏜 위성으로 원하는 목적 달성도 가능하다. 사이버 해킹으로 침투한 뒤 군집 드론 공격처럼 500km 저궤도 상공에 올라가 있는 다수의 인공위성을 활용한 군집 위성 공격도 가능하다. 컴퓨터 게임 하듯 '분산제어' 기술을 적용해 삼삼오오 짝을 지어 임무를 받고 수행할 수 있다. 우주에 올려 둔 정찰위성이라는 '눈'과 통신망이라는 '귀'를 잃어버리면 현대전 수행은 불가능하다. 이런 이유로 미국에선 오래전부터 사이버 진주만 공습을 우려했

3　박용한(2023)의 내용을 바탕으로 재구성.

다. 랜드 연구소에서 1995년 분석한 결과에는 고속열차 탈선이나 항공기 추락, 송전망 파괴 등이 거론되었다. 대량 파괴무기가 아닌 대량 혼란의 무기가 된다.[4] 사이버 공간의 통제권을 상실하면 우주를 포함한 모든 걸 빼앗기게 된다.

4. 초연결성의 파급효과

앞서 데이터 전쟁 양상과 함께 네트워크 마비전의 파급효과를 확인했다. 이는 초연결의 취약성으로 설명된다. 2022년 10월 15일 발생한 판교 데이터센터 화재는 의존성에 따른 취약성을 보여준다. 데이터센터에서 대규모 정보를 저장 및 처리한다. 개별 운용 이용자 사이 정보 교환이 이뤄지는 장소이며 여기서 데이터를 전달 및 저장한다. 특히 AI와 같은 연산 도구를 활용해 데이터를 가공 및 처리한다. 여기에는 서버를 비롯한 네트워크, 저장 공간인 스토리지, 메모리 반도체 등이 집약돼 있다. 네트워크와 상시 연결된 상태를 유지하면서 안정적인 운용이 필요하다.

군에서는 분리된 통합데이터센터를 구축해 군사 정보 처리를 민간 영역과 구분해 별도 운용한다. 그러나 군 위성 운용을 지원하는 국방 관련 데이터 운용에 장애가 발생한다면 정상적인 군 지휘통신 보장을 장담하기 어렵다. 국내에 설치된 민간 분야 데이터 침해 사고도 국방과 무관하지 않다. 사회적 기반시설 침해는 필연적으로 공공부분은 국방에도 영향을 미친다. 국방에 어떠한 직접적·간접적 영향을 파생하며 어떤 대응을 준비 및 이행해야 하는지 면밀히 살펴야 한다.[5]

---

4   정보 체계의 취약성에 관한 내용은 로렌스 프리드먼(2020, 364-367)을 참조.

사이버전의 특성은 공격의 실체를 오랜 기간이 지나 밝히더라도 이미 공격자는 전략적인 목적을 달성한 이후이며, 피해자가 이를 복원하기 어렵다. 사이버 공격을 마친 공격자는 피해 국가에서 해킹과 무관한 다른 국가에서 공격했다고 오판하도록 가짜 증거를 조작해 남겨 둘 수도 있다.[6]

II. 북한 사이버 안보 위협 동향

1. 북한 사이버전 역량 평가

북한의 사이버전 능력은 자세하게 파악되지 않았으나 1980년대 중반부터 관심을 갖고 전문인력을 양성한 것으로 알려졌다. 북한은 군 장비 현대화 및 사이버전 전력 확보를 위한 전문가 양성을 목적으로 1981년도에 인민무력부 산하에 5년제 '미림대학'을 설립했고, 연 100여 명 규모의 교육생을 배출한다고 알려졌다. 이후 1986년 '평양 자동화 대학'으로 그리고 1990년대 초 '김일 군사대학'으로 개칭하기도 했다. 졸업생은 북한군 지·해·공 및 사이버 유관 부서 및 정찰국 산하 '121부대' 등에서 임무를 수행한다고 추정된다(최선우·류채형 2012, 223-224).

---

5 한국데이터센터연합회 자료에 따르면 국내 소재 데이터센터(IDC)는 2000년 53개에서 2020년 156개로 증가했다. 2025년에는 188개까지 늘어나며 시장 규모는 10조 원 규모로 전망된다(송주용 2022).

6 2018 평창 올림픽을 앞두고 러시아는 해킹 공격을 했다. 사건 발생 초기 공격 주체로 북한을 유력하게 추정하는 단서가 발견됐다. 그러나 이는 의도된 오인이며 공격 주체로 러시아를 규명하기까지 상당한 시간이 필요했다.

121부대는 허위정보, 사이버 범죄, 스파이 활동을 하며 산하에 김수키와 라자루스 등 해킹 그룹을 두고 운용하며 소속 해커는 대부분 벨라루스와 중국, 러시아 등 해외에서 활동한다는 분석도 있다(김보미 2023, 74). 이들은 2019년 대북제재가 강화된 이후 북한 출신 해외 노동자가 북한으로 돌아가면서 현지에 머물기 어렵게 됐다. 최근에는 북한 내부에 거점을 두고 활동하는 경우가 많다고 알려졌다.

사이버 부대는 다른 군 조직보다 더욱 베일에 가려 있다. 정확한 편제와 규모가 확인되지 않지만, 다수의 탈북자 및 관련 연구자 견해를 보면 사이버 공격을 수행하는 부서가 존재한다고 파악된다. 또한 국내외 다양한 해킹 관련 수사를 통해 북한 사이버 부대의 활동이 드러나고 있다. 대북제재 대상에도 사이버 관련 인물이 포함되고 있다.

121부대는 정찰총국 산하 조직으로 알려졌다. 북한 정찰총국은 전시 및 평시에 대남 및 주변국을 대상으로 특수전 수행, 정보수집, 공작활동 등을 수행하는 부대로 파악된다.[7] 따라서 해당 조직 목적에 부합하는 평시 사이버테러도 수행한다고 추정된다. 최근에는 불법적 외화 획득에 있어 가장 중요한 기능도 수행한다. 북한 권력의 핵심 계층이 사이버 관련 조직을 관리하고 관련 분야에 지속적인 관심을 보여주는 등 IT 분야를 육성하고자 하는 의지를 확인할 수 있다.[8] 최고지도자의 의지가 반영된 만큼 북한에서 군사적, 사회적으로 상당한 자원 투입이 예상되는 분야로 평가된다.

국방부는 북한군이 '기습공격, 배합전, 속전속결을 중심으로 하는

---

7   정찰총국의 역할, '121부대'의 편제 등은 모두 언론 출처를 종합하여 판단한 것으로 언론에 인용된 탈북자 증언, 관련 연구 등 다수의 문헌에서 제기한 주장을 수용한 것임을 주지한다.
8   북한의 핵심 권력층과 사이버 관련 기관의 연계성은『시사인』제290호(2013)를 참조.

군사전략을 달성하기 위해 재래식 전력뿐 아니라 핵무력과 함께 사이버·전자전 부대 등 비대칭 전력 증강을 추진하고 있다'며 '사이버전 인력은 6,800여 명으로 추정되며 최신 기술에 대한 연구 개발을 지속하는 등 사이버 전력 증강을 위해 노력하고 있다'고 평가했다(대한민국 국방부 2023, 25). 또한 '북한은 한국 내부의 심리적·물리적 마비를 위해 군사작전 차질 유발, 주요 국가기반 체계 공격 등 사이버전을 수행하고 있다'고 밝혔다(대한민국 국방부 2014, 24).

2. 북한 사이버전 역할과 위협

북한이 사이버 공격 능력을 배양한 배경은 세계적 추세와 부합하는 부분인 동시에 북한이 직면한 특수한 사정을 반영한 결과로도 평가될 수 있다. 2003년 이라크 전쟁(OIF)으로 대표되는 '2세대 사이버전(2003~2007년)' 이후 세계적으로 군이 주도하는 사이버 공격이 본격화됐다. 전장에 참여하는 제 전력요소에 관해 정보통신 기술의 발전을 이용한 네트워크를 구축하면 전장상황 인식 공유와 전력의 통합화가 가능해지고 이에 따라 작전 수행 효과를 획기적으로 높일 수 있다(노훈·손태종 2005).

최근 전쟁에서 공통적으로 발견하는 하이브리드 전쟁 양상에서 확인하듯 포성이 울리기 전에 사이버 공격이 먼저 또는 동시에 수행하면서 적성국 시스템을 파괴하면서 전쟁 수행 능력을 소멸 또는 저해한다. 한국군 역시 이와 같은 네트워크 중심전(NCW)을 지향하고 있다. 이러한 의존도 심화는 취약성으로 연결된다. 네트워크에 대한 방호가 실패할 경우 심각한 작전 능력 손실이 우려된다. 관련 분야에서 선진화된 미군도 해킹 공격에 취약하며 다수의 침해 사례를 확인

할 수 있다.[9]

북한도 이러한 NCW 추세를 지향하는 동시에 한국군의 취약성을 공략한다고 합리적으로 예측할 수 있다. 북한은 세계적 흐름에 부합하는 전자전 능력을 제고하고 비대칭적인 남북한의 군사력 차이를 극복하기 위한 수단으로 전자전 능력을 배양한다고 판단된다. 재래식 군사력의 열세를 극복하기 위해 탄도미사일 개발과 은밀성이 뛰어난 잠수함 전력을 강화하는 비대칭전력 강화 전략처럼 사이버/전자전 능력 배양에 중점을 두고 있다.

북한이 전시 전력운용의 측면에서 한국군 기반 역량을 붕괴하기 위해 사이버 공격 능력을 배양한다면, 평시에는 테러의 수단으로 사이버 공격을 활용할 수 있다. 테러의 개념을 적용함에는 논란의 여지가 있을 수 있으나 사이버 공격도 광의적으로는 폭력으로 간주되며 심리적인 영향과 공포, 정치적인 목표를 위해 민간인을 직접적 가해의 대상으로 공격하며, 불법 및 비합리성 등 테러의 특징에 상당 부분 부합되기 때문에 테러의 수단으로 규정하는 데 어려움이 없다(박재풍 2011, 471-474).

북한 사이버 안보 위협은 기반체계를 공격하는 특성을 가지며, 김정은 집권 이후 불법 경제활동으로 위협으로 범위를 확장했다. 2022년 3월 미국 재무부는 북한 해킹 조직 라자루스가 암호화폐 6억 2천만 달러를 온라인 게임 '액시 이피니티'에서 탈취했다고 밝혔다. 이는 역대 암호화폐 피해 중 가장 큰 규모로 평가된다. 미국 블로페인 데이터 분석업체 '체이널리시스'는 최근 발표한 보고서에서 북한 정권과 연계된 해킹 조직이 불법적으로 암호화폐 자산을 세탁한다고 알려진

9   미군의 해킹 취약성과 관련된 내용은 피터 W. 싱어(2011, 289-290)를 참조.

러시아 거래소 사용은 크게 늘었다고 분석했다. 북한이 지난해 미국 블록체인 기술 기업 '하모니'에서 탈취한 1억 달러(약 1300억 원) 규모의 암호화폐 중 2,190만 달러를 러시아 소재 거래소로 이체했다.[10] 가상자산은 안정적으로 현금화하기 위해 북한과 가까운 러시아 소재 거래소로 보냈다고 분석된다. 앞서 2023년 2월 체이널리시스는 '2023 가상자산 범죄 보고서'에서 지난해 북한이 가담한 암호화폐 해킹 피해 규모를 17억 달러(728억 원)로 추정했다. 더욱 큰 문제는 이런 자금이 북핵 개발에 쓰여지면서 군사적 위협을 심화하는 중요 수단으로 활용되고 있다.

III. 미국의 사이버 전략과 한미 협력

1. 미 국방부의 사이버 전략

2018년 9월 미국은 '국방 사이버 전략(Defense Department Cyber Strategy)'에서 미 사이버사령부는 '전진방어(defending forward)' 개념을 사이버 작전에 차용하며, 적국의 악의적 사이버 행위를 중단 및 파괴하여 선제적으로 무력화하겠다는 입장을 표명했다. '전진방어' 개념은 미국이 강조해 왔던 적극방어(active defense)의 하위개념이다. '적극적 방어' 작전은 공격자로부터 공격수단을 뺏는 공격도 포함한다(백민정 2020).

미국은 2023년 3월 '국가사이버 안보전략(NCS)'을 발표했다.[11]

---

10   중앙일보 2023년 9월 19일.

여기서 코로나19 시기에 전례 없는 수준의 인터넷 개방성과 연결성의 경험을 지적하면서 '미국이 디지털 미래의 모든 이점과 잠재성을 실현하기 위해 가장 유리한 위치를 점유할 수 있도록 정부가 취하고 있는 포괄적 접근 방식'을 제시했다. 또한, '사이버 안보는 국가를 방위하는 데 있어 핵심적 역할을 한다'고 강조했다. 특히 "선제적으로 방어하는 국방부의 전략적 접근법은 위협 행위자를 식별하고, 악성 소프트웨어를 발견 및 노출하며, 위협 행위가 공격 대상에 영향을 미치기 전에 이를 차단하는 데 도움이 되었다"고 평가했다.

발표된 전략은 미국 국방부는 미국의 동맹 및 파트너가 보유한 독자적인 기술과 관점을 활용하기 위해 군사 관계를 지속적으로 강화하고, 미국의 동맹 및 파트너가 공동의 사이버 안보 태세에 기여할 수 있도록 이들의 역량을 구축할 방침이라며 협력의 방안을 제시했다. 이어 미국 사이버사령부와 기타 국방부 구성원이 미국의 이익에 전략적 위협을 가할 수 있는 국가 및 비국가 행위자로부터 방어하기 위한 노력을 사이버 영역 작전과 통합하는 방안을 분명히 제시하겠으며 구체적인 후속 조치 추진 계획을 밝혔다.

미 국방부도 같은 해 9월 '국방 사이버 전략'을 공개했다.[12] 여기서 중국, 러시아, 북한, 이란, 극단주의 세력, 초국가 범죄조직 등을 핵심위협 대상으로 언급했다. 핵심 과제는 첫째, 국가 방위를 위한 중요 인프라 방어, 군사준비태세 등을 위해 유관기관과 공조를 강화하는 데 됐다. 둘째, 전투 준비와 전쟁에서 승리하기 위해 합동군 목표달성 지원, 사이버 보안 강화를 제시했다. 셋째, 동맹·파트너에 대한 사이

---

11 *National Cybersecurity Strategy 2023.3.*
12 *Defense Cyber Strategy 2023.9.*

버 공간 보호를 위해 '헌트 포워드(Hunt Forward)' 작전 지속과 기술 공조를 강조했다.[13] 마지막으로 사이버 공간 내 항구적 이점을 구축하기 위해 조직·교육훈련·장비 등을 최적화한다는 계획이다. 앞서 발표했던 국방 사이버 전략과 비교하면 동맹·파트너 국가의 사이버 역량 강화를 통해 집단적 사이버 회복력 구축하는 데 방점을 뒀다. 또한, 사이버 역량을 기존 전투역량과 통합운용을 강화해야 한다는 과제를 제시했다. 이는 미 국방부가 추구하는 통합억지(Integrated Deterrence) 개념에 따른 전략으로 해석된다. 따라서 미국은 집단적 사이버 역량을 구축하는 데 있어 우방국과 연합작전을 강화하는 노력에 나선다고 전망할 수 있다.

미국은 통합억지력을 강화하는 노력과 함께 우주군 사례와 같이 사이버사령부를 별도 군으로 창설하는 방안도 검토하고 있다. 2023년 7월 공개한 2024회계연도(FY24) 국방수권법(NDAA) 법안에서 '독립적인 사이버 부대 창설' 가능성을 연구하라는 미 상원 군사위원회 요구가 확인됐다. 해당 법안은 "우주군 창설에서 얻은 교훈을 사이버군 창설에 적용해야 한다"고 법안에 명시했다.

군 안팎에선 현재의 통합사령부 조직이 진화하는 위협에 충분히 대응하지 못한다고 지적한다. 적성국(중국, 러시아 등) 사이버 작전 능력이 크게 확장하는 데 대응하기 위해 사이버 대응 역량을 더욱 강화해야 한다는 목소리에 힘이 실렸다. 해당 법안은 구체적으로 현재 미

---

13 미 사이버사령부 예하 국가사이버임무군(Cyber National Mission Force)은 우방국에 전개하여, 위협세력의 악의적 사이버 활동을 관찰 및 탐지하는 헌트 포워드 작전을 지속 강화하고 있다. 국가사이버임무군은 2014년 1월 창설한 이후 미국 선거 방어, 랜섬웨어 대응, 외국의 악의적 사이버 행위 퇴치, 헌트 포워드 작전 등 사이버 방어 및 공격 작전 모두 수행한다. 2018년 이후 우크라이나·리투아니아·라트비아 등에서 활동한다고 알려졌다. 작전 사례는 Rollins(2023)을 참조.

군의 사이버 역량을 평가할 뿐 아니라 훈련과 교육 등 전반을 검토하도록 했다. 또한, 독립된 별도의 사이버군을 창설할 경우 얼마나 개선될 수 있는지도 평가하도록 요구했다.

2. '전략 동맹'과 '사이버 동맹'

사이버 위협은 일국 차원에서 해결할 수 없어 초국적 해법을 강조하는 비지정학적 협력의 특징을 갖는다. 악의적 국가 행위자가 가상자산 탈취 등 불법 사이버 활동이나 다른 국가 공공 및 민간 시스템에 대한 해킹 공격을 배후에서 지원하면서 국가 간 사이버 범죄 대응 협력이 필요했기 때문이다. 그러나 최근 전통적인 지정학 공간과 같이 사이버 공간에서의 안보적·경제적 이익 증대를 목적으로 하는 사이버 안보협력이 강화되는 추세를 보인다. 한미 간 사이버 협력도 2000년대 초반 이후 한동안 초국적 사이버 범죄 대응에 초점이 있었다. 그러나 미중 전략경쟁이 심화하기 시작하면서 협력의 대상과 수준이 강화됐다(신승휴 2023, 4).

전략경쟁의 구도는 2023년 5년 만에 개정한 NCS에서도 확인할 수 있다. NCS는 "미중 전략경쟁과 진영대립이 사이버 공간에서도 심화하는 상황을 반영해 큰 틀에서 주요기반시설 보호 체계 강화, 국제협력을 통한 위협국가 대응 활동 강화, 신기술 도래로 인한 미래 대비에 방점을 둔다"고 평가된다.[14] 미국은 한국에 중국을 견제하는 역할을 기대하고 참여를 요구하고 있으며, 동맹 차원에서 향후 포괄적·전

---

14 미국이 2023년 개정한 '국가사이버 안보전략'의 주요 특징과 함의는 김소정(2023, 6)을 참조.

면적 협력 참여를 요구한다고 전망된다. 2022년 5월 한미 양국 정상이 발표한 '글로벌 포괄적 전략 동맹'은 이런 기대를 담으며, 미국은 전통적 동맹을 복원하면서 미중 전략경쟁에서 협력을 요구하고 있다.

3. '2023년 한미 정상회담' 사이버 분야 평가

2023년 4월 26일 미국에서 열린 한미 정상회담에서 윤석열 대한민국 대통령과 조 바이든 미국 대통령은 사이버 공간으로 양국 동맹의 영역을 확장했다. 양 정상은 공동성명에서 "동맹이 사이버 공간에 적용된다는 것을 인식하였으며, 한미 전략적 사이버 안보협력 프레임워크를 체결하기로 했다"고 발표했다. 한미 양국 정상이 한미동맹을 사이버 공간으로 확장한 첫 선언이다. 이는 양국 동맹이 사이버 '영역'을 포괄하는 관계로 진화했다는 뜻이다. 사이버 관계를 중심으로 본다면 군사동맹과 달리 '협력' 수준에 머물던 양국 사이버 관계는 이제 '동맹' 수준으로 격상했다. 사이버를 안보의 주요 영역으로 인식한다면 미완적 동맹을 완성했다는 해석이 가능하다. 만약 사이버를 안보적 기제 또는 범주에서 제외할 수 있다면 동맹의 범주를 확대했다고 설명할 수 있다.[15]

양국 정상은 선언적 수준보다 좀 더 구체적인 협의안을 꺼냈다. 사이버 안보협력 프레임워크(SCCF)를 채택해 사이버 협력의 범위·원칙·체계를 구체화했다.[16] 공동성명에서 언급한 내용을 보면 ▶사이버

---

15 동맹에 대한 사전적 정의는 "서로의 이익이나 목적을 위하여 동일하게 행동하기로 맺는 약속"이며, 통상적으로 안보적 목적을 위해 두 개 이상의 국가 간 상호 군사적 지원을 협약(다자적 동맹 포함)하는 경우로 해석한다. 다만, 동맹이 내포한 의미와 영역을 군사적 범주를 초월하거나, 안보적 의미를 경제 등으로 확대, 또는 안보 이외의 범주를 포괄해 해석하는 경향도 보인다.

적대세력 억지에 관한 협력을 확대 ▶핵심 기반시설의 사이버 안보를 증진 ▶사이버 범죄에 대처 ▶가상화폐 및 블록체인 애플리케이션 보호 등을 언급했다.

한미는 이번 선언에서 사이버 협력을 언급하면서 전략적 관점을 특별히 강조했다. 전략적 관점은 북한 대량살상무기 개발과 이를 지원하는 사이버 불법 활동 차단이다. 공동선언에서 양국은 '북한의 불법적인 대량살상무기 및 탄도미사일 프로그램의 자금을 조달하는 북한의 불법 사이버 활동에 대해 우려를 표명했다. 또한, 북한의 사이버 위협에 대응하고 사이버 외화수익을 차단하기 위해 정보공유를 확대하고 국제사회의 인식을 제고했다.

사이버 위협에 대한 미국의 인식은 이미 국가사이버 안보전략(NCS)에서 지적된 바 있다.[17] 여기서 북한을 중국·러시아·이란 등과 함께 주요 위협으로 적시했다. 특히 북한이 사이버 가상자산을 탈취하고 핵 위협을 고도화하면서 대북 위협을 대응하는 사이버 협력도 차원을 달리하고 있다.

한미는 점증하는 북핵 위협을 인식하면서 그러한 위협을 지원하는 수단으로 북한 사이버 활동이 전개되고 있다고 판단한다. 따라서 양국은 북한 핵 개발을 지원하는 수익 창출 수단인 북한의 불법적 사이버 활동을 차단해야 한다는 공통의 목표 아래 관련 활동을 차단하기 위한 '정보공유 확대'와 '국제사회 인식 제고'라는 이행 과제를 도출했다.

16   한미 사이버 안보협력 프레임워크(SCCF)는 협력 분야, 협력 원칙, 협력 메커니즘에 관한 내용을 포함한다. 보다 구체적인 논의는 추후 지속 진행될 전망이다. SCCF는 '한·미는 상호방위조약이 어떻게 적용될지와 어떤 상황에서 적용될 것인지에 대한 논의를 시작할 예정'이라고 언급했다.

17   *National Cybersecurity Strategy 2023.3.*

양국 정상이 2022년 5월 21일 정상회담 공동성명에서 '국가 배후의 사이버 공격 등을 포함하여 북한으로부터의 다양한 사이버 위협에 대응하기 위한 협력을 대폭 확대'하기로 했던 기조를 이어갔다고 평가할 수 있다. 지난해 성명에서 제안했던 협력을 대부분 지속하고 있다. 2022년 정상회담에서 ▶사이버 적대세력 억지 ▶핵심 기반시설의 사이버 보안 ▶사이버 범죄 및 이와 관련한 자금세탁 대응 ▶가상화폐 및 블록체인 애플리케이션 보호 ▶역량 강화 ▶사이버 훈련 ▶정보공유 ▶군 당국 간 사이버 협력 및 사이버 공간에서의 여타 국제안보 현안에 관한 협력 지속 심화 ▶지역 및 국제 사이버 정책에 관한 한미 간 협력을 지속 심화 등을 협력 대상으로 언급했다.

양국 정상은 2022년 5월 한미 정상회담에서 사이버 안보협력을 논의한 이후 공통의 인식 공유와 협력을 지속했다. 같은 해 8월 한미 사이버작전사령부는 '한미 간 사이버 작전 분야 협력과 발전을 위한 양해각서(MOU)'를 체결했다.[18] 이어 9월 개최한 제3차 한미 고위급 확장억제전략협의체(EDSCG)에서 사이버 위협에 대한 한미 공조 강화를 약속하는 공동성명을 냈다. 10월에도 미국 사이버사령부가 주최한 '사이버 플래그(Cyber Flag) 훈련'[19]에 한국 사이버작전사령부가 최초 참여했다.[20] 12월에는 '제6차 한미 사이버정책협의회'를 열어 관련

---

18 2022년 8월 한미 사이버작전사령부 MOU 체결을 통해 사이버 위협에 효과적으로 대응하기 위해 정보·작전분야 교류를 통한 역량 강화와 연합훈련을 정례화하기로 했다. 구체적으로 ▶사이버 위협정보공유 ▶교육 및 연습 ▶훈련기회 확대 등 협력 관계를 지속 발전시켜 작전 역량을 강화하기로 했다(국방부 보도자료 2022.8.18.).

19 사이버 플래그 훈련은 2010년 5월 창설한 미 사이버사령부가 2011년 12월 영국 등과 연합훈련을 실시하면서 시작됐다.

20 사이버 플래그 훈련에는 한국을 비롯해 미국, 영국, 캐나다, 호주, 뉴질랜드 등 총 25개국이 참가했다. 공격훈련에서 참가국 간 위협정보를 공유하고 가장 효과적인 대응 방법을 도출하여 방어작전의 효과를 검증했다. 이를 통해 사이버 위협에 대한 식별·

협의를 지속했다.

한미는 앞으로 기관 협력과 상호 위협 인식을 지속하며, 연구와 훈련 등에서 긴밀한 협력이 예상된다. 양국은 SCCF에서 '광범위한 사이버 위협에 대응하기 위해 다수의 매커니즘을 통해 사이버 안보 활동을 지속적으로 조정'하기로 했다. 또한, '사이버 위협 정보를 계속해서 공유하고, 상호 이해관계가 있는 사이버 사고에 관해 적절히 협력하며, 사이버 위기관리 모범사례를 교환하고, 관행, 연구 및 훈련에 상호 참여'한다는 합의를 했다.

4. 미국의 사이버 인태전략

미국의 사이버 전략은 인도태평양 전략과 개념적으로 유사하다. 미국은 인태전략을 통해 동맹 및 파트너 국가들과 협력을 통해 ▶자유롭고 개방된 ▶연결된 ▶번영하는 ▶안전한 ▶회복력 있는 인도-태평양을 구축하려 한다. 미국과 동맹국은 핵심 이익으로서 자유롭고 개방된 인도-태평양을 요구한다.[21] 쿼드(QUAD) 협력체계에서는 이미 중국 배제라는 공통의 접근이 이뤄지고 있다. 향후 인태전략에서도 유사한 동조화 추진이 예상될 수 있다.[22]

2022년 한미 정상회담에서 '디지털 권위주의'에 대응하는 '개방적인 인터넷'을 강조했다. 양국은 '자유로우며 글로벌하고 상호 운용 가능하며 신뢰할 만하고 안전한 인터넷이 제공하는 특별한 혜택에 대

분석·공유·제거·거부 등 방어적 작전 절차를 숙달했다(사이버작전사령부 보도자료 2022.10.24.).

21 미국 인태전략의 주요 내용과 특징은 민정훈(2022)을 참조.

22 2021년 5월 쿼드 참여 국가는 중국이 배제된 글로벌 공급망 구축을 논의했다. 관련 동향과 쟁점은 송태은(2023b, 35-39)을 참조.

한 공통된 인식'을 바탕으로 '투명하며 안전한 5G 및 6G 네트워크 장비와 구조를 발전시켜 나가기 위해 협력'하기로 했다. 미국의 인태 전략이 중국의 영향력 확대를 견제하는 데 한미 사이버 위협 인식도 유사하다. 네트워크 장비를 언급한 부분은 미국이 안보 위협을 우려해 중국 통신장비 사용을 금지하는 기조와 맥락이 같다.[23] 2023년 SCCF에서도 개방성을 강조한다. '개방되고, 상호운용이 가능하며, 안전하고, 신뢰할 수 있는 인터넷과 안정적인 사이버 공간을 증진하는 것의 중요성을 강조'한다고 명시했다.

5. 북핵 고도화에 대응

북핵 고도화에 따라 한미동맹 사이버 작전 협력 중요성이 부각된다. 위기 발생 이전 단계부터 다층적·실질적 협력이 필요하다. 여기에는 군사적 기능뿐 아니라 국가의 주요기반능력이 대부분 포괄된다. 또한, 직접적인 군사적 대응뿐 아니라 사이버 금원 탈취 등 불법적 활동을 망라한다.

양국은 SCCF에서 '자금세탁, 가상자산 탈취를 포함하여 사이버 공간에서의 악성활동을 탐지·억지·와해하기 위해 협력하고, 다양한 원천으로부터 정보공유를 지속한다'고 했다. 북핵 개발에 전용하는 금원 창출을 원천적으로 차단하기 위한 노력 강화를 예상할 수 있다.

하이브리드 전쟁은 사이버 선제공격 후 물리적 전쟁을 개시하는

---

23   2021년 바이든 미 대통령은 유럽 국가에 중국 통신장비를 사용하면 정보가 유출될 우려가 있어 화웨이(華爲) 장비 사용을 자제해야 한다고 촉구했다. 앞서 2020년 로버트 스트레이어 미 국무부 부차관보는 한국 통신사(LG유플러스)에 화웨이 통신장비 사용 중단을 요구했다.

특징을 내포하며,[24] 북한은 전면적 침공을 앞두고 한미연합군에 대규모·동시적 사이버 공격에 나선다고 전망된다. 한미는 동일한 유형의 공격에 대응해 피해를 최소화할 필요성이 있다. 따라서 SSCF에서 '악의적인 사이버 활동 방어를 위한 대비를 포함하여 에너지, 금융 분야와 같은 핵심 국가기반시설 보호를 위한 핵심기술 연구·개발에 협력한다'고 확인한 바와 같이 공동의 노력이 필요하며 예상된다.

양국은 공동으로 침해에 대응할 전망이다. SCCF는 '국익 또는 핵심 기반시설에 영향을 미치는 중대한 사이버 사고가 발생한 경우, 긴밀한 양국 간 협의와 정보공유를 통해 조율된 행동 그리고/또는 병행 대응 조치를 적절히 실행한다'는 협력의 원칙을 제시했다.

SCCF에서 명시적으로 언급하지 않았지만 북핵 대응 측면에서는 '발사왼편 전략(Left of Launch)' 등 선제적 및 비물리적 군사 작전의 필요성과 실행 가능성이 부각받고 있으며, 이와 같은 네트워크 마비전(NPW) 차원에서 북핵에 대응한 한미 간 협력이 필요하다. 북한의 사이버 취약성을 식별하고 효과적인 작전을 수행하기 위해서는 한미 상호 정보 및 인식을 공유하고, 특화된 역량을 통합 운용할 필요가 있다 연합/합동작전 계획 수립 과정에서 사이버 및 전자전 등에서 상황 공유과 인식, 임무와 표적 식별, 결심 및 전력 운용 등 전영역 협력이 필요하다(이수진 외 2021, 72-77).

---

24 러시아는 2022년 2월 24일 우크라이나 침공에 앞서 사이버 공격을 두 달 전인 2021년 12월 28일 시작했다는 기록도 발견됐다(박동휘 외 2022, 147-148).

IV. 사이버 동맹의 미래와 과제

1. 워싱턴 선언 그 이후

워싱턴 선언에 따른 구체적인 조치가 나오기 시작했다. 2023년 6월 한미는 '고위운영그룹(SSG)'을 공식 출범하며 협력의 수준을 높였다. 협의체는 사이버 공간에서 발생하는 다양한 국제적 과제와 사이버 안보 관련 양국 현안을 신속하게 처리하는 역할을 맡는다. 양국은 출범회의에서 ▶위협정보 공유 ▶훈련 상호 참여 ▶인력 교류 ▶북한 불법 가상자산 탈취 차단 ▶기반시설 보호 ▶주요 사이버 안보 정책 및 표준개발 ▶주요 국가 시스템 보안 강화 ▶악성 행위자에 의한 네트워크 취약점 제거 ▶사이버 위협 대응을 위한 보안 강화 정책 도입 ▶암호체계 점검 등 다양한 논의를 진행했다. 양국의 정책결정 핵심 기관과 사이버 안보 관련 핵심 기관이 모두 참여했다. 2023년 12월 서울에서 2차회의를 개최했고 2024년 5월 미국에서 3차 회의를 열었다. 양국은 1주년을 맞은 사이버 안보협력 프레임워크가 양국 사이버 안보협력의 구심점 역할을 성공적으로 했다고 평가했다.

사이버 협력의 대상은 넓어진다. 2023년 8월 18일 개최한 한미일 정상회의에서는 '한미일 사이버 협력 실무그룹(Trilateral Working Group)'을 발족하기로 합의했다. 북한이 핵과 WMD 개발을 위한 불법적인 자금을 획득하는 걸 막기 위한 한미일 3자 협력을 촉진하게 된다.

한미 안보협력은 민간 분야로 확장된다. 2023년 9월 한미 양국은 '제7차 한미 ICT 정책 포럼'을 미국에서 개최했다. 박윤규 과기정통부 2차관을 비롯한 총 38명의 민관 합동 대표단은 미국 정부기관 및 국제기구 주요 인사를 만났다. 여기서 한국 정부의 '디지털 신질서 정책'을 소개하며 지지를 요청했다. 한미 양국은 포럼 개설 이후 처음으로 공동성명문(Joint Statement)을 발표하며 AI, 오픈랜, 6G 등 첨단 디지털 분야에서의 구체적 협력 방안을 논의했다. 대표단은 방미 기간에 알랜 데이비슨 국가통신정보관리청(NTIA) 청장과 면담에서도 Open RAN, 6G 분야에서 양측 통신 사업자 및 장비업체와 공조해 통신 공급망 다양성을 제고하는 데 협력하기로 합의했다.

2. 한미 융합안보의 필요성

미국은 통합억지 전략을 구상하면서 한국의 정치·경제·산업을 포괄하는 전면적인 대중국 견제 참여를 희망한다. 이에 사이버 분야 협력은 기존보다 포괄적·전면적 수준으로 심화한다고 예상할 수 있다. 2023년 워싱턴 선언은 그러한 기대를 반영한 결과로 해석된다. 한국과 미국은 가치를 공유하며, 포괄적 동맹 발전을 추구하면서 다층적 위협에 대응해 상호 국익을 극대화하는 동맹 발전 필요성을 확인했다. 사이버 영역 협력에 관한 구체적·실질적 실행 방안을 최적화하는 협의가 필요하다.

한미의 안보·군사적 협력은 경제 등 여타 분야로 확장될 전망이며, 한미동맹 활용과 국익을 보전하기 위한 사이버 협력 방안을 모색할 필요가 있다. 미국은 미국을 중심으로 형성하는 다자적 체제와 동맹 관계를 묶어 전략적 경쟁에 수단으로 활용한다는 구상하며, 군사적 수단은 이전보다 더 공고하게 연계될 것이며, 동맹협력과 대중국 경쟁의 수단은 경제를 비롯한 다양한 영역으로 지속 확장될 전망이다.

이처럼 '융합안보 시대'를 맞아 다차원적인 한미동맹 발전 필요성이 확인된다. 특히 초연결 시대 고도화는 기존 정보보안 수준을 넘어서는 포괄적 안보위협을 내포하며, 이에 융합안보 중요성이 본격화되고 있는 상황이다. 4차 산업혁명 시대에 진입하면서 기존 통신기술을 넘어서는 초고속·초저지연·초고용량 데이터 송수신이 급격하게 증가하면서 사이버 침해에 따른 치명적인 안보 위협 가능성이 우려된다(홍규덕 외 2021, 193). 미래전은 NPW 특징을 내포하며, 사이버와 전자전 효과를 병행하는 통합작전 요구, 초연결 시대는 지휘통제망·무기체계망·기반체계망이 복합적으로 연결돼 군사적 중추 기능이 마비될 취약성을 내포한다(송운수 2022, 173-179).

한미는 국방 분야에서 이미 높은 수준의 상호운용성 지속, 사이버 영역에서 상호의존성은 더욱 심화될 전망이다. 한미연합군은 다양한 유·무선 체계(지휘·통제·정보·통신 등)가 밀접하게 연결돼 있고, 무기 체계 상호운용성도 높은 수준을 지속하고 있으며, 사이버 침해 발생시 상호 동조 및 심화 파급이 우려된다. 한미연합군은 높은 수준의 연합작전을 구현하기 위해 연합 지휘·통제 체계(센트릭스-K 등)와 통신 체계(데이터 링크 등)가 연결돼 있어 사이버 침해가 발생할 경우 다양한 영역으로 피해 확산도 대비해야 한다.

국방 영역에서 과학·기술이 고도화하면서 한미는 사이버 영역에서 상호운용성은 더욱 점증하며, 궁극적으로 국방 및 안보 전반 영역에서 상호의존성도 심화할 전망이다. 한국이 최근 우주 분야 능력을 보유하면서 한미는 우주 영역에서도 협력을 촉진할 여건을 마련, 사이버 차원 협력도 병행된다. 한미는 우주감시를 비롯한 국방을 비롯한 포괄적인 우주 분야 협력 촉진이 예상되며 양자 통신과 사이버 등 우주 분야와 연계한 협력이 이뤄질 전망이다. 우주 자산 활용이 증대할수록 사이버 통제권이 중요하며, 사이버 분야 의존도가 비례 증가하고 치명적 취약성은 사이버 영역에서 발생할 가능성도 우려된다.

3. 한미 융합안보의 과제

한미는 정보공유를 확대하고 상호운용성을 고도화하면서 기술적 연대가 필요하며, 동시에 기술적 역량을 강화해야 한다. 다만, 동맹 간 협력에서 고려할 사안은 꽤 많다. 여러 요인 중 일부는 상호 충돌하기도 한다.

한국은 미중 경쟁 구도에서 미국의 대중국 전략에 연루되는 상황을 고민해야 하며, 전면적인 편승전략을 구사할지, 선택적 협력을 할 것인지, 어떤 분야에서 어떠한 형식과 수준으로 협력할 것인지 대안 마련이 필요하다. 한국은 인태전략을 발표하면서 특정 국가를 대상으로 하거나 배제하지 않는다는 원칙을 제시했다. 미국에선 이에 대해 모호한 전략이라는 비판도 나온다. 사이버 동맹을 추진함에 있어서도 유사한 동맹 간 간극 존재가 불가피해 보인다.

2023년 9월 미 하원에서 '해외 비신뢰통신 대응에 관한 법안'이 상원에 회부됐다. 법안은 미국의 동맹국에 대한 화웨이·ZTE 통신장비 사용 실태 조사를 목적으로 한다. 한국 정부는 공공기관에서 중국 통신장비 업체인 화웨이 제품을 비롯한 국제사회 제재 대상 품목 사용에 대한 조사를 진행했다.[25] 앞서 2022년 바이든 정부는 첨단 반도체 생산이 가능한 장비와 기술을 중국 기업에 판매하는 것을 금지하는 조치를 했다. 동맹국에 대해서도 '해외직접제품규정(FDPR)'을 적

---

25 국정원은 "우리 정부 기관·IT 보안업체의 국제사회 제재 위반 연루로 인한 피해 방지 차원에서 공공기관을 대상으로 화웨이를 포함한 국제사회 제재 IT제품 도입현황을 파악했다"고 밝혔다(뉴시스 2023.4.19.).

용해 미국 기술이 포함된 제품의 유출을 통제하려 한다.

중국 통신장비 사용에 대한 한국과 미국의 견해는 다소 차이가 있다. 2019년 도널드 트럼프 미 행정부는 화웨이를 '수출 금지 블랙리스트'에 올렸다. 2020년 한국에 관련 장비 사용 중단도 요청했다. 그러나 한국 정부는 "5G와 관련해 보안 문제가 있는지 계속 확인하고 있다"면서도 "기업이 알아서 하는 것"이라며 직접적인 규제와 개입은 피했다.

따라서 한미는 정보공유를 확대하고 상호운용성을 고도화하면서 기술적 연대가 필요하며, 동시에 기술적 역량을 강화해야 한다. 동시에 기술적 종속이나 특정 기술 배제 강압에 대응할 필요도 있다. 한미는 상호 국익을 극대화할 수 있는 방안을 고심하며, 사이버 및 통신 관련 장비 공급망에 대해 긴밀하게 조율해야 한다. 안보와 산업의 여러 요인을 살피면서 통찰력 있는 대안을 창출해야 한다. 이러한 전략적 목적을 달성하기 위해서는 충분한 분석과 논의, 호혜적인 협력이 필요하다.

참고문헌

김보미. 2023. "김정은 시대 북한 사이버 위협의 특징과 대응 방안." 김상배 엮음. 『신흥기술·사이버 안보의 국가전략』. 서울: 사회평론아카데미.

김소정. 2023. "2023 미국 사이버 안보 전략 주요내용과 한국에의 시사점." 『이슈브리프』 423. 국가안보전략연구원.

노훈 외. 2005. "NCW: 선진국 동향과 우리 군의 과제." 『주간국방논단』 1046. 한국국방연구원.

대한민국 국방부. 2014. 『국방백서 2014』.

_____. 2023. 『국방백서 2022』.

로렌스 프리드먼. 2020. 『전쟁의 미래』. 조행복 옮김. 서울: 비즈니스북스.

민정훈. 2022. "바이든 행정부의 인도-태평양 전략과 한국에의 함의." 『IFANS FOCUS』. 국립외교원.

박동휘 외. 2022. 『사이버전의 모든 것』. 서울: 플래닛미디어.

박용한. "우주국방의 시각에서 본 신흥기술·사이버 안보." 김상배 엮음. 『신흥기술·사이버 안보의 국가전략』. 서울: 사회평론아카데미.

박재풍. 2011. "뉴테러리즘의 의미재정립과 대응에 관한 연구." 『한국정책학회 춘계학술발표논문집』. 한국정책학회.

백민정. 2020. "국제법적 시각에서 본 사이버 작전 관련 미국의 입장." 『동북아안보정세분석』. 한국국방연구원.

손한별. 2023. "새로운 정보전 양상과 데이터 안보." 김상배 엮음. 『신흥기술·사이버 안보의 국가전략』. 서울: 사회평론아카데미.

송운수. 2022. 『사이버 군사전략 개관』. 인천: 진영사.

송주용. 2022. "미래 먹거리라 박수 받지만 위기 대응은 허점투성이…흔들리는 데이터센터 산업." 『한국일보』 10월 19일.

송태은. 2023a. "러시아-우크라이나 전쟁의 정보심리전." 김상배 엮음. 『신흥기술·사이버 안보의 국가전략』. 서울: 사회평론아카데미.

_____. 2023b. 『연합 사이버 전력의 역할과 한·미 사이버 안보협력의 과제』. 정책연구시리즈 2022-12. 서울: 국립외교원.

신승휴. 2023. "한미 사이버 안보협력의 진화: 복합지정학의 시각." 『4차 산업혁명 시대의 한미관계』. 정보세계정치학회 춘계학술대회 발표자료.

이수진 외. 2021. 『지상군 사이버·전자전 작전수행절차 정립방안 연구』. 국방대학교.

최선우·류채형. 2012. "북한의 사이버 테러리즘에 관한 연구." 『한국공안행정학회보』 21(1): 211-239.

피터 W. 싱어. 2011. 『하이테크 전쟁』. 권영근 역. 서울: 지안.

홍규덕 외. 2021. 『초연결사회 국가보안의 위기, 왜 융합보안인가?』. 군포: 북메이크.

국방부 보도자료. 2022. "이종섭 국방부장관, 미 사이버사령관 접견." (8.18.).

『뉴시스』 2023년 4월 19일.

사이버작전사령부 보도자료. 2022. "우리 군, 미 사이버사 주관 사이버 플래그 훈련 최초 참가." (10.24.)

『시사인』 제290호(2013).
'엔드포인트보안연구개발실' 위협 분석 보고서(2023.9.26.).
『중앙일보』 2023년 9월 19일.

Defense Cyber Strategy 2023.9.
National Cybersecurity Strategy 2023.3.
Rollins, Sharon. 2023. "Defensive Cyber Warfare Lessons from Inside Ukrain."
　　Proceedings, Vol. 149/6/1,444, June.

제4장

미국의 사이버 안보 동맹 전략

정성철 명지대학교 정치외교학과 교수

* 이 글은 "사이버 위협과 미국의 탈냉전기 대외전략: 통합억지와 디지털 생태계." 『사이버안보연구』 제1집 2호(2024)를 인부 수정한 것이다.

I. 들어가는 글

미국은 지리적 축복을 받은 나라이다(팀 마샬 2016). 광활한 영토, 풍부한 자원, 안정적 국경이 잠재적 국력을 이룬다. 신생국 미국은 영토를 확장하며 팽창의 역사를 거듭하며 외형의 확장을 일구었다(권용립 2010). 19세기 중후반 아메리카 대륙의 패권을 차지한 이후에는 자국의 지위 유지와 상승에 노력을 기울였다. 19세기 초 먼로 독트린으로 유럽 강대국의 아메리카 개입을 명확히 반대하였으며, 20세기 초 유럽 대륙의 전쟁에 연루되는 것을 꺼려했다. 아메리카의 패권국으로 다른 지역의 전쟁에 개입할 전략적 유인이 약했던 것이다. 유라시아 대륙의 강대국은 끊임없이 서로를 경계하고 적대하는 사이 대서양과 태평양으로 둘러싸인 미국은 자국의 본토를 침공하는 외부 세력을 마주할 일이 없었다.

하지만 2001년 9·11 테러는 미국이 더 이상 천연의 요새가 아님을 일깨워 주었다. 뉴욕과 워싱턴에서 발생한 비극적 사건은 이슬람 테러단체에 속수무책으로 당하는 미국의 현실을 생생히 보여주었다. 소련의 붕괴 이후 적수가 없다고 생각했던 미국은 테러와의 전쟁을 선포한 이후 아프가니스탄과 이라크를 침공하였고 자유주의 세계질서의 해외 이식을 한층 일방적으로 추진하기 시작하였다. 그러나 전쟁 승리 이후 이라크 건설에 실패하고 글로벌 금융위기를 맞이하자 소위 자유패권 대외전략에 대한 국내 비판이 강화되었다. 그 대신 미국 국익을 손상시키는 과도한 해외 개입을 자제하고 중요 지역의 세력균형만 유지하자는 역외세력균형론(offshore balancing)에 대한 관심과 지지가 증가하였다(Mearsheimer and Walt 2016).

이러한 탈냉전기 미국 대외전략을 둘러싼 논쟁 속에서 미국의 사이버 취약성에 대한 우려와 경고는 꾸준히 증가하였다. 2012년 10월 리언 파네타 국방장관은 "사이버 진주만 공격"에 대해 경고하였다(박현 2012). 경제제재에 대한 보복으로 이란이 미국에 대규모 사이버 공격을 감행하리라는 우려 속에 나온 발언이었다. 비록 미국이 최고의 사이버 역량을 갖추었다고 하더라도 자국을 보호해줄 거대한 바다를 사이버 공간에서 창조하지는 못한다. 이러한 문제의식 속에 미국은 사이버 억지와 통합 억지와 관련한 개념과 전략을 꾸준히 발전시켰다. 최근 바이든 행정부는 민간 기업 및 유사국가와 더불어 디지털 생태계 전략을 발표하면서 사이버 질서를 구축할 의지와 계획을 선보였다.

향후 미국은 사이버 안보를 확보할 다양한 전략을 적극적으로 구사할 것이다. 글로벌 리더십과 해외 개입에 대한 비판 여론에도 불구하고 사이버 취약성을 방치할 경우 미국의 핵심 국익을 보호할 방안은 찾기 힘들기 때문이다. 이러한 상황 속에서 현재 한미 양국은 사이버 협력을 중심으로 글로벌·포괄적 동맹 변환을 추진 중이다. 물리적 공간과 사이버 공간을 연계하여 다영역 위협에 대처하는 복합 동맹의 필요성을 양국 정부가 공감한 결과이다. 사이버 안보는 국가뿐 아니라 기업과 민간이 모두 참여해야 하며 민주국가 간 양자·소다자·다자 협력이 활성화되고 있다는 점을 고려할 때 한미 사이버 동맹은 아직 초기라고 평가할 수 있다. 디지털 시대의 도래에 따른 위기와 도전에 대한 종합적 이해를 바탕으로 한국 정부가 대외전략의 목표와 방안을 구체화하는 것이 중요한 시점이다.

II. 단극체제의 등장과 사이버 안보

냉전의 종식은 곧 미국의 승리이자 '역사의 종언'이라는 인식을 확산시켰다. 하지만 9·11 테러는 미국이 맞설 새로운 현실을 일깨워 주었다. 더 이상 지리적 이점에 안주할 수 없는 시대인 것이다. 당시 미국의 대응은 테러와의 전쟁이었다. 하지만 비국가 행위자를 적대하는 전쟁은 애당초 여러 문제를 안고 있었다. 영토와 국민이 없는 테러 집단을 어디에서 찾을 수 있으며, 전쟁에서의 승리를 무엇으로 확정할 수 있는지, 테러리스트와 민간인을 어떻게 구별하며 차별할 수 있는지와 관련된 이슈가 줄기차게 제기되었다. 전통적 전쟁에서 발생한 규범과 원칙을 새로운 전쟁에서 적용할 수 있는지, 비정규전을 정의롭게 수행하고 종결할 기준과 방안이 무엇인지 다수의 국제윤리 전문가는 토론하기 시작하였다. 소련 붕괴 이후 초강대국 미국에 대항하는 강대국 연합이 부상할지를 둘러싼 논쟁은 자취를 감추었다.

하지만 비국가 행위자는 미국이 마주할 새로운 도전의 일부였다. 1990년대부터 시작된 인터넷은 빠른 속도로 가상 공간의 영향력을 강화시켰다. 사이버에서 물리적 거리는 무의미했다. 해양국가 미국이 오랫동안 누려온 지리적 이점을 사이버에서 찾아볼 수 없었다. 과학기술이 교통·통신 시설을 통해 강대국의 해외 투사력을 강화시켰다면, 가상공간은 지정학의 위상과 지리의 힘을 약화시켰다. 대서양과 태평양 덕분에 유럽·아시아 분쟁과 거리를 두기도 했던 미국에게 사이버는 낯설고 위험한 공간이었다. 9·11 테러 이후 미국은 비국가 행위자의 위협에 맞서서 국경 감시와 통제를 강화하거나 (잠재적) 공격자들을 색출하고 제거하는 전략을 추진했다. 하지만 사이버 적대행위와 관련해서는 이러한 전략의 효율성은 떨어지기에 사이버 공간에 적절한 새로운 개념과 전략의 필요성이 꾸준히 제기되었다 (Craig and Valeriano 2018).

그동안 물리적 공간에서 (1) 세력균형, (2) 상호의존, (3) 수비우위는 무력 충돌을 억지하는 요인으로 주목받았다. 하지만 아래에서 서술하듯이 이들의 영향력은 사이버 공간에서 현저히 제한적이라고 평가받고 있다.

첫째, 사이버 공간에서 세력균형에 따른 상호 억지가 발생하기 어렵다. 사이버 공격을 받은 경우 그 공격자를 바로 파악하는 것이 어렵다. 국가가 해외 거점을 사용했다거나 민간단체에 의뢰하여 사이버 공격을 감행했다면 공격자 색출과 책임 추궁은 더욱 어려워진다. 따라서 사이버 보복이 두려워 사이버 공격을 자제하리라고 예상하는 이들이 많지 않다. 하지만 사이버 공격에 대해 물리적 공간에서 응징하거나 물리적 공격에 대해 사이버 공간에서 응수하는 사례는 늘어나고 있다. 미국 정부는 2014년 소니픽처스 해킹사건을 감행한 북한 해커를 기소하고 그와 그의 회사를 제재 명단에 포함시켰다(강영두 2018). 이란은 미국이 자국의 혁명수비대 사령관을 제거하자 그에 대한 보복으로 미 연방정부기관 웹사이트에 대한 사이버 공격을 감행한 바 있다(하채림 2020). 사이버의 등장은 물리적 공간의 세력균형마저 불안하게 만들고 있다.

둘째, 사이버 공간에서 상호의존에 따른 국제협력을 관찰하기 어렵다. 앞서 언급한 것처럼 수많은 국가와 비국가 행위자가 활동하는 사이버에서 장기적 이익을 기대하며 상호 협력을 결정하는 메커니즘이 작동하기 어렵다. 다수의 해킹 그룹과 관련 조직은 자신의 정치적·경제적 목적을 달성하기 위해 불법 수단마저 적극적으로 활용한다. 이러한 행위자를 대상으로 일반 국가가 상대 이익이 아니라 절대 이익을 추구하며 안정적 협력관계를 구축하는 것은 사실상 불가능하다. 국가와 민간의 협력이 국제정치에서 빈번해지고 있지만 이는 민간이 속한 국가와 다른 국가 간 우호적 관계를 기초로 이루어지고 있다. 러시아가 우크라이나를 침공하자 미국의 주요 IT기업들이 우크라이나를 지원했던 최근의 사례를 대표적으로 생각해볼 수 있다. 아직까지 서로에 대한 의존관계를 바탕으로 장기적 관점에서 협력을 선호하는 행위는 사이버에서 일반적이지 않다.

셋째, 사이버에서 공격보다 수비 우위를 믿는 행위자는 찾기 어렵다. 사이버 공간에서 모든 행위자는 공격이 최선의 수비라고 믿는 경향이 강하다. 과학기술의 발달과 지정학 이점으로 수비가 손쉬운 행위자는 공격 감행을 자제한다. 누구도 정복할 수 없는 철옹성을 쌓은 군주, 엄청난 대양에 둘러싸인 해양 국가, 모든 미사일을 감지하고 요격하는 방어체제를 구축한 미래 국가 등이 바로 수비 우위를 누리는 행위자이다. 이들 사이에서 충돌과 전쟁은 제한적일 수밖에 없다. 그러나 사이버에서 자국 시스템과 인프라를 완벽히 보호할 수 없다는 생각이 정설이다. 따라서 대다수 국가는 '선제적' 대응을 강조하며 공격 우위의 현실에 적응한다. 미국이 내세우는 '선제적 방어'는 감시와 추적에 기반하여 즉각적이고 충분한 보복을 미리 준비한다는 점에서 전통적 의미의 방어와는 차별성을 지닌다.

위와 같은 사이버의 특징은 단극체제의 정점에 올라선 미국에게 새로운 도전을 야기했다. 압도적 군사력으로 상대를 억지할 수 없으며, 막대한 경제력으로 상대를 의존망에 유인할 수 없고, 공격 의사가 없음을 천명하며 상대를 안심시키는 전략도 무용하다. 과거에는 잠재적 위협으로부터 대서양과 태평양이 보호해 주었지만 사이버 공간에서 그러한 방패는 존재하지 않는다. 다수의 전문가가 9·11 테러를 비국가 행위자의 위협에 초점을 맞추었지만 그러한 행위자들이 가상 공간을 자유롭고 효율적으로 활용한다는 점이 새로운 도전의 핵심이었다. 사이버 공간은 그들에게 정보와 영향력을 제공하면서 물리적 공간의 영향력을 제한하면서 상이한 공간을 매개하는 역할을 감당하였다. 사이버의 등장은 공간 개념과 대외 전략의 변화를 불가피하게 만들었다.

오랫동안 미국 대외전략을 둘러싼 논쟁은 현실주의와 자유주의 전통을 배경으로 진행되었다. 최근 수년 현실주의 학자들은 탈냉전기 미국 대외전략에 대한 거센 비판을 제기하였다. 자유주의 "망상"으로 나토 팽창과 이라크 전쟁을 수행한 결과 미국은 쇠락을 맞이했다는 지적이다(Mearsheimer 2018; Walt 2018). 이러한 현실주의 비판자들은 세력균형론에 입각한 자제(restraint)를 강조한다. 과도하고 무차별적 개입이 아니라 주요 지역에 대한 선별적 개입을 통해 국력 낭비를 막고 반미주의를 약화시킬 것을 제안한다. 그동안 유럽·중동·아시아 지역에 지속적으로 개입했다면, 이제 아시아에 집중하면서 유럽과 중동과 일정한 거리를 두면서 필요할 경우 해당 지역 동맹을 활용할 것을 제안한다. 세계를 미국화하겠다는 야심, 글로벌 패권국에 등극하겠다는 목표를 버릴 것을 역설한다.

그러나 이러한 현실주의 전략은 가상 공간이 몰고 온 새로운 도전에 눈을 가리고 있다. 더 이상 미국이 "대양의 억제력(stopping power of war)"을 활용해 아시아·유럽·중동의 분쟁과 거리를 둔 채 선별적 개입만 가능한 시대가 아니다(Kaginele 2024). 미국의 상당한 국부는 자국 빅테크 기업의 사이버 활동에서 창출되고 있으며, 미국의 핵심 인프라와 주요 시설에 대한 사이버 공격 위협은 증대했으며, 미국 주도 질서에 반기를 든 세력은 사이버 활동을 통하여 역량을 급속도로 강화하고 있다. 사이버의 등장으로 서반구 패권국으로 다른 지역의 세력균형을 도모하는 역외 균형자 전략의 실효성은 줄어들었다. 미국의 적대 세력이 사이버를 활용해 심리전과 국내개입을 시도하는 현실 속에서 아시아와 유럽에서 무조건 발을 빼야 한다는 주장에 동조하는 이들은 줄어들 수밖에 없다.

III. 단극체제의 위기와 사이버 동맹

1. 강대국 경쟁과 사이버 분쟁

탈냉전기 사이버 공격의 증가에 대응하여 미국의 대외전략은 지속적으로 변화했다. 아래 〈표 4.1〉에서 정리한 바와 같이, 클린턴 행정부 시기 사이버 공간이 부상하자 사이버 보안과 사이버 공격은 주요 이슈로 부상하면서 경각심을 불러일으켰다. 부시 행정부에 들어서 최초의 사이버 전략이 문건으로 발표되자 사이버 안보는 국가안보의 핵심 의제로 자리 잡았다. 오바마 행정부는 사이버 문제를 둘러싼 국가와 민간, 국가와 국가 사이의 다양한 협력을 강조하기 시작했으며, 트럼프 행정부는 사이버 안보의 대상을 미국 전체로 확장하면서 사이버 공격이 미국인의 생활방식 자체를 위협한다는 인식을 확산시켰다. 2023년 바이든 행정부는 〈국가사이버안보전략〉을 발표하면서 주요 기반시설에 대한 보호 및 신기술 도래에 대한 대응에 있어서 국제협력의 필요성을 강조하였다.

이러한 미국의 사이버 안보 전략은 육·해·공·우주 물리적 공간을 연계하는 사이버의 특성을 반영한다. 상이한 물리적 공간을 매개

표 4.1 탈냉전기 미국의 사이버 안보 전략

시기	핵심 문건	주요 특징
클린턴 행정부 1·2기 (1993.1-2001.1)	• <국가 정보기간시설 보호법>(1996) • 대통령지시 63호(1998)	• 사이버 공격에 대한 취약성 인지 • 사이버 보안을 국가 중요 정책으로 규정
부시 행정부 1·2기 (2001.2-2009.1)	• <사이버공간의 안전을 위한 국가전략>(2003)	• 사이버 보안이 사이버 안보라는 국가 안보문제로 격상 • 사이버 억지 개념의 등장
오바마 행정부 1·2기 (2009.1-2017.1)	• <국가사이버안보종합이니셔티브> (2009) • <사이버공간 국제전략>(2011) • <국방사이버전략>(2015)	• 정부와 민간의 정보공유 법적 근거 • 사이버 안보 보호대상에 지적재산권 포함 • 사이버 관련 국제협력 중요성
트럼프 행정부 (2017.1-2021.1)	• <국가사이버전략>(2018) • <사이버국방전략>(2018)	• 사이버 안보의 대상 확대(미국인, 미국 사회, 생활방식) • 사이버 위협에 대한 공격적 대응
바이든 행정부 (2021.1-현재)	• <국가사이버안보전략>(2023)	• 주요기반시설 보호 체계 강화 • 위협국가에 대응하기 위한 국제협력 강조 • 신기술 도래에 따른 대응 마련

출처: 오일석·조은정(2022, 15 [표 1]); 변진석(2022, 45-55); 김소정(2023).

하는 사이버는 독립 공간이자 연결 통로의 기능을 담당한다. 사이버 공격은 사이버 시설을 마비시키거나 주요 정보를 훔치는 것을 목표로 할 뿐 아니라 물리적 공간에서의 피해와 비용을 초래하고자 자주 감행된다. 대표적으로 2010년 미국과 이스라엘이 스턱스넷(Stuxnet) 바이러스 침투를 통해 이란의 핵시설을 공격한 사례가 있다. 과거 이스라엘은 이라크의 핵개발을 저지하기 위해 오시라크 원자로를 폭격했지만, 21세기 미국과 이스라엘은 사이버 공격으로 이란 원심분리기약 20%를 파괴할 수 있었다(Nacht, Schuster, and Uribe 2019, 33). 한편, 최근 북한은 핵·미사일 개발자금을 마련하기 위해 사이버 화폐를 갈취하거나 불법적으로 획득했다고 알려졌다. 물리적 위협을 제한하고자 경제 제재를 가하고 있지만 그러한 국제사회의 노력을 무력화할 수 있는 방안이 사이버 공간에서 강구되고 있다.

그동안 미국의 사이버 전략의 핵심은 억지(deterrence)였다. 전통적인 세력균형 아이디어를 바탕으로 상대의 공격을 사전에 차단하는 목표를 지향했다. 하지만 앞 절에서 설명한 바와 같이 공격자를 식별하기 어렵고 공격 역량과 수비 역량의 구분이 모호한 상황에서 사이버 안보 딜레마는 상수가 되어버렸다. 사이버에서 수비에 치중할 경우 불리하다는 인식이 일반적이다. 그동안 사이버 억지를 지속적으로 추구했지만 트럼프 행정부는 본격적으로 '선제적 방어(defend for-ward)' 개념을 도입했다(변진석 2022, 63-64). 적대세력의 공격을 선제적으로 차단하고 필요한 경우 군사력을 동원해 보복할 수 있다는 적극적 전략이었다. 군사·경제·사회 위협을 야기하는 사이버 공격에 적극적으로 대응해야 한다는 인식의 반영이었다. 테러와의 전쟁에서 전투원과 민간인 구분이 어려웠다면, 사이버전에서 적군 자체가 보이지 않기에 공격과 방어 전략의 경계가 모호해진 것이다.

이러한 사이버 안보전략의 변화는 강대국이 주도하는 "민주주의 대 권위주의" 구도를 배경으로 한다. 2010년대 들어서 중국의 공세적 외교를 둘러싼 미국과 주변국의 우려를 고조시키면서 새로운 냉전을 전망하는 목소리가 커져왔다. 대다수는 이러한 두 집단의 충돌이 인도태평양, 특히 대만과 남중국해에서 발발할 가능성이 높다고 예상한다. 하지만 민주주의와 권위주의 간 사이버 충돌은 이미 현실이다. "The Dyadic Cyber Incident Dataset v2.0"에 따르면 2000년부터 2021년까지 양국 간 사이버 충돌은 총 425건이다(Valeriano 2022). 정치체제를 민주주의, 혼합체제, 권위주의로 나눌 때,[1] 민주주

---

1   Polity V 데이터의 Polity2 변수를 활용하여 6점 이상일 경우 민주주의, -6점 이하일 경

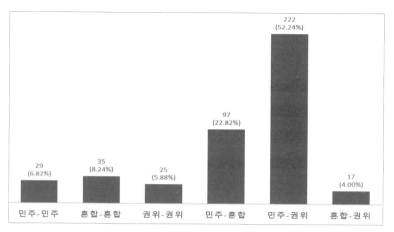

그림 4.1 사이버 분쟁과 정치체제, 2000-2021

출처: 정성철(2024, 357 [그림 11.1]).

의-민주주의 분쟁과 권위주의-권위주의 분쟁이 각각 29회(6.82%)와 25회(5.88%)에 불과한 반면, 민주주의-권위주의 분쟁과 민주주의-혼합체제 분쟁은 각각 222회(52.24%), 97회(22.82%)에 이른다(그림 4.1 참조).[2] 전체 사이버 분쟁 중 상이한 정치체제 간 발생한 비율이 79.06%(336건)에 이른다.

이러한 사이버 분쟁은 한정된 국가 사이에서 발생하는 특징을 보인다. 앞서 언급한 총 425건의 사이버 분쟁은 31개국 사이에서만 일어났다.[3] 사이버 분쟁을 20회 이상 겪은 양자는 미국-중국(63회), 미국-러시아(47회), 한국-북한(38회), 미국-이란(30회), 우크라이나-러시아(30회), 이스라엘-이란(28회), 인도-파키스탄(24회), 미국-북

우 권위주의, 그 밖의 경우는 혼합체제로 측정한다.

2   민주-민주(6.82%); 혼합-혼합(8.24%); 권위-권위(5.88%); 민주-혼합(22.82%); 민주-권위(52.24%); 혼합-권위(4.00%).

3   참고로 Correlates of War 프로젝트의 Militarized Interstate Disputes 4.02 Dataset에 따르면 2000년부터 2014년까지 총 142개국이 무력분쟁을 경험하였다.

한(20회)으로 제한된다. 인도태평양에서 갈등 중인 미국과 중국, 혹은 그 동맹과 우방들이 대다수 사이버 분쟁의 당사국인 셈이다. 따라서 사이버 안보를 증진하고 사이버 규범을 확립할 때 인도태평양의 안정적 질서를 수립하는 것이 가능할 수 있다. 반대로 사이버가 불안한 상황에서 인도태평양의 안정을 달성하는 것은 어려워질 수밖에 없다. 사이버 영역에서 미국은 중국, 러시아, 북한, 이란 등과 같은 물리적 공간의 주요 라이벌과 충돌을 이어가고 있다.

미국의 사이버 적대세력은 디지털 권위주의를 주도하며 미국의 사이버 전략에 영향을 주고 있다. 21세기 미국의 새로운 위협은 사이버 중심의 다영역망의 형태 속에서 전개되고 있다. 이러한 위협의 핵심 주체는 중국과 러시아를 중심으로 하는 권위주의 국가이다. 비록 미국이 사이버를 비롯한 주요 영역에서 앞선 기술을 보유했다 할지라도, 공격 우위라는 사이버의 특성과 개방적이고 투명한 민주주의 제도는 미국의 사이버 취약성을 부각시키고 있다. 이러한 비대칭적 위협에 대한 미국의 우려와 고민은 핵심 물자의 공급망을 재편할 뿐 아니라 인터넷망의 분리에 대한 논의를 촉발시켰다. 이는 20세기 중후반부터 급속히 진행된 세계화의 중단 혹은 재편을 의미하는 것으로 상호의존망의 약화를 가져올 것으로 예상된다. 세계가 더 이상 하나의 마을을 지향하지 않은 채 일정한 거리두기에 나선 것이다.

2. 통합 억지와 디지털 생태계

2000년대부터 미국은 '다영역 억지(cross-domain deterrence)' 혹은 '통합 억지(integrated deterrence)'의 틀 속에서 사이버 억지를 추구하였다. 바이든 행정부의 안보전략의 핵심 개념인 통합 억지는 세

가지 수준의 통합―(1) 모든 영역(육·해·공·우주·사이버 등), (2) 모든 수단(군사·비군사), (3) 미국과 동맹, 파트너의 역량―을 지향한다(설인효 2022, 279-285). 이는 국가안보를 위해 국방·경제·외교 등의 총체적 노력을 우방과 함께 기울이는 전략으로 확장된 안보개념을 바탕에 둔다. 안보를 "획득한 가치에 대한 위협의 부재"라고 정의했을 때 (Wolfers 1952, 485), 그 위협의 근원이 다양해진 것이다. 근대국가가 영토국가(territorial state)일 때는 군사적 위협과 정복이 핵심 위협이었다. 하지만 근대국가가 무역국가(trading state)로 전환된 이후 경제적 위협이 부상하였다. 무역과 투자로 상호의존망이 형성되었지만 비대칭 관계 속에서 제재와 반제재는 더욱 활성화되었다. 이러한 경제 갈등의 이면에는 기술혁신이 자리 잡고 있다. 세계 선도국이 결국 앞선 기술을 바탕으로 핵심 영역을 차지했기 때문이다.

한편, 바이든 행정부는 중국과의 경쟁 속에서 각 영역에서 (소)다자주의를 활용하여 사이버 협력을 강화한다. 그동안 아시아와 유럽의 양자·다자 군사동맹뿐 아니라 오커스(미국-영국-호주)와 쿼드(미국-일본-호주-인도)를 (재)가동한 바 있다. 인도태평양프레임워크는 오바마 행정부가 추구한 환태평양경제협력기구(TPP)를 대체하는 미국 주도 경제망의 핵심으로 부상 중이다. 중국을 배제한 반도체 공급망 건설을 위해 미국은 한국·대만·일본·네덜란드 등과 긴밀한 협력을 시작하여 일정한 성과를 내고 있다. 기존 파이브아이즈를 강화할 뿐 아니라 한국, 일본, 독일 등을 포함한 확대된 정보동맹에 대한 논의도 지속적으로 진행되고 있다. 최근 수 년 동안 돈독해진 한미일 삼각협력은 다영역 협력을 기반으로 자유주의 네트워크의 중심으로 기능하리라 기대를 받는다. 이러한 미국이 주도하고 참여하는 (소)다자협력에서 사이버와 인터넷, 핵심기술과 공급망은 핵심 의제로 협력이 핵심으로 기능한다.

　최근 바이든 행정부의 사이버 국가전략은 디지털 생태계 건설에 초점을 맞추고 있다. 방어할 수 있고 회복력 있는 디지털 생태계를 동맹과 우방과 더불어 건설한다는 '사이버 안보 국가전략'(미국 백악관)이 발표된 이후 '미국 국제 사이버 공간·디지털 정책 전략(US International Cyberspace & Digital Policy Strategy)'이 공개되었다. 트럼프 행정부의 사이버 국가전략과 마찬가지로 사이버 위협의 증가를 언급하면서 동맹·우방·민간·기업과의 협력, 사이버 규범과 국제법의 중요성을 강조한다. 다만 사이버 억지에서 디지털 생태계로 초점을 옮기고 있다. 2018년 사이버 국가전략에서 24회 등장한 용어 억지(deter 혹은 deterrence)는 2023년 사이버 안보 국가전략에서 자취를 감추었다. 그 대신 디지털 생태계라는 용어가 새로이 등장하였다(표 4.2 참조). 2022년 조셉 나이는 사이버 아나키의 종식을 위한 디지털 규범의 창출을 강조한 바 있다(Nye 2022). 이에 대한 바이든 행정부의 호응이 바로 디지털 생태계 전략으로 볼 수 있다.

　디지털 생태계의 구체적 모습은 무엇일까? 미국 국제개발처(US-AID)에 따르면 디지털 생태계는 세 기둥—(1) 디지털 인프라와 수용, (2) 디지털 사회·권위·거버넌스, (3) 디지털 경제—으로 구성되면서 네 가지 주제—(1) 포용(inclusion), (2) 사이버 안보, (3) 신흥 기술, (4) 지정학 위상(positioning)—를 포괄한다(USAID 2022). 달리 말하면, 안보와 번영을 추구하는 정치·사회·경제 생태계라고 이해할 수 있다. 현재 미국과 중국 사이에서 벌어지는 다영역 경쟁뿐 아니라 개인·집단·국가 간 불평등과 이들 간 협력의 문제도 디지털 생태계의 주요 이슈로 다룰 수 있다. 이러한 점에서 디지털 생태계는 다양한 이해당사자가 정치·군사·경제·사회·문화 전반에 걸친 영향을 사이버

표 4.2 2018년과 2023년 사이버 국가전략의 핵심어 사용 (단위: 회)

	2018년 사이버 국가전략 (National Cyber Strategy)	2023년 사이버 안보 국가전략 (National Cybersecurity Strategy)
위협(threat)	37	57
권위주의(authoritarian or authoritarianism)	3	3
규범(norm or normative)	6	10
규칙(rule)	0	9
법(law)	21	30
동맹(allies, allied, or alliances)	10	28
우방(partner[s])	35	70
억지(deter or deterrence)	24	0
생태계(ecosystem)	3	44
디지털 생태계(digital ecosystem)	0	39

에서 주고받는 현실을 충실히 반영한 개념으로 이해할 수 있다.

그렇다면 미국이 추진하는 디지털 생태계의 주요 동반자는 누구인가? 다양한 민간과 기업과 더불어 민주국가와 사이버 연대를 확장하려는 노력이 진행 중이다. 특히 사이버 역량을 갖춘 민주국가는 미국이 추진하는 사이버 동맹의 핵심 구성원이다. 현재 사이버 역량을 갖춘 국가 간 협력은 양자·소다자·다자 형태로 급속히 강화되고 있다. 미국이 주도하는 국제 협력체에서 사이버, 인터넷, 기술혁신은 핵심 이슈이다. 유럽연합의 경우도 디지털 파트너십을 2022년부터 일본, 한국, 싱가포르, 캐나다 등과 체결하면서 사이버 협력의 외연을 확장하고 있다. 이러한 사이버 협력의 특징은 이념과 역량이 상대적으로 유사한 국가 사이에서 발생한다는 점이다. 아래 〈표 4.3〉은 사이버 역량 상위 20개국을 정리한 것이다. 미국을 포함하여 총 17개국은 나

표 4.3 사이버 역량 상위 20개국

		나토 사이버 방위센터 (CCDCOE)	EU 디지털 파트너십	쿼드	오커스	한미일
1	미국	○		○	○	○
2	중국					
3	러시아					
4	영국	○			○	
5	호주	○		○	○	
6	네덜란드	○				
7	베트남					
8	한국	○	○			○
9	프랑스	○				
10	이란					
11	독일	○				
12	우크라이나	○				
13	캐나다	○	○			
14	북한					
15	스페인	○				
16	일본	○	○	○		○
17	싱가포르		○			
18	뉴질랜드					
19	이스라엘					
20	스웨덴	○				
21	사우디아라비아					
22	스위스	○				
23	터키	○				
24	이집트					
25	에스토니아	○				
26	인도			○		
27	이탈리아	○				
28	말레이시아					
29	리투아니아	○				
30	브라질					
	합	17	3	4	3	3

출처: Voo, Hemani, and Cassidy(2022).

토의 사이버방위센터(CCDCOE)에 참여하고 있다. 2007년 러시아의 에스토니아 사이버 공격 이후 출범한 사이버방위센터는 세계 최대 규모의 사이버방위훈련 등을 실시하는 안보협력체로 대한민국도 2022년 정회원으로 가입하였다. 미국이 주도하는 소다자협력체인 쿼드, 오커스, 한미일 협력국은 모두 사이버 강국이다.

과거 군사협력은 역량의 비대칭성에도 불구하고 발생했다면, 현재 사이버 협력은 역량의 대칭성을 전제로 일어난다. 안보-자율성 교환모델은 지리적 요충지를 차지하는 약소국이 군사와 경제 역량을 보유한 강대국과 동맹을 형성하는 사례를 설명하였다. 주권국가의 자율성을 일부 양보하면서 비강대국은 자국의 안보를 위해 강대국의 도움을 받을 수 있었다(Morrow 1991). 하지만 비대칭적 안보협력은 사이버 공간에서 드물게 발생한다. 그 대신 선진국 간 역량결집의 형태로 국제 연대가 빈번하게 이루어지고 있다(정성철 2024, 366-367). 최근 사이버 역량을 갖추지 못한 국가는 다양한 형태로 부상하는 (소)다자협력에서 일정 부분 배제되고 있다. 에너지 전환과 반도체 생산과 관련되어 주목받고 있는 광물 생산지인 일부 국가만이 선진국의 주목을 받고 있는 상황이다.

현재 미국과 중국이 주도하는 "민주주의 대 권위주의" 구도는 유사국가가 국가군을 이루면서 발생하고 있다. 미국이 주도하는 자유주의 연대망은 유사한 이념뿐 아니라 뛰어난 역량을 갖춘 국가들 사이에서 다각도로 강화된다는 특징을 보인다. 흔히 미국의 대중국 압박정책을 인도태평양전략으로 치환하고 있지만, 이러한 인도태평양 전략이 미국과 아시아 국가 간 연대에 제한되지 않는 이유는 사이버를 중심으로 펼쳐지는 다영역 연계 때문이다. 가상공간을 통해 물리적 공간에서 심대한 피해를 입힐 수 있고, 주요 국가의 국부가 사이버를 통한 경제활동에 뿌리를 두고 있으며, 세계인의 개인정보와 주요 핵심기술이 가상공간에 저장되는 상황에서 미중 경쟁에 전 세계 국가 및 비국가 행위자가 휘말릴 수밖에 없는 상황이다.

IV. 한미 사이버 협력: 지정학 동맹에서 포괄적 동맹으로

한미동맹 70주년을 맞이한 정상회담에서 양국 정상은 2023년 4월 26일 글로벌 포괄적 전략 동맹의 구축을 재천명하였다. 한국 대통령실과 미국 백악관은 "한미 정상 공동성명" 이외 "워싱턴 선언", "차세대 핵심신흥기술 대화 공동성명", "전략적 사이버안보 협력 프레임워크", "한국전 명예훈장 수여자의 신원확인에 관한 공동성명"을 발표하였다. 정상회담 브리핑에서 국가안보실은 양국의 가치동맹 주춧돌 위에 다섯 기둥—안보동맹, 경제동맹, 기술동맹, 문화동맹, 정보동맹—이 자리 잡았다고 발표하였다. 이 다섯 기둥은 한반도에 국한되지 않고 인도태평양 전역에 걸친 긴밀한 협력을 상징한다.

이처럼 한미동맹 70주년을 기념하면서 양국은 한미동맹을 "인도태평양 지역의 평화와 번영의 핵심축"으로 규정하였다. 북대서양조약기구, G7, 민주주의 정상회의, 오커스에 대한 언급과 더불어 양국은 러시아의 우크라이나 침략을 규탄하며 북한문제 해결에 대한 의지를 밝힘과 동시에 인도태평양 전역에서의 협력 확대를 천명했다. 대만해협의 평화와 안정을 강조하고 일방적 현상변경에 대한 강력한 반대를 표명한 양국은 중국과 러시아의 위협, 즉 권위주의 부상에 대한 우려와 경계를 공유하고 있다. 미국은 아시아태평양에서 인도태평양으로 초점을 옮긴 후 본격적인 인도태평양 전략을 수립하여 실행에 옮기고 있다. 작년 말 인도태평양 전략을 발표한 한국 역시 미국이 주도하는 국제질서 수호에 적극 동참한 것이다.

한미 글로벌·포괄적 동맹과 한미일 삼각협력의 핵심에 사이버 협력이 존재한다. 한미 양국은 정상회담문과 사이버 안보 협력 프레임워크에서 북한문제를 포함한 안보문제에서 사이버의 중요성에 인식을 함께했다. 지난 한미일 캠프데이비드 정상회의 이후 삼국은 지난 11월 삼국 간 고위급 사이버 협의체 신설 계획을 발표하였다(곽민서 2023). 이는 한국, 미국, 일본 모두 동아시아와 인도태평양의 안정에 있어서 사이버 공격을 억지하고 사이버 범죄를 예방해야 할 필요성에 합의하고 있음을 보여준다. 현재 주목받는 이슈는 북한의 사이버 범죄를 통한 자금 확보이다. 북한 비핵화를 위한 노력의 일환으로 대북제재를 지속하지만, 북한의 사이버 활동으로 물리적 공간의 제재가 무력화된다는 우려가 커진 것이다. 사이버 협력 없이 더 이상 공동 안보의 달성이 어려운 것이 현실이다.

향후 한미동맹은 양국 간 사이버 협력의 토대 위에 성장할 것이다. 민주주의의 권위주위 위협론 기저에는 '민주주의 후퇴(democratic backsliding)'라는 전 세계적 현상이 존재한다. 2000년대부터 유럽과 남미, 아시아 전역에 걸쳐 다수 민주국가들은 포퓰리즘과 선거부정, 코로나19와 국가주의를 경험하면서 권위주의화를 경험했다(그림 4.2 참조). 이는 중국과 러시아의 부상, 특히 이들 국가들의 디지털 기술을 활용한 국내통제와 해외개입을 우려하는 목소리와 맞물려 '민주주의 수호'의 필요성을 부각시키고 있다(Ikenberry 2020). 한국과 미국이 자유와 인권에 대한 가치 존중을 함께 강조할수록 양국이 수행하는 사이버 협력의 무게는 커질 수밖에 없다. 사이버 규칙기반 질서가 부재한 상황에서 민주주의의 온전한 지속은 불가능한 시대를 살아가고 있

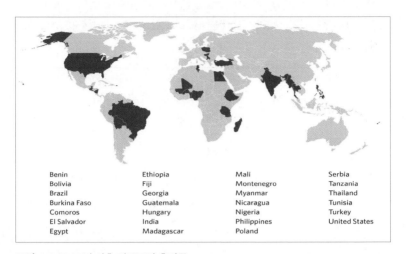

Benin	Ethiopia	Mali	Serbia
Bolivia	Fiji	Montenegro	Tanzania
Brazil	Georgia	Myanmar	Thailand
Burkina Faso	Guatemala	Nicaragua	Tunisia
Comoros	Hungary	Nigeria	Turkey
El Salvador	India	Philippines	United States
Egypt	Madagascar	Poland	

그림 4.2 2005년 이후 민주주의 후퇴국
출처: Carothers and Press(2022, 5 [Figure 1].

기 때문이다.

　한미 사이버 협력은 군사동맹에서 포괄적 동맹을 대표한다. 양극 체제가 부상하는 상황에서 한국전쟁은 한국과 미국이 비대칭 군사동맹을 맺도록 이끌었다. 냉전이 종식된 이후에도 북한의 핵개발은 한미 양국이 군사동맹을 유지하며 안보 협력을 유지하는 공동위협으로 작동하였다. 더불어 한국의 민주주의와 경제성장은 '민주주의 대 권위주의' 구도 속에서 한미 양국이 역량과 이념을 바탕으로 포괄적 동맹을 키워나가는 원천이 되고 있다. 지정학을 기초로 한 군사동맹을 유지하는 단계에서 벗어나 군사·경제·기술·사회 전반에 걸쳐 공동 안보를 추구하는 수준으로 거듭나고 있다. 양국의 지도부와 시민사회 모두 한미동맹을 지정학을 넘어선 복합(지정학과 비지정학) 동맹이라는 인식을 바탕으로 협력의 수준과 범위를 확장시키는 작업이 한층 필요한 시점이다.

V. 나가는 글

글로벌 팬데믹 이후 국제적 거리두기는 본격화되었다. 현재 미국은 중국 때리기 혹은 미중 디커플링이 아니라 민주주의와 권위주의 세력 간 거리두기를 주도하고 있다. 모든 영역에서 양분된 세계를 추구하지 않기에 신냉전을 추구한다고 평가할 수 없으나, 선진 산업과 첨단기술에서 중국과 러시아를 배제하는 전략은 미국의 관여정책이 종식되었음을 일깨워 준다. 이렇듯 권위주의와의 거리두기는 양극화로 몸살을 앓고 있는 미국 사회 전체가 합의할 수 있는 전략의 하나로 당분간 지속되리라 예상된다. 분명 이슬람과 이주자, 자유주의 국제질서와 유럽-인태의 연계에 대한 민주당과 공화당의 입장차는 존재하지만, 권위주의 세력으로부터 안전하고 회복력 있는 미국을 건설해야 한다는 공동의 목표 의식은 분명하다.

이러한 상황에서 미국은 향후 사이버 봉쇄와 생태계 구축에 집중할 가능성이 높다. 지리적 이점과 수비 우위가 부재한 사이버에서 미국이 권위주의 세력을 봉쇄할 유인은 한층 커졌다. 과거 인터넷이 정보 투입과 공유의 주요 통로로 작동하리라는 믿음 속에서 장밋빛 미래를 예견했다면, 이제 우리 경제와 사회를 보호해야 한다는 위기 의식이 민주국가 사이에서 널리 퍼졌다. 한국 역시 이러한 사이버 취약성을 최소화할 수 있는 인프라와 정치·경제·사회를 구축하기 위해 민간 및 동맹과 더불어 디지털 생태계 구축에 적극적으로 나설 때이다. 사이버 아나키에서 현재의 일상은 위협받을 수밖에 없기 때문이다.

참고문헌

강영두. 2018. "美, 北사이버공격 첫 제재…소니픽처스 해킹 등 北해커 기소." 『연합뉴스』 (9
월 7일). https://www.yna.co.kr/view/AKR20180906184451071?input=1195m (검색
일: 2024.5.10.).

곽민서. 2023. "한미일 고위급 사이버 협의체 신설…북 사이버활동 차단." 『연합뉴스』 (11월 6
일). yna.co.kr/view/AKR20231106061900001 (검색일: 2024.7.12.).

권용립. 2010. 『미국 외교의 역사』. 서울: 삼인.

김소정. 2023. "2023 미국 사이버안보 전략 주요내용과 한국에의 시사점." 국가안보전략연구
원 이슈브리프 제423.

박현. 2012. "미-이란 해커전쟁…파네타 '사이버 진주만 공격 위험'." 『한겨레』 (10월 14
일). https://www.hani.co.kr/arti/international/america/555741.html (검색일:
2023.12.1.).

변진석. 2022. "미국 사이버 안보전략의 등장과 발전." 『평화연구』 30(1): 41-76.

설인효. 2022. "바이든 행정부의 안보·국방전략과 한국의 대응방향." 『전략연구』 29(2):
257-296.

오일석·조은정. 2022. "미국 사이버전략의 평가와 전망." INSS 전략보고 No. 175.

정성철. 2024. "사이버 안보와 동맹." 김상배 편. 『사이버 안보의 국제정치학: 기본 개념의 탐
구』. 서울: 사회평론아카데미.

팀 마샬. 2016. "제2장: 미국: 지리적 축복과 전략적 영토 구입으로 세계최강국이 되다." 『지
리의 힘: 지리는 어떻게 개인의 운명을, 세계사를, 세계 경제를 좌우하는가』. 김미선 역.
서울: 사이.

하채림. 2020. "이란, 美에 '사이버 보복' 시작?…연방기관 웹 해킹돼." 『연합뉴스』 (1월 5
일). https://www.yna.co.kr/view/AKR20200105046000009?input=1195m (검색일:
2024.5.10.).

Carothers, Thomas and Benjamin Press. 2022. "Understanding and Responding
to Global Democratic Backsliding." Working Paper, Carnegie Endowment for
International Peace (October 20).

Craig, Anthony Craig and Brandon Valeriano. 2018. "Realism and Cyber Conflict:
Securiy in the Digital Age." E-International Relations (February 3). https://www.
e-ir.info/2018/02/03/realism-and-cyber-conflict-security-in-the-digital-age/ (검색일:
2024.5.18.).

Ikenberry, G. John. 2020. A World Safe for Democracy: Liberal Internationalism and
the Crises of Global Order. New Haven: Yale University Press.

Kaginele, Pranav. 2024. "The Stopping Power of Water: An Outdated Concept?"
E-International Relations (March 7). https://www.e-ir.info/2024/03/07/the-
stopping-power-of-water-an-outdated-concept/ (검색일: 2024.7.12.).

Mearsheiemr, John J. 2018. The Great Delusion: Liberal Dreams and International
Realities. New Haven: Yale University Press.

Mearsheimer, John J. and Stephen M. Walt. 2016. "The Case for Offshore Balancing: A

Superior US Grand Strategy." *Foreign Affairs* 95(4): 70-83.

Morrow, James D. 1991. "Alliances and Asymmetry: An Alternative to the Capability Aggregation Model of Alliances." *American Journal of Political Science* 35(4): 904-933.

Nacht, Michael, Patricia Schuster, and Eva C. Uribe. 2019. "Cross-Domain Deterrence in American Foreign Policy." In *Cross-Domain Deterrence: Strategy in an Era of Complexity*, edited by Jon R. Lindsay and Erik Gartzke. New York: Oxford University Press.

Nye, Joseph S. 2022. "The End of Cyber-Anarchy?: How to Build a New Digital Order." *Foreign Affairs* 101(1): 32-43.

USAID(United States Agency for International Development). 2022. "Digital Ecosystem Framework." August 24. https://www.usaid.gov/digital-development/digital-ecosystem-framework (검색일: 2024.5.16.).

Valeriano, Brandon. 2022 "Dyadic Cyber Incident Dataset v 2.0." https://doi.org/10.7910/DVN/CQOMYV, Harvard Dataverse. https://dataverse.harvard.edu/dataset.xhtml?persistentId=doi%3A10.7910%2FDVN%2FCQOMYV&version=DRAFT

Voo, Julia, Irfan Hemani, and Daniel Cassidy. 2022. "National Cyber Power Index 2022." Harvard Belfer Center, September.

Walt, Stephen M. 2018. *The Hell of Good Intentions: America's Foreign Policy Elite and the Decline of US Primacy*. New York: Farrar, Straus and Giroux.

Wolfers, Arnold. 1952. "'National Security' as an Ambiguous Symbol." *Political Science Quarterly* 67(4): 481-502.

제2부

일본의 사이버 안보-국방-외교 전략과 한일관계

제5장

일본의 '능동적 사이버 방어(ACD)' 수용과 전수방위 원칙

이정환 서울대학교 정치외교학부 교수

* 본 장은 국민대학교 일본학연구소가 발행하는 『일본공간』 35권에 게재된 저자의 논문을 도서에 맞추어 수정한 것이다.

I. 서론

일본 정부의 사이버 안보 정책에 대한 평가는 양가적이다. ITU (International Telecommunication Union)가 2021년에 발간한 *Global Cybersecurity Index 2020*에서 일본은 100점 만점에 97.82점으로 194개 평가 대상 국가 중 7위였다(ITU 2021, 25). 2022년에는 9위, 2023년에는 10위로 다소 하락하였다(国際文化会館地経学研究所 2024, 88). 하지만, 2021년 순위에서도 미국(1위), 영국, 사우디아라비아(공동 2위), 에스토니아(3위), 한국, 싱가포르, 스페인(공동 4위), 러시아, 아랍에미리트, 말레이시아(공동 5위), 리투아니아(6위)에 이은 실제 12위였음을 고려하면, 큰 폭의 변화라 보기 어렵다. 일본의 사이버 안보 정책에 대한 대표적 전문가인 게이오대학의 쓰치야 모토히로(土屋大洋) 교수가 말하듯, 근래 도쿄 올림픽 등의 대규모 국제 이벤트에서 사이버 분야에서의 큰 안보 문제가 없었던 점을 고려하면 전통적 보안 측면에서 일본의 사이버 안보 대응능력은 준수하다고 볼 수 있다.[1] 반대로 영국의 IISS(International Institutes for Strategic Studies)가 2021년에 발표한 "Cyber Capabilities and National Power: A Net Assessment"에서 일본은 조사 대상국 15개국에 대한 정부 능력 평가에서 최하위 그룹에 속했다(IISS 2021). 또한, 일본 내에서는 일본 정부의 사이버 안보 정책에 대한 불안한 시선이 지속되고 있다. 마쓰무라 마사히로(松村昌廣) 교수가 소개하듯이 쓰치야 교수를 포함한 일본 내 여러 사이버 안보 정책 전문가들은 일본의 사이버 안보 정책이 사이버 공

---

1 「能動的にサイバー防御 めざせ攻めの法整備【日経モープラFT】」, https://txbiz.tv-tokyo.co.jp/plusft/feature/post_281495 (검색일: 2024. 4. 30.).

간의 안보 위협에 대응하기에 부족하다는 인식을 공유하고 있다(松村昌廣 2022).

이러한 상반된 평가는 최근 사이버 안보에 대한 글로벌 정책 지향이 '능동적 사이버 방어(Active Cyber Defense, ACD)'로 수렴하는 가운데, 일본의 사이버 안보 정책에서 '능동적 사이버 방어' 원칙 수용이 더디기 때문이다. '능동적 사이버 방어'는 '실시간으로 공격을 인지하고 분석해 네트워크와 국가 경계를 넘는 적극적인 방법을 사용해서 네트워크 보안 침해를 경감하는 것'으로 정의된다(笹川平和財団新領域研究会 2024, 140). '능동적 사이버 방어' 개념에 입각한 사이버 안보 정책은 공격을 감지하기 위한 국경을 넘는 감시와 선제적인 실력행사의 대응 방법을 포함하고 있다. 일본 정부는 2022년 12월 발행한 「국가안보전략」에서 '능동적 사이버 방어'를 일본의 사이버 안보 정책의 향후 추진 방향으로 설정하였다.[2] 이는 글로벌 추세에 부합하는 방향으로 정책 변화를 꾀하고, 지금까지의 수동적 성격과 차별화되는 사이버 안보 정책을 추진하겠다는 일본 정부의 정책 목표를 드러내고 있다.

하지만, 2022년 「국가안보전략」에 포함된 여타 중요 내용들―반격능력 보유, 통합사령부 신설, 방위비 증강 등―에 비해 사이버 분야의 '능동적 사이버 방어' 원칙 도입을 위한 법적 기반 정비는 더디게 진행되고 있다. 2023년 초에 '능동적 사이버 방어' 원칙에 입각한 정책 거버넌스와 법제 개편을 위해서 내각관방 산하에 〈사이버안전보장체제정비준비실(サイバ-安全保障体制整備準備室)〉이 설치되었고, 2024년 상반기 법제화의 일정 목표가 제시되었다.[3] 하지만, 2024년 상

---

2   「国家安全保障戦略」, https://www.mod.go.jp/j/policy/agenda/guideline/pdf/
security_strategy.pdf (검색일: 2024. 4. 30.), pp. 21-22.
3   「「能動的サイバ-防御」準備室、内閣官房に新設　政府」, 『日本経済新聞』(2023. 1. 31.).

반기의 법제화 시도는 이미 유보되었고, 현재 2024년 하반기 법제화를 위한 유식자회의 설치 및 연립 여당 내 의견 조정이 진행되고 있다. '능동적 사이버 방어' 개념 도입을 통한 사이버 안보 정책의 전환이 더디게 진행되는 핵심 이유는 '능동적 사이버 방어' 개념이 일본의 헌법 해석과 충돌하는 성격에서 기인하는 연립 여당 내 의견 조율 지체에 있다.

'능동적 사이버 방어' 개념은 헌법 21조의 통신비밀과 검열금지와 충돌할 가능성이 있다. 더불어 9조에 대한 일본 정부의 오랜 해석인 전수방위 원칙과도 충돌한다. '능동적 사이버 방어' 개념 도입은 이 헌법 조항에 대한 해석과의 충돌을 해소해야 하는 과제를 지니고 있다. '능동적 사이버 방어'는 사이버 공간에서 공격과 방어의 구별이 불분명한 가운데, 방어를 위한 공격적 방법을 활용한다는 의미를 내포하고 있다. 집단적 자위권에 대한 해석 변경, 기반적 방위력 개념 폐기 등으로 상징되듯 일본 정부는 지난 10여 년간 기존의 안보규범에 대한 큰 폭의 변화를 가져왔지만, 전수방위 원칙은 여전히 유지하고 있다. '능동적 사이버 방어' 개념 도입은 반격능력 보유와 함께 전수방위 원칙과 논리적으로 공존하기 쉽지 않은 사안이다. 반격능력 보유의 논리 설계와 마찬가지로 일본 정부는 전수방위 원칙의 유지 속에서 '능동적 사이버 방어' 개념을 도입하고자 하며, 이를 위한 논리 설계 작업과 이에 대한 연립 여당 내의 의견 조정에 예상보다 시간이 많이 소요되고 있다.

본 연구는 일본이 '능동적 사이버 방어' 개념을 도입하고자 하는

https://www.nikkei.com/article/DGXZQOUA3186D0R30C23A1000000/ (검색일: 2024. 4. 30.).

맥락을 설명하고, 새로운 사이버 안보 정책의 방향성인 '능동적 사이버 방어' 개념이 기존의 헌법 해석과 어떠한 모순적 지점을 지니는지에 대해 분석하고자 한다. 이를 통해서 앞으로 일본 정부가 '능동적 사이버 방어' 개념을 어떻게 전수방위 원칙과 부합해서 설명하려는지에 대한 함의를 제공하고자 한다. 본 연구의 핵심적 주장은 반격능력 도입에 대한 논리 설계와 마찬가지로 '능동적 사이버 방어'에 대한 논리 설계는 미국이 주도하는 '능동적 사이버 방어'의 글로벌 확산 속에서 국제적 표준에 대한 일치화라는 보편주의적 국제주의 관점에서의 국가 역할 인식 속에서 이루어지고 있으며, '필요최소한'의 관점에서 구성되었던 특수주의적 성격을 지니는 기존의 일본 안보 규범이 형해화되고 있다는 것이다. '능동적 사이버 방어' 개념 도입은 전수방위 원칙의 내용적 실체가 공동화되어 가는 최근 일본 안보 정책 변화의 흐름을 보여주는 대표적 사례다.

일본의 사이버 안보 정책에 대해서는 한국 내에서 이승주(2017), 이상현(2019a, 2019b), 박성호(2022), 신승휴(2023)의 연구가 존재한다. 이들 연구는 2010년대 일본 정부의 「사이버 안보기본법」 제정과 「사이버 안보전략」 문서의 안보적 성격에 대해 분석하고 있다. 이를 통해 2010년대에 일본 사이버 안보 정책이 「방위계획대강」의 변화와 연계되어 안보화되어 가는 양상을 보여주고 있다. 이들 연구가 연구 대상으로 삼고 있는 2010년대 일본 사이버 안보 정책의 변화는 본 연구가 중심적으로 다루고 있는 2022년 안보3문서 제정 이후의 '능동적 사이버 방어' 개념 도입의 정책 과정에 대한 역사적 조건이 된다. 일본에서도 일본 사이버 안보 정책에 대한 핵심 연구 대상은 2010년대 전개된 사이버 공간의 안보화이다. 土屋大洋(2015), 谷脇康彦(2018), 松村昌廣(2022), 川口貴久(2019) 등의 연구도 국제규범 변화 속에서 일본의 사이버 안보 정책의 안보화를 중점적으로 논하고 있다. 한편, 가와구치(Kawaguchi 2023)는 일본의 최근 '능동적 사이버 방어' 개념의 도입을 다룬 거의 유일한 연구에 가깝다. 이 연구는 일본의 최근 '능동적 사이버 방어'와 2010년대 방어 위주의 사이버 안보 정책을 공존하는 두 개의 접근법으로 관찰하고 있다. 국내외 연구 모두 일본 사이버 안보 정책의 2010년대 변화에서 사이버 공간에 대한 국제규범 변화의 영향을 중요 요인으로 강조하고 있으며, 본 연구도 그러한 흐름에서 최근 '능동적 사이버 방어' 개념 도입을 통한 일본 사이버 안보 정책의 전환을 살펴보고 있다.

본 장의 구성은 다음과 같다. II절에서는 2022년 이후 일본 정부가 '능동적 사이버 방어' 개념 도입을 공식화하기 이전까지 일본 사이버 안보 정책의 변화와 그 성격의 특징을 2010년대를 중심으로 설명할 것이다. III절에서는 국제사회에서 사이버 공간의 안보 문제를 어떻게 다룰 것인지에 대한 규범 갈등 속에서 미국 주도의 '능동적 사이버 방어'가 확산하는 흐름과 그 흐름에 맞춘 법제화가 일본에서 수월하게 이루어지기 어려운 애로 사항에 대해 분석하고, IV절에서는 2022년 이후 '능동적 사이버 방어' 개념 도입 공식화 이후의 정책 과정에 대해 분석할 것이다.

II. 일본 사이버 안보 정책의 전개

1. 사이버 안보 정책의 형성과 거버넌스

다른 나라와 마찬가지로 일본의 사이버 안보 정책도 IT 정책과 연계되어 탄생하였다. 하지만, 초기 IT 정책 구상에서 사이버시큐리티는 중점적 정책 고려 대상은 아니었다. 물론 2000년에 〈내각관방정보시큐리티대책추진실〉이 설치되었지만, 사이버 공간의 시큐리티에 대한 인식 자체가 크게 진척되어 있었다고 보기 어렵다. IT와 관련된 일본 내 최초 입법의 위상을 지니는 「IT기본법」(고도정보통신네트워크사회 형성기본법, 2001년 시행)과 이와 연계되어 책정된 「e-Japan전략」 모두 네트워크 정비와 인재 양성 등에 초점이 모여 있었다(谷脇康彦 2018). 시큐리티에 대한 체제 정비는 2005년 〈내각관방정보시큐리티센터〉(NISC)가 설립되면서 출발했다고 볼 수 있다. 더불어 NISC에 대한 정책 결정 조직으로 IT전략본부 산하에 〈정보시큐리티정책회의〉가 설치되었다. 2000년 〈내각관방정보시큐리티추진실〉에서 2005년 〈내각관방정보시큐리티센터〉로 기능 강화가 모색되는 과정에서는 〈고도정보통신네트워크사회추진전략본부〉의 정책 제언과 의견 수렴 과정이 존재했다.[4]

현재 일본 사이버 안보 정책의 중심적 조직인 NISC는 2005년에 구성되었지만, 2000년대에 NISC를 중심으로 하는 사이버 안보 정책 체제가 구축되었다고 보긴 어렵다. 당시 NISC는 정부 전체의 사이버 보안에 대한 사령탑으로서의 위상을 전혀 지니고 있지 못했다. 이에 대한 문제의식 속에서 2013년 「사이버시큐리티전략」에서는 NISC의 기능 강화와 위상 강화가 목표로 제시되었다(谷脇康彦 2018).

일본 사이버 안보 정책의 핵심 법제인 「사이버시큐리티기본법」은 2013년 「사이버시큐리티전략」의 결과물이다. 「사이버시큐리티기본

---

4 「內閣サイバーセキュリティセンター(NISC)について」, https://www.nisc.go.jp/about/history/index.html (검색일: 2024. 4. 30.).

법」은 2014년 봄에 국회에 제안되었고, 가을 임시국회에서 통과되어 2015년 1월에 시행에 이르게 되었다. 「사이버시큐리티기본법」을 통해 NISC의 위상과 기능은 큰 폭으로 변화하게 되었다. 동일한 영어 약자 NISC로 불리지만, 2015년의 NISC는 National Center of Incident Readiness and Strategy for Cybersecurity의 약자로 2005년 NISC가 National Information Security Center의 약자인 것과 비교할 때 상이한 성격을 지닌다. NISC는 2015년 「사이버시큐리티기본법」에 의해 사이버 안보에 대한 정책 결정 조직으로 내각에 설치된 〈사이버시큐리티전략본부〉(본부장 내각관방장관)의 실무조직의 위상으로 〈내각사이버시큐리티센터〉로 새로 출범하게 된 것이다(이상현 2019a, 134).

2015년의 〈내각사이버시큐리티센터〉는 2005년의 〈내각관방정보시큐리센터〉와 비교할 때 여러 부분에서 차이가 난다. 우선 다른 부처들과의 관계에서 〈내각사이버시큐리티센터〉는 정보와 데이터를 제공받을 수 있는 권한을 갖게 되었으며, 각 부처의 사이버 보안 운용 상황에 대한 감독 권한도 가지게 되었다. 또한 각 부처의 사이버 보안 대응을 종합해서 국가 전체의 사이버 안보 정책을 일괄적으로 총괄하는 역할도 담당하게 되었다. 그 결과 2015년부터 3년마다 발행되고 있는 「사이버시큐리티전략」 문서의 작성 주체가 되었다. 위상 강화와 기능 강화 속에서 2013년에 80여 명뿐이었던 NISC 직원 수는 3년 후인 2016년에 180명으로 증가하였다(谷脇康彦 2018).

일본 사이버 안보 정책의 내용을 파악할 수 있는 핵심 문서인 「사이버시큐리티전략」은 「사이버시큐리티기본법」 시행 이후, 2015년, 2018년, 2021년 세 번 책정되었다. 「사이버시큐리티전략」에 나타난 정책 내용은 크게 세 가지로 정리된다. 첫 번째는 사이버 안보와 관련된 민간기업의 투자 촉진 지원이다. 두 번째는 사이버 공격에 대한 방어 능력 강화로, 전통적 보안 능력 향상으로 연결되는 정책과제다. 세 번째가 국제협력인데, 이 부분에서 국제적 사이버 공격에 대한 대응과 관련된 사이버 정책의 안보화 추세가 발견된다.

현재 일본 사이버 안보 정책 내용을 보여주는 2021년 「사이버시큐리티전략」은 2015년 판, 2018년 판과 비교하였을 때, 민간기업 투자 촉진, 사이버 보안 강화, 국제협력의 세 축에 서 있다는 점에서 유사하다. 다만, 2021년 시점에서 일본이 강조하던 디지털 개혁에 대한 지점이 강조되어 DX 과정에서 사이버 안보에 대한 기업 투자 촉진의 필요성과 중소기업 지원 정책 등이 집중적으로 부각되어 있다. 사이버 보안 강화 내용에서는 기업의 기술 유출 방지와 인프라 시설 관리의 취약성 방지 등이 경제안보 정책과 연계되어 새롭게 포장되어 기술되어 있다. 2021년 〈사이버시큐리티전략〉이 내세우는 'Cybersecurity for All' 프레임은 NISC의 위상을 행정부처 사이의 정책 내용을 조정하는 기관에서 민관 전체의 사이버시큐리티 관련 행위들을 총괄하는 기관으로 변모시키려는 노력이기도 하다. 담당하는 기능에서도 정보수집, 정보집약분석, 정책 대응, 대처 조정 등의 기능을 모두 수행하는 것으로 NISC를 변모시키려는 의도를 담고 있다.

하지만, NISC의 역할 강화에 대해서는 NISC와 기타 성청과의 관계에서 발견되는 거버넌스적 한계를 넘어설 수 있는지에 대한 의구심이 존재한다. 일본 각 행정부처는 각기 담당 정책 영역에서의 사이버 안보 정책을 추진하고 있다. 이에 대한 NISC의 위상은 조언자적 위치에서 출발해서 조정자 위치로 발전하였지만, 사이버 안보 이슈에 대한 타 행정부처의 상위기관이 되는 것은 제도적으로도 여의찮은 상황이다. 특히나, 정보통신 정책 영역의 총무성, 산업담당의 경제산업성, 경찰청 등은 사이버 안보 분야에서 전통적인 자기 영역을 구축해 왔고, 최근 인프라 관리를 담당하는 국토교통성과 새롭게 등장한 디지털청은 NISC의 정책 거버넌스 주도성 확립에 대한 새로운 도전 요인이다.

무엇보다 자체 선발되는 관료집단이 없는 내각부의 NISC 조직은 주요 간부들이 총무성, 경제산업성, 경찰청, 방위성 등에서 파견 나와 유지되고 있다. 내각의 정책 조정 기관으로 NISC가 그 조정 역할을 강화하는 것은 앞으로도 충분히 예상할 수 있는 일이지만, 정보의 수집, 분석, 대처에 대한 실제 업무에 있어서 NISC가 주도성을 확립할 수 있는지는 향후 지속해서 관찰해야 할 부분이다. 현재 논의되고 있는 '능동적 사이버 방어' 도입의 정책 현실화 과정에서 사이버 안보에 대한 거버넌스 변화도 함께 논의되고 있는 가운데, NISC의 역할과 위상 변화가 예상된다.

2. 사이버 안보의 안보화 진전

「사이버시큐리티전략」의 개정 과정에서 세 정책 축—사이버 안보 관련 민간기업 투자 촉진 지원, 전통적 사이버 보안 능력 향상, 국제적 사이버 공격에 대한 대응—은 유지됐다. 그중에서 국경을 넘는 사이버 공격에 대한 대응의 중요성은 사이버 공간이 전통 안보 영역과 밀접하게 연계되는 가운데 갈수록 커져 왔다(이승주 2017, 173). 기본적으로 국경을 넘어서 발생하는 사이버 공격이 외부 국가와 연계된 상황에 대한 대응은 보안의 관점이 아닌 안보 정책 차원에서 인식될 수밖에 없다.

방위성이 사이버 안보에 대한 정책적 대응에 본격적으로 나선 시기도 「사이버시큐리티전략」이 처음으로 등장하던 2013년이다. 보안

의 관점에서 크게 벗어나지 않는 가운데, 방위성과 자위대 사이버 공간의 보안 강화에 더해서 방위산업체에 대한 사이버 공격 대응 강화에 초점이 맞추어져 있었다. 방위성은 2013년에 〈사이버디펜스협력협의회(サイバーディフェンス連携協議会, Cyber Defense Council, CDC)〉를 설치하고 이 조직을 매개로 방위산업체의 사이버 공격 방어 능력 향상에 초점을 두는 정책을 폈다. 방위산업이 정상적으로 기능하는 것이 방위성-자위대가 그 임무를 수행하기 위한 전제가 되고 있으므로 방위성-자위대와 방위산업체 사이에 파트너십을 구축하여 방위산업체에 대한 특징적인 사이버 공격에 대응하는 능력을 향상하겠다는 것이다. 이것이 사이버디펜스협력협의회의 설치 목표다.[5] 사이버디펜스협력협의회가 다루는 내용은 다음과 같다.

1. 표적형 이메일 공격 등 부정통신 방지에 기여하는 정보에 대해 기업 간 정보 공유를 도모하고, 기업 간 정보 공유를 통해 기업 간 정보 탈취를 시도하는 부정통신 방지를 위한 상호 협력 촉진
2. 기업 간 직접적으로 공유하기 어려운 해당 기업에 대한 표적형 공격 등에 관한 정보에 대해 방위성이 개입(허브 역할)함으로써 기업 간 정보 공유를 가능하게 하고, 기업 간 정보 공유를 촉진
3. 방위산업에 특징적인 사이버 공격 등에 대한 베스트 프랙티스 공유 실시
4. 방위성-자위대와 방위산업체와의 사이버 공격 대응능력 향상을 위한 공동훈련 등을 실시

5 「サイバーディフェンス連携協議会(CDC)の設置・取組について」, https://www.mod.go.jp/j//////approach/defense/cyber/pdf/cyber_defense_council.pdf (검색일: 2024. 4. 30.).

5. 미국 등의 대응 사례를 참고하면서 방위성-자위대와 방위산업체와의 향후 협력관계를 검토[6]

2010년대 중반 사이버디펜스협력협의회는 사이버 보안 대응 체제를, 방산기업을 대상으로 충실하게 구축하겠다는 수준에 머물러 있었다.

범정부적 수준에서도 2010년대 중반 국경을 넘는 사이버 문제에 대한 대응은 적극적이지 않다. 2015년 「사이버시큐리티전략」에서는 해외 국가가 연동된 것으로 의심되는 사이버 공격에 대한 대응에 대해서 국제협력 필요성을 중심으로 다음과 같이 기술하고 있다.

해외에서 국가의 관여나 실제 공간에서의 군 운영과 연동된 것으로 의심되는 사이버 공격 사례도 있음을 고려하면 동맹국 및 같은 입장에 서 있는 이른바 유지국·기관 간의 위협 정보 공유나 인재육성 등에서의 협력·연계의 적극적인 추진이 불가결하며, 또한 기타 국가와도 신뢰를 양성해 나가는 것이 중요하다.[7]

2015년 「사이버시큐리티전략」에서 국제적 사이버 문제에 대한 지금과 같은 공세적 태도는 찾아보기 어려우며, 국제협조 및 국내 보안 능력 강화에 초점이 맞추어져 있었다. 하지만, 2018년 「사이버시큐리티전략」에서 국경을 넘는 사이버 공격에 대한 대응에 관한 기술은 2015년 버전과 상당히 다르다. 2018년 「사이버시큐리티전략」에서는

---

6   같은 글.
7   「サイバーセキュリティ戦略(2015년)」, p. 26, https://www.nisc.go.jp/pdf/policy/kihon-s/cs-senryaku.pdf (검색일: 2024. 4. 30.).

사이버 공격에 연계된 해외 국가에 대한 대항조치의 가능성을 명시하고 있다.

> 악의적 사이버 공격 등 무력 공격에 이르지 않는 위법 행위에 대해서도 국제 위법 행위의 피해자인 국가는 일정한 경우에는 해당 책임이 있는 국가에 대해 균형성 있는 대항조치 및 기타 합법적인 대응을 취할 수 있다.[8]

물론 최근 논의되고 있는 '능동적 사이버 방어' 개념과는 다소 다르지만, 2018년 「사이버시큐리티전략」에서 나타나는 사실상의 적국 개념과 자위권 개념의 확립은 일본 사이버 안보 정책의 역사적 전개에서 2022년 이후 '능동적 사이버 방어' 개념 도입으로 가는 중간단계의 성격을 지닌다. 2018년 「사이버시큐리티전략」의 안보화된 성격은 2018년 「방위계획대강」의 맥락에서 이해될 수 있다. 아베 신조(安倍晋三) 정권의 적극적인 안보 정책 추진 흐름 속에서 2018년 「방위계획대강」에는 우주, 사이버, 전자파 등의 신흥 영역에서의 안보적 대응이 강조되기 시작하였다. 2018년 「방위계획대강」의 사이버 공간에 대한 인식과 같은 해 「사이버시큐리티전략」의 사이버 공간에 대한 안보화된 기술은 연동되어 있다(이상현 2019b; 박성호 2022; 신승휴 2023). 사이버 안보의 전통 안보화 추세의 배경에 아베 정권기의 적극적 안보 정책이 존재하는 것은 부인하기 어렵다.

8   「サイバーセキュリティ戦略(2018년)」, p. 34, https://www.nisc.go.jp/pdf/policy/kihon-s/cs-senryaku2018.pdf (검색일: 2024. 4. 30.).

2018년 「방위계획대강」에서는 방위성과 자위대의 사이버 안보에 대한 역할도 그 이전에 비해서 강화되고 확대되었다. 우선 2014년에 편성된 자위대 사이버방위대의 규모가 확대되었다. 그리고 사이버 분야에서 자위대의 역할의 범위와 강도에 대한 성격이 변화할 수 있는 기술이 발견된다. 2018년 「방위계획대강」에서 사이버 분야에 관한 기술은 다음과 같다.

평소부터 우주-사이버-전자파 영역에서 자위대의 활동을 방해하는 행위를 미연에 방지하기 위해 상시 지속적으로 감시하고 관련 정보를 수집-분석한다. 이러한 행위 발생 시에는 신속하게 사건을 파악하고 피해의 국지화, 피해 복구 등을 신속하게 수행한다. 우리나라에 대한 공격 시에는 이러한 대응과 더불어 우주-사이버-전자파 영역을 활용하여 공격을 저지-제거한다. 또한, 사회 전반이 우주공간과 사이버 공간에 대한 의존도가 높아지는 추세 등을 고려하여, 관계기관과의 적절한 연계 및 역할 분담하에 정부 전체의 종합적인 대응에 이바지한다.[9]

과거 방위성과 자위대, 그리고 방산업체의 보안에 초점을 두던 방위성과 자위대의 사이버 안보에서의 역할은 군사 분야 이외 민간 부분의 사이버 문제에 관여할 수 있도록 확대되었다. 또한 '능동적 사이버 방어'가 도입될 수 있는 '미연에 방지하기 위해'라는 표현이 포함되어 있다. 2018년 「사이버시큐리티전략」과 「방위계획대강」은 일본

9　「平成 31 年度以降に係る防衛計画の大綱」, https://www.mod.go.jp/j/policy/agenda/guideline/2019/pdf/20181218.pdf (검색일: 2024. 4. 30.).

정부가 최근 취하고 있는 사이버 공간에 대한 적극적 대응 정책 기조의 전조라 할 수 있다.

III. '능동적 사이버 방어'의 글로벌 확산과 일본의 고민

1. 사이버 안보에 대한 규범 갈등과 미국주도 규범화

2018년 「사이버시큐리티전략」과 「방위계획대강」의 안보화된 성격은 아베 정권기 적극화하는 안보 정책의 국내적 맥락만으로 설명되지 않는다. 오히려 국제적으로 사이버 안보에 대응하는 국제규범의 성격 변화 속에서 일본의 정책 태도 변화가 선명하게 이해될 수 있다. 기본적으로 2010년대 후반은 '능동적 사이버 방어'가 세계적으로 확산하는 시기이다. 이 맥락에서 일본의 사이버 안보 정책 변화는 2010년대에 진전되어 온 사이버 공간에 대한 국제규범 논의와 높은 연계성을 지닌다.

유엔은 사이버 공간의 국제규범 창출에서 중요한 무대였다. 유엔의 정보안보정부전문가그룹(Group of Government Experts, GGE)이 논의 결과로 내놓은 2015년 보고서는 사이버 공간에 대해 국가 주권, 평화적 분쟁 해결, 내정간섭 금지와 같은 기존 국제법 원칙들이 동일하게 적용되어야 한다는 인식을 명확히 하고, 사이버 공간에서의 자위권 행사도 인정되는 것으로 설정하였다. 이 안은 최종 채택되지는 않았는데, 그 이유는 러시아, 중국 및 여러 개도국 등이 사이버 공간에서의 자위권과 국제인도법 적용에 대해서 동의하지 않았기 때문이다. 사이버 공간에서의 위법 행위의 주체 특정에서 미국 중심의 선진국이 가지는 강력한 영향력에 대한 부담감이 그 배경이 된다(谷脇康彦 2018).

유엔에서의 합의가 도출되지 않는 가운데 선진국은 사이버 공간에 대한 국제규범 논의를 G7에서 시도하였다. 일본에서 개최된 2016년 G7 정상회담에서 나온 「사이버에 관한 G7의 원칙과 행동」 문서에서는 '사이버 공간에서의 무력공격에 대해서 국가가… 국제연합헌장 제51조에 의거해 개별적 그리고 집단적 자위권의 고유의 권리를 행사한다고 인식'한다는 기술이 포함되어 있다(谷脇康彦 2018). G7의 국제규범은 사이버 공간에서의 침해 중 일부를 전통적 안보 차원의 무력공격으로 위상지우고 있으며, 이에 대한 국가로서의 대응 자세를 분명하게 하고 있다. 그리고 이는 나토 사이버방위협력센터의 전문가그룹에 의해 작성되고 업그레이드된 2017년 「탈린매뉴얼2.0」에서 선명하게 나타나는 주권규칙과 영역국의 주의의무와 대항조치 가능 내용으로 연결된다(Kawaguchi 2023, 189).

일본의 2018년 「사이버시큐리티전략」은 이러한 국제규범 논의 맥락에서 이해될 수 있다. 주권규칙, 해당국의 주의의무, 침해에 대한 대항조치 권리는 2021년 「사이버시큐리티전략」에 보다 선명하게 나타난다. 일본의 정부 문서에서 사이버 공간에 대한 자위권 행사에 대한 명쾌한 기술로의 변화는 미국을 비롯한 선진국이 적극적 억지 입장에 서서 사이버 안보 정책을 전개하는 가운데, 일본도 동화되는 상황으로 볼 수 있다.

'능동적 사이버 방어' 개념은 이러한 국제규범 논쟁 속에서 2010년대 후반에 선진국 사이버 안보 정책의 중심적 개념으로 자리잡게 된다. 선진국 중에서 미국은 '능동적 사이버 방어' 개념을 가장 선도적이고 적극적으로 전개했다.[10] '능동적 사이버 방어' 개념은 미국 하계에서 2009년에 최초로 제기되었다. 공격적정보전연구회는 '공격자의 공격능력을 무력화하는 것과 공격을 위한 비용을 공격자에게 부과하는 것이 능동적 방어'라고 기술하고 있다. 미군 내 '능동적 방어' 개념을 사이버 공간에 적용한 것이다. 2011년 미국 국방성의 사이버 공간작전전략에서 국방성의 네크워크 시스템을 지키기 위한 새로운 전략으로 'Active Cyber Defense'가 채용되었다. 사이버 공간에 대한 적극적 대응 정책으로의 전환은 오바마 행정부 시기에 지속되었으며, 트럼프 행정부 시기에도 그 흐름은 이어졌다. 그 결과로 ACD 전략은 트럼프 정권 시기인 2018년 국가사이버전략에 완성 형태로 나타나게 되었다. 이 문서에서는 '악의가 있는 사이버 공격자를 억지하고, 추가적 악화를 막기 위해, 미국은 비용을 부과하는 정책을 선택'한다고 명시하고, '사이버 위협에 대응하기 위해 사이버 공격의 귀속을 명확히 하고, 외교력, 정보력, 군사력(물리적 전력과 사이버 전략 양면), 자금력, 정보력, 공권력, 법집행능력 등 모든 수단을 동원해서 미국에 대한 악의적 사이버 활동을 특정해 억지하고 방제해서 결과 책임을 묻는다'고 기술하고 있다. 또한, 악의적 사이버 활동의 근원을 방해하고 정지하기 위해, 적의 영내에서 방위 행동을 시행하겠다는 전방 방위 (Defence Forward) 개념을 제시하였다. 이러한 원칙 속에서 미국 국가안전보장국(NSA)도 컴퓨터 네트워크 탐색 활동(CEN)의 이름으로 네트워크 역침입을 통한 정보수집을 시행하고 있다. FBI도 미국의 민법의 부정행위방지법을 근거로 능동적 방위 대응을 시행하고 있다.

이러한 ACD 전략은 미국뿐 아니라 영국에서도 채택되었다. 2016년 영국은 사이버시큐리티전략에서 ACD를 명시했다. 영국 정부도 사

10 미국의 사이버 안보 개념의 변화에 대해서는 Wilner(2020)을 참조.

이버 공격자를 특정하기 위해 2016년 조사권한법에 근거해 능동적 방어의 기술 대응을 실시하고 있다(笹川平和財団新領域研究会 2024, 189-192). ACD 개념은 세계적으로 확산하여 채용되고 있다. 유럽, 서방 국가뿐만 아니라, 중국도 ACD를 사이버 안보 정책의 기본 개념으로 위치 지워 발전시키고 있다.[11] 한국도 국가사이버 안보전략에서 ACD 개념에 입각한 사이버 대응을 명시하고 있다.[12]

2. '능동적 사이버 방어'에 대한 국내 법적 근거 마련의 난점

'능동적 사이버 방어' 개념의 채택은 그에 대한 국내 법적 정비가 필요하다. '능동적 사이버 방어'는 공격의 감시와 공격자의 특정, 그리고 그에 대한 자위권 차원의 실력 대응 조치 실시로 구성된다. 일본의 경우 공격의 감시는 헌법 21조의 통신 비밀 조항에 대한 해석의 문제로 귀결되고, 공격자의 특정을 위한 월경과 실력을 통한 대응 조치는 헌법 9조에 대한 전수방위 원칙의 자위권 행사와의 정합성 추구 문제로 귀결된다.

'능동적 사이버 방어' 개념의 도입에 대한 일본 국내 법적 문제에 대해서는 사사카와재단 연구팀의 최근 연구(笹川平和財団新領域研究会 2024)가 종합적으로 소상하게 분석하고 있다. 이 절에서는 사사카와재단 연구팀의 연구를 중심으로 해서 '능동적 사이버 방어' 개념 도입에 있어서 발생하는 일본 국내 법적 해석의 문제점을 소개하고자 한

---

11 Sven Herpig. "Active Cyber Defense – Toward Operational Norms," https://www. stiftung-nv.de/sites/default/files/snv_active_cyber_defense_toward_operational_ norms.pdf (검색일: 2024. 4. 30.).

12 「국가안보실, 윤석열 정부의 '국가사이버 안보전략' 수립」, https://www.president.go. kr/newsroom/press/gdXzwtKB (검색일: 2024. 4. 30.).

다. 단, 사사카와재단의 연구는 헌법 9조 해석에 있어서 전수방위 원칙과 충돌하는 지점에 대한 내용은 적극적으로 담아내고 있지 않다. 반대로 일본 리버럴 미디어에서는 '능동적 사이버 방어'에 대한 헌법 9조의 전수방위 원칙 해석과의 충돌 성격을 적극 지적했다.[13] '능동적 사이버 방어' 개념 도입을 위해 필요한 법적 조치를 제언하고 있는 사사카와재단 연구가 '능동적 사이버 방어' 개념과 전수방위 원칙과의 충돌 문제에 대해 소극적으로 기술하고 있는 점 자체가, '능동적 사이버 방어' 개념 도입이 헌법 개정과 함께 이루어질 수 없는 가운데 이 개념 도입이 헌법 9조에 대한 또 다른 지적 곡예와 함께 이루어질 수밖에 없음을 암시해 준다.

사사카와재단 연구팀 연구는 헌법 21조의 통신 비밀 조항과의 법적 정합성 문제를 중시한다. 실제로 '능동적 사이버 방어'를 위해서는 우선 공격의 감시를 위한 감청이 요구된다. 그리고 공격을 특정하기 위해서는 통신 기록을 조사할 필요가 있다. 사이버 공간에서 정보수집은 통신의 비밀 침해에서 자유로울 수 없다. '능동적 사이버 방어'를 채택하는 국가들은 국내에서의 통신비밀 보호와 구별되는 국경을 넘는 통신에 대한 감시감청을 허용하는 법적 근거를 마련하여 정당화하고 있다. 공격자의 특정은 통신의 발신처를 탐지하는 일이므로, 국경을 넘어 공격원의 네트워크에 역침입하는 것으로 이루어지게 된다. 미국의 경우 대통령령 12333호, 외국정보감시법에 의해 이것이 국내 법적으로 정당화되고 있으며, 영국은 조사권한법, 프랑스는 국내안전법전 등의 법적 기반을 마련하였다. 실력 대응 조치는 탈린매뉴얼2.0

---

13 「サイバ―防御　憲法論議を尽くさねば」,『東京新聞』(2023. 9. 22.), https://www.tokyo-np.co.jp/article/279002 (검색일: 2024. 4. 30.).

의 자위권 행사 차원으로 국제법 차원에 인정되고 있다(笹川平和財団 新領域研究会 2024, 140-142).

사사카와재단 연구팀은 다음과 같은 법적 논리를 통해서 법적 정합성 추구가 가능할 수 있다고 분석하고 있다. 우선 공격 감시를 위한 국경 넘는 통신 감청은 공공 복리를 위해 일정한 조건하에 인정할 수 있다는 논리에 입각해 정당화될 수 있다고 본다(笹川平和財団新領域研究会 2024, 144). 이 논리는 2014년에 집단적 자위권 행사에 대한 헌법 해석 변경을 실시할 때의 논거이기도 하다. 헌법 21조의 통신비밀 조항이 일반원칙으로 제시되어 있는 가운데, 이보다 상위 가치로 볼 수 있는 헌법 전문상의 '공공복리'를 내세워 예외적 조치가 가능하다는 논거를 만드는 것이다. 하지만, 일본 사회의 평화주의 정체성은 일본 국가가 외부의 전쟁에 휘말리는 것만 기피한 것이 아니다. 국가의 사회 부분에 대한 제약 가능성에 대해서도 우려하는 입장을 지속해 왔다. 헌법 내에 긴급사태에 대한 규정이 없는 가운데, 유사시 중앙정부의 지방정부를 포함한 여러 공공기관에 대한 수직적 명령체계 구축의 내용이 2000년대에나 들어서 유사법제로 입법화되어 온 역사가 이를 대변해 준다(전진호 2005). 통신에 대한 안보적 고려의 감시가 국경 밖으로만 이루어질 것이라는 논거가 일본 사회에서 쉽게 수용되기 어려운 맥락이 존재하고 있다.

나아가 안보적 차원에서 외국의 군용시설에 대한 통신 감청을 평시에 자위대가 수행하는 것조차도 일본 국내법에서 명확하게 역할 부여가 되어 있지 않다. 물론 자위대는 국제법 차원에서 군대이므로 국제법적으로 인정되는 외국의 군용시설을 감청하는 것에는 문제가 없다. 하지만, 일본 국내적으로 자위대는 군대가 아니므로 통신 감청하는 것에 대한 명확한 역할 부여기 되어 있지 않다. 이 가운데 무선통신 감청을 금지하는 전파법 제59조에 따라 자위대의 통신 감청에 대한 역할 부여가 제어될 수 있는 여지가 있다. 사사카와재단 연구팀은 이에 대한 추가적 법적 근거 마련이 필요하다고 분석한다(笹川平和財団新領域研究会 2024, 145).

한편 사이버 공간에서의 대응 조치 시행은 무력공격으로 판단되는 상황에서 자위권 행사로 실시하는 것은 가능하지만, 사이버 공간에서 벌어지는 공격에는 무력공격으로 판단되기 어려운 무력공격 이전 사태가 많다. '능동적 사이버 방어'는 이러한 무력공격 이전 사태에 대해서도 적극적으로 대응하는 성격을 지닌다. 하지만, 헌법 9조를 '필요최소한'의 기준을 전제로 하는 전수방위로 해석하는 가운데 정립된 무력공격에 대한 최소한도의 대응이라는 자위대 역할 부여는 '능동적 사이버 방어'를 행사하는 데 제약 요인이 된다. 사사카와재단 연구팀은 이에 대한 보다 명쾌한 해석이 필요하다고 분석하고 있다(笹川平和財団新領域研究会 2024, 146). 사사카와재단 연구팀이 기대하는 명쾌한 해석은 무력공격 이전 사태의 위협에 대한 적극적 대응이 자위의 범위에 속한다는 적극적 해석 확대로 가능할 것이다. 이러한 적극적 해석은 최근 반격능력 행사에 대한 논거 마련에서 일본 정부가 취한 방식이다. 하지만, 전수방위 원칙에 대한 엄정한 해석상에서 논리적으로 설득력은 부족할 수밖에 없다. 일본 정부가 여러 차례 보여주었던 지적 곡예를 통한 헌법 9조에 대한 해석 변경이 다시 등장할 상황이다.

지적 곡예를 통한 헌법 해석 변경에는 상당한 정치적 비용이 발생한다. '능동적 사이버 방어' 도입의 정책 과정에는 이전의 다른 안보 정책 전환 사례와 마찬가지로 정책 과정에서의 정치적 비용과 정책 목표인 안보 정책 적극화의 필요성 사이에 딜레마가 존재한다.

IV. '능동적 사이버 방어' 도입의 정책 과정과 성격

1. 2022년 안보3문서와 '능동적 사이버 방어'

2022년 12월 일본 정부는 「국가안보전략」, 「국가방위전략」, 「방위력정비계획」을 발표했다. 2022년 안보3문서로 불리는 이 문서들은 2020년대 일본 안보 정책의 거시적 목표와 구체적 방법이 망라되어 있다.

앞서 기술하였듯이, 2018년 「방위계획대강」에도 '미연에 방지하기 위해'라는 문구가 포함되어 있어서, 사이버 안보에 대한 적극적 방어 자세가 이미 발견된다. 하지만, 2022년 「국가안보전략」에는 공격의 감시와 공격자의 특정, 그리고 그에 대한 자위권 차원의 실력 대응 조치가 모두 명시적으로 포함된 국제적 표준 성격에 부합하는 '능동적 사이버 방어'가 사이버 안보 정책의 향후 방향성으로 명확하게 기술되어 있다. 한편 「국가방위전략」에는 자위대의 역할에 '자위대 이외의 사이버시큐리티를 지원하는 태세를 강화한다'는 문구가 포함되었다. 이는 자위대가 기존에 실시하던 자위대와 방산업체의 네트워크에 대한 보안 대응을 넘어, 국가 전체 사이버 공간 방어에 대해서 과거와는 다른 역할을 맡게 될 것이라는 점을 드러내고 있다. 이에 근거해 「방위력정비계획」에서는 2027년도까지 자위대 사이버방위대 등의 사이버 관련 부대를 약 4,000명 규모로 확대하고, 사이버 요원을 약 2만 명 체제로 강화함과 더불어 위협추적 능력을 향상해 민간의 중요 인프라 사업자와 방산업체 등과 제휴를 강화한다는 계획을 공식화했다(笹川平和財団新領域研究会 2024, 194-195).

'능동적 사이버 방어'의 도입에 대한 명시적 방향성 제시는 앞서 언급한 일본 국내의 법적 근거 마련을 위한 정부의 법제도 정비 노력과 사이버 안보 정책의 거버넌스 재구축 모색으로 연결된다. 이를 위한 〈사이버안전보장체제정비준비실〉은 안보3문서 발행 한 달 후인 2023년 1월에 설립되었다.

2. '능동적 사이버 방어' 도입의 지체 요인

일본 정부는 '능동적 사이버 방어'에 대한 법적 기반 정비를 2024년 상반기에 마무리하려는 계획을 세우고 있었다. 2022년 안보3문서의 중요 과제 중 반격능력 보유와 무인기 활용은 2023년에 바로 연구개발과 부대 배치 등의 실행 단계로 진입하였으나, 2022년 안보3문서 제정 당시에 '능동적 사이버 방어' 개념 도입은 방위장비이전3원칙 운용지침의 개정과 함께 2023년 이후에 신속하게 체제를 정비해야 하는 과제로 설정되어 있었다.[14] 안보3문서 제정 과정에서 '능동적 사이버 방어' 개념 도입과 방위장비이전3원칙 변경에 대해서는 세부적인 부분까지 정부여당 내에 논의가 진전되지 않은 상태였다.[15]

'능동적 사이버 방어' 개념 도입은 다른 정책 사안의 결정과 마찬가지로 관료집단에 의한 법적 기반의 논의 마련, 전문가 검토, 연립여당 내 정책 조정을 거쳐 정부 방침으로 결정되는 흐름으로 진행되고 있다. 2023년 1월에 설립된 〈사이버안전보장체제정비준비실〉은 '능

---

14 「能動的サイバー防御急務 通常国会、法案提出見送り」,『日本経済新聞』(2024. 1. 25.), https://www.nikkei.com/article/DGKKZO77937630V20C24A1PD0000/(검색일: 2024. 4. 30.).

15 「武器輸出、サイバー防衛は先送り 安保戦略、自公の温度差が浮き彫り」,『毎日新聞』(2022. 12. 16.), https://mainichi.jp/articles/20221216/k00/00m/010/309000c (검색일: 2024. 4. 30.).

동적 사이버 방어' 개념 도입의 구체 내용을 준비하는 업무를 맡아 출범하였다. 각 성청에서 파견된 45명 정도의 관료집단으로 구성된 〈사이버안전보장체제정비준비실〉은 '능동적 사이버 방어'의 논거 마련의 실질적인 내용 설계 역할을 맡고 있다.[16] 관료집단에 의한 논거 마련의 체제 구축은 안보3문서 발행 이후 매우 빠르게 진전되었다. 사이버 안보 정책 전환에 대한 전문가 검토를 위한 유식자회의를 2023년 여름에 구성하고,[17] 이를 2023년 하반기에 연립 여당 내의 의견을 조정해서 2024년 상반기 정기국회에서 법정비를 마무리하는 일정 목표가 있었다. 하지만, '능동적 사이버 방어' 개념 도입에 대한 유식자회의는 당초 계획보다 1년이 지난 2024년 6월에 들어서야 활동하기 시작했다. 2024년 1월에 최종적으로 일본 정부는 '능동적 사이버 방어' 관련 법안을 국회에서 제출하는 것을 보류하였다.[18]

'능동적 사이버 방어'의 법정비가 미뤄지는 핵심 이유는 연립 정권 내의 조정 문제에 있다. 자민당 연립 파트너인 공명당은 안보3문서 내용 논의 단계에서부터, '능동적 사이버 방어' 개념에 대해서는 원론적으로 찬성하지만, 통신 비밀에 대한 헌법 21조와의 충돌 가능성에 대해 자민당과는 상이한 수준의 우려 인식을 지니고 있었다.[19] 공명당

16 「「能動的サイバ−防御」準備室、内閣官房に新設　政府」,『日本経済新聞』(2023. 1. 31.), https://www.nikkei.com/article/DGXZQOUA3186D0R30C23A1000000/ (검색일: 2024. 4. 30.).

17 「能動的サイバ−防御、法整備へ有識者会議設置　夏以降に」,『日本経済新聞』(2023. 6. 24.), https://www.nikkei.com/article/DGXZQOUA242HE0U3A620C2000000/ (검색일: 2024. 4. 30.).

18 「能動的サイバ−防御急務　通常国会、法案提出見送り」,『日本経済新聞』(2024. 1. 25.), https://www.nikkei.com/article/DGKKZO77937630V20C24A1PD0000/ (검색일: 2024. 4. 30.).

19 「自公が安保実務者協議、サイバ−防衛強化で一致　各論は持ち越し」, *Reuters*(2022. 11. 9.), https://jp.reuters.com/article/idUSKBN2RZ0WK/ (검색일. 2024. 4. 30.).

은 안보3문서에서 향후 해석 관련 과제로 남겨진 방위장비이전원칙 운용지침 개정에 대해서도 자민당과 견해차가 있었다.

기시다 후미오(岸田文雄) 정권은 방위장비이전원칙 운용지침 개정을 통한 공동개발 차기전투기 제3국 수출 용인과 '능동적 사이버 방어'의 법정비를 단계적으로 진행하는 일정 목표를 가지고 있었다. 두 사안을 동시 병행 처리할 때 사회적 반발이 커질 가능성이 있고, 이는 공명당과의 내용 조정에 장애요인이 되기 때문이다. 2022년 안보 3문서 발행 당시 기시다 정권은 방위장비이전원칙 운용지침 개정 논의를 2023년 상반기에 정리하고, 2023년 하반기에는 '능동적 사이버 방어' 관련 법정비의 여당 내 논의를 진행하고자 했다. 하지만, 2023년 4월 통일지방선거의 정치적 조건 속에서 공명당은 방위장비이전원칙 운용지침 개정 논의를 미루고자 하였다. 2023년 하반기에는 내각개조와 자민당 내 정치자금 스캔들의 여파 속에서, 방위장비이전원칙 운용지침 개정에 대한 공명당과의 합의가 쉽사리 이루어지지 않았다. 방위장비이전원칙 운용지침 개정을 통한 공동개발 전투기의 제3국 수출을 허용하는 각의 결정은 당초 계획보다 1년 늦어진 2024년 3월 26일에 이루어졌다.[20]

2023년에 공명당은 안보3문서의 향후 과제에 대한 자민당의 신속한 법과 규범 정비 의도에 대한 비토파워로서의 역할을 수행했다. 게이오대학의 진보 겐(神保謙) 교수가 말하듯 2023년 방위장비이전원칙 운용지침 개정과 '능동적 사이버 방어' 도입 논의에 있어서 공명당은 한동안 방기한 것 같았던 당의 근본적 정체성인 평화 노선을 재강

---

20 「政府 日英伊で共同開発の次期戦闘機 第三国への輸出容認を決定」, *NHK*(2024. 3. 26.), https://www3.nhk.or.jp/news/html/20240326/k10014402481000.html (검색일: 2024. 4. 30.).

조하는 모습을 보이고 있다.[21] 자민당의 적극적 안보 정책으로의 정책 전환에 대한 정체성 차원의 반감과 더불어 지속적으로 하락하는 기시다 정권에 대한 지지율은 공명당으로 하여금 자민당과의 적극적 정책 공조 자세를 유보하게 만들었다. 물론 공명당의 평화 노선 정체성은 안보3문서의 기본 취지와 대립되는 수준의 정책 태도로 진전될 것으로 전망되진 않는다. 1999년 이래로 유지되고 있는 자공 연립 체제 속에서 공명당은 자민당과의 정책 조정에서 자민당으로부터 생활밀착형 정책에 대한 양보를 얻어내는 것에 중점을 두어 정책 조정에 임해왔다. 안보 정책 분야에서 공명당은 자민당이 추진하는 정책 내용을 결국 동의하는 양상을 지속해서 보여왔다. 다만, 자민당 정권의 정치적 지지도에 따라서 자민당의 적극화되는 안보 정책에 동의하는 속도에 있어서 편차가 발견된다.

3. 국제표준 수용으로서의 '능동적 사이버 방어' 도입

2022년 안보3문서에 명시된 '능동적 사이버 방어' 법정비 과정이 기대보다 지체되고 있지만, 일본의 '능동적 사이버 방어' 도입은 이미 결정된 미래에 가깝다. 현재 '능동적 사이버 방어' 도입과 관련된 논의는 '능동적 사이버 방어' 도입 자체가 아니라 '능동적 사이버 방어'와 헌법 및 기존 법률과의 논리적 정합성을 만드는 것에 초점이 모아져 있다.

정책공간에서 '능동적 사이버 방어' 자체는 국제표준으로서 일본

---

21 「いまの岸田政権に「セキュリティ・クリアランス制度」と「能動的サイバー防御」についての法案を通すことは難しい　通常国会1月26日召集へ」, *NEWS ONLINE*(2023. 12. 27.), https://news.1242.com/article/486839 (검색일: 2024. 4. 30.).

도 채택하지 않으면 안 되는 것으로 전제된 경향이 강하다. 일본 안보 정책의 적극화에 대한 일본 정부의 논리는 국가가 가지는 보편적 권리를 일본도 채택해야 한다는 국제주의에 가깝다. 헌법 9조에 대한 제한적 해석에 입각해 있던 과거의 안보 규범을 일국 특수주의로 비판하면서, '적극적 평화주의'는 국제질서 유지를 위한 보편적 안보 역할을 수행하는 국가가 되어야 한다는 논리 체계를 구축하였다(황세희 2017). '적극적 평화주의'의 국제주의는 국제질서 유지에 대한 적극적 관여라는 점과 더불어 다른 국가들과 동일한 역할을 수행하는 일본이라는 점의 두 가지 성격을 모두 지닌다. 국제질서 유지에 대한 관여는 요시다 노선 이래로 일본 외교안보 정책 태도에서 변화하지 않았다. '적극적 평화주의'의 국제주의가 가지는 기존 안보 규범과의 가장 선명한 차별성은 다른 국가와 동일한 역할 인식을 보여주고 있다는 점에 있다.

'능동적 사이버 방어' 도입은 집단적 자위권에 대한 해석 변경이나 반격능력 보유 결정과 마찬가지로 이러한 안보 규범 확립 없이는 증가하는 위협에 대응하기 어렵다는 현실론과 더불어, 다른 국가들도 모두 보편적으로 수행하고 있다는 보편주의적 국가 역할론에 입각해 있다. 일본의 보통국가화는 위협에 대한 현실주의적 대응과 보편적 국가 역할이라는 두 가지 성격을 지니고 있으며, 전자의 논거를 국민의 생활안전과 연결시키고 후자의 논거를 국제사회에서 국가의 위상과 연결시키고 있다.

현실적으로 '능동적 사이버 방어'는 전 세계 모든 나라들이 추구하고 있는 국제표준적 사이버 안보 정책 개념이 되었다. 따라서, 보편적 국가 역할 인식 차원에서 일본이 '능동적 사이버 방어' 도입의 논거를 구성하는 것은 특별하다고 보긴 어렵다. 다만 미국 주도의 국제표준이 아니라면, 일본이 이것을 국가가 보편적으로 채택해야만 하는 역할이라고 적극적으로 수용하기는 어려웠을 것이다. '능동적 사이버 안보'의 미국 주도적 성격은 일본이 이를 보편적 국가 역할로 받아들이는 과정에서 핵심적이다. 앞서 살펴보았듯이 신흥 안보 영역인 사이버 공간에 대한 안보 규범에 전통적 전쟁법과 전쟁인도법 등의 국제법을 어떻게 적용시키는지에 대한 규범 갈등이 존재하였으나, 결국 미국 주도의 안보 규범이 국제표준으로 확립되고 있다. 새롭게 변용되고 창출되는 안보 규범에서 규범 주도국이 누구인지에 따라 규범 수용의 양상은 달라질 수밖에 없다.

일본의 '능동적 사이버 방어'가 미국 주도의 국제표준 수용이라는 성격을 지니고 있다는 점은, 사이버 분야에서의 미일협력이 가지는 의미가 복합적임을 암시한다. 사이버 분야에서의 미일협력은 일본에게 실제 현실적 사이버 위협에 대한 효과적 대응 모색의 방법일 뿐만 아니라 사이버 안보에 대한 새로운 규범 수용 과정에서 중요한 디딤돌의 성격도 지니고 있다. 2013년 시작된 〈미일사이버방위정책워킹그룹(Cyber Defense Policy Working Group, CDPWG)〉은 사이버 공간에서 미일 안보 협력의 실무적 공간으로 작동해 왔고, 이러한 협의 공간을 통해 미국이 채택한 새로운 안보 규범인 '능동적 사이버 방어'는 일본이 수용해야 할 국제규범으로 자리 잡게 되었다. 2019년 미일 2+2 회의에서 양국은 사이버 공간에서 국제법이 적용된다는 점을 명시하였다. 사이버 공간에서 '능동적 사이버 방어'를 사이버 안보 정책의 기조로 확립한 미국에게 '능동적 사이버 방어'는 국제법에 이미 부합하는 규범으로 인식되고 있었다. 미일협력은 일본의 안보 정책 진화에서 증가하는 안보 위협에 대한 가장 효과적 방법론으로서의 중요성을 지니고 있다. 나아가 미일협력은 일본의 국제표준 수용으로서의 안보 정책 진화라는 논리 체계 구축에서도 가장 중요한 메커니즘으로 역할하고 있다.

하지만 국제표준 수용 속에서 과거의 특수주의적 헌법 해석에 입각한 국가의 제한적 역할 인식의 논리는 폐기되지 않고 있다. 이미 반격능력 보유가 전수방위 원칙과 모순되지 않는지에 대한 질문에 대해서 일본 정부는 반격능력은 전수방위 원칙의 위배가 아니며 전수방위 원칙은 앞으로도 유지한다는 입장을 명확하게 밝혔다. 다만 전수방위 개념 자체가 변했다. 과거 전수방위에 대해서는 상대방의 영토에 있는 기지를 공격하지 않는다는 기존의 정부 해석[1970년 나카소네 야스히로(中曽根康弘) 방위청 대신의 답변, 1972년 다나카 가쿠에이(田中角栄) 총리의 답변]이 있었다. 2023년 1월 기시다 총리는 과거의 전수방위 해석은 "무력행사를 목적으로 무장한 부대를 다른 나라에 파견하는 '해외파병'은 일반적으로 헌법상 허용되지 않는다는 것을 말한 것"이라고 설명하면서, 기지 공격을 위해 자위대를 해외에 파병하는 경우 전수방위에서 벗어나지만, 상대방의 공격을 막기 위해 장사정거리 미사일을 사용하는 것은 전수방위 내라고 답변하였다.[22]

반격능력 보유와 전수방위 원칙의 관계에 대한 기시다 총리의 답변에서 등장한 논리는 '능동적 사이버 방어'와 전수방위 원칙 사이의 정합성을 주장하는 논거로 동일하게 사용될 수 있다. 문제는 사이버 공간에서의 무력행위에 대한 효과적 억지 방법이 거부적 억지가 아니라 징벌적 억지이며 '능동적 사이버 방어'는 적극적인 징벌적 억지 추구라는 성격을 지닌다는 점이다. 이러한 징벌적 억지 추구가 전

22　「日米安全保障協議委員会共同発表」(2019. 4. 19.), https://www.mofa.go.jp/mofaj/files/000470738.pdf (검색일: 2024. 4. 30.).

수방위 원칙과 부합한다는 주장은 전수방위 원칙 자체의 유명무실화를 가져오고 있음이 분명하다. 2024년 4월 10일 자민당 〈사이버시큐리티에 관한 프로젝트팀(PT)〉은 회의를 열고 '능동적 사이버 방어'의 신속한 법정리를 정부에 요청하는 제안서를 채택하였다. 이 회의에서 아마리 아키라(甘利明) 전 간사장은 '전수방위의 주술에 걸려, 앞으로 나아가지 못하면 안 된다'고 발언하였다.[23] 아마리 의원의 발언은 전수방위 원칙에 대한 자민당 보수 정치인들의 솔직한 속내라 할 수 있다. '능동적 사이버 방어'의 도입은 일본만의 현상이 아니다. 다만, 이를 기존 국내 법질서와 관계 설정하는 과정에 대한 일본의 태도는 명료한 해석의 정합성을 추구하지 않는다는 점에서 특별하다. 반대로 독일의 경우 '능동적 사이버 방어' 도입과 함께 기본법(헌법) 개정을 통한 법체계 정비 필요성을 독일 국가안보전략에 명시하고 있다(笹川平和財団新領域研究会 2024, 221-222). 이와 달리 일본은 안보 정책의 진화에 대한 헌법 해석상의 지적 곡예를 지속하고 있다.

V. 결론

일본 정부는 2022년 안보3문서에서 명시된 '능동적 사이버 방어' 개념 도입에 대한 법적 기반 구축 작업을 진행하고 있다. '능동적 사이버 방어' 개념은 헌법 21조의 통신 비밀 규정과 헌법 9조에 대한 전수방위 원칙과 논리적으로 충돌하기 때문에, 이에 대한 논리 체계 구

---

23 「自民PTが『能動的サイバー防御』の提言原案 「常時有事」と指摘」, 『毎日新聞』(2024. 4. 12.), https://mainichi.jp/articles/20240410/k00/00m/010/211000c (검색일: 2024. 4. 30.).

축 작업이 요구되는 상황이다. 기대보다 일본의 '능동적 사이버 방어' 도입이 지체되고 있는 것은 '능동적 사이버 방어'에 대한 연립 여당 내의 정책 조율 과정에 시간이 많이 소요되고 있기 때문이다. 하지만, 사이버 공간에서 잠재적 공격을 감시하고, 공격자를 특정하고, 이에 대한 실력 대항조치를 전방 방위로 추진하는 '능동적 사이버 방어' 개념의 도입 자체는 이미 결정된 미래다. '능동적 사이버 방어'는 미국 주도의 국제표준으로서 수용되고 있다. 일본의 보통국가화는 외부 위협에 대한 적극 대응이 필요하다는 논리와 더불어 일본의 국가 역할이 다른 국가들과 동일해야 한다는 보편주의적 국제주의 논리에 입각해 전개되고 있다. 미국 주도로 새로운 국제규범이 되고 있는 '능동적 사이버 방어'의 도입은 국제표준 수용 차원에서 당연한 것으로 일본 정책관여자들에게 인식되는 사항이다.

국제표준 수용으로서의 정책 변화에도 불구하고, 일본은 국제표준에 맞춘 헌법 해석 변경을 전면적으로 추진하지 않고 있다. '능동적 사이버 방어' 개념은 반격능력 보유와 마찬가지로 일본의 전수방위 원칙과 충돌하는 성격을 지니고 있다. 일본 정부는 반격능력 보유와 전수방위 원칙의 충돌 가능성에 대해서 전수방위 원칙에 대한 설명을 변화시켰다. '능동적 사이버 방어' 개념 도입에 대해서도 동일한 지적 곡예가 이루어질 가능성이 크다. 전수방위가 일반원칙으로만 존재해 온 가운데, 전수방위 원칙의 구체적 내용에 대한 상황에 따른 설명 변화는 계속될 가능성이 크다. '능동적 사이버 방어' 수용은 글로벌 보편 현상인 가운데, 새로운 국제표준이 된 '능동적 사이버 방어'와 정합성을 지니는 차원의 적극적 국내 법제도 변경을 회피하는 것은 일본의 특수적 현상이다.

참고문헌

「국가안보실, 윤석열 정부의 '국가사이버 안보전략' 수립」. https://www.president.go.kr/
    newsroom/press/gdXzwtKB (검색일: 2024. 4. 30.).
박성호. 2022. "일본의 사이버 안보전략-양자주의의 강화인가 다자주의로의 전환인가?-."
    『일본학』 56: 159-182.
신승휴. 2023. "사이버 안보이슈에 대한 일본의 대응과 아베 정권의 국제적 역할인식: 역할이
    론과 존재론적 안보의 시각."『아세아연구』 66(3): 181-214.
이상현. 2019a. "일본의 사이버 안보 수행체계와 전략."『국가안보와 전략』 19(1): 115-154.
_____. 2019b. "사이버 위협에 대한 일본의 대응: 사이버 외교와 사이버 방위."『국가전략』
    25(2): 91-117.
이승주. 2017. "일본 사이버 안보 전략의 변화: 사이버 안보의 전통 안보화와 전통 안보의 사
    이버 안보화."『국가안보와 전략』 17(1): 173-202.
전진호. 2005. "유사법제의 제도화와 중앙-지방관계: 유사법제의 일본 국내외적 함의."『일본
    연구논총』 21: 1-24.
황세희. 2017. "일본외교와 적극적 평화주의-요시다 노선의 대안으로서의 평가."『한일군사
    문화연구』 23: 37-62.

IISS. 2021. "Cyber Capabilities and National Power: A Net Assessment." https://www.
    iiss.org/research-paper/2021/06/cyber-capabilities-national-power/ (검색일: 2024.
    4. 30.).
International Telecommunication Union. 2021. *Global Cybersecurity Index 2020*.
    Internaitonal Telecommunication Union.
Herpig, Sven. "Active Cyber Defense – Toward Operational Norms." https://www.
    stiftung-nv.de/sites/default/files/snv_active_cyber_defense_toward_operational_
    norms.pdf (검색일: 2024. 4. 30.).
Kawaguchi, Takashisa. 2023. "Two Approaches to Responding to Destructive
    Cyberattacks on Critical Infrastructure in Japan: Addressing Cyber Crises as "Service
    Failures" or "Armed Attacks." in Yasuhiro Takeda, Jun Ito, and Yusuke Kawashima
    (eds.), *Civil Defense in Japan*. Routledge.
Wilner, Alex. 2020. "US Cyber Deterrence: Practice Guiding Theory." *Journal of Strategic
    Studies* 43(2): 245-280.

「能動的にサイバー防御 めざせ攻めの法整備【日経モープラFT】」, https://txbiz.tv-tokyo.
    co.jp/plusft/feature/post_281495 (검색일: 2024. 4. 30.).
「「能動的サイバー防御」準備室、内閣官房に新設 政府」,『日本経済新聞』(2023. 1. 31.),
    https://www.nikkei.com/article/DGXZQOUA3186D0R30C23A1000000/ (검색일:
    2024. 4. 30.).
「いまの岸田政権に「セキュリティ・クリアランス制度」と「能動的サイバー防御」について
    の法案を通すことは難しい 通常国会1月26日召集へ」, *NEWS ONLINE*(2023. 12. 27.),
    https://news.1242.com/article/486839 (검색일: 2024. 4. 30.).

「サイバーセキュリティ戦略(2015년)」, https://www.nisc.go.jp/pdf/policy/kihon-s/cs-senryaku.pdf (검색일: 2024. 4. 30.).

「サイバーセキュリティ戦略(2018년)」, https://www.nisc.go.jp/pdf/policy/kihon-s/cs-senryaku2018.pdf (검색일: 2024. 4. 30.).

「サイバーディフェンス連携協議会(CDC)の設置・取組について」, https://www.mod.go.jp/j//////approach/defense/cyber/pdf/cyber_defense_council.pdf (검색일: 2024. 4. 30.).

「サイバー防御 憲法論議を尽くさねば」,『東京新聞』(2023. 9. 22.), https://www.tokyo-np.co.jp/article/279002 (검색일: 2024. 4. 30.).

「国家安全保障戦略」, https://www.mod.go.jp/j/policy/agenda/guideline/pdf/security_strategy.pdf (검색일: 2024. 4. 30.), pp. 21-22.

「内閣サイバーセキュリティセンター(NISC)について」, https://www.nisc.go.jp/about/history/index.html (검색일: 2024. 4. 30.).

「能動的サイバー防御、法整備へ有識者会議設置 夏以降に」,『日本経済新聞』(2023. 6. 24.), https://www.nikkei.com/article/DGXZQOUA242HE0U3A620C2000000/ (검색일: 2024. 4. 30.).

「能動的サイバー防御急務 通常国会、法案提出見送り」,『日本経済新聞』(2024. 1. 25.), https://www.nikkei.com/article/DGKKZO77937630V20C24A1PD0000/(검색일: 2024. 4. 30.).

「武器輸出、サイバー防衛は先送り 安保戦略、自公の温度差が浮き彫り」,『毎日新聞』(2022. 12. 16.), https://mainichi.jp/articles/20221216/k00/00m/010/309000c (검색일: 2024. 4. 30.).

「日米安全保障協議委員会共同発表」(2019. 4. 19.), https://www.mofa.go.jp/mofaj/files/000470738.pdf (검색일: 2024. 4. 30.).

「自公が安保実務者協議、サイバー防衛強化で一致 各論は持ち越し」, Reuters(2022. 11. 9.), https://jp.reuters.com/article/idUSKBN2RZ0WK/ (검색일: 2024. 4. 30.).

「自民PTが「能動的サイバー防御」の提言原案「常時有事」と指摘」,『毎日新聞』(2024. 4. 12.), https://mainichi.jp/articles/20240410/k00/00m/010/211000c (검색일: 2024. 4. 30.).

「政府 日英伊で共同開発の次期戦闘機 第三国への輸出容認を決定」, NHK(2024. 3. 26.), https://www3.nhk.or.jp/news/html/20240326/k10014402481000.html (검색일: 2024. 4. 30.).

「平成 31 年度以降に係る防衛計画の大綱」, https://www.mod.go.jp/j/policy/agenda/guideline/2019/pdf/20181218.pdf (검색일: 2024. 4. 30.).

谷脇康彦. 2018.『サイバーセキュリティ』. 岩波書店.

国際文化会館地経学研究所. 2024.『経済安全保障とは何か』. 東洋経済新報社.

笹川平和財団新領域研究会. 2024.『新領域安全保障 サイバー・宇宙・無人兵器をめぐる法的課題』. ウェッジ.

松村昌廣. 2022.「我が国のサイバーセキュリティ戦略の欠点と展望—「平和国家」体制の桎梏への対応を考える」.『情報通信政策研究』5(2): 73-94.

川口貴久. 2019.「サイバー空間における『国家中心主義』の台頭」.『国際問題』683: 37-46.

土屋大洋. 2015.『サイバーセキュリティと国際政治』. 千倉書房.

제6장

일본 방위성의 사이버 안보 정책과 미일협력

조은일 한국국방연구원 안보전략연구센터 선임연구원

* 이 글은 『사이버안보연구』 제2집(2024)에 실린 필자의 논문을 기반으로 작성되었음.

I. 서론

최근 일본의 안보전략에서 중요하게 다뤄지고 있는 분야가 사이버 안보(サイバ-セキュリティ)이다.[1] 일본 기시다(岸田) 정부는 2022년 12월 「국가안보전략서(国家安全保障戦略)」를 발표하고 국가안보전략의 한 부분으로 사이버 안보 전략을 추진하겠다고 명확하게 밝혔다(内閣官房 2022). 일본에 대한 사이버 공격이 증가하고 있고, 이에 대한 일본 국내산업의 취약성이 커지고 있다는 점에서 사이버 공간의 안전을 지키는 것이 중요한 과제가 된 것은 새롭지 않다. 사이버 공격이 개인에 대한 해킹이나 산업 스파이, 허위정보 유포 등에 그치는 게 아닌 국가기반시설에 대한 공격으로 이어지는 사례가 국내외에서 발생하면서 그 피해를 예방하기 위한 국가적 수준의 대응능력이 필요하다는 문제의식이 전략서에 반영되었다.[2] 전력, 정보통신, 철도, 항만 등 국가 운영에 필수적인 기반시설에 사이버 공격이 발생하면 그 피해는 국가·사회적 혼란을 야기할 정도로 심각한 안보 위협이 되기 때문이다. 이러한 배경에서 기시다 정부는 사이버 공간을 안전하면서 안정되게 이용할 수 있는 공간으로 유지하겠다는 목표로 제시하고 이를 실현하기 위한 수단으로 '능동적 사이버 방어(能動的サイバ-防御)'를 도입한다고 언급했다. 이를 통해 중대한 사이버 공격을 사전에 배제

1   일본어로 사이버 안보(cybersecurity)는 '사이버 안전보장(サイバ-安全保障)' 혹은 '사이버 세큐리티(サイバ-セキュリティ)'로 표현하는데 정부 발간물 등에서 전자보다는 후자가 빈번하게 사용되고 있다.
2   일본 싱크탱크 사사카와 평화재단(笹川平和財団)은 2018년 10월 사이버 공격에 대응하는 법체계 정비 및 인력·산업 육성을 위한 정책제언서 「일본에 사이버 안보청 창설을 (日本にサイバ-セキュリティ庁の創設を!)」을 발간하는 등 정책서클에서 일본의 사이버 안보 정책이 불충분하다는 논의를 제시해왔다.

하고, 피해가 확대되는 것을 방지할 수 있다고 덧붙였다.

이와 같은 기시다 정부의 능동적 사이버 방어 도입은 일본 나름의 독자적인 정책은 아니다. 사이버 공간에서 발생하는 심각한 안보 위협에 대응해야 하며 이를 위해서 국가안보 차원의 전략과 정책이 펼쳐질 필요가 있다는 인식은 주요 각국 정부가 유사하게 공유하고 있다.[3] 이를 위해 정부 부처 간 시스템을 정비하고 민간과 협력하는 등 포괄적인 대응을 요구한다는 방법론에서도 크게 차이를 보이고 있지 않다. 그렇다면 주요 각국의 사이버 안보 정책과의 유사한 문제의식에서 출발한 일본의 사이버 안보 정책이 왜 주목을 받아야 하는가?

첫째, 일본이 가지는 헌법적 제약을 반영한 사이버 안보 정책의 발전이다. 일본은 교전권을 포기하고 방어를 위한 군사력만 보유할 수 있는 헌법적 제약을 가지고 있다. 그러한 헌법적 제약 아래 일본 자위대는 군사활동을 펼칠 수 있다. 이러한 헌법적 제약과 자위대의 활동 한계는 일본의 사이버 안보 정책에도 그대로 적용된다. 2023년 일본 주요 물류항만 중 하나인 나고야항의 컨테이너 관리 시스템이 랜섬웨어에 의해 공격을 받고 이틀 간 물류체계가 마비되었다. 이 사건은 일본 국내 주요기반시설에 대한 첫 사이버 공격이었다. 2024년 6월 일본 대형출판사 가도카와(KADOKAWA)와 그 자회사 도완고(ドワンゴ)가 랜섬웨어에 의한 사이버 공격을 받아 다량의 개인정보 유출과 물류 시스템에 문제가 생기는 사건이 발생했다. 이 사건으로 가도카와의 주가는 일시적으로 20% 이상 하락하기도 했다.[4] 이렇게 사이버

---

3   예를 들어 미국은 2010년 「국가안보전략서(2010 National Security Strategy)」를 발간하고, 2011년 「사이버 공간에서의 국방부 작전 전략(DoD Strategy for Operating in Cyberspace)」을 수립했다. 그리고 2015년 처음으로 미 국방부는 「국방 사이버전략서(DoD Cyber Strategy)」를 발간했다.

4   일본의 보안 소프트웨어 기업인 트렌드 마이크로(Trend Micro)가 2024년 2월 발간한

공격이 물리적 공간에서의 피해로 이어지고 있는 사례가 발생하지만 일본은 헌법적 제약 아래 공세적 사이버 작전은 불가능하다. 이에 일본의 사이버 안보는 국가기반시설에 대한 '방어'에 초점을 두고 방어의 범위와 수준을 넓히는 방향으로 발전하고 있다(松本昌廣 2022; 森秀勳 2023).

둘째, 사이버 공간의 군사화를 반영한 일본 방위성의 대응이다. 일본은 연결성과 개방성이라는 사이버 공간의 본질을 고려하면 사이버 공간이 개별 국가의 주권이 미치는 공간으로 접근해서는 안 된다는 입장이며, 사이버 공간에서 국가의 통제를 강조하는 중국, 러시아와는 대립적인 인식을 가지고 있다(Goldsmith and Wu 2006). 사이버 영역은 더는 민간 활동을 위한 공간으로만 존재하지 않기 때문에 이를 규제하고 조정할 국제규범이 모색되어야 한다는 주장도 존재한다(土屋大洋 2013). 사이버 공간에 대한 국가의 통제와는 별개로 사이버 공간은 새로운 군사활동의 영역이 되고 있으며, 자위대에게는 새로운 임무가 부여된다. 예를 들어 방위성은 2024년 7월 발간한 「방위백서(防衛白書)」에서 '사이버 영역은 국민 생활에 있어 필수적인 사회기반시설이며 일본 방위에 있어서 영역횡단작전(領域橫斷作戰) 수행을 위해 사활적으로 중요하다'고 지적했다(防衛省 2024a, 298). 이러한 사이버 영역의 군사적 중요성은 자위대가 유사시 사이버 공격에 대응하는 것 이외에도 평시부터 사이버 위협을 해소하는 활동을 수행할 필요성을 높인다. 사회기반시설에 대한 평시 대응은 경찰이나 해상보안청이 주로 담당했는데 자위대가 그 역할을 확대할 수 있으며, 이를 위한 인

「2023년 연간 사이버 안보 보고서」에 따르면 2021년 이후 전 세계적으로 사이버 공격이 급증하고 있으며, 일본에 대한 랜섬웨어 공격도 2021년 34건, 2022년 58건, 2023년 63건 등 매년 상승하고 있다.

력양성 및 부대개편이 중요해진다. 또한, 영역횡단작전은 미군의 다영역작전(multi-domain operation, MDO)과 같이 육·해·공 영역에 새롭게 우주·사이버·전자기 영역을 연계해서 통합적인 작전능력을 향상시키는 것인데 사이버 공간에서의 자위대 활동이 그만큼 강조되는 것이다. 이렇게 사이버 공간이 일본의 군사안보에 핵심적인 공간으로 확장되고 있으며 이는 자위대의 역할 확대로도 이어진다(Katagiri 2021; 佐々木勇人 2023).

본 연구는 일본의 사이버 안보 정책의 중심 기조를 살펴보고 이를 구현하는 방위성 차원의 제도를 분석하고자 한다. 사이버 안보를 구현하는 능력은 사이버 관련 법, 조직, 인적자원 등에 의해 평가되는데 자위대 부대개편과 인력 양성은 일본의 사이버 능력의 척도가 되기 때문이다. 방위성의 사이버 안보 정책은 일본 정부가 추진하는 능동적 사이버 방어로의 전환의 일부를 구성하겠지만, 사이버 안보 전략의 전반적인 윤곽을 파악하는 데 기여할 수 있다. 게다가 능동적 사이버 방어는 완성형이 아닌 초기 도입 단계이기 때문에 향후 어떻게 전개될 것인지도 중요한 포인트가 된다. 나아가 일본의 사이버 안보 정책은 미국과의 동맹협력에서도 중요한 과제로 발전하고 있다. 따라서 일본이 능동적 사이버 방어를 도입하는 과정에서 미일동맹이 어떠한 역할을 하는지도 살펴볼 필요가 있다.

이러한 연구 목적을 달성하기 위해 일본의 사이버 안보와 관련한 일본의 문서를 분석하고자 한다. 일본 정부가 발표한 문서는 현재 진행중인 일본의 사이버 안보 정책을 적실성 있게 살펴볼 수 있는 상세한 정보를 제공하기 때문이다. 그리고 1차 자료에 기반한 기본 정보에 대한 충실한 전달은 일본의 사이버 안보 정책에 대한 보다 발전된 연구주제를 탐색하는 데 학술적 토대가 될 수 있다.

II. 일본 사이버 안보 정책의 기본 구조

II절은 일본 정부가 2010년 이후 사이버 안보 정책을 제도화한 기본 구조를 살펴보고, 능동적 사이버 방어 개념이 도입된 배경을 탐색한다. 일본의 사이버 안보 정책은 2010년 이후 입법을 통해 구조화되기 시작했고, 2015년 이후 전략서 발간과 개정을 통해 정책방향을 제시하고 있다. 2014년 11월 일본 아베 정부는 「사이버안보기본법(サイバーセキュリティ基本法)」을 입법했다.[5] 입법의 배경은 사이버 안보에 관한 정책을 종합적이며 효율적으로 추진한다는 데 두었고, 기본법을 통해 사이버 안보의 기본원칙을 정하고 국가의 책무를 명확하게 하면서 사이버 안보 전략 수립과 관련 사항을 규정하는 내용으로 구성했다.

1. 사이버안보전략서 발간 및 개정

일본 정부는 기본법에 기반해 조직을 정비했는데, 2015년 1월 내각에 사이버안보전략본부(サイバーセキュリティ戦略本部) 설치가 그 시작이었다. 사이버안보전략본부는 사이버안보전략서를 작성하고 이에 대한 추진계획을 마련하는 조직으로 기존의 정보안보정책회의(情報セキュリティ政策会議)가 격상된 것이었다. 내각관방에는 사무국의 역할을 하는 사이버안보센터(National center of Incident readiness and Strategy for Cybersecurity, NISC)가 설치되었다. 사이버안보전략본부와 사이버안보센터는 관계 부처와 협력하는 구조를 가지게 되었다(그

---

5   전문은 다음을 참조한다. e-GOV 法令檢索(2024).

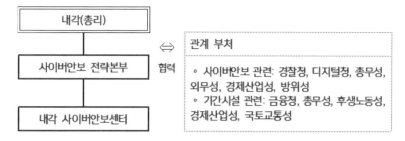

그림 6.1 일본의 사이버 안보 조직체계

출처: 内閣サイバーセキュリティセンター(https://www.nisc.go.jp)

림 6.1 참조).

　이러한 법제 마련과 조직개편을 거쳐 2015년 9월 일본 정부는 범정부 차원의 사이버 안보 전략을 담은 「사이버안보전략서(サイバーセキュリティ戦略)」를 발간했다(内閣サイバーセキュリティセンター 2015.9.4.). 사이버안보전략서에 따른 일본 정부의 기본 입장은 '자유롭고 공정하며 안전한 사이버 공간(自由, 公正かつ安全なサイバー空間)의 확보'에 중점을 두었다. 사이버안보전략서는 자유롭고 공정하며 안전한 사이버 공간을 창출하고 발전시키기 위해 경제사회의 지속적 발전, 국민 안심사회 실현, 국제평화 및 일본의 안보에 기여한다는 목적을 수행한다고 밝혔다. 그리고 정보의 자유로운 유통 확보, 법의 지배, 개방성, 자율성, 다양한 행위자의 연계 등 다섯 가지 기본원칙을 수립했다. 이러한 입장은 국제적 맥락에서 자유롭고 공정한 사이버 공간을 확보하는 한편, 국내적 맥락에서 시민과 기업을 보호할 수 있는 안전한 사이버 공간을 구축한다는 의미로 해석할 수 있다.

　일본 정부는 사이버안보전략서를 2018년 7월, 2021년 9월 각각 개정하여 총 3번에 걸쳐 전략서를 발간하고 있다.[6] 〈표 6.1〉은 사이버안보전략서의 목차를 비교했는데, 과제인식-목적-추진방향 및 체제

표 6.1 사이버안보전략서 목차 비교

2015 사이버안보전략서 (2015.9. 발표)	2018 사이버안보전략서 (2018.7. 발표)	2021 사이버안보전략서 (2021.9. 발표)
1. 책정의 취지 2. 사이버 공간에 관한 인식 3. 목적 4. 기본원칙 5. 목적 달성을 위한 시책 6. 추진체제 7. 향후 대응	1. 책정의 취지 및 배경 2. 사이버 공간에 대한 인식 3. 본 전략의 목적 4. 목적 달성을 위한 시책 5. 추진체제	1. 책정의 취지 및 배경 2. 본 전략의 기본적 이념 3. 사이버 공간을 둘러싼 과제인식 4. 목적 달성을 위한 시책 5. 추진체제

출처: 内閣サイバーセキュリティセンター(2015; 2018; 2021).

라는 대략적인 구성은 유사하다는 것을 알 수 있다. 전략서가 매년 발간되는 문서는 아니기 때문에 개정이라고 해도 단중기적 시점에서 추진이 필요한 과제를 갱신하는 정도에서 진행되고 있다는 점을 알 수 있다.

사이버안보전략서에 제기된 다양한 과제 중에서 안보 분야의 이슈를 비교 분석해 보면 다음과 같다. 2015년 전략서는 일본의 안보 과제로서 사이버 공격에 적절하게 대응하고 사이버 공간의 안전한 이용을 확보한다고 제시하고 있다. 이를 위해 범정부적 대응능력을 강화하면서 적극적 평화주의(積極的平和主義) 기조하에 동맹 및 유사입장국과의 협력이 중요하다고 덧붙였다.[7] 그리고 사이버 공간에 있어 법의 지배를 확립하기 위한 국제 규범을 형성하는 데 적극적으로 기여하겠다는 점을 강조했다.

---

6   시기별 사이버안보전략서 및 관련 자료는 NISC 홈페이지에 게재되어 있다. 内閣サイバーセキュリティセンター. "NISC関係の重要文書." https://www.nisc.go.jp/policy/jyuyo-bunsho/index.html(검색일: 2024. 8. 19.).

7   적극적 평화주의는 2013년 12월 아베 정부가 처음 발간한 「국가안보전략서」에 제시된 개념으로, 일본이 대외관계에 있어 적극적으로 참여하고 규범 창출을 위해 노력하겠다는 정책 방향을 보여준다.

2018년 전략서는 이전 전략서의 기본 기조를 유지하면서도 사이버 공간의 안전을 확보하기 위해서 사이버 공격에 대응하는 방어력(防御力), 억제력(抑止力), 상황인식 능력(状況把握力)을 향상시켜야 한다는 보다 구체적인 조치를 담았다. 방어력은 국가를 방어하는 능력, 억제력은 사이버 공격을 억제하는 능력, 상황인식 능력은 사이버 공간의 상황을 파악하는 능력으로 각각 설명했다. 사이버 공간이 군사화되고 있는 만큼 사이버 공격에 대응할 수 있는 방위성 차원의 노력이 중요해진다는 인식이 반영되어 있다. 사이버 공간에 적용하는 국제적 규범과 규칙이 부재한 상황에서 자위대의 활동 범위를 사이버 공격에 대한 방어, 억제, 상황인식으로 확장할 필요가 있다는 정책적 판단도 포함되어 있다. 사이버 방어나 사이버 억제는 전통적 군사개념인 방어와 억제를 사이버 안보에 적용하는 방식인데 어떤 수준에서 사이버 공격에 대한 방어와 억제가 가능할지는 논쟁이 계속되고 있다(Smeets and Work 2020).[8] 일본 정부는 사이버 공간에서의 위협을 억제하고 대응해야 한다는 점에서 자위대의 사이버 활동을 확대하려고 하지만 미래의 전장으로 사이버 충돌이나 사이버 전쟁을 다루는 수준에 이른 것은 아니다. 예컨대 일본 방위성은 2018년 12월 「방위계획대강(防衛計画の大綱)」을 발표하고 군사적으로 사이버 역량이 중요한 만큼 민간에서 사이버 공간을 안정적으로 활용할 수 있는 사이버 안보가 중요하다고 지적했다.[9] 사이버 방어나 사이버 억제에 대한 기본 구상은 존재하지만 방위성 정책과의 연계는 아직 약하다.

---

8   국내에서도 사이버 공간의 억제는 핵 억제와는 다르나 완전하게 불가능한 것은 아니기 때문에 한국의 사이버 안보 전략에 맞는 사이버 억제를 구성할 필요가 있다는 의견이 있다(민병원 2015; 김상배 2018; 기세찬 2022).
9   구체적인 내용은 다음을 참조한다. 防衛省(2018).

표 6.2 사이버 안보 전략의 세 가지 핵심축

규범	자유롭고 공정하며 안전한 사이버 공간의 확보
추진 방식	국제협력과 협조
정책 수립	방어, 억제, 상황인식 능력의 강화

출처: 内閣サイバーセキュリティセンター(2021).

2021년 발간된 전략서는 사이버 안보에 대한 군사적 접근을 재차 강조했다. 2021년 전략서는 사이버 안보 전략을 〈표 6.2〉와 같이 세 가지 핵심축으로 제시하고 이를 달성하기 위한 정책방향을 제시했다. 세 가지 핵심축은 2015년 및 2018년 전략서의 내용을 재확인한다는 점에서 정책의 연속성을 보여준다. 차이점은 사이버 공간에 대한 인식이다. 2021 전략서는 "사이버 공간이 지정학적 긴장을 반영하면서 평시부터 국가 간 경쟁의 공간이 되고 있다"고 언급하며 사이버 공간의 군사적 접근을 강조했다. 첫째, 방어력 향상은 국가기반시설을 제공하는 민간사업자에 대한 보호 및 국가 첨단기술 및 방위산업 관련 기술에 대한 보호를 포함했다. 둘째, 억제력 향상은 미일동맹을 통한 거부를 통한 억제(deterrence by denial)와 외교적 비난과 같은 비정당화에 의한 억제(deterrence by delegitimization)를 포함하는 실효적 방안 마련을 제시했다.[10] 그리고 다자간 사이버 규칙과 규범을 마련해서

---

10 사이버 공간이 발전할수록 사이버 공격이나 위협을 막기 위한 방안으로 억제 개념이 활용되고 있다. 그러나 사이버 억제에 대한 정밀한 개념화는 부족한 상태이다. 이러한 한계에도 학계에서는 군사안보의 전통적 억제 이론인 징벌에 의한 억제(deterrence by punishment)와 거부에 의한 억제(deterrence by denial)를 적용한 사이버 억제이론을 발전시키고 있으며 최근에는 정책적 관점에서 비정당화에 의한 억제(deterrence by delegitimazation), 회복에 의한 억제(deterrence by resilience) 등의 개념도 활용되고 있다(Wilner 2020).

신뢰구축을 조성하는 국제적 제도가 중요하다고 강조했다. 이러한 일본의 사이버 억제는 보복에 의한 억제를 배제할 수밖에 없는 자위대 활동의 법적 제약을 반영한 것으로 이해된다. 보복은 기술적인 문제인 것과 동시에 정치적 문제이기 때문에 억제에 있어서 보복의 정당성을 확보하는 것은 용이한 과제는 아니다(Gartzke 2013; Gartzke and Lindsay 2015). 셋째, 상황인식 능력을 높이기 위해 유관부서와의 협력으로 정보통합 및 연계를 강화한다는 것이다.

2. 능동적 사이버 방어 개념 도입

사이버 안보에 대한 군사적 접근은 2022년 12월 일본 기시다 정부가 발간한 「국가안보전략서」에서 '능동적 사이버 방어' 개념을 도입하는 정책 방향을 제시하면서 구체화되었다(大澤淳 2024). 서론에서 언급했듯이 기시다 정부는 2022년 12월 개정된 「국가안보전략서」에 사이버 공격을 미연에 방지하는 '능동적 사이버 방어(能動的サイバー防御, active cyber defense)'라는 개념을 도입했다(표 6.3 참조). 능동적 사이버 방어는 개념적으로 두 가지 특징이 있다. 첫째, 사이버 방어에 '능동'이라는 개념을 추가한 것이다. 수동적 방어(passive defense)에서 적극적 방어(active defense)로 전환하는 정책이 추진될 것을 의미한다. 둘째, 평시에 대한 사이버 공간 방어이다. 유사시에는 자위대가 중심이 되어 사이버 공격이나 위협에 적극적으로 대응할 수 있지만, 평시에는 사이버 방어를 위한 자위대 활동은 제한적이다. 그러나 기반시설에 대한 사이버 공격이 증가하고 있고, 사회의 안전과 직결되는 만큼 평시에 사이버 공간을 감시하고 위협을 식별하는 안보정책이 요구되고 있다. 이에 일본 정부는 2023년 1월 내각 사이버안보법제정비팀(サイバ-安全保障体制整備準備室)을 만들어 능동적 사이버 방어 구축을 위해 평시 사이버 안보를 강화할 수 있도록 법과 제도를 정비하고, 이를 수행할 주체를 설정하는 논의를 시작했다.

〈표 6.3〉에서 알 수 있듯이 일본 정부는 능동적 사이버 방어 도입을 위해서 위협의 사전 식별을 위한 정보 수집 및 분석이 중요하다고 지적한다. 국가안보 차원에서 지향하는 사이버 안보가 사이버 공간에서의 자유로운 활동을 위한 방어적 작전에 머물러 있음을 알 수 있다. 2021 사이버안보전략서에서 사이버 방어력 향상을 위해 거부에 의한 억제와 비정당화에 의한 억제를 통합적으로 강조한 것과 동일한 맥락이다. 이는 능동적 사이버 방어가 미국, 영국 등이 보복이나 비용 부과에 의한 억제를 강조하면서 공세적 사이버 작전(offensive cyber operations)을 발전시키는 것과는 차이가 있다(佐々木勇人·瀬戸崇志 2024).[11] 공세적 사이버 작전은 평시에도 상대의 네트워크 시스템에 접근해서 수행하는 작전이지만 사이버 공격을 포함하는 공격 작전과는 다르다(Moore 2022). 일본이 제시한 능동적 사이버 방어가 외부로부터의 침입을 막기 위한 활동에 방점이 맞춰져 있다면, 공세적 사이버 작전은 상대의 네트워크 시스템에 접근해서 그 기능을 방해하거나 파괴하는 적극적 방어로 이해할 수 있다.

또한, Ⅱ절에서 언급된 사이버안보전략서에는 '적극적 사이버 방어' 개념이 들어가 있는데 능동적 사이버 방어 개념과는 차이를 보인다. 적극적 사이버 방어는 국가에 대한 심각한 사이버 공격에 실효적으로 대응하고, 위협에 대해 사전에 적극적인 방어책을 펼치는 정책

---

11 미 합참은 2018년에 발표한 합동교리를 통해 공세적 사이버 작전이 사이버 전략에 포함된다고 밝혔다. Joint Chiefs of Staff(2018).

표 6.3 국가안보전략서에 기술된 능동적 사이버 방어

무력공격에는 이르지 못하나 국가, 중요 사회기반시설 등에 대해 안보상 우려가 발생될 중대한 사이버 공격의 징후가 있는 경우, 그것을 미연에 배제하고, 그러한 사이버 공격이 발생한 경우의 피해 확대를 방지하기 위해 능동적 사이버 방어(能動的サイバー防御)를 도입한다. 이를 위해 사이버 안보 분야에 있어 정보수집 및 분석 능력을 강화하고, 동시에 능동적 사이버 방어의 실현을 위해 체제를 정비하는 것으로 다음의 1~3의 필요한 조치를 실현하기 위한 검토를 추진한다.

1. 중요 사회기반시설 분야를 포함, 민간사업자 등이 사이버 공격을 받은 경우 정부에 정보를 공유하고 정부로부터 민간사업자 등으로 대응을 조정하며 지원 등 조치를 강화하기 위한 조치를 추진한다.

2. 국내 통신사업자가 역무를 제공하는 통신에 관련한 정보를 활용하고 공격자에 의한 악용이 의심되는 서버 등을 검사해서 알아내기 위한 조치를 추진한다.

3. 국가, 중요 사회기반시설 등에 대한 안보상 우려를 발생시키는 중대한 사이버 공격에 대해서, 가능한 미연에 공격자의 서버 등에 침입, 피해를 방지하기 위해 정부에 대해 필요한 권한이 부여되도록 한다.

출처: 內閣官房(2022).

이라고 할 수 있는데, 이는 능동적 사이버 방어가 포함하는 사전적 대응에는 미치지 않는다(森秀勲 2023). 이러한 문서 간 개념 공백을 메꾸기 위해 조만간 사이버안보전략서도 개정될 가능성이 있다.

따라서 공세적 사이버 작전이 근미래 군사작전을 위해 지속적으로 수행하는 작전이라는 의미에서 사이버 전쟁도 염두에 두고 있다면, 일본은 여전히 사이버 방어에 초점을 맞춘 사이버 안보 전략을 발전시키고자 한다는 한계를 알 수 있다. 나아가 능동이라는 개념은 방어에 한정되기 때문에 사이버 공격에 대응하기 위한 선제적 방어를 강조하는 공세적 사이버 작전에는 미치지 못할 것으로 보인다. 이는 자위대가 수행 가능한 사이버 작전과 현행 자위대법 간의 적합성 문

제와도 관련된다(陣内徹之助 · 湯浅墾道 2023).

그렇다면 일본이 능동적 사이버 방어라는 개념을 도입한 이유는 무엇일까. 평시 사이버 공간에 대한 감시 및 위협 식별이 가능하도록 자위대의 활동을 넓히는 것이다. 그러나 공세적 사이버 작전에는 미치지 못하지만 능동적 사이버 방어에 반격 능력(counterstrike capabilities)을 포함하는 적극적 형태의 정책이 구현될 수 있다. 왜냐하면 사이버 안보를 단순히 시스템에 대한 침투 혹은 침략을 방어한다는 의미를 넘어 상대의 공격 징후를 탐지하고 파악해서 사전에 무력화하는 조치를 포함할 수 있기 때문이다. 그리고 이러한 조치를 위해서는 자위대의 활동이 확대된다는 것을 의미한다. 자위대는 유사시 방어를 담당하는 전수방위 규범에 의해 엄격하게 그 활동이 제한되어 있는데, 사이버 공간의 안보를 위해 유사 이전의 단계인 평시에 다양한 활동이 가능하도록 그 범위를 재규정할 수 있다.

일본 정부는 사이버 공간의 상시 감시를 통해 정부기관이나 중요 사회기반시설에 대한 공격 징후를 파악하여 그 피해를 방지하는 조치를 취하고자 한다. 위협이 발생한 후 대응은 피해 복구에 시간과 비용이 드는 만큼 감시와 탐지라는 능동적 대응에 중점을 둔다. 이러한 점에서 능동적 사이버 방어는 평시와 유사의 경계인 회색지대의 사이버 공격에 대한 조치를 포함하는 광의의 개념으로 볼 수 있다. 일본 정부는 2024년 6월부터 법제 준비를 위한 전문가회의(有職者会議)를 개최했고,[12] 최종보고를 참고로 디지털청(デジタル庁) 주도로 입법을 추진한다는 입장이다(日本経済新聞 2024.5.31.). 따라서 일본 정부가 능동적

---

12   공식적인 명칭은 '사이버 안보 분야에서 대응능력을 향상하기 위한 전문가회의(サイバー安全保障分野での対応能力の向上に向けた有識者会議)'이다.

사이버 방어를 위한 정책을 구체화할 때 '능동'의 범위와 조치가 적극적 방어에 머무는 것인지 공세적 작전으로의 발전 가능성도 포함하는지 주의해서 살펴볼 필요가 있다.

III. 일본 방위성의 사이버 안보 정책

일본 방위성은 국가안보전략서를 통해 능동적 사이버 방어를 도입한다는 상위 전략에 근거해서 세부적 지침을 구체화하고 있다. 장기적 차원에서 능동적 사이버 방어를 실현하기 위한 법제 도입 및 조직 마련이 논의되고 있는데, 방위성은 단기적 차원에서 자위대의 부대개편과 인력 양성을 추진하고자 한다. 이러한 변화는 일본이 사이버 안보를 구현하는 사이버 역량의 척도가 된다.

일본 방위성은 2022년 12월「국가안보전략서」를 반영한 방위성 차원의 국방전략을 제시한「국가방위전략서(国家防衛戦略)」를 발간했다.[13]「국가방위전략서」는 사이버 영역의 중요성을 강조하면서, 범정부적인 노력으로 사이버 역량을 강화할 필요가 있다고 언급했다. 〈표 6.4〉에서 설명하듯이 사이버 영역은 우주, 전자기 영역과 더불어 평시에서 유사에 이르는 모든 분쟁 단계에 있어 정보를 수집하고 공유하는 영역횡단작전 수행에 핵심이 되기 때문이다.

방위성이 2024년 7월에 발간한「2024 방위백서」에 따르면 능동적 사이버 방어를 도입하여 범정부적 대응능력을 서구 주요국 수준으로 갖추는 것을 목표로 내각관방이 주도하는 구체적인 조치를 추진

---

13 본문은 다음을 참조한다. 防衛省(2022a).

표 6.4 국가방위전략서에 기술된 사이버 영역

사이버 영역에 있어 외국, 관계 부처 및 민간 사업자와 연계해서 평시부터 유사까지 모든 단계에서 정보를 수집하고 공유하면서 범정부 차원의 사이버 안보 대응능력을 강화해 나가는 게 중요하다. 범정부 차원에서 사이버 안보 분야의 정책이 일원화되어 종합적으로 조정되는 과정에서 방위성 및 자위대도 사이버 안보의 수준을 높여나가며 관계 부처, 중요 기간산업 기업, 방산업자 등과 연계를 강화해 나가는 대응을 추진한다.

출처: 防衛省(2022a).

해 나간다고 지적했다. 이를 위해 사이버 분야 방위비를 2023년부터 2027년까지 5년간 약 1조 엔 투입할 것으로 알려졌다. 특히, 2024년 에는 정부 내 상시감독기구(Government Security Operation Coordina-tion Team)를 발전시켜 인터넷 및 네트워크 체계의 안전을 강화한다 고 밝히고 있다. 이러한 언급은 사이버 공격에 따른 자위대 활동에 대 한 대응을 강조했던 「2023년 방위백서」의 내용과 차이를 보이고 있 다. 다시 말해 이전까지 방위성은 자위대에 피해가 발생한다면 이에 대응하겠다는 정책적 사고에 머물렀다면, 2024년부터는 범정부적 사 이버 역량 강화를 위해 적극적으로 사이버 정책을 도입한다는 입장을 드러내고 있다. 특히, 내각 사이버안보센터 주도하에 정부 차원의 사 이버 안보 역량을 강화하는 데 맞춰 방위성과 자위대도 능동적 사이 버 방어 도입을 위한 종합적 대책을 수립한다고 강조한다.

　방위성이 2022년 12월 발표한 「방위력정비계획(防衛力整備計画)」 은 자위대가 사이버 안보를 강화하기 위한 2023년부터 2027년까지의 중기 계획을 구체화하고 있다.[14] 지난 10여 년간 기술혁신으로 인공지 능(AI), 양자기술, 차세대 정보통신기술 등과 같은 첨단기술이 연구·

14　본문은 다음을 참조한다. 防衛省(2022b).

개발되고 있으며, 소위 게임 체인저라고 불리는 이러한 기술이 군사 분야에 적용되고 있다. 방위성은 이러한 신기술의 군사적 활용이 사이버 공간에서 위험을 높일 수 있다고 지적한다. 예를 들어 중요사회기반시설에 대한 사이버 공격은 단순한 물리적 군사력의 사용이 아니기 때문에 물리적 대응이 어려운 애매한 상황에 직면하게 될 가능성이 크기 때문이다.

1. 자위대의 부대 개편

자위대는 2022년 7월 육상·해상·항공 자위대의 합동부대로 자위대 사이버방위대(自衛隊サイバ-防衛隊)를 편성했다. 각 군이 사이버 방어를 목적으로 편성했던 부대를 일원화하여 합동성을 높이려는 목표였다. 기존에 육상자위대는 시스템방호부대(システム防護隊), 해상자위대는 안전감사부대(安全監査隊), 항공자위대는 시스템감사부대(システム監査隊)를 통해 각각 사이버 임무를 맡고 있었다. 그러나 군종별로 구분된 사이버 방어는 합동작전 수행이 어렵기 때문에 방위장관 직속부대로 자위대 사이버방위대를 창설했다(그림 6.2 참조).

사이버방위대의 주요 임무는 사이버 공격 대응, 방위정보통신기반(DII)의 관리 및 운용, 사이버 훈련 기획 및 지원 등이며 방위성 내에 본부를 둔다. 초기 규모는 450명이었는데 160명을 증원하여 540명 규모로 편성되었다.

그리고 2024년 3월 방위성은 육상자위대 통신학교를 시스템통신·사이버학교(陸自システム通信·サイバ-学校)로 개편했다. 가나가와현 요코스가시에 위치한 시스템통신·사이버학교는 130명 규모의 전문 인력을 교육하고, 2023년 12월 요코스가 연구공원에 실립된 사

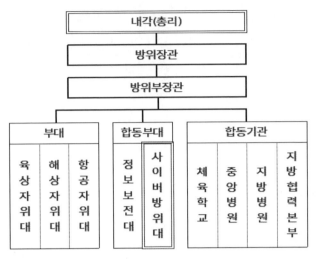

```
                  내각(총리)

                   방위장관

                  방위부장관

    ┌──────────┬──────────────┬──────────────┐
     부대         합동부대          합동기관

   육  해  항    정   사        체   중   지   지
   상  상  공    보   이        육   앙   방   방
   자  자  자    보   버        학   병   병   협
   위  위  위    전   방        교   원   원   력
   대  대  대    대   위                     본
                      대                     부
```

그림 6.2 방위성 및 자위대 조직

출처: 防衛省(2024a).

이버안보인재기반협회(サイバー安全保障人材基盤会)와의 협력도 강화하고자 한다(朝日新聞 2024.4.1.). 덧붙여 방위대학교의 정보공학과는 사이버·정보공학과로 개편해서 전문인력 교육을 추진한다.

2. 사이버 안보 인력 마련

방위성은 2024년 7월 「방위성 사이버인재종합전략서(防衛省サイバー人材総合戦略)」를 발표하고 사이버 안보 분야의 인력 마련을 종합적으로 추진할 전략을 제시했다.[15] 군 차원에서는 자위대에 사이버 안보 관련 교육기관을 보유하고 있고 이를 충분히 활용해서 사이버 인

---

15   방위성은 2024년 7월 2일 인공지능 활용 및 사이버 인재 육성을 위한 두 가지 문건(「방위성 AI활용추진 기본방침」 및 「방위성 사이버인재종합전략서」)을 동시에 발표했다. 본문은 홈페이지에 각각 게재되어 있다. 防衛省(2024b).

력 마련이 가능할 것으로 보았다. 다만, 민간 분야에서의 인재 도입 및 육성은 여전히 과제로 남아 있다.

이미 방위성은 「방위력정비계획」을 통해 사이버 안보 전문인력을 중점적으로 마련하겠다고 밝혔다. 구체적으로 2027년까지 사이버 안보 전문인력풀을 약 2만 명 확보하고, 그중 사이버 부대에 4,000명을 편성할 것임을 언급했다. 이는 2022년 말 890명 규모의 약 4배가 되는 것으로 인재 육성과 확보가 중요한 과제임을 알 수 있다. 이러한 배경에서 방위성은 사이버 안보 인력 마련의 지침과도 같은 종합전략서를 발표한 것이다(표 6.5 참조).

〈표 6.6〉은 방위성이 추진하는 사이버 분야 인력 확충(안)이다. 사이버 전문 부대원은 2022년 890명, 2023년 2,230명, 2024년 2,410명이 될 것으로 예상하나 이러한 규모를 대폭 늘려서 2027년에는 4,000

표 6.5 방위성 사이버인재종합전략서 목차

1. 전략의 배경과 목적
2. 방위성/자위대의 임무와 사이버인재

3. 사이버인재 관련 정책 방향
  1) 사이버인재의 특징과 관련한 정책
  2) 사이버인재의 확보와 관련한 정책
  3) 사이버인재의 육성과 관련한 정책
  4) 사이버인재의 유지 및 관리와 관련한 정책
  5) 사이버인재 관련 정책 전체를 종합적으로 강화하기 위한 방책

출처: 防衛省(2024b).

표 6.6 사이버 안보 인력 확충(안)

	2022년	2023년	2024년	2027년
사이버 전문인력	약 890명	약 2,230명	약 2,410명	약 4,000명
사이버 관련 총인력	(양성 및 확보)			약 20,000명

출처: 防衛省(2023a).

명을 달성한다는 계획이다. 그리고 2027년에는 민간 분야 등 다양한 사이버 안보 인력을 확충해 총 2만 명 규모를 갖추겠다는 계획이다.

나아가 방위성은 '사이버 자위관(サイバ-自衛官)'이라고 명칭하는 사이버 안보 분야의 민간 인력 채용도 추진하고 있다. 자위대 내 민간인력은 엔지니어 일부 분야에만 국한되어 있었는데 첨단기술을 활용할 수 있는 인재 영입을 위한 인사제도를 개선하고자 한다. 연봉은 최대 2,300만 엔 정도 규모로 임기제(5년 이내) 일반직 채용 및 연령제한(18~32세) 미적용 등을 담은 자위대법 개정안을 2024년에 발의할 것으로 알려졌다(日本経済新聞 2023.5.12.).

방위성의 인식은 사이버 공격이 점차 고도화, 정교화되고 있기 때문에 항시 사이버 안보 대책이 필요하다고 보며, 사이버 공격의 주체가 특정 국가나 군도 포함하는 만큼 고도의 공격에 대해서는 자위대와 방산업체 간 협력이 중요하다고 본다. 나아가 자위대가 활동하는데 사이버 공간에 대한 의존도가 높아지는 만큼 미일동맹 협력 차원에서도 사이버 안보는 확보할 필요가 있다고 본다.

IV. 사이버 안보의 미일 협력

능동적 사이버 방어를 구축하기 위해 방위성은 자위대의 부대개편, 인력 양성이라는 두 요소를 중심으로 사이버 역량을 배양하고 있다. 이러한 방위성의 사이버 안보 정책은 미국과의 동맹협력과도 연계되면서 진행되고 있다. 일본의 사이버안보전략서와 방위백서 모두 미국과의 사이버 안보 협력이 일본의 사이버 방어 및 억제에 중요하다고 지적한다. 미국은 선제적 방어(forward defense)와 지속적 개입(persistent engagement), 층위적 사이버 억제(layered cyber deter-rence), 회복에 의한 사이버 억제(deterrence by resilience) 등 다양한 사이버 억제의 개념을 진화시켜왔으며, 2023년에는 통합억제의 시각에서 사이버 억제를 실현하기 위한 사이버 안보 전략을 발표하기도 했다(김소정 2023). 이러한 미국의 개념적 선도와는 다르게 일본은 적극적이며 능동적 사이버 역량 도입에는 찬성하지만 공세적 전환에는 유보적인 입장을 보이고 있다. 이러한 차이는 정책적으로 미일 협력에서 극복해 나가야 할 과제일 수 있다. 그러나 미일 양국은 정책 차이를 조정하면서 사이버 분야로 안보협력을 확장하는 합의를 이루는 등 진화된 형태의 협력을 구축하고 있다.

1. 안보조약 5조의 확장

사이버 안보 분야에서 일본은 미국과의 협력을 강조한다. 사이버 안보는 미일동맹 차원에서 중요한 협력 분야일 뿐만 아니라 파이브 아이즈(Five eyes)와 같이 지역 소다자 안보협력체에 참여하기 위해서도 핵심적이기 때문이다. 미일 간 사이버 안보 협력이 본격적으로 시작된 것은 2013년 10월 미일 사이버국방정책 워킹그룹(Cyber Defense Policy Working Group, CDPWG) 설치 이후이다. 방위성은 2013년 10월 미일 국방장관회담 합의 실현을 위해 CDPWG를 운영하고 있다. 여기에서는 사이버 관련 정책 협의 추진, 정보공유, 사이버 공격 대응을 위한 공동훈련 추진, 전문가 육성 및 확보를 위한 교육 등 다방면에 걸친 협력을 추진하고 있다. 매년 1~2회 정도 개최되는 CDPWG는 2022년 5월 기준으로 8차례 회의를 개최했으며 2015년 회의에서는 공동선언을 발표하여 자위대-미군 간 협력을 강화하고자 했다. 이와 더불어 일본은 미국과 미일 사이버 대화(Cyber Dialogue), 미일 IT 포럼 등을 개최하고 있다(防衛省 2024a).

일본은 「2018 방위계획 대강」에서 사이버 분야를 대응이 필요한 신영역으로 강조했고, 2019년 개최된 미일 외교·국방장관회의(2+2회의)에서 사이버 분야에 대한 새로운 협의가 진행되었다(표 6.7 참조). 구체적인 내용은 밝히지 않았지만, 미일 양국은 악의적 사이버 활동에 대한 위협을 인식하고 사이버 공간에 국제법이 적용됨을 확인했다. 그리고 2023년에 개최된 미일 외교·국방장관회의에서 미일동맹 현대화의 과제 중 하나로 사이버 안보가 언급되었다. 양국은 동맹국으로서 사이버 안보 및 정보안전의 중요성을 강조한다고 밝히면서, 2022년 3월 일본 자위대에 사이버방위대가 신설된 것을 환영하고 고도화되고 상시화된 사이버 위협에 대응하기 위한 협력을 강화하는 데 의견을 일치했다고 덧붙였다.

이렇게 미일 고위급 협의에서 사이버 안보가 중요한 의제로 제기된 데에는 미일 안보조약의 범위를 확장해야 한다는 양국의 전략적 고려가 작용했다. 〈표 6.7〉에서 알 수 있듯이 양국은 미일 안보조약 5조에서 규정하는 무력 공격의 대상에 사이버 공격이 포함될 수 있다는 점을 처음으로 공식화했다. 미일 안보조약 5조는 미국의 일본 방어 의무를 규정하고 있는데, 5조 범위에 사이버 분야가 포함될 가능성을 열어둔 것이다. 이는 전통적으로 물리적 영토에 대한 방어를 규정하는 동맹 조약이 사이버 공간에 적용되는 사례가 된다. 사이버 공간에 대한 방어 의무 확대는 미일동맹 차원을 넘어 인도-태평양 지역 안보에 있어서도 시사하는 바가 크다. '특정 상황에서' 사이버 공격이 동맹 공약의 대상이 된다고 언급한 만큼 특정 상황이 무엇을 정의하는지에 대한 논의는 아직 명확하지는 않지만, 향후 사이버 안보 협력을

표 6.7 2019년 미일 2+2회의 공동발표문 중 사이버 안보에 관한 언급

On cyberspace issues, the Ministers recognized that malicious cyber activity presents an increasing threat to the security and prosperity of both the United States and Japan. To address this threat, the Ministers committed to enhance cooperation on cyber issues, including deterrence and response capabilities, but as a matter of priority, emphasized that each nation is responsible for developing the relevant capabilities to protect their national networks and critical infrastructure. The Ministers affirmed that international law applies in cyberspace and that a cyber attack could, in certain circumstances, constitute an armed attack for the purposes of Article V of the U.S.-Japan Security Treaty. The Ministers also affirmed that a decision as to when a cyber attack would constitute an armed attack under Article V would be made on a case-by-case basis, and through close consultations between Japan and the United States, as would be the case for any other threat.

출처: 外務省(2019).

심화하는 방향으로 상황 정의가 내려질 가능성이 크다.

2. 공동대응의 필요와 한계

사이버 공격은 공격 주체를 특정하거나 피해 규모의 파악이 쉽지 않다. 정보통신기술의 발달과 데이터 활용은 군의 지휘통제 체계를 구성하는 중요한 부분이 되고 있는데, 이러한 기술에 대한 의존도가 높아진 만큼 사이버 공격에 대한 취약성도 높아지고 있다. 나아가 사이버 공격이 기반시설에 대한 직접적인 공격이 발생하는 경우가 늘어나면서 사전에 악의적 활동을 탐지하고 위협 요인을 제거하는 사이버 대응이 주목을 받고 있다. 미국은 이러한 사전적 대응에 적극적인 국가이며, 양자 및 다자 협력을 통해 공동대응을 추진하고 있다.

미국 사이버사령부는 헌트 포워드(hunt forward)라는 작전을 통

해 악의적 사이버 활동을 관찰하고 식별하고 있는데 동맹 및 유사입
장국과 공동으로 작전을 전개하기도 한다.[16] 2020년 중국 해커 집단
이 일본 정부의 군사기밀을 취급하는 시스템에 침투한 사건이 발생했
다.[17] 중국 해커의 침투는 미국에 의해 밝혀졌고, 폴 나카소네 당시 사
이버사령부 사령관은 일본 정부에 해킹 사건을 직접 경고하기도 했
다. 이를 계기로 미국은 일본에서 미군-자위대 공동으로 헌트 포워드
작전을 펼칠 것을 요청했다. 그러나 일본 내부적으로 자국 네트워크
에 외국군이 개입하는 데에 강한 반발에 부딪쳐 일본 독자적으로 사
건을 조사하는 것으로 마무리되었다(森秀勳 2023). 이 같은 사례에서
알 수 있듯이 사이버 공격에 대한 취약성을 극복하고자 하는 동맹협
력이 필요하더라도 사이버 작전의 폐쇄성에 기인한 배타적 태도가 협
력의 동인을 제한하는 결과를 가져오기도 한다.

V. 결론

본 연구는 일본의 국가안보 전략에서 사이버 공간의 군사화가 다
뤄진 것을 계기로 능동적 사이버 방어라는 새로운 사이버 안보 정책
을 도입하게 된 배경과 방위성의 세부적 정책을 분석했다. 일본은 연
결성과 개방성이라는 사이버 공간의 본질에 대해 서방 국가들과 유사
한 시각을 공유하면서 사이버 공격을 억제하고 대응하는 사이버 역량

---

16 미국은 헌트 포워드 팀을 우크라이나에 파견해 러시아의 사이버 공격으로부터 우크라
    이나를 지원해왔다고 알려졌다.
17 해당 사건은 2023년 8월 7일 미국 워싱턴포스트에 실린 Ellen Nakashima의 기사로 인
    해 밝혀졌다(Namashima 2023).

을 강화할 필요성에 주목했다. 앞서 언급했듯 일본 정부는 주요 문서를 통해 사이버 안보의 중요성을 강조하고 있으며, 방위성은 사이버 안보를 방위력 강화의 중요한 부분으로 취급하고 있다. 기시다 정부가 국가안보전략서를 통해 외교력을 뒷받침하는 견고한 방위력을 갖추기 위해 노력한다고 밝힌 만큼 방위성 차원에서 사이버 안보를 강화하는 여러 정책이 갖춰질 것으로 보인다.

그 과정에서 유념해야 할 점은 크게 세 가지이다. 첫째, '능동적 사이버 방어'에 대한 이해이다. 일본 정부가 능동적 사이버 방어를 갖춘다고 발표한 만큼 향후 구체적으로 어떠한 범위에서 능동적 사이버 방어가 가능할지에 대한 논의가 이루어질 것이다. 실제로 2024년 5월부터 기시다 정부와 여당 자민당이 능동적 사이버 방어 관련 법제 마련을 위한 논의를 시작했다. 일본 정부는 사이버 방어법 추진을 위한 전문가 회의를 6월부터 개최하고 있는데, 자민당은 경제안보추진본부, 디지털사회추진본부, 안전보장조사회가 합동회의를 개최하고 법안 마련을 위한 협의를 진행하기 시작했다(産経新聞 2024.5.31.). 능동적 사이버 방어의 방점이 위협의 식별과 공격 방지에 있는 만큼 헌법에 보장된 통신의 자유와 어떻게 정합할 수 있을지에 맞춰질 것으로 보인다. 국내적으로는 개인 이메일 등에 대한 사적 자유 보호가 중요할 것이며, 대외적으로는 해외서버에 접근할 경우 상대국과의 외교 마찰 가능성 등이 대두될 수 있다(朝日新聞 2024.5.17.).

둘째, 자위대법 개정 방향이다. 자위대는 유사시 사이버 방어에 집중하는데, 현재 능동적 사이버 방어의 초점이 되고 있는 사전 조치를 하기 위해서는 평시부터 사이버 방어가 가능하도록 임무를 변화시켜야 한다. 자위대가 방산업체 등 민간 기업에 사이버 방어를 제공하거나, 기간시설을 보호하기 위한 사이버 방어를 조치하기 위해서는 무력 공격이 일어나기 이전 단계에서 자위대의 활동을 보장할 수 있는 법적 조치가 요구되기 때문이다. 현재는 경찰이 치안활동을 할 수 없거나 해상보안청이 경비활동을 하기 어려운 상황에 제한해서 평시 자위대의 활동이 보장되고 있다(読売新聞 2024.7.11.). 능동적 방어는 방어적 역량에 초점이 맞춰져 있지만 법안 마련을 위한 정부 및 여당 논의는 일본의 사이버 공간을 보호하는 데 개방보다는 배타적 방향으로 전개될 가능성도 있다. 이러한 논의를 발전시키는 과정에서 자위대법이 어떠한 방향으로 개정될지 유심히 살펴볼 필요가 있다.

셋째, 미일 협력의 발전 가능성이다. 미일 양국은 안보조약 5조의 범위에 사이버 공격이 포함될 수 있다는 점을 협의했다. 다만, 현재의 미일 방위협력지침에서는 그러한 부분은 다루고 있지 못하다. 따라서 근미래에 미일 양국이 방위협력지침을 개정하고자 한다면 사이버 안보가 핵심적인 이슈 중 하나로 다루어질 수 있다. 2024년 5월 미일 정상회담과 함께 개최된 미국-일본-필리핀 간 삼자회담에서 사이버 위협 정보를 공유하는 협력을 추진하겠다고 밝혔다. 이렇듯 사이버 안보는 미일동맹 차원을 넘어 지역 안보에도 중요한 함의를 지닐 수 있다는 점에 유의해야 할 필요가 있다.

참고문헌

기세찬. 2022. "사이버 억제에 관한 연구."『국방연구』65(3): 189-214.

김상배 편. 2018.『사이버 안보의 국제정치학적 지평』. 서울: 사회평론아카데미.

김소정. 2023. "2023 미국 사이버 안보 전략 주요내용과 한국에의 시사점."『국가안보전략연구원 이슈브리프』423(3월 8일).

민병원. 2015. "사이버공격과 사이버억지의 국제정치: 규제와 새로운 패러다임을 중심으로."『국가전략』21(3): 37-61.

Gartzke, Erik. 2013. "The Myth of Cyberwar: Bringing war in Cyberspace back down to Earth." *International Security* 38(2): 41-73.

Gartzke, Erik and R. J. Lindsay. 2015. "Weaving Tangled Web: Offense, Defense, and Deception in Cyberspace." *Security Studies* 24(3): 316-348.

Goldsmith, Jack and Tim Wu. 2006. *Who Controls the Internet?: Illusions of a Borderless World*. NY: Columbia University Press.

Joint Chiefs of Staff. 2018. *Cyberspace Operations, JP 3-12*. Washington, DC: Joint Chiefs of Staff.

Katagiri, Nori. 2021. "From cyber denial to cyber punishment: What keeps Japanese warriors from active defense operations?" *Asian Security* 17(3): 331-348.

Moore, Daniel. 2022. *Offensive Cyber Operations: Understanding Intangible Warfare*. Cambridge: Oxford University Press.

Namashima, Ellen. 2023. "China hacked Japan's sensitive defense networks, officials say." *Washington Post* (August 7).

Smeets, Max and J. D. Work. 2020. "Operational Decision-making or Cyber Operations: In search of a model." *Cyber Defense Review* 5(1): 95-112.

Wilner, Alex S. 2020. "US Cyber Deterrence: Practicing guiding theory." *Journal of Strategic Studies* 43(2): 245-280.

朝日新聞. 2024. "陸自通信学校、「システム通信・サイバー学校」に改編 久里浜駐屯地."(4月1日)

朝日新聞. 2024. "能動的サイバー防御, 自民党内議論開始, 米側の強い要請も."(5月17日)

e-GOV 法令検索. 2024. "サイバーセキュリティ基本法." https://laws.e-gov.go.jp/law/426AC1000000104 (검색일: 2024. 8. 30.).

大澤淳. 2024. "新国家安保戦略とサイバー, 情報戦への対応." JIIA 研究レポート (2.14.)

笹川平和財団. 2018.『日本にサイバーセキュリティ庁の創設を!』. 東京: 笹川平和財団.

佐々木勇人. 2023. "「能動的サイバー防御」は効果があるのか？ −注目が集まるoffensiveなオペレーションの考察." JPCERT/CC Eyes (8.29.)

佐々木勇人・瀬戸崇志. 2024. "サイバー攻撃対処における攻撃「キャンペーン」概念と「コスト賦課アプローチ」──近年の米国政府当局によるサイバー攻撃活動への対処事例の考察から." NIDSコメンタリー 346: 1-28.

産経新聞. 2024. "能動的サイバー防御の有識者会議メンバーにSBテクノロジーの辻伸弘氏

ら17人 政府発表."(5月31日)

陣内徹之助・湯浅墾道. 2023. "自衛隊が平時・グレーゾーンの事態で行うサイバー作戦の 情報法制上の課題."『情報法制研究』14: 151-161.

土屋大洋. 2013. "サイバーセキュリティのグローバル・ガバナンス─国際的な規範の模索─."『Nextcom』14: 4-11.

内閣官房. 2022. "国家安全保障戦略について." https://www.mod.go.jp/j/policy/agenda/guideline/pdf/security_strategy.pdf

内閣サイバーセキュリティセンター. 2015. "2015 サイバーセキュリティ戦略." https://www.nisc.go.jp/pdf/policy/kihon-s/cs-senryaku.pdf

_____. 2018. "2018 サイバーセキュリティ戦略." https://www.nisc.go.jp/pdf/policy/kihon-s/cs-senryaku2018.pdf

_____. 2021. "2021 サイバーセキュリティ戦略." https://www.nisc.go.jp/pdf/policy/kihon-s/cs-senryaku2021.pdf

日本経済新聞. 2023. "自衛隊に民間サイバー人材 政府、24年にも初採用."(5月12日)

_____. 2024. "「能動的サイバー防御」法整備, 有識者会議の設置発表."(5月31日)

松本昌廣. 2022. "我が国のサイバーセキュリティ戦略の欠点と展望─平和国家体制の桎梏への対応を考える."『情報通信政策研究』5(2): 73-94.

森秀勲. 2023. "サイバー攻撃の脅威とサイバー安全保障."立法と調査 461: 114-129.

防衛省. 2018. "平成 31 年度以降に係る防衛計画の大綱について." https://www.mod.go.jp/j/policy/agenda/guideline/2019/pdf/20181218.pdf (검색일: 2024. 8. 21.).

_____. 2022a. "国家防衛戦略について." https://www.mod.go.jp/j/policy/agenda/guideline/strategy/pdf/strategy.pdf (검색일: 2024. 7. 10.).

_____. 2022b. "防衛力整備計画について." https://www.mod.go.jp/j/policy/agenda/guideline/plan/pdf/plan.pdf (검색일: 2024. 7. 10.).

_____. 2023a. "防衛力抜本的強化の進捗と予算: 令和6年度概算要求の概要."

_____. 2023b. 『令和5年度防衛白書』. 東京: 防衛省.

_____. 2024a. 『令和6年度防衛白書』. 東京: 防衛省.

_____. 2024b. "防衛省サイバー人材総合戦略." https://www.mod.go.jp/j/press/news/2024/07/02a_05.pdf

外務省. 2019. "平成31年4月19日 日米安全保障協議委員会."

読売新聞. 2024. "重大サイバー攻撃防止, 自衛隊に平時の新任務...攻撃元サーバーに侵入・無害化措置権限."(7月11日)

제7장

일본의 사이버 안보 전략과 국제협력

윤대엽 대전대학교 군사학과 교수

I. 문제제기

아베 내각(2012-2020)이 추진한 안보개혁은 전후 일본의 안보전략과 미일동맹협력의 전환점이 되었다. 2012년 중의원 선거에서 압도적인 승리로 출범한 아베 2기 내각은 2013년 국가안전보장전략을 제정하고 전후 구속에서 탈피한 안보개혁을 추진했다. 2013년 전후 방위전략의 규범이었던 '기반적 방위력'을 '통합기동방위력'으로 변경하고 2018년에는 안전보장환경의 긴박한 변화에 대응하여 '다차원통합방위력'으로 변경했다. 2014년 각의에서 의결된 집단적 자위권은 전후 논란이 되어 왔던 적극적 교전권을 용인하는 것으로, 가헌개헌에 앞서 사실상 헌법9조의 구속을 해소한 것이다(윤대엽 2022). 2015년 개정된 일미방위협력지침에 따라 안보법제를 제·개정함으로서 무력공격사태, 중요영향사태는 물론 국가안보에 영향을 미치는 존립위기사태에 무력사용의 제도적인 근거를 확립했다. 국방획득 및 연구개발을 총괄하는 방위장비청을 개청(2015)하고 무기수출 3원칙을 폐지함으로써 전후 일본의 군사혁신을 제약했던 제도를 해체했다. 아베개혁을 계승한 2022년 기시다 내각은 안보 관련 3법을 개정하고 능동적 방어를 위한 적기지 공격능력 보유와 방위비 증액을 명시하는 등 전후구속에서 탈피한 안보개혁이 진행되고 있다(윤대엽 2023).

사이버 시큐리티전략(サイバ-セキュリティ戦略) 역시 아베 내각 이후 일본이 추진한 안보개혁의 핵심과제 중 하나다. 일본은 2006년 이미 동아시아에서는 최초로 사이버 공간의 포괄적인 안전을 목표로 하는 '정보시큐리티 기본계획(2006)'을 수립하고 추진했다. 아베 내각은 2013년 기본계획을 '사이버시큐리티 전략'으로 변경했다.[1] 2014년에는 '사이버시큐리티기본법(이하 사이버기본법)'을 제정하고 사이버 안보 전략의 목표, 임무를 명시한 데 이어 사이버 안보 전략을 총괄하는 '사이버시큐리티전략본부(이하 사이버전략본부)'를 설치했다. 사이버기본법의 제정을 계기로 일본의 사이버 안보 전략은 정보보호와 방어에서 탈피하여 적대국의 사이버 공격을 예방하고 적극적으로 영향을 미치는 전략개념으로 전환되었다. 2021년 스가 내각의 집권시기 발표된 사이버시큐리티전략은 중국, 러시아, 북한을 처음으로 사이버 위협으로 명시한 데 이어 사이버 위협에 대한 사전적, 적극적으로 예방하는 '능동적 사이버 방어(能動的サイバ—防御)' 개념이 제시되기도 했다(情報セキュリティ政策会議 2021). 그리고, 2023년 2월에는 능동적 사이버 방어의 세부방안 검토를 위해 내각관방에 사이버안전보장체제준비실(サイバ—安全保障体制整備室, 이하 사이버안전실)이 신설되었다.

일본의 사이버 안보 전략은 사이버 위협을 선제적으로 안보화, 군사화한 것은 물론, 지속적으로 국제협력을 강조했다는 점에서 전후 안보 전략과는 대조적이다. 전후 일본의 안보 전략은 헌법9조, 미일동맹 및 평화주의라는 요인에 구속되었다. 전후 구속에도 불구하고 일본은 2005년 사이버 공간을 선제적으로 안보화하는 것은 물론, 미일 SCC의 의제로 다루었고, 국내 차원의 사이버 안보에 그치지 않고 대외적인 협력을 적극 추진한 것이다. 아베 내각 출범 이후에는 군사적 대외협력도 강화되었다(이승주 2017). 2013년 통합박료감부 예하 지휘통신시스템부에 설치되었던 사이버 공간 방위대를 개편하여 '사이버방위대(サイバ—防衛隊)'를 편제했다. 처음 90명을 정원으로 편제되

---

1   본 연구는 사이버 안보(cybersecurity)를 사이버시큐리티로 활용하는 일본의 특수성을 고려하여 일본의 사이버 관련 정책은 '시큐리티' 개념을 원용하고, 기타 일반적인 경우 '사이버 안보'로 개념화함.

었던 사이버방위대는 2018년 430명, 2020년 660명으로 증원되었고 2022년 3월에는 육해공자위대의 공동부대로 재편했다(防衛省 2023, 146). 사이버방위대 및 육해공군 사이버전문부대에서 약 4,000명의 병력을 운영하고 있다(防衛省 2023, 298). 미중경쟁이 본격화된 이후 발표된 사이버시큐리티 전략은 안보위협을 선제적으로 명시하는 한편, 2021년 발표된 사이버 전략에는 중국, 러시아, 북한을 명시적인 '위협'으로 처음 명시했다. 이어 2022년 발표된 자민당의 정책제언보고서(自由民主党 2022)에도 중국을 '중대한 위협'으로 러시아를 '현실적 위협'으로 기술한 데 이어, 2022년 12월 발표된 국가안전보장전략은 중국을 중대한 위협, 북한의 경우 중대하고 긴박한 위협으로 규정함으로써 사이버 시큐리티 전략에서 규정된 위협인식이 계승된 것이다. 일본의 안보전략에서 '위협'이란 '침략할 수 있는 능력과 의도가 결부'되어 있는 개념이다(조진구 2023, 25).

디지털 위험(digital risk)의 안보화가 경제, 사회적인 디지털 전환(digital transform)보다 우선했다는 점도 특징적이다. IMD의 2022년 디지털 경쟁력 순위에 따르면 일본의 객관적인 사이버 경쟁력 순위는 동아시아 주요국 중 하위권에 위치하고 있다. 특히 2018년 22위로 평가되었던 일본은 2022년 29위로 오히려 순위가 하락한 반면, 한국은 14위에서 8위, 중국 역시 30위에서 17위로 상승했다. 디지털, 지식, 기술, 미래준비 등의 세부 평가지표에서 일본은 모두 동아시아 국가대비 경쟁력이 하락한 것으로 평가되었다(IMD 2022). 하버드대 벨퍼센터에서 발표하는 사이버파워 지수에서도 중국(2위) 및 한국(7위)에 비해 낮은 15위로 평가되었다. 특히, 사이버 안보 부문의 재정(finance), 감시(surveillance), 첩보(intelligence), 방어(defence), 물리적, 비물리적 사이버 공간의 통제를 위한 법제와 정책의 경우 조사대

표 7.1 사이버 파워 지수 2022 (단위: 순위)

구분	종합	재정	감시	첩보	통상	방어	법제	공격	규범
한국	7	15	8	7	5	22	9	11	7
일본	15	20	22	16	6	13	13	14	11
중국	2	2	1	2	1	21	3	3	4

출처: Voo et al.(2022).

상 30개국 중 중하위권으로 평가되었다(Voo et al. 2022). 국제전기통신연합(ITU)에서 법률, 기술, 조직, 역량, 협력 등을 기준으로 평가하는 2020년 사이버 안보지수(Cybersecurity Index)의 경우 한국은 4위, 일본은 7위로 평가되었다(ITU 2020).

일본 사회의 구조화된 아날로그 시스템은 코로나-19 위기를 거치면서 국가적인 과제로 인식되었다. 코로나-19로 전 세계적으로 비대면 업무가 도입되었지만 일본의 경우 서류 및 전표, 날인 관행으로 재택근무가 제한되었다. 문서 중심의 업무 관행으로 재난지원금의 지급에 혼선이 발생했고 백신패스의 도입도 지연되었다. 인식, 관행은 물론 교육 및 경제의 디지털 기반도 취약하다. 2020년 기준 대학에 개설된 소프트웨어 관련 프로그램은 29개로 미국의 117개와 비교하여 25% 수준에 불과하다. 이커머스(e-commerce) 및 모바일뱅킹 이용 비중은 각각 9%, 6.9%로 중국의 24%, 35.2%보다 낮다. 또 디지털정부 이용 비중(7.5%)이나 스마트시티 (79위, 도쿄) 순위 역시 OECD 국가와 비교하여 낮은 수준에 머물러 있다(Mckinsey & Company 2021). 저출산, 고령화로 인한 인구구조의 변화를 겪고 있는 일본에서 디지털 전환의 지체는 생산성 하락, 경쟁력 하락으로 연계되어 장기침체를 구조화하는 요인으로 지적되었다. 이 때문에 스가 내각은 아베노믹스의 하나로 2018년부터 추진된 'society 5.0'을 강화하여 디지털 변혁(digital transformation)을 추진했다. 일본 사회의 디지털 전환을 위해 2000년 제정된 IT기본법을 '디지털사회형성기본법'으로 개정하는 한편, 2021년에는 디지털정책을 총괄하는 디지털청을 신설했다. 디지털청은 행정, 교육, 사회의 디지털 전환은 물론 사이버 안보와 디지털 개혁 정책을 총괄하는 기구다.

일본이 사이버 공간의 안보화가 디지털 전환보다 우선되었던 이유는 무엇인가? 그리고, 다자안보협력보다 앞서 사이버 안보 전략에서 국제협력이 강조된 이유는 무엇인가? 본 연구는 역사적, 비교적 시각에서 일본의 사이버 안보 전략이 전후 안보개혁과 점진적, 창발적으로 형성, 전환되어 온 과정을 구조적, 행위자 측면에서 분석하고 사이버 국제협력의 성격을 분석한다. 그리고 미일동맹과 전후 안보개혁의 맥락에서 추진되어 온 일본의 사이버 안보 전략이 한국에 대해 갖는 함의를 검토한다.

II. 일본의 안보개혁과 사이버 안보: 접근시각

디지털 전환에 따라 사이버 안보(cybersecurity)는 디지털 기기, 네트워크는 물론, 이를 활용한 디지털 플랫폼과 빅데이터 기반 경제의 안보현안이 되었다. 디지털 기술의 발전에 따라 물리적, 가상의 공간은 경제적, 정치적, 사회적 현안과 연계되어 총체적 과제로 인식되어 왔다. 총체적인 사이버 위협에 대한 대응을 위해서는 정부, 기업, 개인은 물론 국가전반(whole of nations)의 관여와 협력이 요구된다. 전자(E), 네트워크(Net), 디지털(Digital) 등이 혼재되어 있는 사이버 공간은 (1) 디지털 플랫폼(컴퓨터, 디지털기기, 센서 등), (2) 우주공간을 포함하는 디지털 네트워크(5G, IoT, 우주인터넷 등), 그리고 (3) 디지털 인프라에서 생산, 교환, 축적되는 데이터로 구성된다. 4차 산업혁명 기술이 혁신되면서 디지털 전환과 함께 사이버 안보를 위한 포괄적인 사이버 국가책략(cyber statcraft)이 추진되고 있다.

사이버 전략은 디지털 기술변화와 이에 수반되는 다층적인 위협 양상에 따라 안보화되어 왔다. 사이버 공간의 안보화 담론을 주도한 것은 미국이다. 미국에서 보호(protection) 목적의 법제가 제도화된 것은 1996년 클린턴 행정부가 제정한 '국가정보기간시설보호법(National Information Infrastructure Protection Act)'이다. 동법은 컴퓨터를 활용한 정보탈취를 범죄로 규정했다. 클린턴 행정부는 1998년 대통령정책지시(Presidential Policy directive) 63호를 통해 정보 네트워크에 의존하는 국가기반시설의 취약성을 보호하는 국가 차원의 체계를 구축했다. 2000년에 개정된 '정부정보보안개혁법'은 정보시스템과 데이터 위협에 대한 주기적인 위협평가와 대응을 규정했다(변진석 2022). 위협인식과 네트워크 보호가 중심이 되었던 사이버 관련 정책이 사이버 안보(Cybersecurity Strategy)로 전환된 것은 부시 행정부다. 9·11 테러는 비군사적 위협에 대응하기 위한 포괄적인 안보개혁의 맥락에서 사이버 공간을 안보화했다. 부시 행정부는 사이버 공격에서 국가기간시설을 보호하는 것은 물론 정보부문혁신(RIA)을 추진했다. 2003년 국토안보부가 발표한 '사이버 안보를 위한 국가전략 (National Strategy to Secure Cyberspace)'은 중요기반시설에 대한 사이버 공격을 예방하고, 사이버 공격의 취약성을 축소하며, 손실과 회복 시간을 최소화하는 전략을 제시했다(The White House 2003). 그리고 2015년 개인정보보호 및 정보공유와 관련한 논란 끝에 사이버안보법, 국가사이버안보증진법 및 사이버안보정보공유법이 제정되었다. 특히 사이버안보정보공유법은 정부와 민간에 대한 정보공유체계를 구축했다는 의미가 있다(변진석 2022).

그러나, 사이버 안보는 보호 및 안보적 이해에 국한되지 않는다. 사이버 영역은 1차적으로 디지털 인프라의 확장과 함께 네트워크화된 국가 전반의 전략적 자산이 연계되어 있다. 초연결된 사이버 영역은 사이버 공간 내·외부는 물론 국경도 부재하다. 더구나 경제, 사회, 정치, 문화 등 사회체계 전반이 디지털 또는 사이버 공간의 데이터에 의존하고 있다. 사이버 전략은 (1) 물리적, 비물리적 공간과 데이터의 안전은 물론, (2) 경제사회 전반의 혁신을 위한 디지털 생태계를 구축하고, (3) 규범과 제도에 의한 국제협력 과제를 포괄한다. 이 때문에 사이버 전략을 사이버 국가책략(cyber statecraft)으로 포괄적으로 재정의해야 한다는 문제가 제기되어 왔다. 국가책략이 국가목표를 달성하기 위한 국정전반(state affairs)의 숙련된 관리를 의미한다면, 사이버 국가책략은 '사이버 공간에서 국가주권을 보호하고, 규범과 거버넌스를 구축하며, 갈등을 통제, 거부함으로써 정보와 데이터의 자유로운 이동을 보장하는 국정관리'로 규정할 수 있다(Healey 2011). 이는 조셉 나이(Nye 2010)의 사이버 공간에서 물리적, 비물리적 수단을 통해 국가적인 이점을 활용하고 영향력을 행사하는 사이버 파워(cyber power) 전략을 포함한다.

표 7.2 사이버 국가책략(statecraft)의 영역과 쟁점

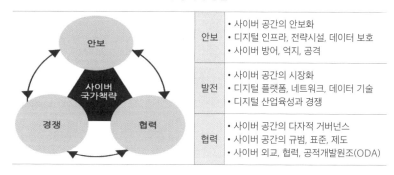

안보	• 사이버 공간의 안보화 • 디지털 인프라, 전략시설, 데이터 보호 • 사이버 방어, 억지, 공격	
발전	• 사이버 공간의 시장화 • 디지털 플랫폼, 네트워크, 데이터 기술 • 디지털 산업육성과 경쟁	
협력	• 사이버 공간의 다자적 거버넌스 • 사이버 공간의 규범, 표준, 제도 • 사이버 외교, 협력, 공적개발원조(ODA)	

사이버 국가책략은 안보, 개발, 협력 세 가지 영역으로 구분할 수 있다. 첫째, 안보는 사이버 공간의 안보적 쟁점이다. 사이버 범죄로부터 디지털 인프라, 네트워크화된 국가전략시설 및 데이터의 보호를 목표로, 방어, 억지, 공격 등의 전략이 발전되어 왔다. 둘째, 경쟁은 사이버 공간의 시장화와 기술적 현안이다. 4차 산업혁명 기술의 혁신에 따라 사이버 전략은 디지털 기반의 구축뿐만 아니라, 디지털 데이터의 활용이 중요해지고 있다. 디지털 기술의 개발과 함께 데이터 경제의 육성과 보호를 위한 경쟁은 사이버 국가책략의 핵심 현안이다. 마지막으로 협력이다. 사이버 공간은 물리적, 비물리적 공간을 통합하는 공간의 소멸을 의미한다. 데이터의 자유롭고 안전한 교환이 국제협력의 핵심 과제다. 더구나 디지털 네트워크는 국가 이외에 기업, 비영리 단체, 개인의 복합적인 이해가 상호의존 또는 대항적으로 연결됨에 따라 사이버 법치, 신뢰구축(CBMs), 역량구축을 위한 외교, 원조와 협력이 중요해지고 있다(이상현 2022).

사이버 공간은 물리적, 비물리적 공간을 포괄하는 영역에서, 국가와 기업은 물론 사회전반의 협력을 수반하는 하는 주체, 그리고 기술, 군사, 전략 등 지정학적 이해[2]가 투영되는 위협의 가변성을 특징으로

한다. '창발에 대한 억지(deterrence against emergence)' 개념은 사이버 위협의 변화에 따라 전략, 수단, 법제와 대외협력이 단계적으로 진화해온 일본의 사이버 안보 전략을 구조적 차원에서 분석하는 데 분석적 함의를 제공한다. 김상배(2023)는 양질전화, 이슈연계, 국가안보의 단계에 따라 동태적으로 변화하는 사이버 안보위협과 억지전략의 상호작용을 '창발과 피드백'의 입체적이고 동태적인 프레임에서 분석할 필요성을 제시한다. 첫째, 사이버 안보위협과 이에 대응하는 안보전략은 양질전화, 이슈연계, 국가안보의 다층위적 위협단계에 따라 적합한 억지옵션을 도입하는 입체적 성격을 가진다(김상배 2023, 73-74). 일상 수준의 사이버 범죄, 테러, 정보 및 기술탈취 등에 대해서는 예방 차원의 연루억지와 규범억지로 대응한다. 기간시설과 공급망, 사이버 심리전의 차원에서는 거부억지의 수단이 적용된다. 마지막으로 국가안보 층위의 위협의 경우 보복적 억지(deterrence by punishment)의 목적과 수단이 유용용성을 가진다. 아울러 창발에 대한 억지는 동태적이다. 다층위적 사이버 전략은 상호 연계되어 있을 뿐만 아니라 지속적, 가변적 위협에 대응하여 연루, 규범, 보복, 거부 등의 전략이 포괄적, 연속적, 축적적(cumulative) 성격을 가진다.

행위자 측면에서는 정책결정에 영향을 미치는 정책이념과 위협인식의 상호작용에 따른 정책변화를 참고할 수 있다(Campbell 2014). (1) 정치적 요인은 행위자 또는 행위자 연합이 공유된 위협인식에 따라 정책변화를 결정하는 것이다. (2) 인지적 요인 역시 정치행위자들의 상호작용이 이루어지지만 문제의 본질, 중요성에 대한 인식의 격

---

2   일본의 2021년 사이버시큐리티전략은 사이버 공간의 지정학 경쟁 영역임을 처음 명시함.

표 7.3 일본 사이버 안보 전략의 창발과 정책변수

요인	정책이념		
영향		YES	NO
위협 인식	YES	(1) 정치적 요인	우연적 요인
	NO	(2) 인지적 요인	제도적 관성

(다이어그램 텍스트)
지정학적 위협 / 사이버 안보 위협의 창발 / 국가핵심자산공격 · 사이버물리전연계 · 사이버복합넥서스 / 국가안보 / 기간인프라공격 · 긴급공급망공격 · 정보심리전감행 / 보복억지 / 이슈연계 / 사이버훈련참여 · 군사사이버작전 · 사이버동맹외교 / 사이버 범죄·테러 · 금전정보기술탈취 · 랜섬웨어암호화폐 / 거부억지 / 기술협력정보공유 · 인력교류사법공조 · 제도정비민관협력 / 양질전화 / 연루·규범억지 / 학술교류정책제휴 · 양해각서협정체결 · 국제규범참여공조 / 사이버 공격 / 피드백으로서 사이버 억지

자료: 김상배(2023, 74); Bartlett(2019) 참조.

차와 정책목표가 명확하지 않다는 데 차이가 있다. (3) 우연적 요인은 의사결정의 쓰레기통 이론(garbege can theory)과 같이 정책변화가 선호의 불확실성, 기술적 불확실성(unclear technologies)으로 인해 합리적 인식, 정치적 의지가 아니라 우연한 계기로 발생하는 것을 의미한다. (4) 마지막으로 정치적 의지와 외부적 조건과 관계없이 조직적, 제도적 요인에 의한 정책변화는 관성적 또는 제도적 요인으로 설명할 수 있다.

이와 같은 분석개념을 근거로 아래에서는 일본의 사이버 안보 전략과 대외협력의 특징을 (1) 정보시큐리티 기본계획(2004-2012)이 수립되어 추진된 시기, (2) 사이버시큐리티 전략(2013-2022) 시기로 구분하여 검토한다. 정보시큐리티 기본계획은 9·11 사태 이후 비전통안보가 새로운 안보위협으로 인식되는 가운데, 탈전후 안보전략을 추진한 고이즈미 내각에 의해 추진되었다. 잠재적 안보위협에 대한 선제적 인식에도 불구하고 정보통신기술(ICT)이 가진 경제적, 기술적 이해가 중심이 된 양질전화 단계였다. 2010년 민주당 내각은 기본계

획을 처음 전략으로 변경하였고, 이후 아베 내각은 안보개혁의 핵심 정책의 하나로 사이버 안보 전략을 추진했다. 이는 일본과 주변국에 대한 실질적인 사이버 위협이 현재화되었고, 국방체계의 디지털 전환에 따라 사이버, 전자기 등이 군사혁신 목표료 추진되었기 때문이다. 이어서 사이버 기본계획과 사이버 전략 단계에서 정책이념과 정책, 안보위협과 인식의 차이가 국제협력에 있어서 어떤 변화를 수반했는지 검토한다.

III. 정보시큐리티 기본계획과 국제협력: 2004-2012

일본은 2000년대 동아시아 국가 가운데 가장 먼저 사이버 공간을 안보화하고 네트워크의 보호와 안전을 위한 국가 차원의 전략을 수립했다. 탈냉전 이후 인터넷이 빠른 속도로 보급되면서 PC등 디지털 기기의 보급이 늘어나면서 농업혁명, 산업혁명에 이어 세 번째 문명적인 변화를 가져오게 될 정보통신산업 경쟁도 치열했다. 1960-70년대 미국은 컴퓨터 산업 발전을 선도했지만, 1980년대 일본이 미국을 추격했다. 특히, TV, VCR, 메모리 반도체, 평판디스플레이, CR-ROM 등 디지털 하드웨어 분야에서 일본은 세계적인 경쟁력을 갖추었다. 그리고, 1990년대 네트워크 기반 컴퓨터 기술과 표준화를 위한 세 번째 경쟁이 진행되고 있었다(김상배 2002, 114-117). 일본이 ICT기술에 기반한 사회적인 과제를 정책화한 것은 이와 같은 배경 때문이다.

전적으로 개인과 민간 부문의 책임이었던 컴퓨터와 인터넷의 안전 문제가 국가적인 정책 차원에서 검토되기 시작한 것은 1990년대 후반이다. 일본 정부 웹사이트에 대한 사이버 공격이 발생한 직후인

1999년 9월 '불법접근금지법(不正アクセス禁止法)'이 제정되었고 정보보안을 담당하는 관련 부처 회의(情報セキュリティ関係省庁局長等会議)가 처음 설치되었다(Bartlett 2019). 2000년에는 '고도정보통신 네트워크사회 형성 기본법(高度情報通信ネットワーク社會形成基本法, 이하 IT기본법)에 따라 정보안보와 관련 정책목표와 거버넌스가 제도화되었다. 동법 제22조를 근거로 2000년 정보시큐리티대책추진회의(이하 정보대책회의)가 정보시큐리티를 담당하는 정책기구로 설치되었고 2005년 '정보시큐리티센터(NISC)'로 개편되었다. 정보대책회의는 2000년 12월 '중요인프라 사이버테러 관련 특별행동계획(重要インフラのサイバーテロ対策に係る特別行動計画)'을 발표했다. 이 계획은 공격으로부터 정보통신, 금융, 항공, 철도, 전력, 가스, 정부·행정서비스 등 국민생활과 사회경제 활동에 중요한 영향을 미치는 정보인프라를 보호하는 것이다(情報セキュリティ政策会議 2010). 2005년에는 중요인프라를 의료, 수도, 물류 등을 포함한 10개 영역으로 확대하고, (1) 불법침입, 데이터 탈취, 마비 등 사이버 공격은 물론 비의도적, 재해 등에 의한 위협 등으로 세부적으로 규정한 개정안을 발표했다(情報セキュ

표 7.4 일본의 사이버 관련 법제, 전략 및 정책구조의 변화

구분		법제와 정책기구	정책구조
양질전화와 정책	법제	• IT기본법(2000)	IT전략본부 산하 ISPC, NISC
	기구	• 정보시큐리티대책추진회의(2000) • 정보시큐리티대책추진실(2000) • 정보시큐리티센터(2005) • 정보시큐리티정책회의(2005)	
	전략	• 정보시큐리티 기본계획(2006) • 정보시큐리티 기본계획(2009) • 정보시큐리티 전략(2010)	

リティ政策会議 2015).

2006년에는 정보시큐리티를 포괄하는 기본계획이 수립되었다. 정보시큐리티를 총괄하는 기본계획이 수립된 것은 안전한 IT의 활용 기반이 고도정보통신 사회의 발전을 위해 필수적인 과제로 등장했기 때문이다(情報セキュリティ政策会議 2006, 1). 2009년 정보시큐리티 전략은 공공부문, 인프라, 기업, 개인 등 정보시큐리티 4개 주체의 상호 적인 협력을 강조하는 '횡단적 정보시큐리티 대책'이 추가되었다. 인터넷 기반 활동, 비즈니스가 확장되면서 정보를 활용하는 정보, 기업, 개인뿐만 아니라 정보를 위탁하고, 제3자에게 이전되면서 정보주체의 역할도 중요하게 되었기 때문이다(情報セキュリティ政策会議 2009, 16-17). 정보주체의 인식은 물론, 디지털 기기의 보안 등 기술적 요인과 함께 개인정보의 활용의 규제 등이 필요하게 되었다. 2006년과 2009년 발표된 정보시큐리티 전략은 (1) IT기본법을 근거로 '정보시큐리티'를 정책개념으로 사용하고 있으며, (2) 정보 및 디지털 기반의 보호, 안전을 위한 정책과 정책거버넌스에 따라 (3) 사이버 공간의 범죄, 공격으로 인한 손실을 최소화하고 경제적 손실을 최소화하는 것을 정책목표로 하고 있다는 공통점이 있다 정보시큐리티 기본계획의 목표가 (1) 경제대국의 지속적인 발전을 위한 IT의 활용, (2) IT기반 국민생활의 편리를 추구하며, (3) 정보시큐리티 선진국의 입지를 공고이하는 것이다.

2009년 중의원 선거에서 승리하며 '55년 체제' 이후 최초로 정권 교체에 성공한 민주당 정부는 관련 법에 규정된 3년 주기보다 앞서, 2010년 '기본계획'을 '전략'으로 개정했다. 2차 정보시큐리티 기본계획이 발표된 지 1년 만에 '정보시큐리티전략'이 발표된 것은 2009년 7월 한국과 미국에 대한 대규모 사이버 공격사태 때문이다(情報セキ

ュリティ政策会議 2010, 1). 소위 '7·7 디도스(DDos) 대란'으로 불리는 2009년 사이버 공격은 7월 7일부터 8월 18일까지 청와대, 언론사, 정당, 은행 등 정부기관 7개, 금융기관 7개, 민간기관 7개의 컴퓨터 시스템을 마비시켰다(원병철 2019).[3] 2010년 정보시큐리티 전략은 안전 중심의 기본계획과 비교하여 위기관리를 위한 정책이 보완되었다는 점에서 차이가 있다. 정보시큐리티 전략은 (1) 사이버 공격사태에 대응하는 체제정비, (2) 정보시큐리티의 위협환경에 대한 유연한 정책대응과, (3) 수동적 대책에서 능동적 체제로의 전환을 목표로 제시했다. 사이버 공격사태에 대한 대응은 2003년 법제화된 유사3법 및 내각결정된 '유사사태에 대응하는 정부의 초동대처'에 관한 내각결정(2003년 11월 21일)이 근거가 되었다. 9·11 테러를 계기로 안보법제의 개정을 추진한 고이즈미 내각은 2003년 무력공격사태법(무력사태법), 개정자위대법, 안전보장회의설치법을 제정했다(윤대엽 2023). 특히, 무력사태법은 무력사태의 범위를 무력공격이 (1) 발생 또는 임박사태, (2) 예측되는 사태로 구분하고, 무력공격이 예측되는 사태의 경우에도 무력공격을 회필할 수 있는 정책근거를 법제화한 것이다. 신속한 대처능력을 강화하기 내각관방 중심의 긴급사태 대응체제를 보완하는 한편, 방위 분야에 있어서 능력강화 목표가 제시되었다(情報セキュリティ政策会議 2010, 7). 사이버 위협이 사회안전과 범죄예방 차원이 아니라 방위 분야의 능력으로 처음 언급된 것이다.

  창발에 따른 억지개념을 적용하면 2006년부터 2012년까지 일본의 정보시큐리티전략은 '양질전화' 단계에서 정보보안, 사이버 범죄,

---

3   이를 계기로 매년 7월을 정보보호의 달로, 7월 둘째 주 수요일을 정보보호의 날로 지정
     했음.

정보탈취 등 사이버 공간의 위협 대응정책이 정립된 단계로 평가할
수 있다. 2006년 처음 발표된 정보시큐리티 기본계획은 경제강국으
로서 일본의 지속 발전을 위한 IT 활용, 더 나은 삶을 위한 IT의 활용
기반을 구축하고 새로운 위협에 대응하여 편리함과 보안 사이의 균
형 있는 IT환경을 구축하는 것이다. 2009년 발표된 정보시큐리티 전
략 역시 안전한 IT기반을 지속가능한 경제발전, 국민생활과 삶의 질
을 개선하는 기반으로 활용하는 것이다. 대외적으로는 IT기술 발전에
비례하여 증가하는 위협에 대응하는 능력이 '정보시큐리티 선진국가'
의 이념으로 제시되기도 했다. 반면, 2010년 발표된 정보시큐리티 전
략은 보다 적극적 의미에서 사이버 공간을 안보화한 전환점으로 평가
할 수 있다. 기본계획을 '전략'으로 재정의했을 뿐만 아니라, 사이버

표 7.5 일본 사이버 안보 전략과 국제협력

구분		법제와 정책기구
양질전화와 국제협력	2006	• 사이버 안보의 '일본모델(Japan Model)' • OECD와 G8의 다국적 프레임 증진
	2009	• 미국과 유럽과의 국제파트너십 • ASEAN의 글로벌 공공 및 민간부문 파트너십 구축
	2010	• 미국, 아세안, EU와의 동맹(alliance) • APEC, ARF, ITU, WWWN, FRITST, APCERT 협력

위협에 대응하는 방위성의 역할이 처음 명시되었다.

행위자 요인의 시각을 통해 2000년대 정보시큐리티의 정책이 경
제 중심의 정보보호 중심의 정책과 제도화된 원인을 설명할 수 있다.
일본의 정보시큐리티 정책은 (1) 사이버 인식과 제도화 단계(2000-
2009), (2) 사이버 위협과 제도적 관성(2010-2012)의 단계로 구분할 수
있다. 1990년대 후반 사이버 공간을 정책과제로 인식하기 시작한 것

은 정보통신기반 사회의 사이버 위협이 증가했기 때문이다. 1996년 미국은 '국가정보기간시설보호법'을 제정하고 불법적인 접근과 정보 탈취를 범죄로 처음 규정했고, 이후 대통령지시 63호(1998)는 정보보호를 위한 정책과제를 명시했다. 부시 행정부는 사이버 공간이 안보화된 전환점이 되었는데, 2000년 '정부정보보안개혁법(Government Information Security Reform Act)'이 법제화되었다(변진석 2022, 45-49). 9·11 테러 이후 무지의 안보(unknown-known security) 문제에 대한 능력기반 안보혁신이 추진되는 가운데, 국토안보부가 2003년 제정한 '사이버 안보를 위한 국가전략'은 일본은 물론 세계적으로 사이버 공간을 안보화하는 전환점이 되었다. 2000년 제정된 IT기본법을 근거로 안전한 정보통신 기반 구축목표가 제도화된 가운데 9·11 테러 이후 미국이 사이버 공간을 안보화하면서 일본의 정책변화에 중요한 영향을 미쳤다. 그러나, 2000년대 일본의 정보시큐리티 정책과 제도화를 주도한 것은 경제산업성(METI)과 총무성이었다는 점에 주목할 필요가 있다. 사이버 공간의 안전문제가 정책과제로 인식되면서 정책담론을 주도한 것은 경찰청, 방위청과 함께 ICT 기술과 산업정책의 주관부서인 총무성과 경제산업성이 참여했다. 그러나, 안전을 주관하는 경찰청과 방위청의 상대적인 영향력은 크지 않았다. 직접적인 안보위협이 가시화되지 않았다는 점과 함께, 버블경제 붕괴 이후 경제발전을 모색하던 1990년대 총무성과 경제산업성의 정책형성에서 미치는 영향이 클 수밖에 없었다(Bartlett 2019, 10-16). 이와 비교하면 민주당에서 발표된 정보시큐리티전략은 (1) 명시적인 안보위협에 따라, (2) 정권교체에 따른 정책의지, (3) 그리고 2007년 방위성으로 승격된 기관의 이익이 투영된 것이다.

2000년대 일본의 정보시큐리티 전략에서 국제협력이 강조된 것도 이 때문이다. 2006년 이후 발표된 일본의 정보시큐리티 관련 정책 문서에는 공통적으로 국제협력의 선언적, 실질적 목표가 반영되었다. 2006년 정보시큐리티 기본계획에는 '사이버 안보의 일본모델'이라는 선언적 목표가 제시되기도 했다. '일본모델'이란 사이버 위협에는 국경이 없으며, 세계 최고 수준의 광통신 네트워크를 구축한 일본이 세계적인 문제를 해결하는 데 주도적인 역할을 수행하는 것이다(ISPC 2006). 2003년 사이버 안보 전략을 발표한 미국이 사이버 전략을 주도하는 가운데 OECD, G7, APEC, ARF 등 다자협력을 통한 사이버 협력 목표가 제시되었다. 아울러 ASEAN에 대한 역량구축과 협력목표가 제시되었다. 사이버 공간의 안보화 시기 일본의 사이버 국제협력은 (1) 탈냉전 이후 국제적인 역할과 위상을 강화하는 다자협력을 중심으로 하는 관여와(Kallender and Hughes 2017), 그리고 (2) 일본의 경제적인 이해가 결부되어 있는 아세안에 대한 사이버 ODA를 제공함으로써, 경제 인프라의 보호 및 경제협력을 증진하는 것이 핵심 목적이었다(Bartlett 2023).

IV. 사이버시큐리티 전략과 국제협력: 2013-2023

아베 내각은 포괄적인 안보개혁의 맥락에서 사이버 안보 전략을 재정의했다(이승주 2017). 2010년 '정보시큐리티 전략'을 '사이버시큐리티'로 변경하고, 사이버 안보의 안보화를 넘어 군사화를 적극 추진했다. 그러나, 아베 내각이 추진한 사이버시큐리티 전략은 사이버 위협의 증가, 미일동맹협력의 의제화 등 단절적이기보다 연속적인 특성을 가진다. 민주당 정부가 1976년 방위체제의 '기반적 방위력' 개념을 '동적방위력'으로 변경한 2010년 방위계획대강에는 사이버 공간의 위협을 안보문제로 인식하고, 사이버 공격에 대한 대처능력을 종합적으로 강화하는 목표가 처음 명시되었다. 이를 위해 사이버 공격에 대한 통합운용태세와 동맹협력의 강화목표가 명시되었다(安全保障会議 2010). 2011년을 전후로 정부 및 핵심 기간시설에 대한 사이버 공격도 증가했다. 2011년 9월 소니에 이어 미쯔비시중공업이 사이버 공격을 받아 잠수함, 미사일, 원자력 등 핵심 기술이 유출되었다(이종락 2011). 11월에는 이미 2010년부터 123여 대의 일본 재무성 PC가 APT 공격을 받은 자료가 유출된 것이 발견되기도 했다.

아베 2기 내각(2012-2020)은 2013년 기존 '정보시큐리티'를 '사이버시큐리티'로 변경한 사이버 국가전략을 발표했다. '사이버'로 전략개념을 변경한 것은 기밀성(confidentiality), 완전성(integrity), 가용성(availability)에 집중된 정보시큐리티전략보다 광범위하고 포괄적인 대응전략이 필요했기 때문이다(情報セキュリティ政策会議 2013a). 사이버기본법은 사이버시큐리티를 '전자적 방식, 자기적 방식, 기타 사람의 지각으로 인식할 수 없는 방식으로 기록, 발신, 전달되거나 수신되는 정보의 누설, 멸실 또는 훼손을 방지하고, 해당 정보의 안전한 관리를 위하여 필요한 조치 및 정보시스템 및 정보통신 네트워크의 안전성 및 신뢰성 확보를 위해 필요한 조치'로 새롭게 규정했다. 사이버기본법을 근거로 2015년에는 내각관방을 위원장으로 사이버 안보 전략을 총괄하는 사이버시큐리티전략본부가 신설되었고, 전략본부의 사무국으로 실무를 담당하는 정보시큐리티센터도 6개 그룹으로 확대 개편되었다. 아베 내각 이후 사이버 전략은 포괄적인 안보개혁과 함께 사이버 안보의 전통 안보화 또는 군사화가 본격화되었다(이승주 2017; Kallender and Hughes 2017).

표 7.6 일본의 사이버 관련 법제, 전략 및 정책구조의 변화

구분		법제와 정책기구	정책구조
이슈연계 단계	법제	• 사이버시큐리티기본법(2014)	전략본부 신설, IT전략본부와 동일한 지위
	기구	• 사이버시큐리티전략본부(2015)	
	전략	• 사이버시큐리티전략(2013) • 사이버시큐리티전략(2015) • 사이버시큐리티전략(2018)	
군사안보 단계	법제	• 디지털기본법(2021)	디지털청과의 협력관계 개편
	기구	• 디지털청(2021)	
	전략	• 사이버시큐리티전략(2021)	

아베내각이 2013년 발표한 사이버시큐리티 전략은 위기관리, 사회경제발전과 안전을 위한 사이버 안보 목표가 명시되었다. 2014년에는 사이버시큐리티 기본법을 제정하였고, 이를 근거로 2015년부터 3년 주기의 사이버 안보 전략을 발표하고 있다. 사이버시큐리티 전략은 자유롭고 공정하며, 안전한 사이버 공간을 보장하고, 사회경제적 활력과 지속가능한 발전, 안전한 사회건설, 국제사회와 국가안보의 평화와 안전을 보장하는 안보개혁의 목표와 일체화되었다. 정보의 자유보장, 사이버 법치, 개방성, 자율성과 다중 이해관계자와의 협력 등의 정책목표는 2018년의 사이버 전략에도 공통적으로 반영되었다. 트럼프-시진핑 체제를 거치면서 적대적 미중관계가 본격화되고 전후 방위규범이 변경된 지 5년 만에 '다층적통합방위'이 등장한 2018년 사이버 전략에서 주목되는 것은 방어, 억지, 상황인식을 위한 사이버 전략이다. 2015년 미일동맹에 기반한 사이버 억지력이 강조된 것과 달리 2018년 사이버 전략은 사이버 공격에 대한 탄력성(resilience)를 확보하고 방어할 수 있는 사이버 전략을 강조했다(情報セキュリテ

ィ政策会議 2018, 37-39). 사이버 공격의 방어, 억지를 위해 정치적, 경제적, 기술적, 법적, 외교적 수단을 효과적으로 활용하되 사이버 위협에 단호하게 대처하기 위한 자위대의 역량강화 목표가 제시되었다. 관련하여 2014년 정보시스템의 안정성, 사이버 방어와 공격, 최신기술 연구 및 인재육성을 담당하는 사이버방위대가 80명 규모로 창설되었다. 2022년 3월 17일에는 기존 지휘통신시스템대대 예하부대로 편제되었던 사이버방위대를 독립부대로 신편하고, 2023년 말까지 890명이었던 병력규모를 2,230명으로 증원을 추진하고 있다(産経新聞 2023.5.3.). 사이버 상황인식 능력의 강화를 위해 국내 사이버 거버넌스의 협력체계를 재편하는 것은 물론, 공동훈련, 정책공조, 능력구축, 위기대응 등을 협력한다.

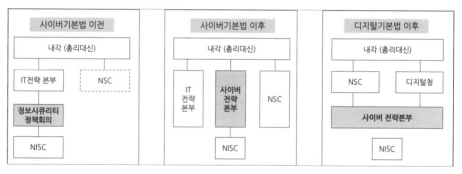

그림 7.1 일본의 사이버 안보 실행체계
자료: 일본 사이버시큐리티전략 및 三角(2015) 참조, 저자 요약.

2020년 스가 내각 출범 이후 사이버 및 디지털 전략의 제도적, 전략적 전환이 구체화되었다. 코로나-19 위기 속에서 아날로그 시스템의 문제제기가 이어지는 가운데 스가 총리는 취임 직후 디지털 개혁의 필요성을 강조했다. 2021년 2000년 제정되어 20년간 디지털 관련

정책의 근거가 되어온 IT기본법을 폐지하고 2021년 5월 '디지털사회 형성기본법'을 포함 디지털개혁 법제를 제정했다. 이를 근거로 2021 년 9월 디지털청이 출범했다. 디지털청은 (1) 디지털 사회를 위한 구조개혁, (2) 디지털 전원도시, (3) 국제전략, (4) 안전·안심 확보, (5) 포괄적 데이터 전략 및 (6) 디지털 산업육성을 중점목표로 하는 디지털 전환 기본전략을 추진하고 있다(情報セキュリティ政策会議 2021). 디지털 변혁전략이 구체화된 일본의 사이버 안보 전략은 이전과 비교하여 특징적 변화가 있다. (1) 디지털 변혁과 사이버 안보의 동시적인 추진이 명시된 것과 함께, (2) 이전과 달리 중국, 러시아, 북한을 사이버 위협으로 명시하고 있으며, (3) 보호, 방어에 국한되지 않고 능동적 억지를 위한 공세전략이 명시되었다. 사이버 위협의 억지와 방어를 위해 미일동맹협력과 함께 다자협력과 국제규범, 신뢰구축을 위한 일본 주도의 역할도 강조되었다.

특히, 사이버시큐리티를 위한 군사적 대외협력이 적극 추진되었다. 민주당 내각에서 사이버 방위능력의 강화목표가 제시된 이후 미국, 아세안, EU와의 동맹 차원의 협력목표가 제시되었고, ARF, APEC, ASEAN에서 사이버 안보문제의 담론화를 주도하는 한편 IUT, FRIST 등 국제기구와의 협력도 확대했다. 사이버 안보의 군사화를 추진한 아베 내각 이후 방위력 부분의 조직, 정책변경은 물론 대외협력도 확대되었다. 우선 사이버 안보는 미일동맹협력의 강화를 위한 안보개혁의 핵심의제로 추진되었다. 2013년 미일은 제1회 사이버대화를 개최하였고, 미일 사이버방위정책워킹그룹을 설치했다. 2018년 나토의 사이버방위협력센터(CCDCOE)에 처음 참가하였고, 2019년에는 나토가 주관하는 사이버방위연습에 최초로 참가했다. 2022년 지휘통신 부문의 하위부대로 개편되었던 사이버방위대를 육해공의 공동부대로 신

표 7.7 아베 내각 이후 방위성의 사이버 전략

구분	법제와 정책기구
2012	• 미일정상, 사이버 문제에 대한 정부 간 협력 합의 • 방위성, 자위대 사이버 공간의 안정적, 효율적 이용 책정
2013	• 미일정상, 제1회 사이버대화 개최 • 사비어방위협의회(CDC) • 미일 사이버방위정책워킹그룹 설치
2014	• 자위대 지휘통신시스템부대 사이버방위대 신편 (3월) • 사이버시큐리티 기본법 제정 (11월)
2015	• 사이버시큐리티 전략본부 설치 • 2015 사이버시큐리티 전략
2016	• 방위성, 사이버시큐리티·정보화 심의관 신설
2018	• 나토 사이버방위협력센터(CCDCOE) 참가 • 사이버시큐리티기본법 개정 (12월)
2019	• 나토 사이버방위협력센터 방위성 직원 파견 • 사이버시큐리티협의회 설치 • 미일안보협의회, 사이버 공격 무력공격사항 확인 • 나토 주도 사이버방위연습 최초 참가
2021	• 나토 사이버방위협력센터 주도 훈련 참가 • 2021 사이버시큐리티전략
2022	• 육해공 공동부대 사이버방위대 신편 (4월)
2023	• 미일안보협의회의(2+2), 반격능력 및 우주·사이버 분야 협력, 장비기술협력 등의 추진 합의

자료: 防衛省(2023, 117).

편하고, 정원도 4,000명 규모로 확장했다. 기시다 내각 출범 이후에는 반격능력을 포함하여 능동적 억지를 위한 사이버 능력의 강화와 함께 우주·사이버·전자기 영역을 통합하여 전략, 장비 및 기술협력을 진전시키고 있다.

2000년대부터 사이버 공간을 안보화하고 안보개혁과 연계하여 추진되고 있는 일본의 사이버 안보 전략에서 국제협력의 핵심 목표는 사이버 법치(cyber rule of law), 역량구축(capacity building), 신뢰구축(Cyber CBMs) 세 가지다. 2000년대 정보시큐리티 정책이 경제기반 사이버 위협의 보호에 중점을 두었다면, 아베 내각 이후 사이버시

큐리티 정책은 군사적, 안보적 이해가 우선했다. 특히, 사이버, 디지털 관련 대외협력은 적극적 평화주의에 따라 규칙기반 다자주의와 가치, 규범기반 국제협조주의를 대외전략의 기본이념으로 추진한 아베 내각의 대외전략에서 중요한 비중을 차지했다(신승휴 2023, 201-204). 또, 미일동맹협력을 강화하는 수단일 뿐만 아니라 미중경쟁 가운데 국제적인 역할과 위상의 자율성을 확대하는 영역이었다. 사이버 법치를 위해 일본은 유엔 헌장을 포함한 기존 국제법을 사이버 공간에 적용하고 국제사회의 평화와 안정을 위한 사이버 규범, 규칙의 보편화를 주도하는 것이다. 둘째, 사이버 범죄에 대응하기 위해 전문지식과 정책의 협력을 강화하는 것이다. 안보적 이해를 공유하는(like-minded) 동지국과의 전략적, 기술적 협력과 함께 아세안 등 제3세계 국가의 사이버 역량을 지원하는 사이버 공적개발원조(Cyber ODA)를 포함한다. 마지막으로 사이버 공간의 신뢰구축을 위한 국제협력이다. 사이버 신뢰구축의 과제는 특정무기의 감축, 제한, 규제는 물론 감시, 검증 등과 같은 전통적 신뢰구축과 상이하다. 예측된 사이버 위협을 공유하고

표 7.8 일본 사이버 안보 전략과 국제협력

구분		법제와 정책기구
이슈연계 단계	2013	• 세계를 선도하는 'J-Initiatives' • 민주주의, 기본 인권존중, 법치를 포함한 기본가치 파트너십 • ASEAN, 미국, EU, 영국 등 양자협력 강화
	2015	• 정보의 자유 보장, 법치, 개방성, 자율성, 다중이해관계자 협력 • 선제적(proactive), 촉진자(catalyst), 사이버-물리적 공간 포괄 • 적극적 평화와 미국, 유럽, 아시아태평양, 남미 협력
	2018	• 새로운 가치와 서비스가 창출되는 최전선으로서 society 5.0 구축 • 방어, 억지, 상황인식 능력강화
군사안보 단계	2021	• 사이버 공간은 지정학적 긴장을 대변하는 영역(중국, 러시아, 북한) • 정보의 자유 보장, 법치, 개방성, 자율성, 다중이해관계자 협력

사이버 공격으로 인한 상황의 악화와 긴장의 증가를 방지하기 위해 국가 간의 신뢰를 강화하는 것이다. 일본은 사이버 공간의 안보화가 본격화된 2000년대부터 자유롭고, 공정하며 안전한 영역을 위한 협력을 위한 일본 주도의 역할을 했다.

둘째, 포괄적인 안보개혁과 함께 정보보호에서 안보이슈와 연계된 사이버 전략이 추진된 아베 내각 이후에는 양자 차원의 사이버 협력 및 기술, 제도, 인적 교류, 위기대응 등으로 협력 영역이 확대되었다. 2013년 일본의 사이버시큐리티전략이 발표된 이후 미국, EU, 프랑스, 호주, 에스토니아, 베트남 등 양자 간의 사이버 전략대화가 본격 시작되었다. 사이버 양자협력은 사이버 안보 전략과 정책, 사회기반, 사이버 교육, 훈련, 인재양성 및 법적 기반구축 및 규제 등의 이슈를 포함한다 (Vosse 2019). 사이버 법치, 역량구축이 아세안, G7, G20, GCCS 등 다자기구에서 다루어지는 사이버 외교의 문제라면, 양자대화는 사이버 공간의 군사적 협력과 신뢰구축의 중점 목표로 추진되고 있다. 미국과의 동맹협력은 일본이 사이버 억지, 방어, 공세능력을 위한 국제협력에서 가장 중요하다(防衛省 20023, 291). 2013년 미일 사이버방어정책워킹그룹(CDPWG)이 설치된 이후 작전적 수준의 공동훈련이 본격화되었다. 2022년 11월에는 한국(5월)에 이어 나토의 사이버방위센터(CCDCOE) 정회원으로 가입했다. 요컨대, 일본은 동맹 및 선진국과의 사이버 방어, 억지, 공세적 능력구축 협력과 함께, 동남아시아에 대한 역량구축 지원을 정보기술, 인공지능, 로봇공학 등의 기술경쟁과 연계하여 추진하고 있다. 특히, 미일 2+2회담에서는 사이버 공격이 미일안보조약의 5조에 규정된 무장공격을 구성한다는 점에 합의하고, 사이버 방어 및 억지능력의 증진을 위한 협력에 합의했다.

표 7.9 일본의 사이버 국제협력 목표와 대상

목표	사이버 법치	사이버 공간, 활동, 기반에 대한 국제법, 규범 제정
	CBMs	사이버 갈등 관리를 위한 투명성, 안정성
	능력구축	기술적, 디지털 역량구축 및 인적자원 개발
협력	양자	인도(2011), 영국(2012), 미국(2013), EU(2014), 프랑스(2014), 이스라엘(2014), 호주(2015), 에스토니아(2018), 독일(2016), 러시아(2015), 한국(2016), 우크라이나(2016), 베트남(2021), 슬로베니아(2022)
	다자	아세안(2009), NATO(2018), UNGGE, G7, G20, GCCS(London Process)

자료: 일본 외무성 사이버시큐리티(https://www.mofa.go.jp/policy/page18e_000015.html) 페이지, Vosse(2019), 『防衛白書』(2023) 및 『外交青書』(2023) 참조. 괄호 안의 연도는 양자 간의 정기적인 대화 또는 협의가 시작된 해임.

V. 결론 및 함의

물리적, 비물리적 공간의 다영역성과 위협의 가변성에 따라 다층적, 총체적 대응이 모색되어온 사이버 안보 전략에서 일본은 2000년대부터 사이버 공간을 안보화하고 사이버 안보 전략, 사이버 거버넌스와 국제협력을 추진하고 있다. 전략적 측면에서 사이버 공간의 안보화 담론이 시작된 2000년대 사이버 전략이 정보보호 차원의 사이버 독트린이 체계화되었다. 이 시기 사이버 전략은 (1) 정보보호를 위한 국내적 사이버 거버넌스의 체계화와 함께, (2) 사이버 안보를 전통 안보의 영역으로 인식하고 (3) 경제협력의 기반이자 국제사회에서의 위상과 역할 확대하는 외교안보 의제로 활용했다. 2000년대 미국이 주도하는 사이버 공간의 안보화 담론을 일본이 가장 먼저 수용하고 제도화한 것은 전후 구속에 따라 경제, 사회 등 비군사적 현안을 안보화하는 일본의 정치구조와 전략문화에 큰 요인이 있다고 평가할 수 있다(Katzenstein and Okawara 1993). 고이즈미 내각 집권 시기는 전후 일본문제가 정치화, 안보화된 시기다. 사이버 공간의 안보화는 9·11 테러 이후 새로운 안보위협에 대한 인식이 고조되는 가운데, 경제, 환경, 평화 등 비군사적 안보 현안이 전통 안보화되었다. 아울러, 사이버 안보문제에 대한 국제협력을 통해 탈냉전 이후 보통국가로서의 위상과 역할을 모색하는 국가정체성도 투영되었다.

아베 내각 이후 사이버 전략은 포괄적인 안보개혁의 맥락에서 위협주체와 국내외의 행위자에게 영향을 미치는 '전략'으로 전환되었다. 그리고 미중경쟁이 본격화된 2018년 방위규범이 개정 이후에는 방어, 억지, 상황인식에 대한 전략이 구체화된 이후 2021년 사이버 전략은 능동적 억지를 포함하는 사이버 전략이 구체화되었다. 아베 내각 이후 사이버 공간의 군사화가 본격화되었으며 방어, 억지는 물론 공세적인 사이버 전략을 위한 체계, 규범과 기능이 강화되고 있다. 사이버 안보의 군사화는 미일동맹의 협력의제뿐만 아니라 미국 의존 안보전략의 탈중심화(decentering) 및 네트워크 동맹의 전환을 주도하는 일본의 안보전략과 연계되어 있다(Midford 2018). 그리고 2021년에는 20여 년간 디지털 관련 정책의 법적 기반이 되어 왔던 IT기본법을 대체하여 디지털기본법을 제정하고 디지털 전환을 포함한 포괄적인 사이버 국가책략을 추진하고 있다. 디지털 전환정책은 사이버 안보뿐만 아니라 국제협력, 경쟁우위를 포함하는 사이버 국가책략이 포괄적으로 포함되어 있다.

단계적, 점진적으로 전환되어 온 일본의 사이버 안보 전략은 제도적, 전략적 시각에서 한국의 사이버 전략에 정책적 함의를 제공한다. 우선 포괄성, 다원성, 총체성을 가진 사이버 전략의 효과적인 추진을 위해 포괄적 사이버 법제로 제도화할 것인가, 아니면 개별적 법제로 다원화할 것인가의 문제다. 둘째, 사회 전반의 총체적 현안으로서 사이버 안보 전략의 거버넌스를 구축하는 문제다. 일본은 2000년대 정부 주도 거버넌스 체계에서 아베 내각 이후 정부 주도 거버먼트 체계로 전환되었다. 또, 일본은 국가안전보장회의가 디지털 기술(디지털청), 사이버 안보(사이버전략본부) 관련 기관을 총괄한다. 반면, 한국은 공공부문은 국가정보원, 민간부문은 과기부가 담당하는 분권화, 협력적 거버넌스가 구축되어 있다. 셋째, 다자적, 대외적 사이버 안보협력을 위한 관여, 협력과 전략이다. 일본은 2000년대부터 사이버 안보협력을 주도하는 '일본모델'을 추진해 왔다. 사이버 공간의 안보화 시기 국제협력은 외무성이 국제협력을 주도했다면, 사이버 공간의 군사화 시기에는 사이버 외교(cyber diplomacy), 사이버 ODA를 주도하는 외무성(총합외교정책국 경제안전보장정책실 소관), 디지털 기술, 데이터와 육성 관련 협력을 주도하는 디지털청, 방위성이 사이버 국제협력을 주도하고 있다. 사이버 안보 전략이 체계화된 이후 방위백서와 외교청서에도 국제협력의 비전, 목표와 수단이 구체적으로 기술되어 있다. 반면, 한국 외교부(국제기구국 국제안보과 소관) 및 국방부의 국방백서, 외교백서의 사이버 안보 국제협력의 목표, 전략은 제한적이다. 캠프데이비드 선언 이후 사이버 안보가 한미일의 공동협력 과제로 합의된 만큼 전략, 기술적인 능력은 물론 작전수준에서 사이버 합동상의 강화를 위한 검토도 요구된다.

참고문헌

김상배. 2002. "세계표준의 정치경제: 미일 컴퓨터 산업경쟁의 이론적 이해."『국가전략』 8(2): 113-135.

_____. 2017. "세계 주요국의 사이버 안보 전략: 비교 국가전략론의 시각."『국제지역연구』 26(3): 67-108.

_____. 2023. "사이버 억지의 새로운 개념화: 한미 사이버 안보동맹론의 성찰적 맥락에서." 『국제정치논총』63(2): 51-88.

박성호. 2022. "일본의 사이버 안보 전략: 양자주의의 강화인가 다자주의로의 전환인가?"『일 본학』56: 159-182.

변진석. 2022. "미국 사이버안보 전략의 등장과 발전: 역사적 전개와 사이버솔라리움보고서." 『평화연구』30(1): 41-76.

신승휴. 2023. "사이버 안보이슈에 대한 일본의 대응과 아베 정권의 국제적 역할인식: 역할이 론과 존재론적 안보의 시각."『아세아연구』63(3): 181-214.

원병철. 2019. "2009년 7.7 디도스 대란, 대한민국 인터넷 시한부 선고."『보안뉴스』(7월 1 일) https://m.boannews.com/html/detail.html?idx=81012&kind=2 (검색일: 2024. 3. 17.).

윤대엽. 2022. "경쟁적 상호의존의 제도화: 일-중의 경제안보전략과 복합적 상호의존의 패러 독스."『일본연구논총』55: 151-180.

_____. 2023. "분단체제의 갈등과 일본의 탈전후 안보전략의 형성, 1990-2007."『일본연구논 총』58: 33-61.

이상현. 2019. "일본의 사이버 안보 수행체계와 전략."『국가안보와 전략』19(1): 117-154.

_____. 2022. "사이버 외교의 국제비교: OSCE와 ARF의 사이버 신뢰구축조치 비교분석."『세 계지역연구논총』40(2): 225-257.

이승주. 2017. "일본 사이버 안보 전략의 변화: 사이버 안보의 전통 안보화와 전통 안보의 사 이버 안보화."『국가안보와 전략』17(1): 173-202.

이종락. 2011. "일 대사관 10곳도 해킹당했다."『서울신문』(10월 27일) https://election2012. seoul.co.kr/news/international/2011/10/27/20111027022014 (검색일: 2024.11.6.).

조진구. 2023. "국가안전보장전략 개정의 의미와 내용 평가." 박영준 외.『일본 안보관련 정책 3문서 개정 결정의 의미와 평가』. 경남대극동문제연구소. 15-36.

Bartlett, Benjamin. 2019. "How Japanese Cybersecurity Policy Changes." Harvard Program on US-Japan Relations Paper Series No.2019-01. https:// projects. iq.harvard.edu/files/us-japan/files/19-01_bartlett.pdf (검색일: 2024. 3. 17.).

Bartlett, Benjamin. 2023. "Why Do States Engage in Cybersecurity Capacity-Building Assistance? Evidence from Japan." *The Pacific Review*. https://doi.org/10.1080/0951 2748.2023.2183242 (검색일: 2023. 6. 2.).

Campbell, John C. 2014. *How Policies Change: The Japanese Government and the Aging Society*. Princeton: Princeton University Press.

Healey, Jason. 2011. "Pursuing Cyber Statecraft." *Atlantic Council Issue Brief* (Aug.) https://www.jstor.org/stable/pdf/resrep03355.pdf (검색일: 2023. 6. 2.).

Hughes, Christopher W. 2017. "Japan's Emerging Trajectory as a 'Cyber Power': From Securitization to Militarization of Cyberspace." *Journal of Strategic Studies* 40(1-2): 118-145.

IMD. 2022. "World Digital Competitivness Ranking." https://www.imd.org/centers/wcc/world-competitiveness-center/rankings/world-digital-competitiveness-ranking/ (검색일: 2024.11.6.).

Information Security Policy Council. 2006. "The First National Strategy on Information Security: Toward the realization of a Trustworthy Society." https://www.nisc.go.jp/eng/pdf/national_strategy_001_eng.pdf (검색일: 2023. 5. 20.).

_____. 2013. "International Strategty on Cybersecurity Cooperation: J-Initiative for Cybersecurity." (Oct. 02) https://www.nisc.go.jp/eng/pdf/InternationalStrategyonCybersecurityCooperation_e.pdf (검색일: 2023. 5. 28.).

ITU. 2020. "Global Cybersecurity Index 2020." https://www.itu.int/epublications/publication/global-cybersecurity-index-2024 (검색일: 2024.11.6.).

Kallender, Paul and Christopher Hughes. 2017. "Japan's Emerging Trajectory as a Cyber Power: From Securitization to Militarization of Cyberspace." *Journal of Strategic Studies* 40(2): 118-145.

Katzenstein, Peter J. and Nobuo Okawara. 1993. "Japan's National Security: Structures, Norms, and Policies." *International Security* 17(4): 84-118.

Matsubara, Mihoko. 2018. "How Japan's Pacifist Constitution Shapes Its Approach to Cyberspace." *CFR Netpolitics* (May 23). https://www.cfr.org/blog/how-japans-pacifist-constitution-shapes-its-approach-cyberspace (검색일: 2024. 3. 17.).

McKinsey & Company. 2021. Japan Digital Agenda 2030: Big Moves to Restore Digital Competitiveness and Productivity. https://www.digitaljapan2030.com (검색일: 2023. 6. 2.).

Midford, Paul. 2018. "New Directions in Japan's Security: Non-US Centric Evolution." *The Pacific Review* 31: 407-423.

Nye, Joseph S. 2010. "Cyber Power." Belfer Center for Science and International Affairs https://www.belfercenter.org/sites/default/files/legacy/files/cyber-power. pdf(검색일: 2023. 5. 28.).

Ranger, Steve. 2017. "US Intelligence: 30 Countries Building Cyber Attact Capacity." https://www.zdnet.com/article/us-intelligence-30-countries-building-cyber-attack-capabilities/ (검색일: 2024. 3. 17.).

The White House. 2003. "The National Strategy to Secure Cyberspace." (Febuary) https://nsarchive.gwu.edu/document/21412-document-16 (검색일: 2024. 5. 10.).

USCYBERCOM. 2018. "Achive and Maintain Cyberspace Superioty." https://s3.documentcloud.org/documents/4419681/Command-Vision-for-USCYBERCOM-23-Mar-18.pdf (검색일: 2024. 3. 17.).

Voo et al. 2022. *National Cyber Power Index 2022*. Harvard's Belfer Centre.

Vosse, Wilhelm M. 2019. "Japan's Cyber Diplomacy" *Research in Focus* (Oct.).

Xu, Yini. 2019. "US-Japan Cyber Alliance." The Edwin O. Reichauer Center for East Asian Studies, ed. *The United States and Japan in Global Context*. Washington, DC: The Johns Hopkins University, 57-76.

サイバーセキュリティ戦略本部. 2015. "サイバーセキュリティ政策に係る年次報告." (2015. 7. 23.).

ニュートン・コンサルティング株式会社. 2017. "企業のサイバーセキュリティ対策に関する調査報告書" https://www.nisc.go.jp/pdf/policy/inquiry/kigyoutaisaku_honbun.pdf (검색일: 2023. 5. 25.).

三角, 育生. 2015. "我が国におけるサイバーセキュリティ政策の現状と今後." CISTEC Journal No.155 https://www.cistec.or.jp/service/daigaku/data/1501-04_siten01.pdf (검색일: 2023. 6. 2.).

内閣官房情報セキュリティセンター. 2012. "2011 年度の情報セキュリティ政策の評価等." (2012. 7. 4.).

安全保障会議. 2010. "平成23年度以降に係る防衛計画の大綱について." https://www. kantei.go.jp/jp/kakugikettei/2010/1217boueitaikou.pdf (검색일: 2024. 3. 18.).

情報セキュリティ対策推進会議. 2010. "重要インフラのサイバーテロ対策に係る特別行動計画." https://www.nisc.go.jp/pdf/council/seisaku/ciip/dai1/1sankosiryou2.pdf (검색일: 2024. 5. 10.).

情報セキュリティ政策会議. 2005. "重要インフラのサイバーテロ対策に係る行動計画." https://www.nisc.go.jp/pdf/policy/infra/infra_rt.pdf (검색일: 2024. 3. 17.).

_____. 2006. "第一次情報セキュリティ基本計画." (2006. 2. 2.).

_____. 2009. "第2次情報セキュリティ基本計画." (2009. 2. 3.).

_____. 2010. "国民を守る情報セキュリティ戦略." (2010. 5. 11.).

_____. 2013a. "サイバーセキュリティ戦略." (2013. 6. 10.).

_____. 2013b. "サイバーセキュリティ国際連携取組方針: j-initiative for Cybersecurity." (2015. 10. 2.).

_____. 2014. "サイバーセキュリティ政策に係る年次報告." (2014. 7. 10.).

_____. 2015. "サイバーセキュリティ戦略." (2015. 9. 4.).

_____. 2018. "サイバーセキュリティ戦略." (2018. 7. 27.).

_____. 2021. "サイバーセキュリティ戦略." (2021. 9. 28.).

産経新聞. "自衛隊サイバー部隊　年度内に人員2・5倍に." (2023. 5. 3.). https://www. sankei.com/article/20230503-VPG3D45LAZOPRO2OA5PBSNVBM4/ (검색일: 2023. 6. 2.).

自由民主党. 2022. "新たな国家安全保障戦略等の策定に向けて提言: より深刻化する国際情勢下におけるわが国及び　国際社会の平和と安全を確保するための防衛力の抜本的強化の実現に向けて." https://storage.jimin.jp/pdf/news/policy/203401_1.pdf (검색일: 2023. 7. 10.).

防衛省. 2022. "自衛隊サイバー防衛隊の新編について." https://www.mod.go.jp/j/publication/wp/wp2022/html/nc007000.html (검색일: 2024. 3. 10.).

_____. 2023. 『防衛白書』. 東京: 防衛省.

外務省. 2023. 『外交青書』. 東京: 外務省.

제3부

중국의 사이버 안보-국방-외교 전략과
한중관계

제8장

중국 사이버 공격 양상 변화와 사이버 안보에의 함의

김상규 경기연구원 연구위원

* 이 글은 한국국가정보학회 17권 2호에 게재한 논문을 수정 가필한 것이며 2020년 대한민국 교육부와 한국연구재단의 지원을 받아 수행된 연구임(NRF-2020S1A5B5A16083788).

I. 서론

중국은 러시아, 북한과 더불어 가장 많은 사이버 공격을 시행하는 국가로 알려져 있다. 특히 경제력에 기초해 과학기술 역량을 고도화하면서 국내외 정보 수집과 통제, 공격과 방어 등 다양한 형태의 행위를 시현하고 있다. 하지만 중국 정부는 이러한 사실을 서방 국가들이 국제사회에서 중국을 압박하기 위해 사용하는 술책이라며 강하게 부정하고 반발한다. 오히려 "중국 정부 부처가 거의 매일 대규모 사이버 공격을 받고, 그중 대부분은 미국으로부터 오는 것이라며 사이버 공격의 가장 큰 피해자는 중국"이라고 주장한다(中国外交部 2023.7.14.). 또한, "중국에 대한 사이버 공격은 인도 해킹그룹에 의해서도 발생하고 있다."라며 인도를 세계 정보기관이 간과해서는 안 되는 위협적인 국가이자 중국 사이버 안보에 심각한 영향을 주는 원인으로 지목하고 사이버 보안 시스템 구축을 가속해야 할 이유라고 말한다(新华网 2021.11.20.). 물론 그 기저에는 인도가 서구 지정학적 사고와 개념을 가지고 미국과 협력하고 있다는 인식이 깔려 있다.

중국의 주장은 일견 "사이버 공격에는 국적이 없다. 특정 국가에 사이버 공격의 책임을 돌린다면, 거기에는 의도가 있는 것"이라는 점과 "서방 국가는 더욱 정교하고 전략적인 방식으로 사이버 작전을 수행하는 경향이 있기에 서방 국가의 사이버 작전에서 잡음이 더 적은 경우가 많다."라는 것과도 맥을 같이한다(BBC 2023.6.23.). 사실 사이버 공격의 주체가 중국이라는 명확하고 객관적인 증거를 확보하기도 어려울뿐더러 설령 확인하더라도 우회하는 방식으로 이루어진 경우가 많아 중국의 사이버 공격이 어떤 형태로 이루어지고 있는지, 어떤 방식으로 진화하는지 그 양상을 정확히 확인하기란 쉽지 않다. 물론 관련 기술을 활용해 추적한 결과를 분석하면 사이버 공격의 주체와 내용을 어느 정도는 확인할 수 있지만, 개별 국가의 주장이 서로 다르고, 근거 역시 제각각이기에 상호 간 인식의 차만 더욱 커질 뿐이다.

　이처럼 사이버 공격에 대한 개별 국가의 인식차가 존재하지만 사이버 공간에서 벌어진 중국발 사이버 공격 행위는 이미 다양한 방식과 경로를 통해 확인할 수 있다. 심지어 공개적으로 공격 주체와 목적을 드러내는 것을 꺼리지 않는다. 2023년 1월 22일, 중국 해킹 조직 '샤오치잉(曉騎營, Cyber Security Team)'은 한국의 교육 관련 사이트 70여 곳을 해킹했다. 곧이어 1월 24일, 텔레그램에 공개 성명을 올려 자신들이 한국 기관의 홈페이지를 공격했다고 밝혔다. 이들은 "중국 정부를 위해 일하지 않는 자유 그룹"이라며 "한국을 훈련장으로 삼아 각 멤버가 한국 공격에 참여하겠다."라고 천명하기도 했다(연합뉴스 2023.1.25.).

　그렇다면 중국이 시행하는 사이버 공격의 주요 주체와 대상, 방법은 무엇일까? 상술한 것처럼 공격 대상이 자신을 드러내는 경우를 제외하고 공격 주체를 정확하게 특정하거나 사전에 예상하기는 힘들다. 하지만, 사이버 공격이 어디에서, 누가 시작했는지, 어떤 목적과 방식으로 시행했는지 추적하고 추론할 수 있는 기술적 범위 안에는 있다. 이 때문에 선진 기술력을 가진 국가와 후발 주자로 추격하는 국가, 블랙 해커와 화이트 해커 사이에 창과 방패의 자웅을 겨루는 수단으로써 사이버 공방전이 벌어지기도 한다. 미국은 동맹국과의 규합을 통해 민주주의 가치, 규범을 강조하며 중국을 압박하고 있기에 미·중 양국을 중심으로 사이버 공간을 둘러싼 진영 간 대립이 무시로 일어난다. 국제사회의 현실 공간에서만큼 사이버 공간에서도 국가 간 갈등 상황이 치열하게 이루어진다는 점에서 미·중 양국이 벌이는 행위의 의도와 목적을 정확하게 파악하는 것은 상당히 중요한 국제정치학적 함의가 있다. 이에 본 논문은 유관 정부와 단체, 언론에서 공개한 여러 가지 해킹 관련 보고서와 사례 등 드러난 사실에 근거해 중국의 사이버 공격의 내용과 형태 등이 어떻게 변화하고 있는지 그 특징과 양상을 분석하고 한국이 대응해야 하는 사이버 안보 차원에서 어떤 시사점이 있는지 고찰해 보고자 한다.

II. 중국의 사이버 전략과 공격 양태 분석

1. 사이버 공격의 정의와 형태

사이버 공격은 일반적으로 디지털 네트워크를 통해 정보시스템, 인프라, 컴퓨터 네트워크, 개인의 디지털 기기 등을 대상으로 데이터의 변조, 손상, 삭제, 절도 또는 시스템의 중단을 목적으로 진행하는 것을 말한다. 이 같은 행위는 넓게 2가지 유형으로 분류할 수 있는데, 하나는 대상 컴퓨터를 비활성화하거나 오프라인으로 만드는 공격이고 다른 하나는 대상 컴퓨터의 데이터에 접근해 관리자 권한을 얻는 공격 유형이다(Fruhlinger 2020). 이러한 공격은 대부분 무단으로 액세스하여 시스템을 악용하기에 정치적, 사회적, 경제적인 차원에서 개인과 집단에 큰 손해가 발생할 수 있다. 즉, 경제적 이득을 위한 자금 탈취, 민감한 데이터 도난, 판매 행위에서부터 개인 보복의 목적, 정치적, 사회적 차원에서 자신들의 메시지를 전달하기 위한 핵티비즘(Hacktivism) 공격으로 활용하기도 한다.

사이버 공간에서 벌어지는 충돌은 폭력 및 범죄 활동에서부터 첩보 활동 및 사보타주까지 모든 행위를 포괄한다. 해당 영역의 범주에서 벌어지는 폭력의 극단은 국가의 핵심 기간시설과 재산 및 시민의 안정적인 삶까지도 위협할 수 있다(Van Puyvelde and Brantly 2003).

한편, 사이버 무기체계는 사이버 공간에서 다양한 목표를 달성하기 위한 사이버 공격 및 방어 기술들을 통합한 체계인데, 이는 다시 소프트웨어 및 하드웨어 무기체계로 구분한다. 소프트웨어 무기체계는 다양한 사이버 공격기법뿐만 아니라 공격자의 전략, 인프라, 자원, 지식 등의 개념을 포함한다. 사이버 공격기법은 소프트웨어 무기체계 내에서 사용되는 도구 또는 기술로, 이러한 기법을 효과적으로 전개하기 위한 전체적 구조와 전략을 의미한다(유도진 2023). 구체적으로 보면 악성 소프트웨어인 악성코드, 웜, 트로이 목마와 다른 악성 소프트웨어를 개발 및 배포하여 타깃 시스템에 침투하고 제어하는 데 사용한다. 최근에는 소프트웨어 개발자들이 깃허브(GitHub) 등 소스 코드 개발 공유사이트를 많이 이용하는 점을 노려 그 안에 악성코드를 삽입하거나 소스 코드를 탈취하는 공격을 하고 로그 j 등 유명 오픈 소스의 심각한 취약점을 악용, 라이브러리에 악성코드를 삽입하는 방식을 활용한다(과학기술정보통신부 2023).

이는 중요한 데이터나 시스템을 파괴하거나 변조하는 목적으로 사용할 수 있으며, 대상 시스템의 기능과 사이버 공간의 무력화를 통해 사용 불가능하게 만드는 공격을 수행한다. 특히 기술적인 발전을 이루면서 군사적 차원에서 충돌을 불러일으키는 데 활용이 가능하며 온라인 사이버 전투 플랫폼을 통해 사이버 공격 기술을 관리하고 조정할 수 있다.

소프트웨어 무기체계와 사이버 공격기법은 상호 연관되어 있으나 그 개념에는 차이가 있다. 사이버 공격기법은 사이버 공간에서 시

표 8.1 사이버 공격의 주요 유형과 내용

유형	내용
악성코드 (Malware)	• 악성 소프트웨어(malicious software)의 줄임말 • '단일 컴퓨터, 서버 또는 컴퓨터 네트워크에 손상을 입히기 위해 고안된' 모든 종류의 소프트웨어 • 신뢰할 수 있는 전자 메일 첨부 파일 또는 프로그램(예: 암호화된 문서 또는 파일 폴더)으로 가장하여 바이러스를 악용하고 해커가 컴퓨터 네트워크에 침입할 수 있음 • 웜(Worms), 바이러스(viruses), 트로이목마(trojans), 스파이웨어(Spyware) 등 다양한 종류의 악성코드로, 복제하고 확산하는 방법에 따라 서로 구별
피싱(Phishing)	• 사기성 이메일, 문자 메시지, 전화 통화 또는 웹사이트를 사용하여 사람들을 속여 민감한 데이터를 공유하거나 멀웨어를 다운로드해 범죄에 노출되도록 하는 행위
랜섬웨어 (Ransomware)	• 피해자의 파일을 암호화하는 악성코드의 일종 • 사용자는 암호화 해독 키를 얻기 위해 비용을 지불하도록 요구
서비스 거부 공격(DDoS)	• 특정 서버(컴퓨터)나 네트워크 장비를 대상으로 많은 데이터를 발생시켜 일부 온라인 서비스가 제대로 작동하지 않도록 시도하는 무작위 입력 공격 방법
중간자 공격 (Man in the middle)	• 공격자가 사용자와 그들이 접근하려고 하는 웹서비스 사이에 은밀하게 끼어드는 방법 • 일단 사용자가 로그인하면, 공격자는 뱅킹 비밀번호를 포함해 사용자가 전송하는 모든 정보를 수집할 수 있음
SQL 주입 공격	• 공격자가 취약점을 이용해 피해자의 데이터베이스를 제어할 수 있는 수단 • SQL 명령을 사용자 입력 필드에 주입하여 데이터베이스에서 특정 명령을 실행하는 방식으로 작동
XSS(교차 사이트 스크립팅)	• 공격자가 악의적인 스크립트를 신뢰할 수 있는 웹사이트에 삽입하여 사용자의 브라우저에서 실행되도록 만드는 것
제로데이 익스플로잇(Zero- day exploits)	• 컴퓨터 소프트웨어, 하드웨어 또는 펌웨어의 알려지지 않았거나 해결되지 않은 보안 결함을 활용하는 사이버 공격 벡터 또는 기법

자료: IT world, MS, IBM 등.

스템, 네트워크, 데이터에 대한 공격이나 침투를 실행하는 데 사용되는 특정한 방법이나 기술로서, 워너크라이(WannaCry), 낫페트야(NotPetya), 배드래빗(Bad Rabbit) 등의 랜섬웨어, SQL 주입, 제로데이(Zero-day) 공격, 지능형 지속 공격(Advanced Persistent Threat, APT),

분산 서비스 거부(Distributed Denial of Service, DDoS) 등이 해당한다. 이러한 기법들은 사이버 공격을 수행하는 동안 취약점을 이용하거나 시스템 조작에 사용한다(유도진 2023). 소프트웨어 무기체계는 국제적 해킹그룹의 주요 공격수단으로 사용하며, 주요 방식은 하드웨어 무기 체계를 이루는 컴퓨터 시스템, 네트워크 인프라, 통신 장비 등 물리적 인 하드웨어를 공격하거나 하드웨어 침입을 통해 타깃 시스템 파괴와 제어를 통해 전투 상황에서 상대방의 하드웨어를 무력화하는 데 활용 한다. 이처럼 사이버 무기체계는 공격과 방어의 목적으로 사용할 수 있으며, 군사적 충돌, 국가 간 갈등, 정보 수집, 경제 스파이 등 영역을 넘나들며 사이버 공간에서 국가 간 경쟁과 안보의 위협을 증대시키고 있다. 중국 역시 이 같은 공격 방식을 활용하고 사이버 전략에 기초해 사이버 공간에서의 영향력을 확장하고 있다.

앞서 서술한 샤오치잉은 한국 내 기관 2천여 개 웹사이트를 대상 으로 사이버 공격을 예고하고 개인정보 유출 등 피해를 준 다음, 해킹 포럼 등을 통해 공개한 바 있다. 공격에 성공한 후 획득한 관련 정보 를 공개하는 것은 피해 기관과 기업에 추가적 부담과 더불어 자신들 의 공격이 사회적으로 영향력을 행사한다는 이미지를 심어주기 위한, 즉 사이버 공격을 통해 경제적 이익, 정치적 목적, 사회적 영향력의 확 보 의도가 있는 것이다. 일반적으로 해킹의 대상은 주로 소규모 기관 과 기업, 학회 등을 표적으로 선택하는데 그 이유는 중소기업 등 소규 모 조직의 경우 보안에 대한 경각심이 부족하고 취약해 공격 성공 확 률이 높기 때문이다(유도진 2023). 주로 사용하는 공격 방식은 SQL 주 입(Injection)과 공개 정보를 활용하는 취약점 공략이다. 실제로 2018 년부터 2023년 상반기까지 공격 유형별 통계를 살펴보면, 취약한 인 증과 세션 관리, 부적절한 권한 검증 취약점 유형이 상위로 올라간 사

표 8.2 2018년~2023년 상반기 공격 유형별 통계

번호	공격 유형	포상건수	번호	공격 유형	포상건수
1	크로스 사이트 스크립트(XSS)	374건	1	SQL Injection	196건
2	오버플로우	332건	2	취약한 인증 및 세션 관리	100건
3	명령어 삽입(Command Injection)	175건	3	부적절한 권한 검증	100건
4	파일 다운로드 및 실행	165건	4	명령어 삽입(Command Injection)	99건
5	부적절한 권한 검증	68건	5	크로스 사이트 스크립트(XSS)	78건
6	SQL Injection	63건	6	파일 다운로드 및 실행	69건
7	취약한 인증 및 세션 관리	52건	7	오버플로우	65건
8	임의 파일 실행	38건	8	파일 업로드	35건
9	URL Redirection	31건	9	파라미터변조	31건
10	파일 업로드	26건	10	임의 파일 실행	30건

자료: 과학기술정보통신부·한국인터넷진흥원(2023, 14).

실을 알 수 있다.

일례로, 2018년 중국인으로 추정되는 해커가 러시아·이탈리아 삼성전자 서비스 센터를 해킹한 후 국내 삼성전자 본사에 접근하려는 시도를 발견하였고, LG전자 미국 앨라배마 지사, LG생활건강 베트남 지사 등 국내 기업의 해외 지사를 대상으로 한 사이버 공격 때문에 내부 정보가 유출하는 사건이 지속해서 발생했는데, 이는 상대적으로 공격이 쉬운 해외 지사를 통해 국내 본사에 접근, 추가 내부 기술을 유출하려는 시도로 분석할 수 있다(최원석 외 2022, 189). 사이버 공격은 전통적인 공격 수법에 그치지 않고 다중 인증(Multi-Factor Authentication, MFA) 우회, TOAD 등과 같은 복잡한 사이버 공격 기법으로 진화하고 있다. 특히, 중국과 러시아의 공격 그룹이 기업의 소프트웨어 공급망을 표적화하는 사례가 늘어나고 있다. 기업 공급망은 다양한 SW 제품, 개발업체, 수요자 등 구성요소가 많고, IT 자산, 개발 환경, 인력, 계약관리 등 관계가 복잡하여 공격 탐지와 조치가 어렵고 파급력이 매우 큰 특징을 가지고 있기 때문이다(과학기술정보통신부 2023, 11).

2. 중국의 시스템 구축과 사이버 전략 시행

중국은 경제, 군사 문제, 정치, 기술 분야에 걸쳐 정보력의 우위를 개발하기 위해, 그리고 적의 작전상 효율을 약화하기 위해 사이버 첩보 활동과 지식 재산 탈취에 노력을 집중해 왔다. 정보 수집에 대한 이러한 집중은 중국의 선제 타격 및 정보전 전략과 일치한다(Van Puyvelde and Brantly 2003, 129). 중국은 정보 통신의 가장 기초적인 분야에서조차 기술적인 측면이나 시스템 구축 차원에서 상당히 낙후되어 1978년 전 세계의 전화 보급률이 11%인 데 반해 중국은 0.38%에 지나지 않았다(吳基传·申江婴 2008, 26). 이와 달리 1960년대 말, 미국은 이미 군사적인 목적에 근거해 인터넷을 개발하여 이를 상용화하고 전 세계 인터넷 시스템 구축을 계획하고 있었다(허재철 외 2019, 204). 이 같은 상황에서 기술력을 강화하기 위한 정책을 수립하고 제도를 정비하는 것만이 중국의 지도자가 할 수 있는 최고의 선택이었을 것이다. 덩샤오핑은 "중국의 경제가 발전하고, 현대화하기 위해서는 교통, 통신 분야부터 시작해야 한다"라고 강조하며 관련 조직을 정비해 나가기 시작했다(허재철 외 2019, 205).

이후 장쩌민 시기부터 현 시진핑 시기까지 중국은 기술, 조직과 법, 제도의 수립 등 단계별, 시기별로 역량을 분석하고 그에 맞는 목표를 세워 장기적이고 안정적인 정책을 진행하고 있다. 우선, 장쩌민 집권 시기인 1990년대 초부터 2000년대 초까지는 인터넷 후발 주자로서 선진국의 정보화 발전을 따라잡기 위해 국가정보센터 등 관련 조직을 구성하고 기술 발전을 위한 연구와 지원 시스템을 만드는 등 정보 인프라 구축 환경을 조성하는 데 중점을 둔 전략을 시행했다. 이 시기는 냉전 해체 이후 화해와 협력이라는 새로운 국제질서가 도래하면서 과거의 냉전 질서 속에서의 안보 갈등의 군비경쟁이 아닌 경제 교류와 기술협력, 그리고 국민복지 향상과 경제발전을 먼저 추구하는 저위정치(low politics) 시대와 맞물려 있었기에 사이버 공간의 안전보다는 경제발전과 인터넷 활성화에 주된 목표를 두고 있을 수밖에 없었다(김승채 1999, 46).

2000년대 초반부터 2010년대 초반까지인 후진타오 집권 시기는 중국이 경제적 발전에 기초해 대외적으로 국제사회의 '책임 대국'으로 역할을 자처하며 영향력을 확대하던 때였다. 하지만 대내적으로는 빈부격차 증가와 부패 만연, 경제개발의 부작용이 두드러지면서 사회적 불만과 혼란이 가중되고 있었다. 이와 관련한 정보는 인터넷 보급과 모바일 사용자의 급증에 따라 빠르게 확대재생산하였고 중국 내부 정치의 불안정성을 배태하는 원인으로 작용하였다. 따라서 중국 정부는 사회적 불안정성을 약화하고 외부로부터 유입되는 정보를 차단하기 위한 방어적 전략 사고를 통해 정보화 조직을 개편하고 사이버 공간의 질서를 수립하기 위한 정책 등 질적 성장에 주력했다.

시진핑 집권 이후 사이버 공간에 대한 장악력 확대를 위한 조직 구성, 기술 발전, 통제, 방어와 위협 능력 강화 등 다방면에 걸쳐 대내외적 국가 이익 실현을 위한 전략을 공격적으로 가동하게 된다. 특히 이 시기는 중국이 사이버 공간에 대한 제도 마련과 전략 수립이 두드러졌다. 2015년 「국가안전법(国家安全法)」, 2016년 「국가사이버공간안전전략(国家网络空间安全战略)」, 2017년 「네트워크안전법(网络安全法)」, 2021년 「데이터안전법(数据安全法)」 등 중국이 사이버 공간을 국가안보 영역으로 편입시키고, 네트워크의 구축과 운용을 넘어 데이터 안보에 대한 의무와 책임을 규정한 데이터 3법은 물론 「반독점법(反垄断法)」과 「개인정보보호법」을 제정함으로써 사이버 공간에 대한 '의 법치국(依法治国)'의 대내외적 통제력 강화 전략을 수립했다.

그중에서도 2016년 12월 27일, 중국이 최초로 수립한 '국가사이버공간안전전략'은 중국의 사이버 공간에 관한 인식과 목표를 살펴볼 수 있는 바로미터이다. 중국은 해당 전략을 통해 사이버 공간을 어떻게 평가하고 있는지, 어떤 원칙을 가지고 전략 임무를 이루고자 하는지 명확히 제시하고 있다. 사이버 주권의 중요성을 강조하면서 국가안전 유지, 정보 기반시설 보호, 사이버 문화 건설, 사이버 범죄와 테러예방, 사이버 거버넌스 체제 개선, 사이버 안전 기초 마련, 사이버 방어력 향상, 그리고 사이버 국제협력 강화 등 9개의 전략목표를 제시하였으며, 그중에서도 해킹으로 인한 국가 분열이나 반란 선동 기도, 국가기밀 누설 등의 행위를 중대 불법행위로 간주하고 이를 막기 위해 군사적인 수단까지 동원하겠다고 천명했다(김상배 2019, 84). 이어 2017년 3월 발표한 「사이버공간국제협력전략(网络空间国际合作战略)」을 보면, 중국은 주권 수호와 안보, 국제 규범 체제의 확립, 공평한 인터넷 관리 추진, 인민의 합법적 권익 보장, 디지털 경제 협력 추진, 온라인 문화교류 플랫폼 구축 등을 언급하고 있다(채재병·김일기 2020, 10).

중국이 추구하는 사이버 전략의 핵심은 중국의 주권 수호와 안전 보장, 국제 규범 체제 확립, 디지털 경제권 장악과 기술 우위를 위한 중국의 핵심 이익 수호와 실현이 기저에 깔려 있다. 특히 시진핑 시기는 사이버 문제를 외교적 관점에서 접근하고 사이버 안보를 미·중 관계를 비롯한 국제사회의 중요한 대외적 의제로 설정하고 그에 따른 전략을 공격적으로 시행하는 중이다. 따라서 중국의 사이버 전략은 경제적, 기술적 자신감에 기초해 국제사회에서 공세적 발언과 행동 강화로 이루어진다. 이는 중국의 사이버 공격 형태와 방식, 의도가 직간접적으로 결부되어 나타난 것이며 이를 통해 중국이 향후 행보를 추론할 수 있는 근거로 활용할 수 있다는 것을 의미한다.

3. 중국의 사이버 공격 주요 주체

중국 사이버 공격의 주요 주체와 해킹 조직은 구체적인 특성이나 규모, 임무 등을 정확하게 확인하기가 사실상 어렵다. 하지만 기본적인 방첩 업무를 수행하는 국가기관을 비롯해 국내외 정보기관이 해킹 결과를 분석하거나 사이버 공격 행위에 대한 선전포고 등을 통해 드러난 사실을 토대로 일정 정도는 확인할 수 있다. 중국에서 사이버 공격은 물론 첩보 활동을 수행하는 조직 중 하나는 중국 인민해방군(People's Liberation Army, PLA)이다. 해당 조직은 국가 차원에서 정보 수집, 군사 기밀 획득, 정치적 영향력 확장, 경제적 이익 추구 등 다양한 목적에 기반해 사이버 공격을 수행한다. 사이버 공격을 통해 중요 정보와 기술을 탈취하고, 미국을 비롯한 기타 국가와의 군사 및 경제적 경쟁에서 이득을 취하려는 데 주안점을 두고 있다. 중국 국가안전부(Ministry of State Security, MSS) 역시 정보 수집과 사이버 활동을 주도하는 주체 중 하나이다. 이외에 중국 정부나 군사 기관과 직접 연관되지 않은 독립적인 해커 그룹들도 많이 존재한다. 이들 해커 그룹은 자체적인 활동, 해킹 업무 계약에 따른 특정 임무의 수행, 금전적 이득을 얻기 위한 목적에 기초하고 있다.

중국이 주로 행하는 해킹의 방식은 지능형 지속 위협(APT)인데 이 같은 방식은 특정한 피싱 공격을 통해 전자우편 주소로 악성코드를 발송하고 대상 기기를 감염시킨 이후 수 시간 내에 관련 조직 전체의 기능을 마비시킬 수 있다. APT 그룹은 목표 기관에 대한 정교한 표적 공격을 수행하고 지속해서 침투하는데 이는 다양한 벡터를 결합하여 공격 효과를 높일 수 있다. 다중 벡터 공격은 소셜 엔지니어링, 제로데이 취약점 활용, DDoS 공격, 악성코드 배포 등 공격 형태를 조합하는 방식으로 나타난다. 특히 APT 1 또는 Comment Crew라 불리는 그룹은 PLA Unit 61398의 일부로 활동 시기는 2006년부터라고 알려져 있다. 이는 중국이 인터넷 및 사이버 과학기술 분야에서 급속한 성장이 시작하는 시기와 맞물려 있으며, 중국이 군사교리를 재정의하면서 정보시스템 보호나 파괴가 인민해방군의 '전쟁 방법'이 될 것이라 명시한 것과 관련이 있다(IISS 2021, 90). 주로 에너지, IT, 통신, 항공우주, 국방 분야를 공격 대상으로 삼으며 기업 정보, 지적 재산, 정치 정보와 관련한 중요 데이터를 탈취하고 수집한다.

주요 공격 방식은 표적형 피싱(spear-phishing)과 악성코드를 배포하거나 자체적으로 개발한 프로그램을 사용하여 정보를 수집하기만 해킹의 흔적은 남기지 않는다. 공격 대상은 주로 영어권 국가들이며 미국이 가장 많은 공격을 당했다고 알려져 있다(Mandiant 2021, 22). 이외에도 메뉴 패스팀으로도 불리는 APT 10 역시 2006년부터 관리형 IT서비스 제공업체를 활용해 미국, 유럽과 일본 등 전 세계의 항공우주 및 통신 기업과 건설과 엔지니어링 기업, 정부기관을 노리고 공격 활동을 벌였다. 실제로 미국 법무부는 미국, 브라질, 프랑스를 비롯한 12개국에서 안보 기밀, 영업비밀, 지식재산권 등을 유출하기 위해 해킹을 저지른 혐의로 APT 10 소속 중국인 해커 2명을 기소했는데, 이들은 IBM, HP 등 민간 기업들을 비롯하여 미국의 해군과 항공우주국(NASA) 제트추진연구소, 미국 에너지부 등의 정부기관 전산망을 공격했다(문화일보 2018.12.21.).

APT 20은 중국 정부의 정책인 '중국제조 2025'나 '일대일로'와 같은 국가 대전략의 성공적인 수행을 위해 필요한 산업 기밀 해킹을

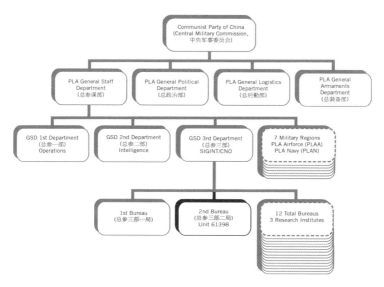

그림 8.1 61398 부대 지휘 계통

출처: Mandiant(2021, 8).

통해 정보를 수집하는데 주요 방식은 오픈 소스인 제이보스(JBoss)의
취약한 특정 버전으로 운영하는 네트워크에 침입하거나 스피어 피싱
메일, 휴대용 미디어 장비의 감염, 소프트웨어 공급망 공격 등의 행태
를 보인다. 중국 해커 그룹 Barium(APT 41, Winnti)은 중국 정부와 연
계된 곳으로 주로 산업 스파이 활동 및 금융 범죄에 관여한 것으로 알
려져 있다. 주요 공격 수단과 방법은 스피어 피싱, 제로데이 취약점,
무선 툴을 사용하며 주로 게임회사, 기술기업, 통신업체, 정부기관 등
을 대상으로 산업 스파이 활동과 금융 이익 추구를 병행한다.

　'틱(Tick)'은 주로 한국과 일본의 방위와 관련한 기밀 정보를 탈
취할 목적으로 임무를 수행하는 해커집단이다. 주요 공격 방식은 표
적형 공격(TTP)을 사용하여 스피어피싱 이메일을 전송하고, 악성코
드를 이용해 시스템 방비가 허술한 대상에 바이러스를 침투시키는 방

법을 활용한다. 2016~2017년 우주항공연구개발기구(JAXA)를 비롯한 연구기관과 대학, 방위·항공기업 등 약 200곳의 정보 탈취를 시도했는데, 일본 경찰은 틱이 중국군 61419부대의 지시를 받으며 2018년 이후 미국과 유럽을 대상으로 활발한 활동으로 벌이는 조직으로 판단했다. 또한, 무스탕 판다(Mustang Panda), 딥 판다(Deep Panda) 같은 조직은 중국 정부의 전략적 목표에 맞춰 미국, 아시아뿐 아니라 러시아 조직을 비롯한 유럽 단체들까지 다양한 분야와 주요 기업을 대상으로 지적 재산 및 민감 데이터 탈취를 하는데, 딥 판다는 정부, 군대, 공공시설, 금융 기관을 대상으로 하는 별도의 국가 후원 사이버 스파이 그룹으로 로그 4j 취약점[1]을 악용해 공격하고, 공격 지속성을 유지하기 위해 맞춤형 백도어(Back Door)를 배포하는 형태로 활동한다(ZDNET 2023.4.21.).

이 같은 차원에서 지속해서 관찰하고 확인해야 할 사안이 있다. 바로 중국이 해킹 대회(CTF:Capture The Flag)를 젊은 해커들을 전략적으로 양성하는 등용문으로 활용한다는 점이다. 이는 비단 중국만의 전략은 아니다. 하지만 중국의 해커들이 국제대회에서 우수한 성적을 거두고 있다는 점, 중국 내 기업을 비롯한 여러 기관에서 주최하는 해킹 대회가 많다는 사실은 그만큼 중국의 사이버 공격과 방어 능력의 향상에 기여할 인재들이 더 많아질 수 있다는 의미가 된다.

---

1   원격 코드 실행 취약점으로, 공격자가 이를 악용하면 사실상 피해자의 컴퓨터를 원격으로 제어할 수 있게 되는 것은 물론 시스템에서 임의의 코드를 실행하여 시스템을 탈취할 수도 있다.

표 8.3 중국의 CTF 대회

시작 연도	대회 이름	주최 기관	시행 시기	주요 내용
2013	CCS(China Cyber Security Conference)	민간 보안 기업 및 학계 주도	매년 6월	보안 업계 전문가들이 최신 기술 동향과 보안 이슈를 논의하고, 솔루션을 소개하는 학술적 회의
2014	China Cybersecurity Week	중국 정부 주도	매년 9월	사이버 보안 인식 제고와 교육을 목표로 하는 대회로, 다양한 보안 문제를 해결하는 이벤트와 세미나 포함
2014	XCTF(Xuanwu Cup)	Tencent Security Xuanwu Lab	매년 9월	Tencent의 Xuanwu Lab이 주최하는 해킹 대회로, CTF 형식으로 진행되며 전 세계에서 참가자가 모임
2016	BCS(Beijing Cyber Security Conference)	베이징시 정부, 국가 인터넷 정보 사무실	매년 7~8월	중국 내외 사이버 보안 전문가들이 모여 최신 보안 기술과 정책을 논의하는 대규모 회의로, 다양한 보안 포럼과 전시회도 포함
2017	QIHU 360 CTF	Qihoo 360	매년 12월	Qihoo 360이 주최하는 CTF 대회로, 전 세계 참가자들이 모여 보안 문제를 해결함
2018	天府杯 Tianfu Cup	민간 사이버 보안 기업, 중국 정부 후원	매년 10월	Pwn2Own의 중국 버전으로, 연구자들이 최신 소프트웨어 및 하드웨어의 취약점을 탐구하고 이를 시연하는 대회
2018	网鼎杯网络安全大赛	국가 인터넷 응급 대응팀 (CNCERT/CC)	매년 7월	정부 기관과 기업들이 참여하는 사이버 보안 기술 평가 대회
2018	Real World CTF	Chaitin Technology, 민간 보안 기업 주도	매년 12월	현실 환경에서 발생할 수 있는 보안 문제를 해결하는 것을 목표로 한 CTF 대회
2019	全国卫生健康行业网络安全技能大赛	국가 인터넷 응급 대응팀 (CNCERT/CC)	매년 6월	보건 의료 산업 종사자를 대상으로 하는 사이버 보안 기술 경진 대회로, 의료 분야의 보안 문제 해결을 목표로 함
2020	"矩阵杯" 网络安全大赛	민간 보안 기업 주도	매년 11월	중국 내 해킹 실력과 보안 기술을 겨루는 대회로, 개인과 팀이 다양한 보안 문제를 해결

자료: 저자 작성.

4. 중국의 사이버 공격 방식과 목표

중국의 사이버 공격 주체나 기술적인 것 이외에 내용적인 차원에서 분석해 보면 어떤 형태로 변화해 왔는지 그 양상을 분류하고 확인하는 것도 가능하다. 초기에는 여러 가지 방법을 시도하여 기술을 확보하고 경험을 축적하는 데 주력했다. 기술과 노하우를 쌓은 이후부터는 여러 공격 주체에 접목해 목적에 따라 다양한 표적을 설정해 공격하는 형태로 변화했다. 현재는 고도화된 기술에 기초해 기존보다훨씬 더 정교한 형태로 대내외 정치적인 목적을 달성하기 위한 전방위적 선전 활동에 매진하고 있다. 특히 중국의 사이버 공격은 미국의 동맹을 비롯한 우호 관계를 맺는 국가, 그리고 중국에 부정적 태도를보이는 국가를 대상으로 공격이 이루어진 사례가 많이 나타난다. 구체적인 사례를 보면, 한국의 경우 외교부에 대한 중국발 사이버 공격은 2013년에 1,890건이었지만, 국내 사드 배치가 언급되던 2015년 3,649건으로 급증했고, 사드 배치가 완료된 2017년에는 6,941건을 기록했다(KBS 2018.9.23.). 하지만 관련 이슈가 없어진 이후에는 중국발해킹 시도가 급격히 줄어들었다(그림 8.2).

또 다른 사례로는 2020년 호주의 스콧 모리슨 총리가 코로나19 바이러스의 중국 우한 기원설에 대한 조사를 공식적으로 제안하자 양국 관계가 급속도로 악화했는데, 양국이 무역 보복을 하는 과정에서중국발 해킹 봇이 호주 정부의 인터넷 네트워크를 동시다발적으로 공격하는 사건이 발생했었다. 2020년 5월에는 중국과 인도가 국경에서무력 충돌을 벌인 후, 중국 해커가 인도의 주요기반시설에 대해 4개월간 4만여 건 정도의 사이버 공격을 벌였고 전력부하관리센터에 악성코드를 심어 정전 사태를 촉발하기도 했다(NYT 2021.2.28.). 특히 양

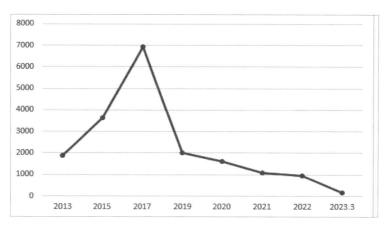

그림 8.2 중국발 한국 외교부 해킹 시도 수

출처: 외교부.

안 관계가 악화하면서 대만에 대한 중국의 사이버 공격이 무차별적으로 이루어졌다. 2023년 5월 30일, 대만 정보기관인 국가안전국(NSB)을 담당하는 국가안전회의(NSC)가 발표한 내용에 따르면, 대만은 매일 500만 회에 달하는 인터넷 공격을 받았으며 대부분 중국발 사이버 공격이었다(연합뉴스 2023.5.30.). 이에 대해 대만은 2024년 선거를 앞둔 상황에서 중국이 친중 정권 수립을 위해 대만 내부의 혼란을 도모하고 중국의 의도를 이식하고자 사이버 심리전을 벌이는 것으로 판단했다.

이 외에도 중국 정부가 조직한 '912 특별 프로젝트팀'이 가짜 SNS 계정을 이용해 코로나19 발원지가 중국이라는 주장, 남중국해에서 중국의 군비 확장 위험성 경고, 인권 문제의 심각성 등 중국에 불리하거나 민감해하는 내용과 관련한 의사를 표명한 인사들에게 사이버 공격을 가한 사실이 밝혀졌다. 이는 미국 연방 검사가 중국 공안부 소속 요원 34명을 궐석 기소하면서 제출한 89페이지 분량의 고소장과 진술서

표 8.4 중국의 시기별 사이버 공격 양상 변화와 주요 내용

시기/ 내용	주요 주체	주요 목표	주요 방식과 내용	
1990년대 중반	해킹그룹 정부 연관성 미확인	• 정보 탈취, 도용, 경제적 목적	• 기본적 해킹 방식, 스파이웨어	• 초기 단계 사이버 공격으로부터 경험 축적
2000년대 초반			• 악성코드, 표적형 공격	• 기술 확보, 국가안보와 사이버 제도 수립
2010년대 초반	PLA	• 군사, 과학기술, 기업 대상 및 경제적 목적 포괄	• 고급 표적형 공격, APT 활동	• 사이버 전략 고도화, 사이버 부대 활동 확대 및 공격 강화, 기술 발전 주력
2010년대 중반	MSS	• 정부기관과 인사, 다국적 기업 대상 해킹		
2020년대	정부 기구, 해킹그룹	• 이념, 선전 활동, 내부 정치 관리	• 생성형 AI와 대규모 언어 모델 사용 등 고도화된 기술 접목 • 허위 정보 제작 및 유포	• 최첨단 기술 적용 사이버 공격과 방어 능력 다각화 • 소프트웨어 공급망 공격 • 사회 인프라 시설에 대한 악성코드 침투 공격

자료: 저자 작성.

에 관련 활동을 상세히 기술했는데 트위터·유튜브 등에 개설한 가짜 계정을 통해 중국 공산당과 정부를 옹호하는 메시지를 적극적으로 전파했는가 하면 이른바 '중국의 적'들을 겨냥해 강도 높게 공격했다는 것이다(한국일보, 2023.4.26.). 이렇듯 중국에 반하는 형태의 정보나 행위들이 나타나는 경우 민감하게 반응하며 사이버 공간에서 해킹과 공격을 적극적으로 시행하는 것을 보여준다.

하버드벨퍼연구소(Belfer Center for Science and International Affairs)가 세계 30개 국가의 사이버 역량을 평가한 보고서인 국가 사이버 역량 지수(National Cyber Power Index 2022, NCPI)에 따르면 현재 중국의 사이버 역량은 미국에 이어 전 세계 2위를 차지하고 있다. 해당 지수는 감시, 방어, 정보 수집, 상업, 규범, 금융, 정보 통제, 파괴 등 8가

지 항목으로 구성되어 있는데, 중국의 사이버 역량은 공격, 감시 60, 정보 제어, 상업 50, 금융 20, 방어, 규범 30점으로 평가 대상 국가 중 감시, 정보 통제, 공격과 정보 수집 관련 역량이 강력한 것을 확인할 수 있다. 중국의 행위와 역량을 종합해 미루어 볼 때, 중국이 자국 내에서 언론을 검열하고 통제하는 행태를 국제사회에서도 똑같이 적용하려는 의도가 기저에 깔려 있음을 추론할 수 있다.

한편, 미국은 '2023 국방부 사이버 전략'을 발표했는데, 중국의 사이버 위협 사례가 어떤 형태로 일어나고 있는지, 향후 어떤 방향성을 가지게 될 것인지 등에 관한 내용을 포함하고 있다. 즉, 미국 기업과 정부기관 해킹, 기술 탈취를 위한 사이버 스파이 활동, 미국 내정 간섭 시도 등이 대규모로 진행하고 있고, 미국과 동맹을 상대로 악의적인 사이버 활동을 벌이는 행위가 광범위하게 만연되어 사이버 위협이라고 규정한 것이다(U.S. Department of Defense 2023). 미국의 이 같

표 8.5 NCPI 2022 사이버 역량 순위

순위	2022
1	미국
2	중국
3	러시아
4	영국
5	오스트리아
6	네덜란드
7	한국
8	베트남
9	프랑스
10	이란

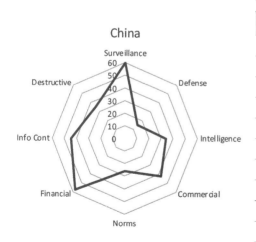

그림 8.3 중국의 사이버 역량 지수

자료: Belfer Center for Science and International Affairs Harvard Kennedy School(2022, 22).

자료: Belfer Center for Science and International Affairs Harvard Kennedy School(2022, 9).

은 위협 인식이 일어나게 된 것은 중국의 사이버 공격이 기술적인 차원에서 이전보다 더 고도화하고 전문화한 그룹들이 주도하며 확장성을 갖는 것에 기인한다.

중국은 자체 해킹 도구와 악성 소프트웨어를 개발하고 있는데, 이는 중국의 사이버 공격을 효과적으로 수행하는 데 유리하며 자국의 능력을 강화하고 외부 의존도를 줄이는 데 유효하기 때문이다. 또한, 사회공학적(Social Engineering) 차원에서 피싱 공격을 통해 개인과 기업의 정보를 획득하려 한다. 이러한 시도는 주로 악성 이메일을 통해 실행하는데 정보 수집과 사이버 스파이 활동의 주요한 방식으로 외국 기업과 정부기관의 중요 정보와 경제, 군사, 기술을 탈취하는 데 그 목적이 있다. 실제로 2023년 6월, 중국 업체가 제조해 한국 기상청에 납품한 장비의 소프트웨어에서 악성코드가 발견됐었다. 한국 정부는 국내 통관 이전부터 악성코드가 설치되어 들어온 장비가 있음을 확인하였고, 국내 정부기관과 지자체에 공급된 외산 장비에 대한 전수조사를 시행하였다. 또한 중국 배후의 해커조직(Storm-0558)은 MS사 이메일 소프트웨어(Outlook, Exchange Online)의 인증 취약점을 악용하여 미국 정부기관 등 약 25개 기관의 시스템에 접근하였다(국가정보보호백서 2024, 12).

소프트웨어 공급망에서는 오픈 소스 및 상용 소프트웨어를 조합하여 사용하는 경우가 많다. 클라우드 컴퓨팅, 오픈 소스 생태계, 소프트웨어 배포 및 자동화 도구 등의 발전으로 인해 소프트웨어 개발과 배포가 더 빠르고 광범위하게 이루어진다. 따라서 한 번의 악성코드 공격으로 수십만 대, 수백만 대의 컴퓨터를 감염시킬 수 있다. 이런 이유로 보안과 관리가 더욱 어려워 사이버 공격에 취약한 것이다. 2017년 러시아가 벌인 악성코드 NotPetya(2017) 사건과 중국 해커 그룹

Barium[2]도 소프트웨어 공급망을 활용한 것으로 알려져 있다. 이들은 1단계 공격 시 향후 추가로 이용할 가능성이 있는 피해자에게 2단계 스파이웨어를 남겨두어 단순히 현재의 이익에만 치중하는 공격이 아닌 한 번의 성공적인 공격으로 장기적인 접근 권한을 확보하는 방식을 사용했다. 이렇게 되면 시스템의 무결성은 손상되고, 소프트웨어를 신뢰하는 기본 메커니즘은 더욱 약화한다.

이 외에도 보안, 네트워킹, 가상화 소프트웨어, 라우터 표적화에서 조직의 네트워크 내외부로 공격자 트래픽을 중계하고 감추기 위해 제로데이 취약점을 악용한다. Mandiant Intelligence는 2021년과 2022년 중국이 제로데이(zero-day) 취약점을 공격했다고 분석했는데, 이는 보안, 네트워킹, 및 가상화 기술에 중점을 두고 목표 대상으로 삼은 것이다. 이렇게 해야 피해자 네트워크에 은밀하게 접근하고 유지할 수 있는 전술적 이점이 있다. 일부 탈취 공격에서는 탐지를 피하려고 로그 및 보안 제어 우회, 로그 삭제 및 수정, 시작 시 파일 시스템 확인 비활성화에 우선순위를 둔 맞춤형 멀웨어를 사용했다(Mandiant 2023.7.18.).

가장 주의 깊게 살펴봐야 하는 것은 AI 기술을 활용한 자동화 방식의 사이버 공격 양상이 점차 확대할 수 있다는 점이다. 챗GPT뿐 아니라 '웜(Worm) GPT', '사기(Fraud) GPT' 등 피싱 공격을 수행하기 위해 개발된 AI 모델로 사이버 공격을 하고 있다는 보고서가 발표되기도 했고(동아일보 2024.2.20.), MS 위협분석센터(MTAC)는 중국 해커

---

2   분석 그룹의 명명에 따라 Barium 또는 Shadow Hammer, Shadow Pad 또는 Wicked Panda로도 알려져 있으며, NetSarang(2017), CCleaner(2017) 및 ASUS(2019) 공격의 유사성으로 중국 배후 해킹그룹으로 분류됨(WIRED, 2019). 과학기술정보통신부·한국 인터넷진흥원(2023, 49) 재인용.

들이 미국과 대만에서 사회적 긴장을 고조시키기 위한 표적 캠페인에 AI를 활용하고 있다는 조사 결과와 중국이 한국과 미국, 인도에서 치러지는 주요 선거에 AI로 만든 허위 조작 정보를 퍼뜨려 영향력을 행사할 수 있다고 분석을 내놓기도 했었다(Microsoft 2024.4.4.). 현재 생성형 AI 기술이 급속하게 발전하는 상황에서 향후 어떤 형태의 공격이 이루어질지 예상하기 어렵고 그 피해 역시 가늠하기 힘들다. 그러나 AI와 연계한 사이버 위협 경고는 이미 몇 년 전부터 나오기 시작했고 실제로 신·변종 공격과 이에 관한 방어를 위해 AI 기술을 활용하고 있다. 생성형 AI는 사이버 공격의 알고리즘을 학습해 더욱 빠르게 시스템의 취약점을 찾아내 대규모 공격을 감행하고 동시에 자율적 피드백을 통해 좀 더 진화한 방식의 공격 루트와 최적화한 방식을 찾아낼

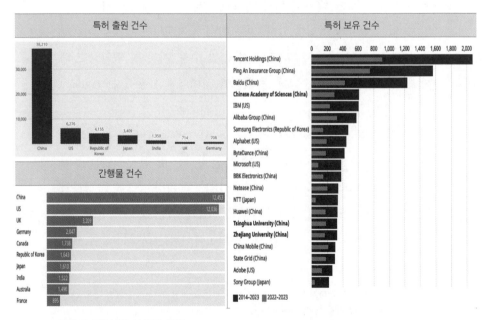

그림 8.4 생성형 AI 주요 현황
자료: 세계지식재산권기구(WIPO)

수 있다. 물론 이와 반대의 상황과 역할로 위협 패턴을 찾아내 분석하고 새로운 위험 요인을 사전에 감지해 대응 역시 가능하다. 관건은 기술력에 있는데 중국이 관련 기술과 발전 속도 면에서 가히 타의 추종을 불허하고 있다는 점이다. 중국의 대학과 연구기관, 기업 등은 이미 특허, 간행물 수 부문에서 미국을 압도하고 있다. 이런 추세가 계속되어 기술을 축적하고 적용한다면 중국은 사이버 공간에서 독보적인 영향력을 행사하며 장악할 수 있는 것이다.

III. 결론 및 시사점

2024년 4월 19일, 중국은 전략지원부대를 폐지하고, 정보지원(信息支援), 군사우주(軍事航天), 사이버 공간(网络空间)과 관련한 부대를 새롭게 창설한다는 것을 선포했다. 그와 동시에 "사이버 안보가 전 지구적 도전이고 중국이 직면하고 있는 엄중한 안보 위협이며, 사이버 안보 방어 수단을 적극적으로 개발하는 것이 중국의 사이버 주권과 정보 안전을 수호하는 데 매우 중요한 의미가 있다."라고 강조했다(中国国防部 2024.4.19.). 중국은 사이버 역량을 강화하는 데 총력을 기울이고 있다. 이 같은 노력은 사이버 공간에서 권력 균형을 무너뜨리고 국제사회에서 중국의 영향력을 강화하는 데 유효한 결과를 담보할 수 있다. 국제사회가 사이버 공간의 표준과 규범을 만드는 과정에서 중국이 기술적인 우위와 장악력을 활용한다면 자국의 전략적 의도를 반영하기 쉬워진다. 따라서 중국의 전략을 살피고 동시에 고도화된 사이버 공격 기술에 대한 방어와 대응 능력을 마련하는 데 초점을 맞추어 투자와 연구를 지속해서 확대해야 할 필요가 있다. 또한, 사이버 공간에 대한 재평가와 전략 수립은 물론 국제사회와 협력을 강화하는 것은 필수적이다.

이 같은 차원에서 2023년 4월 26일, 한국이 한미동맹 70주년을 맞아 '전략적 사이버 안보 협력 프레임워크(Strategic Cybersecurity Cooperation Framework)'를 공동 발표하고 악의적인 사이버 위협에 공동으로 대응할 것을 천명한 것은 상당히 의미 있는 행보라고 할 수 있다. 이는 사이버 공간에서 일어나고 있는 공격 행위가 미국의 동맹과 파트너에게 지속해서 영향을 끼칠 수 있다는 점에서 더욱 중요하다. 왜냐하면 중국의 사이버 공격 행위는 이미 우리 사회의 여러 분야에서 목도되었고, 사이버 심리전이나 인지전의 방식은 물론 영향력 공작까지 앞으로 더 확대할 수 있다는 우려 때문이다. 중국이 20여 개 그룹 2만여 명에 이르는 핵티비스트 · 댓글부대 등을 운영하며 친중 영향력을 높이기 위한 공작을 하고 중국의 언론·홍보 업체들이 국내 언론사로 위장해 친중·반미 성향의 여론조작 콘텐츠를 게시하는 일이 이미 정보 당국이 발간한 보고서에 의해 공식화되었다. 그뿐만 아니라 딥페이크 영상, 가짜 뉴스 등 사회공학적 기법을 이용한 사이버 공격도 증가 추세에 있다는 점에서, 중국산 통신 장비나 기계에서 악성코드가 발견되는 사례 역시 간과할 수 없는 일이며 선제 대응이 필요하다(국가정보보호백서 2024, 16).

미국 역시 중국이 벌이는 사이버 공격 행위에 대해 경각심을 갖고 있다. 2023년 미국 국가정보국(Office of the Director of National Intelligence)의 연례 위협 평가 보고서에서 "중국은 미국 정부와 민간 부문 네트워크에 대한 가장 광범위하고, 가장 활발하며, 지속적인 사이버 스파이 위협을 대표하며, 사이버 공간에서 정보의 자유로운 흐름 억제, 전 세계적으로 기술 기반의 권위주의 확산 위협 증가는 물론 중국의 사이버 활동과 관련 기술의 수출은 미국 본토에 대한 공격적인 사이버 작전의 위협을 증대시켜 만약 미국과 심각한 갈등 상황이 발생한다면 미국 본토의 중요 인프라와 전 세계 미군의 주요 자산에 대한 공격적인 사이버 작전 수행을 고려할 확률이 굉장히 높다."라는 분석을 내놓았다(Office of the Director of National Intelligence 2023, 10). 이 같은 인식은 2024년 보고서에서도 여전히 동일하게 적시되어 있으며(Office of the Director of National Intelligence 2024, 11) 중국과 러시아, 이란, 북한 정부가 자신들의 전략적 목표를 달성하기 위해 사이버 작전을 수행하고 있다고 평가한다(VOA 2024.4.6.). 이 같은 인식은 미·중 전략경쟁이 심화하고 데이터 유통, 디지털 콘텐츠, 네트워크 등에 대한 서로 다른 통제를 특징으로 하는 플랫폼 지정학이 부상하면서 사이버 공간에서도 진영화를 만들고 있다는 사실과 맥을 같이한다(홍건식 2023, 2). 따라서 사이버 위협에 대응하기 위해 한미동맹과 한미일 협력을 중심으로 동류 국가(like-minded countries)와 연대하고 공조를 강화하는 것은 반드시 해야 하는 일이다. 다만, 북한의 해킹과 사이버 공격은 물론 중국을 경유해 발생하거나 중국 내부의 범죄 활동에 따른 사이버 피해를 해결하기 위해서는 중국과의 협력이 필요하다. 중국에 대한 무조건적 경계나 부정적 인식에 기초한 적대적 태도가 아닌 공통의 위협과 대응을 위한 열린 전략 사고가 요구되는 이유이다. 한미 관계에 국한해 외교 안보 이슈로 진영 간 대결 구도 안에서 중국과의 사이버 관계를 이해하는 것이 아닌 사이버 공간의 글로벌 의제 해결을 위한 모멘텀을 만드는 것에 방점을 찍어도 좋을 것이다. 물론 중국과의 협력에는 많은 제약이 따르고 한계가 존재할 것이다. 그럼에도 이미 만들어져 있는 협력의 플랫폼이 있으니 활용하면 된다. 바로 사이버 안보 분야 역내 협력 증진을 위한 정례 협의체인 '한·

중·일 사이버 정책협의회'이다. 따라서 이를 역내 국가 간 미래지향적인 관계 수립과 경색된 양자 관계 회복을 위한 전환점으로 활용한다면 국익을 실현하고 안보를 담보할 유효한 방법이자 기회가 될 수 있을 것이다.

참고문헌

과학기술정보통신부. 2023.『2023 사이버 보안 위협 전망』.
과학기술정보통신부·한국인터넷진흥원. 2023.『2023 상반기 사이버 위협 동향 보고서』.
국가정보원 외. 2024.『2024 국가정보보호백서』.
김상배. 2019.『사이버 안보의 국가전략 2.0』. 사회평론아카데미.
김승채. 1999. "강택민 이후 중국의 대한반도 정책과 전망."『아시아태평양지역연구』2(1): 45-73.
유도진. 2023. "중국 해킹그룹 샤오치잉 사이버 무기체계 대응 방안 연구: SQL Injection 및 OSINT 기반 Known Vulnerability 공격."『한국산학기술학회논문지』24(6): 267-273.
채재병·김일기. 2020. "주요국 사이버 안보 전략과 한국에의 시사점."『INSS 전략 보고』73. 국가안보전략연구원.
최원석 외. 2022. "경제 안보 이슈의 부상과 대외 협력 방향."『KIEP 연구보고서』22(28).
허재철 외. 2019. "현대 중국외교의 네트워킹 전략 연구: 집합, 위치, 설계 권력을 중심으로." 경제·인문사회연구회 중국종합연구 협동연구총서. KIEP(대외경제정책연구원).
홍건식. 2023. "사이버 공간의 진영화와 영향공작."『INSS 이슈브리프』501.
동아일보. 2024. "AI 활용한 랜섬웨어-악성코드로 사이버 공격 늘어."(2월 20일) https://www.donga.com/news/Economy/article/all/20240219/123594144/1 (검색일: 2024. 7. 2.).
문화일보. 2018. "美, 중국인 해커 2명 기소… 최소 12개국서 해킹 혐의."(12월 21일) https://www.munhwa.com/news/view.html?no=2018122101070830129001 (검색일: 2024. 5. 3.).
연합뉴스. 2021. "日 연구기관 등 200곳 사이버 공격 연루 혐의 중국인 입건."(4월 20일) https://www.yna.co.kr/view/AKR20210420131100073 (검색일: 2024. 5. 28.).
_____. 2023. "대만 정부 "대만, 사이버 공격 매일 500만 번 받아…대부분 중국발.""(5월 30일) https://www.yna.co.kr/view/AKR20230530070000009 (검색일: 2024. 5. 14.).
_____. 2023. "中해킹그룹, 우리말학회 등 12개 기관 해킹…국정원·경찰 수사."(1월 25일) https://www.yna.co.kr/view/AKR20230125034052017
한국일보. 2023. "중국 욕하면 사이버 공격...미국서 암약한 중국 비밀조직 또 적발."(4월 26일) https://www.hankookilbo.com/News/Read/A2023042616320003429?did=NA (검색일: 2024. 5. 17.).
BBC. 2023. "사이버 보안: 왜 서방 국가의 해킹 공격 소식은 드물까?" https://www.bbc.com/korean/international-65995610 (검색일: 2024. 5. 24.).
Fruhlinger, Josh. 2020. ""사이버 공격이란 무엇인가" 의미와 사례, 동향 분석." https://www.itworld.co.kr/news/145522 (검색일: 2024. 6. 13.).
KBS. 2018. "최근 5년간 외교부 대상 사이버 공격 10건 중 4건이 중국發."(9월 23일) https://mn.kbs.co.kr/news/pc/view/view.do?ref=A&ncd=4042031 (검색일: 2024. 5. 20.).
Van Puyvelde, Damien and Aaron F. Brantly. 2003.『사이버안보: 사이버공간에서의 정치, 거버넌스, 분쟁』. 이상현·신소현·심상민 역. 명인문화사.
VOA. 2024. FBI 국장 "북한·중국, 사이버 작전 통해 미국 위협."(4월 6일) https://www.voakorea.com/a/7558723.html (검색일: 2024. 7. 2.).

ZDNET, 2023. "이란·중국·북한 배후 사이버공격 기승···"보안사고엔 '만약' 없다.""
https://zdnet.co.kr/view/?no=20230421112257 (검색일: 2024. 6. 13.).

Belfer Center for Science and International Affairs Harvard Kennedy School. 2022. *National Cyber Power Index 2022*. (검색일: 2024. 6. 15.).

Mandiant. 2021. "APT1: Exposing One of China's Cyber Espionage Units." https://www.mandiant.com/sites/default/files/2021-09/mandiant-apt1-report.pdf (검색일: 2024. 6. 8.).

_____. 2023. "Stealth Mode: Chinese Cyber Espionage Actors Continue to Evolve Tactics to Avoid Detection." https://www.mandiant.com/resources/blog/chinese-espionage-tactics (검색일: 2024. 5. 10.).

Microsoft. 2024. "China tests US voter fault lines and ramps AI content to boost its geopolitical interests." https://blogs.microsoft.com/on-the-issues/2024/04/04/china-ai-influence-elections-mtac-cybersecurity/ (검색일: 2024. 6. 18.).

NYT. 2021. "China Appears to Warn India: Push Too Hard and the Lights Could Go Out." https://www.nytimes.com/2021/02/28/us/politics/china-india-hacking-electricity.html (검색일: 2024. 4. 25.).

THE INTERNATIONAL INSTITUTE FOR STRATEGIC STUDIES. 2021. CYBER CAPABILITIES AND NATIONAL POWER: A Net Assessment. https://www.iiss.org/research-paper/2021/06/cyber-capabilities-national-power/ (검색일: 2024. 5. 20.).

U.S. Department of Defense. 2023. "Fact Sheet: 2023 DoD Cyber Strategy." https://media.defense.gov/2023/May/26/2003231006/-1/-1/1/2023-DOD-CYBER-STRATEGY-FACT-SHEET.PDF (검색일: 2024. 5. 20.).

WIPO. Global Innovation Index 2022. https://www.wipo.int/global_innovation_index/en/2022/ (검색일: 2024. 3. 2.).

Office of the Director of National Intelligence. 2024. *2024 Annual Threat Assessment of the U.S Intelligence Community*.

_____. 2023. *2023 Annual Threat Assessment of the U.S Intelligence Community*.

吴基传·申江婴. 2008. 「大跨越——中国电信业三十春秋」. 中国新通信. 第24期.

中国国防部 2024. "国防部举行信息支援部队成立专题新闻发布会."(4.19.) http://www.81.cn/fyr/16302114.html

中国外交部. 2023. "2023年7月14日外交部发言人汪文斌主持例行记者会." https://www.fmprc.gov.cn/fyrbt_673021/jzhsl_673025/202307/t20230714_11113401.shtml

新华网. 2021. "起底!中国网安企业人士提供翔实一手资料: 印度黑客对我重要部门频密发动网络攻击!" http://www.news.cn/world/2021-11/20/c_1211454111.htm (검색일: 2024. 5. 26.).

国家网络空间安全战略(全文), https://www.cac.gov.cn/2016-12/27/c_1120195926.htm

网络空间国际合作战略(全文), http://www.china.org.cn/chinese/2017-03/07/content_40424606.htm

2023年 中国网络安全产业分析报告.

중국 사이버 안보와 군사전략: 중국 사이버 안보와 군사전략의 연계, 미래 안보에의 함의

양정학 육군사관학교 외국어학과 교수

I. 사이버 안보에 대한 중국의 인식

중국인들 사이에는 "인터넷은 신이 중국인에게 준 가장 좋은 선물이다(互聯網是上帝送給中國人最好的禮物)"라는 말이 있을 정도로 중국인들은 인터넷을 다양한 형태로 사용하고 있다(BBC NEWS 中文 2011.4.21.). 2023년 12월 기준 중국 인터넷 사용 인구는 약 10억 9,200만 명 규모로 이는 전 세계 인터넷 사용자 51억 6,000만 명의 약 1/5 규모에 해당된다(新華網 2024; 199IT 2023). 인터넷은 극히 제한되었던 중국인들의 독립적인 언론 공간을 제공해줄 뿐 아니라 국내외 정보의 자유로운 교류 증진에도 도움을 주었다. 이는 중국인들의 사고방식과 일상생활에도 커다란 영향을 미쳤고, 중국 정부 또한 이러한 인터넷을 통해 정부의 입장을 적극적으로 선전하고 있다. 하지만 중국인들의 인터넷 활용도가 높아질수록 중국 정부의 입장과 다른 의견들이 속출하게 되었고, 이러한 현상에 직면한 중국 정부는 인터넷 사용을 국가안보와 결부시켜 인터넷에 대한 강력하고 촘촘한 통제를 시행하기 시작하였다.

중국은 현재 사이버 안보를 '총체적 국가안보관(總體國家安全觀)'이라는 '大안보이념(大安全理念)' 틀 내의 구성요소 중 하나로 보고 있다. '총체적 국가안보관'은 2014년 4월 15일 시진핑 주석이 중앙국가안보위원회(中央國家安全委員會) 제1차 회의에서 제시한 중국의 새로운 안보관으로, 여기에는 정치, 군사, 국토, 경제, 금융, 문화, 사회, 과학기술, 사이버, 식량, 생태, 자원, 핵, 해외이익, 우주, 심해, 극지(極地), 생물(BIO), 인공지능, 데이터 등 다양한 영역이 포함되어 있다(共產黨員網). 이는 기존의 안보관보다 안보영역이 크게 확대된 것이고, 안보문제의 복합성으로 인한 각 영역 간 유기적 협조와 조정을 강조하고 있으며, 무엇보다 중국 지도부의 국가안보에 대한 인식이 한층 더 강화되었다는 특징을 보이고 있다(양정학 2022, 100-102). 이러한 지도부의 인식이 사이버 안보 영역에서 구체적으로 구현된 것은 바로 2016년 11월 7일 중국 최초의 사이버 안보에 관한 기초법인 '사이버 안보법(網絡安全法)'의 통과와 동년 12월 27일 중국 최초의 '국가 사이버 공간 안보전략(國家網絡空間安全戰略)'의 발표를 들 수 있다.

우선, '사이버 안보법'의 몇 가지 특징을 살펴보면, 첫째, 사이버 공간에 대한 주권개념 적용을 들 수 있다. 중국은 이 법을 통해 사이버 공간 개념을 국가주권 차원으로 격상시킴으로써 타국 또는 해외조직에 의한 중국의 사이버 권익 침해를 중국의 국가주권 침해로 간주하여 대응할 것이라는 점이다. 둘째, 사이버 안보 등급 보호제도를 확립함으로써 등급이 높을수록 국가정보안보감독부서의 개입이 커진다. 셋째, 실명인증제도를 명문화하여 투명하고 엄격한 인터넷 감시체계를 구축하였다. 넷째, 국외로 데이터를 송출할 때 심사 및 평가하는 제도가 규정되어 국내에 저장된 자료를 국외로 송출하고자 할 때 관련 데이터는 국가안보와 사회공공이익 등에 위해(危害)가 되면 안 된다는 것이다(界面新聞 2017.6.9.). 이 외에도 군사 관련 사이버 안보는 중앙군사위원회가 별도로 규정한다고 명시하고 있다(中華人民共和國中央人民政府 2016.11.7.).

다음으로 '국가 사이버 공간 안보전략'은 중국 최초의 사이버 공간 관련 전략서이자 강령성 문건(綱領性文件)으로 규정하고 있다(中國日報 2016.12.29.). 중국은 이 전략서에서 사이버 공간에서의 발전과 안보에 관한 중대한 입장과 주장을 밝히고 있는데, 사이버 안보를 인류의 공동이익, 세계 평화와 발전, 각국의 국가안보와 관련이 깊다고 보고 있다. 또한 '중국몽(中國夢)' 실현을 위해 사이버 안보를 수호해야 한다고 강조하고 있다(人民網 2016.12.27.). 전략임무로는 ① 사이버 공간에서의 주권 수호, ② 국가안보 수호, ③ 핵심 정보인프라 보호, ④ 사이버 문화건설 강화, ⑤ 사이버 테러 및 불법범죄 단속, ⑥ 사이버 관리체계 개선, ⑦ 사이버 안보 기반 강화, ⑧ 사이버 공간 방호능력 향상, ⑨ 사이버 공간 국제협력 강화 등 9가지를 제시하고 있다. 이 외에 전략서에서는 '총체적 국가안보관'의 지도하에 '적극방어와 효과적 대응(積極防禦, 有效應對)'을 통해 국가주권과 안보, 그리고 발전이익을 수호하여 사이버 강국 건설이라는 전략목표를 실현할 것을 요구하고 있다(中華人民共和國中央人民政府 2016.12.28.).

중국 지도부에서 사이버 안보에 대한 인식이 강화됨에 따라 관련법이 제정되고 사이버 공간에서의 안보전략이 수립되었다. 중국은 현재 사이버 공간을 영토, 영해, 영공 등과 같이 국가주권의 차원으로 격상시켜 관련 정책을 수립 및 추진하고 있다. 사이버 공간을 국가주권 차원에서 접근하게 됨에 따라 사이버 공간에서의 군의 역할도 한층 더 중요해졌다고 볼 수 있다.

II. 사이버 안보와 군사전략과의 관계

오늘날 군사 분야와 사이버 공간과의 관계는 밀접한 정도를 넘어 상호 불가분의 수준에까지 이르렀다고 해도 과언이 아닐 것이다. 누가 사이버 공간에서의 '감제고지'를 점령하느냐는 향후 군사작전에서의 자유로운 행동과 합동작전의 효과에 매우 큰 영향을 미치게 된다. 군사 분야에서 사이버 공간에 대한 중요성이 점차 증대됨에 따라 각국의 군사전략에도 사이버 안보에 관한 내용이 크게 증가되고 있는 현상은 그리 어렵지 않게 찾아볼 수 있다. 물론, 중국도 예외는 아니다.

　　중국은 2010년 중국 국방백서에서 일부 대국들이 우주·사이버·극지(極地) 전략을 수립하고 있으며, 사이버 작전능력을 증강시키고 있다고 평가하였다. 또한, 중국 국방의 목표 및 임무를 소개하면서 영토, 내수(內水), 영해, 영공을 지키고 동시에 우주·전자기·사이버 공간에서의 국가안보이익을 수호할 것을 명시하고 있다(中華人民共和國國務院新聞辦公室 2011.3.31.). 이는 과거 국방백서의 내용에는 없었던 것으로 '사이버 공간'에서의 안보이익을 처음으로 언급한 것이다. 2013년 발간한 『중국 무장역량의 다양화 운용(中國武裝力量的多樣化運用)』에서는 정보화 조건하 국부전쟁에서 승리하기 위해서는 우주 및 사이버 공간 등 전략 감제고지를 반드시 선점해야 하고 이는 결국 중국군의 작전능력을 제고시키는 데 유리한 환경을 제공해 준다고 언급하고 있다(中華人民共和國中央人民政府 2013.4.16.).

　　2015년에 발간된 국방백서인 『중국의 군사전략(中國的軍事戰略)』에서는 우주와 사이버 공간 등 새로운 형태의 안보영역에서의 위협에 대응해야 함을 제시하면서 사이버 공간에 대한 중요성을 설명하고 있다. 사이버 공간은 경제사회발전의 새로운 기둥이며 국가안보의 새로운 영역이라 정의하면서 사이버 공간에서의 국제전략 경쟁이 점차 격렬해지고 있음을 지적하고 있다. 이미 많은 국가들이 사이버 공간에서의 군사역량을 강화하고 있으며 중국은 해킹 공격의 최대 피해자라고 인식하고 있다. 사이버 공간이 군사안보에 미치는 영향이 점차 증대되고 있기 때문에 사이버 공간에서의 상황인식, 사이버 방어, 사이버 공간에서의 투쟁 등의 능력을 제고시켜야 한다고 강조하고 있다(中國的軍事戰略(2015) 2015.5.26.).

　　한편 가장 최근에 발간된 2019년 『신시대 중국의 국방(新時代的

中國國防)』국방백서에서는 사이버 공간을 국가안보와 경제사회발전의 핵심영역으로 한층 더 중요하게 평가하였다. 게다가 사이버 안보를 글로벌 차원의 도전으로 격상시켰다. 더 나아가 명시적으로 '중국군대(中國軍隊)'는 사이버 공간에서의 역량 건설을 가속화하고 사이버 안보의 방어수단을 대폭 발전시켜 중국의 국제적 지위에 상응하며 사이버 강국에 버금가는 수준으로 사이버 공간에서의 방호능력을 건설할 것을 요구하고 있다(中華人民共和國國務院新聞辦公室 2019.7.24.). 실제로 중국 국방부 대변인 런궈창(任國強) 대교(大校)는 정례브리핑에서 중국군대는 지금까지 어떠한 사이버 해킹행위를 지지한 적이 없으며, 중국군대는 사이버 공간 방어능력을 적정 수준에서 발전시켜 국가 사이버 주권과 정보안전을 수호하고 있다고 설명하기도 하였다(人民網 2019.11.29.).

상술한 바와 같이 중국은 국방백서를 통해 사이버 안보에 대한 중요성과 사이버 안보를 위한 실질적인 능력을 갖추어야 한다고 강조하고 있다. 2010년 사이버 공간에서의 안보이익을 최초로 언급한 이후 2013년에는 사이버 공간에 대한 선점의 중요성을 강조하였고, 2015년에는 사이버 공간을 국가안보의 새로운 영역으로서 향후 군사안보에 미칠 영향이 증대될 것이라 평가하였다. 더 나아가 2019년에는 사이버 안보를 글로벌 차원의 도전으로 상향 조정하고, 이에 대응하기 위해 사이버 강국 수준의 사이버 방호능력을 구비하여 국가 사이버 주권과 정보안정을 지켜야 한다고 역설하였다.

실제로 중국은 2015년부터 대대적으로 추진한 군 개혁을 통해 전략지원부대(戰略支援部隊)를 창설하였는데, 중국 정부는 이 부대를 국가안보 수호를 위한 '신형 작전역량'이며 새로운 형태의 작전능력의 중요한 성장점이라고 소개하고 있다. 전략지원부대는 합동작전체계에 융합되어 새로운 영역에서의 대항훈련과 긴급응전훈련을 충실히 전개할 것이라고 설명하였다(中華人民共和國國務院新聞辦公室 2019.7.24.). 군 개혁 이후 중국군이 가장 중점적으로 추진하고 있는 합동작전 수행능력 강화와 변화된 군종별 군사전략을 구현하는 데 있어서 전략지원부대의 역할이 더욱 중요해진 것이다.[1] 하지만 이러한 중요성에도 불구하고 2024년 4월 19일 전략지원부대는 돌연 해체되었고 대신 새로운 조직(부대)들이 그 역할을 대체하게 되었다(中華人民共和國國防部 2024.4.19.). 특히, 사이버 관련 임무는 새로 생긴 사이버공간부대(網絡空間部隊, Cyberspace Force)가 담당하는 것으로 개편되었다(Dahm 2024).

이처럼 중국군은 정부 공식문건을 통해 사이버 안보에 관한 중요성을 점진적으로 강조하는 한편 사이버 안보의 군사전략으로서의 가치를 언급하였다. 사이버 공격의 작전효능은 군사적 능력을 제고시켜 줄 수 있다. 사이버 공격을 통해 비대칭 작전에서의 우위를 점하는 한편 적의 군사적 능력을 약화시킬 수도 있기 때문에 중국은 미래 전쟁에서 승리하기 위해 사이버 공간에서의 작전능력을 강화시켜 나갈 것임을 분명히 밝혔다.

중국 국방대학에서 출간한 『전역정보작전지휘연구(戰役信息作戰指揮研究)』에 따르면 군과 민의 사이버 전력을 이용하여 적 네트워크에 대한 다양한 공격을 수행하는데 그 주요 수단으로는 네트워크상에서 바이러스의 운용, 정밀무기로 타격, 고출력 전자기파(Electromag-

---

1   군종별 군사전략을 살펴보면, 육군은 '전역기동형(全域機動型)'에서 '전역작전형(全域作戰型)'으로, 해군은 '근해방어, 원해호위(近海防禦, 遠海護衛)'에서 '근해방어, 원해방위(近海防禦, 遠海防衛)'로, 공군은 '공방겸비(攻防兼備)'에서 '공천일체, 공방겸비(空天一體, 攻防兼備)'로, 로켓군은 '정간유효, 핵상겸비(精幹有效, 核常兼備)'에서 '핵상겸비, 전역섭전(核常兼備, 全域懾戰)'로 조정되었다.

netic Pulse, EMP) 공격 등이 있으며, 사이버 해킹을 활용한 타국의 데이터베이스 탈취, 지휘 및 무기체계에 대한 조작 또는 통제도 또 다른 하나의 사이버 공격수단으로 보고 있다(楊根源2001, 23 재인용: 王清安 2018, 115).

이와 같은 사이버 공격수단을 통해 작전 개시 이전에는 적의 네트워크 조기경보 시스템을 공격하고, 전역(戰役)이 시작된 이후에는 적의 감시정찰체계를 공격하여 아측의 작전 의도나 부대 동향을 은폐한다. 또한, 국가 인프라시설이나 금융시스템, 군사작전 등이 디지털화됨에 따라 사이버 공격의 효용성은 더욱 크게 주목을 받게 되었다. 중국의 『정보작전학(信息作戰學)』에 따르면 사이버 공격의 과정은 우선 적의 지휘통제체계 방화벽에 대한 사이버 공격을 수행하여 적 지휘체계를 무력화시키고, 적의 데이터 링크를 파괴하여 적의 협력체계를 붕괴시킨다. 또한, 적의 주요 네트워크 플랫폼에 침입하여 적 네트워크 체계의 혼란을 초래시키고 적의 네트워크 통신, 전력 등 기초인프라를 공격하여 적국의 주요 기초인프라를 사용 불능 상태로 만드는 것이다(王聖飛·劉明崢 2016, 頁36 재인용: 王清安 2018, 118).

중국의 사이버 공격전략은 군과 민의 사이버 공간 작전체계를 운용하기 위해 평시에는 빅데이터 데이터베이스를 활용하여 적국의 여론 동향을 파악하고 적국에 대한 디지털 자료 탈취를 시도한다. 충돌이나 전쟁이 발발한 후에는 사이버 부대를 동원하여 적국의 서버를 공격하고 적국의 네트워크 체계를 무력화시켜 적국을 겨냥한 사이버 선전과 사이버 위협을 가한다. 또한, '소프트 킬(Soft Kill)'과 '하드 킬(Hard Kill)'을 사용하여 적국의 사이버 공간에서의 '작전중심(作戰重心)'을 무력화시키고 적의 지휘통신데이터링크를 중단시킴으로써 적국의 정치·경제 영역 등에서 국가위기를 유발시킨다(王清安 2018,

119). 이는 적국이 온전히 군사력을 발휘하는 데 상당히 부정적인 영향을 초래하게 될 것이고 결국에는 전쟁의 승패에까지 영향을 미치게 될 것이다. 이처럼 사이버 안보는 군사전략과 매우 긴밀하게 연계되어 있다. 오늘날 세계 각국은 미래전에서의 승리를 위해 사이버 안보에 대한 정책적·재정적·기술적 투자는 물론 우수인력 투입도 크게 확대해가고 있는 추세이다.

III. 사이버 안보와 사이버공간부대

2024년 4월 19일 이전까지 중국군에서 사이버 안보와 관련성이 가장 높은 부대는 바로 전략지원부대(戰略支援部隊)였다. 2024년 4월 19일 군 구조 개편이 진행되면서 전략지원부대가 해체되고 새로운 사이버 안보 담당 조직이 생겼지만 새로 생긴 조직도 전략지원부대와 매우 밀접한 관계가 있기에 전략지원부대를 먼저 이해하는 것이 필요하다.

전략지원부대는 2015년 12월 31일 인민해방군 육군·해군·공군·로켓군과 동급의 부대로 창설되었는데,[2] 중국 정부는 이 부대를 국가안보를 수호하기 위한 새로운 작전역량으로서 군 작전능력의 질적 향상을 위한 중요한 요소이자 합동작전의 중요한 역량이라고 소개하고 있다(中華人民共和國中央人民政府 2016.1.24.). 또한, 독립된 군종(軍種) 형태로 운영되며 주로 정보, 기술정찰, 전자대항, 사이버 공격 및

---

2   전략지원부대는 전구급(戰區級) 부대이고, 사령원과 정치위원 모두 정전구급(正戰區級) 상장(上將)이기 때문에 통상적으로 육군·해군·공군·로켓군과 동급의 군종으로 분류한다.

방어, 심리전 등의 임무를 수행하는 것으로 알려졌다(방준영·양정학 2018, 94-96). 군사적 차원에서 전략지원부대의 창설은 중국이 향후 우주, 사이버, 전자기, 인지 등의 영역을 또 다른 하나의 전장(戰場)으로 간주하고 본격적으로 활용할 것임을 시사하는 중요한 지표였다.

전략지원부대는 2015년 12월 군 개혁 이전에 산재되어 있던 관련 조직과 인원을 통합·정리하여 크게 우주계통부(航天系統部, Space Systems Department, 우주 영역 담당)와 네트워크계통부(網絡系統部, Network Systems Department, 사이버 영역 담당)로 재편하였다(屈怡 2019, 68; 朱銕德·李建鵬 2021, 71; Costello and McReynolds 2018, 11; Burton and Stokes 2018, 3). 이는 정보기술을 활용하여 모든 작전역량을 연결함으로써 완전한 작전체계를 형성하려는 목적으로 진행된 것이다(吳宗翰·洪嘉齡 2021, 85). 즉, 중국군은 우주, 사이버 및 전자기 공간에서 우세를 달성하는 것이 실질적인 군사적 우세를 달성하는 데 매우 중요하다고 판단했기 때문에 이와 같은 조직개편을 실행한 것으로 평가되었다. 전략지원부대의 주요 임무는 전장에서 작전을 지원하여 군이 우주, 사이버, 전자기 공간에서 국부적인 우세를 점하여 작전이 순조롭게 진행되도록 보장하는 것이다. 전략지원부대는 합동작전에 중요 역량으로 육·해·공군 및 로켓군의 작전을 통합시키고, 작전의 모든 과정에 관여하는 전쟁 승리의 핵심역량이다(人民網 2016.1.5.). 미 국방대 등 각종 분석 자료를 종합해보면, 전략지원부대의 임무를 전략적 정보지원(Strategic Information Support)과 정보작전(Information Operations)으로 구분할 수 있다(박남태·백승조 2021, 146). 전략적 정보지원이란 우주 자산, 사이버 및 전자전 자산을 활용하여 상대방의 정보를 수집 및 제공하는 것이고, 정보작전은 적의 정보와 정보체계를 공격하여 정보우위를 달성하는 작전을 의미한다. 전시와 평시의 구분

없이 활용 가능하여 군사적 충돌과 비군사적 충돌 간의 틈새를 보완할 수 있다고 분석하고 있다.

하지만 세간의 대대적인 주목을 받으며 등장했던 전략지원부대는 불과 8년여 만인 2024년 4월 19일 돌연 해체되었다.[3] 중국군의 군병종(軍兵種) 구조가 크게 변화되었는데 기존의 육·해·공군, 로켓군, 전략지원부대, 연근보장부대(聯勤保障部隊, Joint Logistics Support Force, 합동군수지원부대) 구조에서 육·해·공군, 로켓군 등 4개 군종과 군사우주부대(軍事航天部隊, Military Aerospace Force), 사이버공간부대, 정보지원부대(信息支援部隊, Information Support Force), 연근보장부대 등 4개 병종 구조로 개편되었다(그림 9.1 참조)(中華人民共和國國防部 2024.4.19.).

2024년 4월 19일 군 구조 개편 이후 사이버 관련 임무는 기존의 전략지원부대 네트워크계통부에서 새로 생긴 사이버공간부대로 이관된 것으로 추정된다(그림 9.2 참조)(Dahm 2024). 다수의 분석에 따르면 전략지원부대는 표면적으로는 과거 여기저기 흩어져 있던 정보, 기술정찰, 전자대항, 사이버 공격 및 방어, 심리전 등을 수행하는 여러 기능조직을 하나로 묶어 일종의 '컨트롤 타워' 역할을 담당하는 조직으로 보였으나, 실제 운영에 있어서 각 기능조직은 기존과 별반 다를 것 없이 운영되어 그 효용성이 매우 낮았다고 평가하고 있다(VOA 2024.5.4.; 星島日報 2024.4.22.; 聯合新聞網 2024.4.22.). 다시 말해 전구급 조직인 전략지원부대는 부대의 급은 높아졌지만 실질적인 운영에 있

---

3   전략지원부대 해체 배경에 대한 중국 정부의 공식적인 발표는 없었다. 다만, 전략지원부대 전(前) 사령원의 부패 스캔들, 군 내부의 권력투쟁, 시진핑의 군 장악에 대한 어려움, 전략지원부대 운영 효용성 문제, 전장환경 변화에 따른 적응, 군사작전 지원시스템의 구조적 문제점 식별 등 다양한 의견이 존재한다.

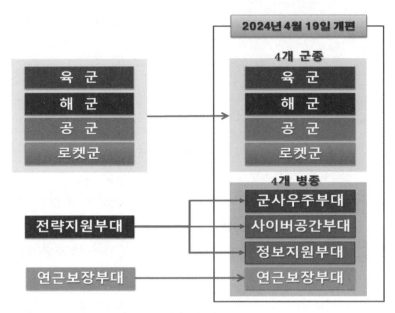

그림 9.1 2024년 4월 19일 군 구조 개편 전후 비교

출처: 중국 국방부 대변인 브리핑과 각종 언론보도 내용을 바탕으로 저자가 제작함.

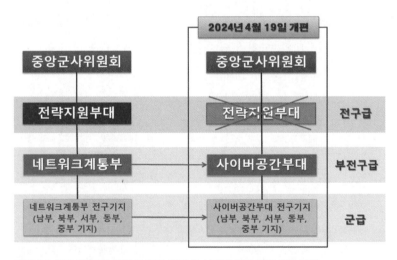

그림 9.2 2024년 4월 19일 군 구조 개편 후 사이버 관련 임무 담당 조직

출처: Dahm(2024)을 참조하여 저자가 제작함.

어서 원활치 못했던 한계가 존재했다는 것이다.

사이버 공간에서의 임무를 담당하게 된 사이버공간부대의 주요 기능은 2017년 중국 국방대학에서 발간한 『전략학(戰略學)』에 제시되어 있는 사이버전 기능을 통해 유추해 볼 수 있을 것이다(肖天亮 2017, 403-405 재인용: 박남태·백승조 2021, 150-151). 첫째, 사이버 정찰은 상대방의 네트워크시스템을 정찰하고 정보를 탈취하는 것으로, 사이버, 전자파, 미디어 등을 주요 정찰수단으로 활용한다. 둘째, 사이버 공격은 정보교란, 정보파괴, 네트워크시스템 침투 등을 통해 상대방의 인터넷망과 호스트 정보를 교란 또는 파괴하는 활동이다. 셋째, 사이버 방어는 상대방의 인터넷 정찰과 공격을 방어하고 자신의 네트워크 설비와 시스템을 보호하는 것으로, 아군의 네트워크시스템의 안정성을 확보하여 상대방의 사이버 공격을 차단하는 것이다. 넷째, 사이버 회복은 사이버 공격을 받은 후 사이버 공간, 통신네트워크, 컴퓨터 시스템 및 관련 프로세서가 안정적으로 운용되도록 하드웨어, 소프트웨어, 데이터가 즉시 백업을 통해 복원하는 것을 의미한다. 즉, 사이버공간부대는 사이버 공간에서 사이버 정찰, 사이버 공격 및 방어, 사이버 회복 등을 지속적으로 수행함으로써 평시에는 사이버 공간에서의 우위를 달성하고자 노력하고, 전시에는 물리적 전력이 실제 작전을 수행하는 데 유리한 여건을 조성하는 데 집중할 것이다. 기존의 네트워크계통부 기술정찰국은 사이버 작전을 수행하는 핵심 부대로 대상국(또는 목표)과 임무는 아래와 같으며 새롭게 개편된 사이버공간부대는 이를 그대로 인수했을 것으로 추정된다(표 9.1 참조).

2024년 4월 군 구조 개혁 전의 전략지원부대는 사이버 작전능력을 확보하기 위해 민간과의 사이버 분야에서의 협력을 강화해 나갔다. 사이버 분야의 특성상 민간과의 협력은 필수적이라 사이버공간부

표 9.1 사이버공간부대(구 전략지원부대 네트워크계통부) 기술정찰국 현황

부서명	통상명칭	위치	주요 임무
제1국	61786	베이징시 하이뎬구(海澱區)	• 암호화, 정보안전
제2국	61398	상하이시 푸둥신구(市浦東新區)	• 미국과 캐나다 정보수집 • 위성사진 처리분석
제3국	61785	베이징시 다싱구(大興區)	• 무선통신 수집 및 관리 • 네크워크 통제
제4국	61419	칭다오시	• 한국과 일본 정보수집
제5국	61565	베이징시 다싱구	• 러시아 정보수집
제6국	61726	우한시 우창구(武昌區)	• 위성, 고공정찰 사진, 전자파, 네트워크 데이터 정보수집
제7국	61580	베이징시 하이뎬구	• 네트워크 공격 • 서부지역(우루무치) 방향 위성 관리
제8국	61046	베이징시 한쟈촨(韓家川)	• 유럽, 중동, 아프리카, 남미 정보수집 • 베이징 서부의 위성통신센터 관리
제9국	미상	베이징시	• 전략정보 분석 • 데이터베이스 관리
제10국	61886	베이징시 하이뎬구	• 중앙아시아, 러시아 정보수집
제11국	61672	베이징시 하이뎬구	• 러시아 정보수집 및 분석
제12국	61486	상하이시 자베이구(閘北區)	• 위성통신 차단 및 신호정보 분석 • 네트워크 공격

출처: 黃鬱文(2022, 27); 朱銕德·李建鵬(2021, 74-76).

대도 전략지원부대가 추진했던 것처럼 민간과의 협력 모멘텀을 지속 유지하려 할 것이다. 2017년 전략지원부대는 첨단기술 고급인재 확 보를 위해 민간대학 및 기업과 "새로운 작전역량 인재양성을 위한 전 략적 협력 기본협정(培養新型作戰力量人才戰略合作框架協議)"을 체결하 였는데, 여기에는 중국과학기술대학(中國科技大學), 상하이교통대학 (上海交通大學), 시안교통대학(西安交通大學), 베이징이공대학(北京理工 大學), 난징대학(南京大學), 하얼빈공업대학(哈爾濱工業大學) 등 6개의 명문대학과 우주과학기술그룹(航天科技集團公司), 우주과학공업그룹

(航天科工集團公司), 전자과학기술그룹(電子科技集團公司) 등 3개의 방산업체가 포함되어 있다(新華網 2017.7.12.). 한편 2017년 12월 26일에는 중앙군민융합발전위원회판공실(中央軍民融合發展委員會辦公室)과 군 관계부서의 지도하에 민간 인터넷보안업체인 '치후360(奇虎360, 三六零安全科技股份有限公司)'가 이끄는 "사이버 공간 안보 군민융합혁신센터(網絡空間安全軍民融合創新中心)"를 만들었다. 사이버 공간 안보 군민융합혁신센터는 사이버 분야 국방안보 싱크탱크로서의 역할과 기술 개발 서비스를 제공할 것으로 알려졌다(그림 9.3 참조)(每日頭條 2017.12.17.). 사이버전에서의 전장은 전시와 평시 구분이 없고, 작전 수행 인원이 군인인지 민간인인지도 알기 어렵다. 이러한 특징들은 중국군이 사이버 분야와 관련하여 민간과의 협력을 한층 더 강화하려는 강한 동인으로 작용하고 있다.

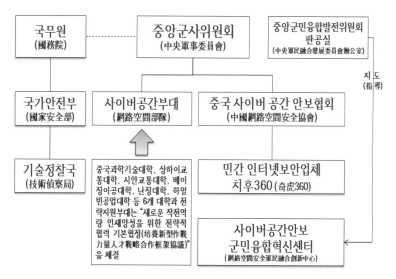

그림 9.3 중국의 사이버 공격 조직도

출처: 王淸安(2018, 122)의 내용 중 전략지원부대를 삭제, 전략지원부대 사이버공간작전부대를 사이비공긴부대도 대체, 중앙군사위원회와 국무원과의 관계도를 수징하어 재제작하였음.

IV. 미래 안보에의 함의

전 세계적으로 사이버 공간에서의 안보 이슈는 더 이상 새로운 것이 아닌 '항상 존재하는 문제'로 인식되고 있다. 수많은 국가들이 국가 차원에서 사이버 안보와 관련한 다양한 법과 전략, 그리고 정책 등을 수립하여 시행하고 있다. 중국도 이러한 세계적인 흐름에 따라 국가 차원에서 다양한 대응방안을 마련하고 있다. 군사적인 차원에서도 중국은 이러한 현실에 보다 조직적이고 체계적으로 대응하기 위한 전담부대인 사이버공간부대(구 전략지원부대 네트워크계통부)를 만들었고, 관련 분야의 인력풀을 확보하여 빠르게 발전하고 변화하는 기술을 따라가기 위해 민간과의 협력을 크게 강화하고 있다.

한 가지 주목해야 할 점은 중국이 사이버 공간을 국가주권 차원으로 격상시켜 다루고 있다는 것이다. 중국이 국가주권 차원에서 사이버 공간을 다루게 된다는 것은 앞으로 중국군에 대한 사이버 공간에서의 역할과 요구도 차원이 달라질 것이라는 의미이다. 이는 중국에서 '국가주권'은 핵심이익[4] 중 가장 먼저 나열될 만큼 중요한 사안이기 때문이다(中國關鍵詞 2017.6.20.). 다시 말해, 국가주권 문제인 사이버 공간에서의 이슈들에 대해 중국군은 가용한 모든 역량과 수단을 동원하여 해결하고자 할 것이다.

특히, 미·중 전략경쟁이 치열하게 진행되고 역내 국가 간 관계가 복잡하게 변화하고 있는 현 정세를 볼 때, 전·평시 구분이 힘든 사이버 공간에서의 활동의 중요성은 두말할 필요도 없을 것이다. 이에 한

---

4   『중국의 평화발전(中國的和平發展)』 백서에 따르면, 중국의 핵심이익은 ① 국가주권, ② 국가안보, ③ 영토완정, ④ 국가통일, ⑤ 중국 헌법에 의해 확립된 국가 정치제도 및 전반적인 사회안정, ⑥ 경제 및 사회의 지속 가능한 발전의 기본보장 등이다.

국 정부는 사이버 공간에서의 중국의 움직임과 사이버 능력 강화를 위한 중국군의 동향을 지속적으로 모니터링해야 한다. 이 외에도 한국 정부는 동맹 및 우방국들과 사이버 분야에서의 협력을 강화해야 한다. 또한, 우리 군의 사이버 안보 체계 정립과 사이버 공간에서의 능력 강화 특히 사이버 전사(인재) 양성을 위한 국가와 군 차원의 지속적인 관심과 전폭적인 투자 및 지원이 필요하다.

참고문헌

박남태·백승조. 2021. "중국군 전략지원부대의 사이버전 능력이 한국에 주는 안보적 함의." 『국방정책연구』 37(1): 139-163.

방준영·양정학. 2018. "중·일 국방개혁 현황과 한국에의 함의." 『전략연구』 25(2): 89-131.

양정학. 2022. "III. 주변국 군사력 증강 현황과 전망 2.중국." 장철운 외. 『포스트-코로나 시대 동북아 군비경쟁과 한반도 안보 협력』. 서울: 통일연구원.

Burton, Rachael and Mark Stokes. 2018. *The People's Liberation Army Strategic Support Force Leadership and Structure*. Virginia: Project 2049 Institute.

Costello, John and Joe McReynolds. 2018. *China's Strategic Support Force: A Force for a New Era*. Washington: National Defense University Press.

Dahm, J. Michael. 2024. "A Disturbance in the Force: The Reorganization of People's Liberation Army Command and Elimination of China's Strategic Support Force." https://jamestown.org/program/a-disturbance-in-the-force-the-reorganization-of-peoples-liberation-army-command-and-elimination-of-chinas-strategic-support-force/ (검색일: 2024. 4. 27.).

屈怡. 2019. "優化力量結構!從國慶70周年閱兵談戰略支援部隊." 『坦克裝甲車輛』 第11期.

楊根源. 2001. 『戰役信息作戰指揮研究』. 北京: 國防大學出版社.

鳴宗翰·洪嘉齡. 2021. "戰略支援部隊的網路戰能量." 蘇紫雲·洪瑞閔主編. 『2021國防科技趨勢評估報告 - 中共新世代軍事科技評估』.

王聖飛·劉明崢. 2016. "網路國防與網路意識形態鬥爭話語權." 『今傳媒』 第3期.

王清安. 2018. "中共網路戰攻擊手段與能力之研析." 『陸軍學術雙月刊』 第伍十四卷 第562期.

朱鋕德·李建鵬. 2021. "中共戰略支援部隊功能發展與對我資訊戰影響之研究." 『陸軍學術雙月刊』 第伍十七卷 第580期.

肖天亮. 2017. 『戰略學』. 北京: 國防大學出版社.

黃鬱文. 2022. "中共軍事作戰支援能力:戰略支援部隊." 『國防情勢特刊』 第22期.

BBC NEWS 中文. 2011. "大家談中國:互聯網是上帝送給中國人最好的禮物."(4.21.) https://www.bbc.com/zhongwen/simp/comments_on_china/2011/04/110421_coc_internet (검색일: 2023. 9. 5.).

VOA. 2024. "从战略支援部队到信息支援部队 习近平的决定令人费解."(5.4.) https://www.voachinese.com/a/7595659.html (검색일: 2024. 5. 5.).

199IT. 2023. "We Are Social: 2023年全球数字报告."(4.14.) https://www.199it.com/archives/1579981.html#google_vignette (검색일: 2024. 3. 27.).

界面新聞. 2017. "《網絡安全法》十大要點解讀."(6.9.) https://www.jiemian.com/article/1367047.html (검색일: 2023. 9. 5.).

共產黨員網 "總體國家安全觀." https://www.12371.cn/special/xxzd/hxnr/aqg/ (검색일: 2023. 7. 1.).

聯合新聞網. 2024. "共軍信息支援部隊成軍 掌握台海電子戰場."(4.22.) https://udn.com/news/story/11596/7912326 (검색일: 2024. 5. 5.).

每日頭條. 2017. "我國'網絡空間安全軍民融合創新中心'成立." (12.27.) https://kknews.cc/tech/4eykenx.html (검색일: 2023. 9. 5.).

星島日報. 2024. "中國觀察:戰略支援部隊因何被拆?" (4.22.) https://www.singtaousa.com/2024-04-22/%e4%b8%ad%e5%9c%8b%e8%a7%80%e5%af%9f%ef%bc%9a%e6%88%b0%e7%95%a5%e6%94%af%e6%8f%b4%e9%83%a8%e9%9a%8a%e5%9b%a0%e4%bd%95%e8%a2%ab%e6%8b%86%ef%bc%9f/4833633#google_vignette (검색일: 2024. 5. 5.).

新華網. 2017. "戰略支援部隊與地方9個單位合作培養新型作戰力量高端人才." (7.12.) http://www.xinhuanet.com//politics/2017-07/12/c_1121308932.htm (검색일: 2023. 9. 5.).

_____. 2024. "我國網民規模達10.92億人　互聯網普及率達77.5%." (3.25.) http://big5.news.cn/gate/big5/www.xinhuanet.com/20240325/a4a792347c274b2ba86a60d9e9e7ba1c/c.html (검색일: 2024. 3. 27.).

人民網. 2016. "《國家網絡空間安全戰略》全文." (12.27.) http://politics.people.com.cn/n1/2016/1227/c1001-28980829.html (검색일: 2023. 9. 5.).

_____. 2016. "專家:戰略支援部隊將貫穿作戰全過程 是致勝關鍵." (1.5.) http://military.people.com.cn/n1/2016/0105/c1011-28011251.html (검색일: 2023. 9. 5.).

_____. 2019. "解放軍有網絡戰部隊?國防部:毫無事實根據,純屬捏造." (11.29.) http://military.people.com.cn/n1/2019/1129/c1011-31481479.html (검색일: 2023. 9. 5.).

中國關鍵詞. 2017. "維護國家核心利益." (6.20.) http://guoqing.china.com.cn/keywords/2017-06/20/content_41063212.htm (검색일: 2023. 9. 5.).

中國日報. 2016. "解讀國家網絡空間安全戰略規劃中的挑戰與任務." (12.29.) https://china.chinadaily.com.cn/2016-12/29/content_27814398.htm (검색일: 2023. 9. 5.).

中華人民共和國國務院新聞辦公室. 2011. 『2010年中國的國防』 (2011). http://www.scio.gov.cn/zfbps/ndhf/2011/202207/t20220704_130059.html (검색일: 2023. 9. 5.).

_____. 2011. 『中国的和平发展』 (2011). https://www.gov.cn/zhengce/2011-09/06/content_2615782.htm (검색일: 2024. 6. 6.).

_____. 2019. 『新時代的中國國防』 (2019). http://www.scio.gov.cn/zfbps/ndhf/2019n/202207/t20220704_130617.html (검색일: 2023. 9. 5.).

中華人民共和國國防部. 2024. "國防部擧行信息支援部隊成立專題新聞發布會" (4.19.) http://www.mod.gov.cn/gfbw/xwfyr/ztjzh/16302133.html (검색일: 2024. 4. 19.).

中華人民共和國中央人民政府. 2013. "《中國武裝力量的多樣化運用》白皮書(全文)." (4.16.) http://big5.www.gov.cn/gate/big5/www.gov.cn/jrzg/2013-04/16/content_2379013.htm (검색일: 2023. 9. 5.).

_____. 2016. "《國家網絡空間安全戰略》發布 提出捍衛網絡空間主權." (12.28.) https://www.gov.cn/xinwen/2016-12/28/content_5153643.htm (검색일: 2023. 9. 5.).

_____. 2016. "揭秘我軍首支戰略支援部隊." (1.24.) https://www.gov.cn/xinwen/2016-01/24/content_5035622.htm (검색일: 2023. 9. 5.).

_____. 2016. "中華人民共和國網絡安全法." (11.7.) https://www.gov.cn/xinwen/2016-11/07/content_5129723.htm (검색일: 2023. 9. 5.).

제10장

중국의 사이버 안보 외교: 중국은 어떻게 사이버 공간 운명공동체를 만들어 가고 있는가?

차정미 국회미래연구원 국제전략연구센터장

* 본 글은 『사이버안보연구』 1집 2호(2024 가을)에 게재된 저자의 논문을 토대로 함.

I. 서론: 사이버 안보 외교와 사이버 공간 운명공동체

2024년 5월 중국 중앙사이버 안보정보화위원회 판공실(中央网络安全和信息化委员会办公室)과 중앙방송총국이 함께 제작한 정치다큐멘터리 〈인터넷 강국으로의 도약(阔步迈向网络强国)〉이 CCTV 황금시간대에 3일간 방영되었다. 총 5편으로 제작된 이 다큐의 마지막편인 제5편은 〈사이버 공간 운명공동체 공동 구축〉이었다. 시진핑의 사이버 공간 운명공동체 구축 이념을 소개하고, 중국의 지혜와 해결책을 제공하는 대국으로서의 책임을 보여줄 것임을 강조하였다(网信中国继续滑动看下一个轻触阅读原文 2024.5.16.). 사이버 공간이 안보와 경제 등 모든 측면에서 강대국 경쟁의 핵심 공간으로 부상하면서, 중국이 중국방안을 통해 구축하고자 하는 글로벌 거버넌스, 글로벌 리더십의 비전인 인류운명공동체 담론이 사이버 공간으로 확대되고 있다.

중국은 세계일류 인터넷 강국을 목표로, 발전과 안보 이익의 동시 추구라는 틀 하에서 사이버 안보 외교를 적극 전개해 가고 있다. 중국은 사이버 안보 외교를 통해 협력국가의 확대와 우호적인 대외 환경 구축, 중국 주도 혹은 적어도 중국에 유리한 글로벌 사이버 안보 거버넌스를 구축하는 한편 디지털 경제시대 중국 기술과 산업의 경쟁력, 영향력을 제고하고자 하고 있다. 디지털 기술의 발전과 함께 사이버 안보는 점점 더 중요한 국가안보 의제가 되었고, 강대국 경쟁과 지정학 위기 속에서 사이버 공간은 점점 더 진영화되어 가고 있다. 사이버 안보는 국가 간 전략 협력, 안보 협력의 핵심의제로 부상하였다. 한편, 사이버 안보는 컨설팅, 상품, 서비스 및 솔루션을 포함하는 거대한 산업으로, 지속 성장추세에 있다. 글로벌 사이버 안보 시장은 연평균 성장률 10.5%로 2025년까지 2,480억 달러에 이를 것으로 예상된다

(财闻网 2023.8.7.). 글로벌 사이버 안보 교육 및 테스트 플랫폼의 매출은 2022년 약 1억 5,330만 달러, 2029년에는 3억 800만 달러에 이를 것으로 예상된다(环洋调研中心 2023.4.27.). 사이버 안보 외교는 이러한 사이버 보안 시장 점유는 물론 데이터의 확보로 인한 기술우위의 추구라는 점에서 디지털 경쟁의 핵심 요소가 되고 있다. 이렇듯 사이버 안보 외교는 한편으로는 영향력 확대와 안보 이익 추구, 그리고 미래 디지털 경제 주도라는 발전이익 추구 차원에서 중국의 인터넷 강국화, 중화민족의 위대한 부흥을 위한 발전과 안보의 통합이라는 전략적 과제를 수행하는 데 주요한 축이 되고 있다.

이렇듯 사이버 안보가 미중 간 글로벌 영향력 경쟁, 우호그룹 확대와 결집, 미래 경제네트워크 주도를 위한 주요 공간이면서 외교적 수단으로 부상하는 가운데 중국 사이버 안보를 외교적 관점에서 분석한 연구는 취약한 실정이다. 이에 본 연구는 어떻게 미중 경쟁하에서 중국이 사이버 안보 외교를 글로벌 영향력 확대와 서구에 대항하는 우호그룹 구축의 중요 수단으로 적극 활용하고 있는지를 분석한다.

중국은 안보와 발전의 이중 목표하에 개발도상국, 비서구국들과의 전략적 연대, 물리적 결합을 추구하면서 사이버 공간 운명공동체 구축을 목표로 하고 있다. 본 연구는 중국의 사이버 안보 외교를 '안보/가치규범외교'와 '인프라/기술외교'의 두 축으로 분석하고, 사이버 안보 운명공동체라는 중국 주도의 사이버 안보 거버넌스, 사이버 안보 블록 구축을 위한 중국의 사이버 안보 가치규범 외교와 사이버 안보 인프라 기술외교를 분석한다. 중국이 이를 통해 중국 주도 혹은 중국에 우호적인 글로벌 사이버 안보 거버넌스를 구축하는 것은 물론 중국의 사이버 안보 시장과 파트너의 확대, 이를 통한 중국의 네트워크 지배력, 디지털 경제 지배력을 제고하는 안보와 발전의 동시 추구

전략을 추구하고 있음을 보여준다. 결론에서 이러한 안보와 발전의 이중목적을 가진 중국의 전방위적, 전면적 사이버 안보 외교가 비서구 사이버 안보 블록 형성의 주요한 토대가 될 것으로 전망하고, 중국 주도의 비서구 사이버 안보 운명공동체 구축이 갖는 국제정치적 함의를 제시한다.

II. 미중 전략경쟁과 중국의 사이버 안보 외교

1. 미중 전략경쟁과 중국의 사이버 공간 안보화

사이버 공간의 안보화에 있어 중국은 중국특색의 인식과 방향을 설정하고 있다. 국내적으로는 사이버 공간의 사상의식 수호, 즉 사회주의 가치와 공산당 영도 체제의 수호이고, 대외적으로는 서구의 대중국 비판과 압박에 대응하여 사이버 안보 협력망을 강화하고 중국에 우호적인 대외환경을 구축하면서 발전이익과 안보이익을 수호하는 것이다. 이러한 사이버 공간의 의식 수호와 우호적 대외관계 구축은 적극적 사이버 안보 외교의 주요한 배경이 되고 있다. 체제 안보와 중화민족의 위대한 부흥이라는 목표를 위해 사이버 공간의 가장 큰 위협은 체제에 대한 위협과 발전의 지체이고, 이러한 체제 위협과 발전 지체의 핵심 동력은 미국이 주도하는 사이버 안보 동맹 확대와 서구의 대중국 견제라고 할 수 있다.

중국 사이버 안보의 핵심 목표가 체제 안보라는 점에서 중국은 가치사상의 오염, 중국 방식에 대한 서구의 비판을 주요위협으로 인식한다. 따라서 사이버 안보의 가장 중요한 한 축은 의식 형태, 가치사상의 수호이다. 웨이샤오원(魏曉文)과 장처(張策)는 '무엇을 통치할 것인가', 즉 사이버 안보 거버넌스의 중점 과제에 대해 '사이버 의식형태 안보(网络意识形态安全)'를 최우선으로 강조하고 있다. 기술발달에 따라 정보전달 주체가 다양화되고 모든 정보수신자가 정보소스, 정보발행자 역할을 하면서 인터넷 기업들은 빅데이터, 클라우드컴퓨팅, 인공지능 등 신기술을 통해 여론생태에 영향을 미칠 수 있는 능력을 갖게 되었다. 전통 미디어의 쇠퇴로 주류 이념의 리더십과 전파력에 새로운 도전을 가져왔다는 것이다. 인터넷의 가상성과 익명성이 잘못된 이념의 온상이 되고 미국을 비롯한 서방 국가들이 인터넷을 이용해 중국에 대한 이데올로기 침투를 늘리고 부르주아 가치를 확산시키고 있어 역사적 허무주의, 자유주의 등 잘못된 사상조류와 각종 유언비어가 사이버 공간에 퍼져 정상적인 온라인 여론 생태계를 파괴하고 사회 안정을 위협하고 있다고 강조하였다. 이러한 의식과 사상의 위협 속에서 당과 국가의 미래 운명은 사상통치의 실효성과 밀접하게 연관되어 있다고 강조하고 있다(魏曉文·張策 2022, 14-15). 중국 사이버 안보의 핵심목표는 이러한 사상의식 안보, 보위 전쟁에서 반드시 승리하는 것이고 공산당 중앙이 사이버 안보 전쟁의 영도적 핵심지위를 부여받고 있다. 시진핑 또한 사이버 안보 거버넌스의 다양한 주체 중에서 공산당이 영도의 핵심이고 인민이 주요 세력임을 강조한 바있다(魏曉文·張策 2022, 14).

이러한 인식하에 중국은 미국과 유럽 등 서구 국가들이 중국을 디지털 권위주의로 규정하고 사이버 안보 동맹을 확대 강화하는 것을 주요 위협으로 인식한다. 중국은 미국과 유럽이 사이버 안보 동맹, 인공지능 동맹 등 유사입장국 간 소다자 협의체를 신설하고 확대하면서 기술적 독점과 사이버 패권을 추구하고, 사이버 공간의 국제질서를 진영화시키고 있다고 비판한다(张力 2024). 2023년 11월 세계인터넷대회 정상회의에서 시진핑은 사이버 공간 인류운명공동체 발전이 '새로운 단계'에 있다고 언급하였는데 그 새로운 단계의 핵심 배경은 지정학 경쟁이 사이버 공간으로 확대되고 있는 것이라고 할 수 있다. 사이버 공간과 디지털 기술 분야가 지정학 경쟁의 새로운 장으로 부상하면서 미국이 패권을 공고히 하기 위해 사이버 정책과 이념을 연계시키고 군사화를 적극 추진하고 있다고 비판했다. 동맹국의 사이버 전력과 자원을 활용하여 미국의 군사력을 전 세계에 투사하면서 사이버 공간 안정을 해치고 있다는 것이다. 또한, 강대국 간 지정학 경쟁으로 사이버 공간의 분열과 파편화가 심화되고 있으며, 인공지능 반도체 등 핵심 디지털 기술 산업 재배치와 리쇼어링을 유도하고 동맹국 협력을 통해 표준 설정과 유사입장국 서클을 형성하고 다른 국가들을 배제하고 고립시키려고 한다고 비판했다(人民论坛网 2024.5.16.).

중국의 사이버 안보 외교는 미국의 사이버 패권주의, 서방의 '중국 위협론' 확산 등에 대응하고 서방의 사이버 안보 담론에 대한 적극적 문제제기와 중국 주도 혹은 중국 우호 사이버 안보 질서 구축을 목표로 하고 있다. 또한, 비서구 국가들과의 디지털 인프라, 플랫폼 연계를 통해 중국 주도의 사이버 안보 인프라를 구축하고 이를 통한 발전의 이익을 추구한다. 최근 중국은 미국 등 서구의 중국 사이버 안보 위협론을 반박하고, 개발도상국, 비서구 국가들을 대상으로 한 양자 다자외교, 디지털 인프라 연결 등 사이버 안보 협력망 구축을 위한 적극적 사이버 안보 외교를 전개해 가고 있다.

2. 사이버 공간 안보화 경쟁과 중국의 '서구 위협론': "누가 위협인가"의 담론 경쟁

미중 경쟁하에서 미국 등 서구 국가들이 중국을 사이버 안보 위협으로 규정하고 사이버 안보 동맹과 협력을 확대해 가는 환경 속에서, 중국은 이러한 서구의 중국 사이버 안보 위협론에 대응해 적극적으로 미국 등 서구의 사이버 공격 위험을 부각시키고 이를 적극 선전하고 있다. 중국은 체제 수호와 경제발전의 지속에 유리한 글로벌 사이버 안보 환경을 구축하기 위해 중국 위협론을 불식시키고 미국의 사이버 공격과 침투, 패권주의를 위협으로 부각시키고 있다.

미 국방부가 2023년 9월 발표한 '사이버 전략'에서 중국을 악의적인 사이버 행위자로 규정하는 등 중국 위협론을 확대해 가는 것에 대해, 중국은 미국이 중국의 기술 발전을 이념 및 정치 체제와 직접적으로 연결하여 중국의 사회 정치 체제를 공격하고 약화시키려는 것이라고 비판하고 있다(环球时报 2023.9.14). 중국은 미국이 오히려 전 세계 사이버 공격의 주도자라고 비판하고, 미국이 동맹국과 파트너에 대해 무분별한 네트워크 공격을 하는 핵심 위협으로 비판하고, "파이브 아이즈(Five Eyes)" 등을 미국을 핵심으로 하는 글로벌 간첩 네트워크라고 비판하고 있다(李嘉宝 2022). 중국 국가컴퓨터바이러스긴급대응센터와 치후360은 서북이공대학 사이버 공격 사건에 연루된 스파이웨어 기술 분석 결과 해당 소프트웨어가 미국국가안보국(NSA)에서 개발된 것이고, 이 사이버 스파이 작전 배후에 있는 미국국가안보국 직원의 정체를 확인했다고 밝혔다. 2020년 중국이 캡처한 4,200만 개 이상의 컴퓨터 악성 프로그램 중 미국이 해외 악성 프로그램 출처의 53.1%를 차지했다고 비판했다(中国日报网 2023.9.16.).

중국은 또한 미국의 사이버 활동 분석 보고를 통해 사이버 공간에서 '미국 위협론'을 적극 선전하고 있다. 치후360(360公司)은 몇 년간 미국 APT 조직과 그 활동을 계속 추적해 왔으며 미국 최고의 APT 조직이 전 세계 정부 기관, 중요 조직 및 정보 인프라를 대상으로 복잡하고 정교하며 지속적인 APT 공격을 수행했다는 사실을 발견했다고 밝혔다. 치후 360은 2024년 2월 '미국 관련 APT 분석보고(美相关 APT组织分析报告)'를 발표하고, 미국 APT 조직의 구조, 공격 무기, 구현 프로세스 등을 확인했다고 밝히며 미국의 무차별적인 사이버 공격은 전 세계에 지속적 안보우려를 초래하고 있다고 강조했다(北晚在线 2024.2.7.). 치후 360의 보고서는 미국 해커조직 사우론(Sauron), 국가정보국(CIA), 국가안보국(NSA)이 배후인 APT 공격이 중국, 러시아, 이란, 스웨덴, 벨기에, 르완다 등을 포함한 30개 이상을 공격해 과학기술연구, 국방부, 정부부처 등 다양한 기관을 공격했다고 밝혔다. CIA는 간첩활동과 비밀활동을 계속하며 색깔혁명을 비밀리에 수행하고, 미국국가안보국은 중국 기업, 정부, 대학, 과학연구기관 등 많은 양의 데이터를 훔쳐 잠재적 위협이 매우 크다고 밝히고 있다(北晚在线 2024.2.7.). 치후 360은 또한 미국사이버안보위협역량분석보고(美网络安全威胁能力分析报告)를 발표하여, 7가지 유형의 미국의 사이버 안보 위협을 적시하고 사이버 패권을 비판했다(京报网 2024.2.27.).

중국 외교부 왕원빈(汪文斌) 대변인은 기자간담회에서 치후 360의 두 보고서에 주목하고 있다고 말하고, 미국 정부가 어떻게 헤게모니적이고 독점적인 지위를 이용해 사이버 공간에서 무모하게 행동하는지, 사이버 공간의 국제 규칙과 질서를 훼손하고, 사이버 공간의 평화와 안전을 위협하며, 중국을 포함한 모든 국가의 안전과 발전 이익에 해를 끼치는지를 보여주는 것이라고 비판했다. 왕원빈은 미국은 사이버 공격을 위해 첨단무기를 개발, 확산시켜 세계의 중요한 인프라를 큰 위험에 빠뜨리고 있다고 비판하면서 미국은 사이버 공간 위험 문제에서 '모든 악의 근원(万恶之源)'이라고 할 수 있으며, 어느 나라도 미국의 사이버 공격 위협으로부터 안전할 수 없다고 강조했다 (中工网 2024.2.8.). 이렇듯 중국은 미국을 글로벌 사이버 안보의 핵심 위협으로 규정하면서 서구의 안보화 담론에 적극 대응하고 있다.

3. 사이버 공간 운명공동체 구축과 중국 사이버 안보 외교의 특징: 안보와 발전의 통합

2023년 7월 시진핑은 사이버 안보와 정보화 공작회의에서 "중국이 글로벌 인터넷 공간에서 발언권과 영향력이 증대하고 있고, 인터넷 강국 건설이 점점 더 새로운 단계에 진입하고 있다"고 강조하고 "사이버 공간 운명공동체 건설을 견지하여 사회주의 현대화 강국, 중화민족의 위대한 부흥에 기여해야 한다"고 강조하였다(金台资讯 2023.7.28.). 사이버 공간 운명공동체(网络空间命运共同体)는 2015년 제2차 세계인터넷대회에서 시진핑이 최초로 제기한 이념으로 사이버 공간은 인류공동의 활동공간이고 사이버 공간의 미래는 세계 각국이 함께 만들어 간다는 것이다(林明惠 2022). '사이버 공간 인류운명공동체' 이념은 중국이 책임 있는 사이버 강국으로서의 모습을 보여주고, 사이버 주권 원칙하에 국제사회에서 광범위한 다층 사이버 공간 협력을 전개하는 주요한 담론이 되고 있다(金台资讯 2023.7.28.). 중국은 사이버 공간 운명공동체 건설이 중국 인터넷 강국 건설의 주요한 구성부분이면서 전체 '인류운명공동체 건설'의 중요한 구성요소라고 강조하고 있다.

중국 사이버 공간 운명공동체는 발전과 안보를 양대 축으로 하고 있다. 2022년 11월 발간한 '사이버공간운명공동체구축(携手构建网络空间命运共同体)' 백서에서 중국은 사이버 공간이 시진핑의 인류운명공동체의 중요한 부분이라고 강조하고, 발전과 안보를 공히 건설해야 한다고 강조하였다. 본 백서는 사이버 발전공동체, 사이버 안보 공동체(安全共同体) 건설을 주요한 과제로 제시하고 있다(中央网络安全和信息化委员会办公室 2022.11.7.). 중국의 사이버 안보 운명공동체는 외교적 이익과 경제적 이익을 동시에 추구하는 전략적 접근으로, 사이버 안보는 한편으로 글로벌 거버넌스, 규범 주도를 위한 외교수단으로 활용되면서, 또 한편으로는 사이버 안보 네트워크 인프라의 연결을 주도하면서 중국 기업의 시장과 이익을 극대화하는 상업외교의 주요한 수단이기도 한다.

2023년 11월 시진핑의 세계인터넷대회 정상회의 개막식 연설은 이러한 '발전'과 '안보' 이중목적의 사이버 안보 외교의 특징을 더욱 분명히 보여준다. 사이버 공간 운명공동체 구축을 위한 새로운 단계의 추진으로 제시된 '3대 구상(三大倡导)'은 첫째, 발전을 우선시하여 공동번영의 사이버 공간을 창출하는 것이고, 둘째, 안전 공유로 평화안전의 사이버 공간 창출, 셋째, 문명 간 상호이해 촉진으로 평등하고 포용적 사이버 공간을 창출하는 것이다(人民论坛网 2024.5.16.).

중국 시진핑 시대 안보관은 발전과 안보의 통합이다. 2016년 12월 정치국회의는 〈국가안전공작 강화 의견(关于加强国家安全工作的意见)〉을 발표하고 국내와 대외의 통합, 발전과 안전의 병행하는 중국특색의 국가안보의 길을 강조하였다(姫文波 2018, 39). 중국의 사이버 공간 운명공동체론과 사이버 안보 외교 또한 발전과 안보의 이중목적 추구를 위한 가치규범 공유와 기술, 산업망 연결의 양대 축으로 추진되고 있다. 사이버 공간의 미중 경쟁 심화와 함께 중국은 미국 위협론과 패권주의적 행위를 적극 부각시키면서 한편으로 미국과 다른 반패권, 평화와 공동번영 등을 내세운 중국 주도의 사이버 안보 협력과 글로벌 거버넌스 창출의 의지를 피력하고 있다. 시진핑 시대 중국은 또한 인터넷 대국에서 인터넷 강국으로의 목표를 명확히 하면서 자국의 인터넷 역량뿐만 아니라 적극적으로 네트워크 인프라와 플랫폼을 연결하고 있다.

미중 경쟁하에서 중국 사이버 안보 외교의 핵심은 반서구, 비서구 진영의 그룹화와 우호화이다. 러시아, 이란 등 양자협력은 물론 상하이협력기구, 브릭스 등 비서구 다자체제를 통해 중국 주도의, 비서구 기반의 사이버 안보 협력 틀을 확대해 가고 있다. 중국과 러시아의 사이버 분야 협력과 관련하여 양국 간 가장 중요한 합의의 포인트는 글로벌 패권과 잠재적으로 체제 전복의 의도를 가진 미국 주도의 패권 질서, 서구 주도 '자유주의 질서'에 대한 불신이다(Broeders, Adamson and Creemers 2019, 2). 이러한 인식하에 중국 주도의 사이버 안보 규범 공유의 '유사입장그룹' 구축 외교를 강화하고 있다. 한편, 서구의 대중국 기술통제, 사이버 안보 공세 속에서 중국은 네트워크 인프라와 데이터센터 등 구축을 통해 기술적, 산업적 연결로 중국 주도의 사이버 안보 공동체를 위한 물리적 결속을 강화하고 있다. 중국 사이버 안보 기술, 네트워크, 인재에 의존하는 지역 및 국가들을 확대하는 사이버 안보 외교가 사이버 공간에서 중국의 대서구 취약성과 의존성을 완화하는 중요한 수단이 되고 있다.

III. 중국의 사이버 안보 가치규범 외교: 사이버 공간의 전략적 연대

1. 중국 주도의 사이버 안보 규범과 글로벌 거버넌스

중국은 중국 주도의 다양한 양자, 소다자, 다자체제를 통해 사이버 안보 가치규범과 사이버 안보 글로벌 거버넌스를 주도하기 위한 사이버 안보 외교를 적극 추진해 가고 있다. 중국 '사이버공간운명공동체구축(携手构建网络空间命运共同体)' 백서는 사이버 공간의 발전과 안보, 책임과 이익 건설을 강조하고, 사이버 안보에 대한 협력을 심화하고 사이버 공간 거버넌스에 적극 참여할 것이라고 밝히고 있다(中央网络安全和信息化委员会办公室 2022.11.7.). 본 백서는 사이버 안보 협력 심화, 사이버 공간 거버넌스 적극 참여, 포괄적 글로벌 발전 촉진을 중요한 축으로 제시하고 있다.

이러한 사이버 안보 외교의 핵심은 중국식 방식, 중국 솔루션에 기반한 사이버 안보 공동체를 구축하는 것이다. 왕(Wang)은 중국의 디지털 일대일로가 디지털 분야에 대한 중국의 내러티브와 브랜딩을 구축하는 통로로 활용된다고 강조하고, 디지털 인프라 수출 차원을 넘어 글로벌 사이버 거버넌스에 대한 '중국솔루션'을 제공하는 규범적 요소가 강하다고 강조한다. 모든 국가가 자신의 인터넷 발전 경로와 거버넌스 모델을 선택할 권리가 있다고 강조하면서 서구의 침투와 서구의 간섭, 비판에 대항하는 '사이버 주권'이 그 핵심 요소가 되고 있다(Zheng 2024). 중국은 사이버 공간 운명공동체의 기본원칙으로 사이버 주권 존중을 최우선으로 내세우고 있으며, 이는 개발도상국 비서구 국가들과의 사이버 안보협력의 주요한 담론이 되고 있다. 중국은 사이버 공간은 모든 주권 국가에 속하는 것으로, 세계 각국이 단결하여 사이버 공간에서 운명공동체를 구축하고 현재의 불공정한 사이버 공간의 패턴을 변화시키고 정의로운 국제 인터넷 환경을 공동으로 구축해야 한다고 강조하고 있다(中国日报网 2023.9.16.).

중국은 분열주의와 극단주의에 대한 공동 대응을 사이버 안보의 주요한 의제로 제시하면서 글로벌 협력을 주도해 가고 있다. 중국 사이버 공간 운명공동체 구축 백서는 사이버 테러(网络恐怖主义)를 핵심 어젠다로 개발도상국과의 협력을 강조하고 있다. 인터넷의 대중화로 인해 사이버 테러가 점차 국가안보를 위협하는 새로운 문제로 부상하고 있다고 강조한다(汪晓风 2016, 117). 테러리스트들은 인터넷을 사용하여 극단주의 사상을 퍼뜨리고 자금을 모으고 테러 조직의 구성원을 모집하는 등 인터넷을 중심으로 테러활동을 전개하는 사이버 테러리즘이 강화되고 있다는 것이다. 중국은 이러한 사이버 테러가 중국의 '일대일로' 구상에도 영향을 미칠 수 있다고 강조하고, 사이버 안보 운명공동체 수립에 있어 세계 다수 국가들이 직면하고 있는 사이버 테러의 의제를 중심으로 연대와 협력의 네트워크를 강화해 가고 있다(王道转 2018, 87). 일대일로 사이버 안보 협력은 일대일로 국가들의 안보뿐만 아니라 중국의 통합과 안정의 차원에서 주요한 과제가 되고 있다.

2. 중국의 비서구, 글로벌 남반구 협력을 위한 사이버 안보 외교

중국의 사이버 안보 외교는 미국, 서구의 사이버 공간 안보화에 대응하면서, 중국의 인식과 솔루션을 글로벌화하고 이를 기반으로 중국에 우호적인 사이버 안보 거버넌스를 구축하는 데 목표를 두고 있다. 러시아, 이란 등과의 양자협력은 물론 아프리카 등 비서구 지역, 그리고 글로벌 남반구 국가들과의 사이버 안보 협력을 강화하는 것은 서구의 일방주의에 대항하는 '우리(us)'를 만들고, 중국의 입장에 우호적인 "유사입장국(likeminded)"을 그룹화하면서 중화민족의 위대한 부흥이라는 목표를 실현해 가는 데 주요한 외교적 수단이 되고 있다.

중러 협력은 비서구, 반서구 사이버 안보 양자 외교의 핵심 축이라고 할 수 있다. 양국은 2015년 〈중러국제사이버안보분야협력협정(中华人民共和国政府和俄罗斯联邦政府关于在保障国际信息安全领域合作协定)〉을 체결하고, 국가주권 원칙이 사이버 공간에 적용되어야 한다는 데 인식을 같이하고, 해커공격에 공동 대응할 것에 합의했다. 같은 해 10월 중러 양국은 상하이협력기구 차원에서 '샤먼 2015(厦门—2015)' 사이버 테러 대응 훈련을 실시했다(高望来 2017, 70-71). 중러 양국은 2022년 2월 정상회담 공동성명에서 유엔 등 국제기구의 사이버 안보 논의에 한목소리를 내며 협력할 것을 강조하고, 국가 사이버 주권을 침해하는 어떠한 시도에도 반대하며 국제통신연합(ITU)이 이 문제 해결에 적극적 역할을 하도록 촉진할 것이라고 강조하였다(新华社 2022.2.5.). 중러 사이버 안보 협력은 인공지능 규범과 글로벌 다자협력으로 점차 확대되고 있다. 2024년 5월 정상회담 공동선언문에서 양자 간의 사이버 안보, 데이터 안보 등 협력을 강화하는 것은 물론 인공지능 분야 사이버 안보 위험에 대한 협력도 강화하기로 하였다(央视新闻客户端 2024.5.16.).

상하이협력기구(SCO)는 중국의 사이버 안보 다자외교의 중요한 축으로, 중국 사이버 안보 외교의 주요한 출발점이었다. 덩하오(邓浩)와 리톈이(李天毅)는 사이버 안보가 상하이협력기구 안보 협력의 신흥이슈이자 새로운 출발점이며, 지역 안보와 안정을 유지하는 데 점점 더 중요한 요소가 되고 있다고 강조한다(邓浩·李天毅 2021). 상하이협력기구 사무차장 로그비노프(Logvinov)는 사이버 안보를 보장하고 사이버 위협에 맞서 싸우는 것이 SCO 의제의 핵심 문제 중 하나라고 강조했다(俄罗斯卫星通讯社 2023.7.10.). 2006년 중국은 SCO국가들과 함께 〈국제정보안전성명(关于国际信息安全的声明)〉을 발표하였고, 2009년에는 〈국제정보안전보장 정부간협력협정(保障国际信息安全政府间合作协定)〉을 체결하였다(汪晓风 2016, 129). 2006년 SCO는 회원국 간 국제사이버안보전문가그룹을 구성하여, SCO 프레임워크 내에서 국제사이버안보 실행계획을 수립하고 국제사이버안보문제를 종합적으로 해결하기 위한 다양한 방향과 방법을 명확히 하기로 하였다. 상하이협력기구의 상설기구인 대테러조직은 사이버 안보 협력을 핵심 축으로 하고 있으며, 2016년부터 2017년까지 회원국들은 10만 개 이상의 웹사이트를 차단하고 400만 개 이상의 웹사이트를 압수했다고 밝혔다(邓浩·李天毅 2021). 중국은 상하이협력기구의 사이버 안보 협력을 일대일로 틀에 적용할 수 있는 주요한 사례로 인식하고 있다(汪晓风 2016, 129).

브릭스(BRICS) 또한 중국 주도 사이버 안보 외교의 주요한 다자외교체이다. 브릭스 국가들은 2013년 스노든 사건 이후 사이버 안보 협력 추진을 본격화하였다. 사이버 안보 이슈는 같은 해 브릭스 정상회의 선언문에 처음 포함되었고, '국제협력 강화 및 사이버 범죄 퇴치 결의안'을 통해 유엔에 사이버 문제에 대한 대응을 촉진할 것을 공동으로 요구하였다(高望来 2017, 70). 2014년 브릭스 국가들은 테러리스트의 정보통신기술, 특히 인터넷과 기타 미디어의 사용에 대해 "깊은 우려"를 표명하면서, 2015년 회의에서 정보통신기술 협력 실무그룹을 설립하기로 하고, 2016년 브릭스 통신장관회의에서는 '디지털 파트너십 구축' 목표를 제안했다(高望来 2017, 67). 브릭스 안보문제 수석자문회의에서는 사이버 범죄 퇴치를 위한 정보 및 경험 공유, 기술 기관과 법 집행 기관 간의 협력 강화, 공동 사이버 보안 연구 개발 및 역량구축 촉진 등 사이버 안보 협력 조치가 구체화되었다(高望来 2017, 63-64, 68). 브릭스 국가들은 국제규칙 제정 과정에 신흥시장, 개발도상국의 요구와 관심을 적극 표현하고, 글로벌 사이버 공간 거버넌스를 공동으로 추진해 가기로 하였다(高望来 2017, 63-64). 2017년 중국 샤먼에서 개최된 9차 정상회의에서 '브릭스 사이버 안보 실무협력 로드맵(金砖国家网络安全务实合作路线图)'이 채택되었고, 브릭스 사이버안보실무그룹회의가 매해 개최되고 있다. 실무그룹은 중국 외교부사이버업무조정관(网络事务协调员) 왕레이(王磊), 브라질 외교부 전략국장, 국방군축국장, 인도 외교부 신흥전략과학기술처와 사이버외교처 공동서기, 러시아 외교부 국제사이버안보처 부처장, 남아공 국가안보국 국가연락처장 등이 참석한다(中华人民共和国外交部 2022.5.24.). 2023년 8월 브릭스 정상선언에서도 사이버 안보는 주요한 의제로 제기되었다. 브릭스 국가 간 사이버 안보 협력은 '브릭스 사이버 안보 실무협력 로드맵(金砖国家网络安全务实合作路线图)'의 이행과 사이버 안보 실무그룹의 활동을 통해 지속적으로 촉진되어야 한다고 강조했다(中国日报网 2023.8.25.).

3. 중국 일대일로 협력, 1+X 외교를 위한 사이버 안보 외교

중국은 2019년 '일대일로 사이버 안보 정상포럼(一带一路网络安全高峰论)'을 베이징에서 개최한 바 있고(同花顺财经 2019.11.12.), 2021

년 4월 중국은 제4차 디지털 중국 건설 정상회의에서 일대일로 연선 국가와 지역 사이버 안보 수호를 위해 '일대일로 사이버 안보 연구원 ("一带一路"网络空间安全研究院)'을 정식 설립했다(哈尔滨工业大学网络空间安全学院 2021.4.26.). 중국은 사이버 테러 조직이 일대일로 건설을 방해하거나 여론에 악영향을 미칠 수 있다고 인식한다. 안샤오밍(安晓明 2022, 130)은 '일대일로' 국제협력포럼, 세계인터넷회의 등을 적극 활용하여 사이버 안보와 디지털 거버넌스에 대화를 모색하고 일대일로 사이버 안보 협력을 강화해야 한다고 강조한다. 사이버 안보 전문가 연합을 형성하여 정기적인 의사소통과 대화를 진행 데이터 보안과 정보보호 메커니즘의 구축 필요성을 제기했다.

중국은 2021년 "중-아프리카 사이버 공간 운명공동체구상(中非携手构建网络空间命运共同体倡议)"을 제기하고, 중요한 정보인프라 보호를 위해 정보공유, 조기 경보 및 예방, 비상대응 등 협력을 강화하기로 했다. 또한 유엔인터넷거버넌스포럼(IGF), 국제전기통신연합(ITU) 등 글로벌 거버넌스 체계를 개선하기 위해 중국과 아프리카가 더 적극적 역할을 할 수 있도록 협력 확대를 제안했다(中国网信网 2021.8.25.). 2021년 3월에는 중국 외교부와 아랍연맹사무국이 데이터안보 화상회의를 개최하고 '중국-아랍 데이터안보협력구상(中阿数据安全合作倡议)'을 발표했다(中华人民共和国外交部 2021.3.29.). 중앙아시아 5국과도 2022년 6월 "중국+중앙아5국 데이터 안보협력구상 ("中国＋中亚五国"数据安全合作倡议)"을 발표했다(中华人民共和国外交部 2022.6.8.).

이러한 중국 사이버 안보 외교의 핵심은 각국의 정치체제와 사회 안정을 위협하는 사이버 위협에 대한 공동대응과 기술협력에 있다. 가오왕라이(高望来)는 브릭스 사이버안보협력이 개발도상국이 글로벌 사이버 거버넌스에서의 발언권을 확대하고 사이버 공간의 새로운 글로벌 질서를 구축하는 데 심대한 의의를 지닌다고 강조하였다(高望来 2017, 66-67). 자오루이치(赵瑞琦) 또한 기술패권이 기술주권에 도전할 수 없다는 인터넷 발전 이념에 근거하여, 사이버 안보에 대한 새로운 주류논술을 구축해야 한다고 강조하였다(赵瑞琦 2017, 105). 이렇듯 중국 주도의 사이버 안보 외교는 글로벌 사이버 안보 거버넌스에서 중국과 개발도상국의 발언권을 확대하고 서구에 대응하는 대안적 사이버 안보 담론 구성을 주요한 목표로 하고 있다.

IV. 중국 사이버 안보 기술/인프라외교: 사이버 공간의 물리적 결합

중국 '사이버공간운명공동체구축(携手构建网络空间命运共同体)' 백서는 사이버 공간의 발전과 안보, 책임과 이익 건설을 강조하면서 디지털 경제협력의 지속 확대, 포괄적 글로벌 발전 촉진을 중요한 축으로 제시하고 있다. 백서는 사이버 안보 규범뿐만 아니라 사이버 공간 기술발전 또한 중요한 부분으로 강조하고 있다(中央网络安全和信息化委员会办公室 2022.11.7.). 협력국들과의 디지털 연계를 확대하면서 중국의 기술적, 산업적 우위를 지속 도모하고자 하는 것이다. 결국 우호적 대외환경 구축이라는 외교안보적 목표와 중국 기술과 산업의 글로벌화를 촉진하는 발전이 모두 사이버 공간 운명공동체의 주요한 목표라고 할 수 있다. 중국은 네트워크 인프라 구축과 데이터센터 신설 등을 포함한 중국의 사이버 안보 관련 기술과 산업, 사이버 안보 교육에 투자하고 수출하면서 사이버 안보 협력 국가 및 지역들을 기술적,

산업적으로 연결하고 상호의존성을 강화하는 '물리적 결속'을 도모하는 사이버 안보 외교를 적극 전개해 가고 있다. 이러한 물리적 결속은 한편으로는 사이버 안보 협력의 물적 토대이면서 한편으로는 디지털 경제 시대 지속 발전의 주요한 토대가 될 수 있다는 점에서 안보와 발전이라는 이중 목적에서 추진된다고 할 수 있다.

1. 중국의 반서구, 개발도상국 사이버 안보 외교와 디지털 인프라 연결

중국은 2023년 7월 상하이협력기구 23차 정상회의에서 〈디지털 전환 분야 협력 상하이협력기구 정상회의 성명(上海合作组织成员国元首理事会关于数字化转型领域合作的声明)〉을 발표, 디지털인프라 상호 연결(互联互通)을 강화하고, 데이터 상호 운용성을 제고하고, 금융 등 중점 분야의 디지털 해결 방안 통합을 강화할 것을 강조하고 이에 정보안전의 수요를 충족시키는 데 주력할 것이라고 밝혔다(中国新闻网 2023.7.5.). 중국은 이렇듯 디지털 인프라 협력과 사이버 안보 수요를 연결하면서 사이버 안보 인프라 연계를 통한 중국 주도의 사이버 안보 협력진영을 물리적으로 결속시켜 가고 있다.

중러 양국이 2023년 6월 체결한 '중러 사이버 안보 협력협정(中俄间信息安全合作协议)'에는 사이버 범죄 공동대응, 사이버 공격 및 위협 공동대응, 사이버 안보 기술연구 및 인터넷 관리 협력 강화 등이 포함되었다. 또한 양국 사이버 보안 기업은 기술연구개발과 시장협력을 약속하는 MOU를 체결했다. 2023년 중국 화웨이와 러시아 기업이 공동으로 "리야얼 사이버 안보 협력실험실(雷亚尔网络安全联合实验室)"을 신설하고, 사이버 안보 기술 공동개발, 사이버 안보 솔루션 등 제공을 계획하고 있다. 2023년 중러 양국이 합작한 영화 〈반격(反击)〉에 사용된 국산위협정보기술은 중국의 사이버 안보 기술의 수준과 실력을 보여주는 것으로 중러 양국 사이버 안보 기술 협력의 성과라고 할 수 있다(数据安全 2023.6.29.).

시걸(Segal)은 사이버 공간의 미래 경쟁의 핵심은 두 개의 기술—5G와 검열—이며, 화웨이 장비가 중국 외 지역에서 상업적으로 출시된 5G 네트워크의 3분의 2 가까운 점유율을 보이고 있으며, 5G 분야의 선두주자인 화웨이와 ZTE는 일대일로에 크게 기여하고 있다고 평가했다(Segal 2020, 4). 브릭스 국가들은 정보 인프라 구축 강화 측면에서 주요한 공동전략 프로젝트로 브릭스 케이블을 구축해 가고 있다. BRICS 광케이블 프로젝트는 2013년 BRICS 정상회담에서 공식 승인되었으며, 2014년 초 착공해 총 길이 34,000km에 달한다. 브릭스 광케이블이 완성되면 브릭스 국가들은 남아프리카공화국을 비롯한 아프리카 22개국과 직접 연결돼 세계 인구의 절반과 직접 통신을 이루고 개발도상국 상호 연결도 촉진하게 된다(高望来 2017, 68). 2023년 9월 중국 선전에서 개최된 'BRICS 미래 인터넷 혁신 포럼'에서 장윈밍 공업정보화부 차관은 중국이 BRICS 및 BRICS+ 파트너와 정보통신 분야 실무협력을 심화해 사이버 위험 예방 및 대응 역량을 강화하고, 사이버 거버넌스 시스템 구축을 촉진하고자 한다고 강조하였다(人民网 2023.9.5.).

2. 중국의 디지털 실크로드와 일대일로 사이버 안보 외교

중국의 '디지털 실크로드' 건설은 국경 간 광케이블, 대륙 간 해저 광케이블 등 통신 간선망 구축 공동 추진, 항공 및 위성 정보 채널 개선, 지역 국제통신 연결성 향상, 정보 교류 및 협력 확대 등이 포함된다. 중국은 "디지털 실크로드"를 포함한 상호 연결 프로젝트가 완전한 안보가 보장되어야만 지속될 수 있다고 인식하고 있다(汪晓风 2016, 123). 사이버 안보는 일대일로 발전, 디지털 일대일로 보장을 위한 주요한 요소로 강조되고 있다. 쉬부(徐步)는 디지털 시대에 일대일로 구상은 큰 활력을 얻어 중국은 연선국가들과 함께 사이버 공간에서 운명공동체 이념을 견지하고, 글로벌안보구상(全球安全倡议)과 글로벌개발구상(全球发展倡议)을 함께 추진하여 일대일로 국가 간 디지털 상호 연결을 촉진하고 디지털 안보 장벽을 구축해야 한다고 강조한다(徐步 2023.5.9.).

중국 정부는 일대일로 지역의 '혈맥(血脉经络)'을 열어가기 위해, 연선국가들과 인터넷 발전 협력 강화 의지를 명확히 하고 있다(汪晓风 2016, 125). 중국이 추구하는 디지털 일대일로는 연선국가 간의 네트워크 연결을 강화하면서 더욱 사이버 안보 협력의 필요성을 제고하고 있다. 왕샤오펑(汪晓风)은 온라인 금융과 온라인 결제의 상호 연결은 '디지털 실크로드'의 중요한 부분이며 인터넷 인프라와 애플리케이션이 풍부할수록 온라인 금융 테러의 가능성이 높아지고 이를 감시하고 대응할 수 있는 요구도 높아진다고 강조하였다(汪晓风 2016, 124). 중국 기업은 새로운 시장과 고객을 찾고 있으며, 중국은 경제적, 전략적, 정치적 목표를 위해 기업을 지원하고 있다. 중국은 인터넷 기업들에 대출을 지원할 뿐만 아니라 일대일로 국가들에게도 대출을 제공하고 있다. 중국 수출입은행이 중국-파키스탄 광케이블 프로젝트에 85%의 자금을 지원했으며, 나이지리아에 화웨이가 구축하는 5G 네트워크 비용 전액을 지원했다. 메르카토르 연구소(Mercator Institute)는 중국이 케이블 및 통신 네트워크 분야에서 70억 달러의 대출과 투자를,

전자상거래 및 모바일 결제 시스템 분야에서 100억 달러 이상, 연구 및 데이터 센터 분야에서 더 많은 수익을 올린 것으로 추산하고 있다.

중국 디지털 실크로드는 전자상거래 등 디지털 플랫폼의 연계도 확대하고 있다. 2018년 중국 알리바바와 르완다 정부가 협력한 '키갈리(Kigali)', 2019년 이집트 기술회사가 협력한 'DTOD' 등 전자상거래 플랫폼 공동 구축을 확대했다. 중국은 이러한 전자상거래 구축과 함께 텐센트, 앤트파이낸셜 등이 아프리카 기업과 중국-아프리카 모바일 결제 협력 시스템을 구축해 왔다. 이러한 중국-아프리카 전자상거래 협력은 이에 필요한 인재 양성 협력과 사이버 안보 협력과도 연계되고 있다(駐外之家 2021.11.9.). 일대일로 국가들의 디지털화, 지능화, 네트워크화의 연계는 사이버 보안회사들이 국제시장을 확장할 수 있는 새로운 기회를 제공하고 있다. 메이야피코(美亚柏科)는 일대일로 국가들에게 사이버 보안 분야 전문훈련서비스를 제공하고, 우수기술상품을 홍보하고 있으며, 관안정보(观安信息)도 일대일로 연선국가에게 전문 보안훈련을 제공하며 매년 200명 이상이 훈련을 받았다(前瞻产业研究院 2018.10.11.). 이렇듯 중국은 일대일로 국가들과의 디지털 인프라 연계와 함께 사이버 안보 기술과 인재 등 복합적 측면에서 연결성을 높이면서 사이버 공간 운명공동체 구축의 목표를 추구해 가고 있다.

V. 결론: 중국 사이버 안보 운명공동체 구축의 국제정치적 함의

중국의 체제안보적 차원에서 사이버 안보는 중요한 외교적 수단이면서 미중 사이버 안보 경쟁 우위를 위한 중요한 전략적 공간이기도 하다. 중국은 사이버 안보위협이 주변국들이 직면한 공통 안보위협 중 하나이고, 중국이 주변국 외교의 주요한 어젠다로 사이버 안보를 포함시키는 것은 중국이 인터넷 대국에서 인터넷 강국으로 가는 중요한 단계이자 운명공동체 건설을 위한 중요한 조치라고 강조한다.

중국의 국가안보에 있어 사이버 안보는 점점 더 그 중요성과 위상이 높아지고 있다. 시진핑이 2023년 5월 중국국가안전위원회에서 언급했듯 중국은 대외적으로 기회와 도전에 동시에 직면해 있다. 시진핑은 국가안전위원회 회의에서 '복잡하고 엄중한' 국가안보 환경을 파악하고 국가안보 시스템의 현대화를 가속화할 것을 촉구했고, 위원회는 위험 모니터링, 조기 경보, 국가 안보에 대한 대중 커뮤니케이션 및 교육과 관련된 문서를 승인했다(Greitens 2023). 2023년 4월 중국 국가안전위원회 회의에서 시진핑은 정치안전을 잘 수호하고, 네트워크 데이터 인공지능 안보 관리체계 수준을 제고하고, 국가안보 위험 감시 및 조기 경보 시스템 구축을 가속화하고, 국가안보를 위한 법치 건설을 추진하고 국가안보 교육을 강화한다고 강조했다. 그리고 회의에서 〈국가안보위험감시 조기경보시스템 구축 가속화 관련 의견(加快建设国家安全风险监测预警体系的意见)〉과 〈국가안보교육강화에 관한 의견(关于全面加强国家安全教育的意见)〉 등을 심의통과하였다(新华社 2023.5.31.). 중국의 사이버 안보 외교는 점증하는 대내외 도전에 직면한 시진핑 체제가 대내적 사이버 안보 강화 조치와 대외적 사이버 안보 협력을 강화하면서 점점 더 확대 강화될 것으로 전망된다.

이러한 인식 속에서 중국은 양자적, 다자적 사이버 안보 협력 외교를 적극 전개해 가면서 제도적, 규범적 영향권을 확대 강화해 가고 있다. 또한 중국은 사이버 안보기술기업들과 함께 사이버 안보 기술

협력 외교와 인프라 구축 협력 외교를 추진하면서 중국과 기술적, 물리적으로 연계된 사이버 안보 영향권을 구축해 가고 있다. 이러한 다양한 안보협력과 외교협력체제를 통한 전략과 가치규범 연계, 기술인프라를 통한 물리적 연계를 강화해 가고 있는 중국의 사이버 안보 외교는 다음과 같은 국제정치적 함의를 지닌다.

첫째, 글로벌 사이버 안보 거버넌스를 둘러싼 경쟁과 균열, 보편가치, 보편정의의 불확실성과 경쟁성이 제고될 것으로 전망된다. 중국은 '사이버 안보'가 미국이 중국을 비방하는 수단으로 사용되어 왔다고 비판해 왔다. 중국은 오히려 미국이 세계 최대 규모의 사이버 공격을 하는 국가라고 비판하고, 대러시아 사이버 공격의 71%가 미국에서 발생했다며 서방이 러시아를 사이버 안보 위협으로 묘사하는 것을 비판했다(Sina 2020.8.16.). 2023년 4월 러시아 외무부 국제정보보안국장 류크마노프(Artur Lyukmanov)는 중러 사이버 안보 협력 대화 채널이 운영되고 있고, 브릭스, 아세안, 상하이협력기구 등 다자 차원에서도 협력하고 있다고 강조하고 중러 양국의 입장은 매우 가까우며 가장 중요한 것은 사이버 주권으로 내부문제에 간섭하지 않는 것이라고 덧붙였다(俄罗斯卫星通讯社 2023.4.18.). 이렇듯 중국의 양자, 다자 차원의 사이버 안보 외교의 확대 강화는 글로벌 사이버 안보 거버넌스 경쟁, 규범을 둘러싼 경쟁 심화로 이어질 수 있음을 보여주고 있다.

둘째, 사이버 안보 외교가 주요한 영향력 경쟁, 강대국 경쟁의 자원으로 부상하고 있다. 중국은 사이버 안보 협력이 다른 분야에서의 협력으로 확대될 수 있는 토대가 된다고 인식하고 있다. 사이버 안보 기술을 제공하고, 사이버 안보 협력 체제를 구축하는 것은 국가관계의 주요한 외교적 자원이 되고 있다.

셋째, 사이버 안보 기술, 역량 경쟁으로 확대되면서 진영화된 투자와 군비경쟁으로 이어질 수 있다. 쿼드는 '쿼드 사이버 챌린지'를 개최하는 등 사이버 사고 및 위협에 대한 지역적 역량과 회복력 강화에 협력을 확대하고 있으며, 소프트웨어 안전을 위한 쿼드공동원칙(Quad Joint Principles for Secure Software)과 핵심인프라 사이버 안보 쿼드공동원칙(Quad Joint Principles for Cyber Security of Critical Infrastructure) 등을 강화하고 사이버 위협에 공동 대응하고자 하고 있다(The White House 2023.5.20.). 이렇듯 미중 간의 사이버 안보 경쟁은 사이버 공간의 진영화 추세를 강화할 것으로 전망된다.

넷째, 미래 전쟁의 양상 변화에 따라 사이버 안보 외교는 사이버 전에서의 중요한 협력망, 동맹망 구축에 영향을 미치는 요소로, 향후 강대국 간 충돌, 진영 충돌 시 사이버 동맹의 인프라로 작동할 수 있다. 2019년 제7차 사이버 안보회의에서 스미로노프(Smirnov) 러시아 국제사이버 안보협회장은 사이버 전쟁 위협에 직면한 중러 양국이 사이버 안보 연맹을 맺어 협력을 강화하고 세계 사이버 안보와 평화를 유지해야 한다고 강조한 바 있다(通信世界网 2019.9.5.).

사이버 안보가 미중 전략경쟁의 핵심 공간으로 부상하고, 각자의 영향권을 확대하기 위한 외교전이 치열해지면서 미래 글로벌 사이버 안보 거버넌스의 균열과 진영화 가능성, 그리고 이에 토대한 사이버 안보 위협 공동대응의 취약성이 높아지고 있다. 본 연구는 중국의 사이버 안보 외교에 대한 분석을 통해 글로벌 사이버 안보 거버넌스의 진영화 가능성에 주목하고, 중장기적, 거시적 관점의 한국 사이버 안보 외교 환경 분석과 전략 수립의 필요성을 제기한다.

참고문헌

Broeders, D. W. J., L. Adamson & R. J. E. H. Creemers. 2019. "A coalition of the unwilling? Chinese and Russian perspectives on cyberspace." Leiden University. https://hdl.handle.net/1887/136465

Greitens, Sheena Chestnut. 2023. "Xi's Security Obsession; Why China Is Digging In at Home and Asserting Itself Abroad." *Foreign Affairs.* (7.28.)

Segal, Adam. 2020. "China's Alternative Cyber Governance Regime." *Council on Foreign Relations.* (3. 13.) https://www.uscc.gov/sites/default/files/testimonies/March%2013%20Hearing_Panel%203_Adam%20Segal%20CFR.pdf (검색일: 2023. 9. 9.).

The White House. 2023. "Quad Leaders' Joint Statement." (5. 20.) https://www.whitehouse.gov/briefing-room/statements-releases/2023/05/20/quad-leaders-joint-statement/ (검색일: 2023.08.28.).

Zheng, Wang. 2024. "China's Digital Silk Road (DSR) in Southeast Asia; Progress and Challenges." (1. 23.) https://fulcrum.sg/chinas-digital-silk-road-dsr-in-southeast-asia-progress-and-challenges/ (검색일: 2024. 1. 27.).

姬文波. 2018. "习近平国家安全思想的核心要义."『党的文献』. 第2期.
魏晓文 · 张策. 2022. "习近平新时代网络安全治理观探析."『中学政治教学参考』. 第44期.
汪晓风. 2016. "网络恐怖主义与"一带一路"网络安全合作."『国际展望』. 第4期.
王道转. 2018. ""一带一路"下中国与东盟国家应对网络恐怖主义研究."『网络安全』. 第4期.
高望来. 2017. "金砖国家网络安全合作: 进展与深化路径."『国际问题研究』. 第5期.
邓浩 · 李天毅. 2021. "上合组织信息安全合作: 进展, 挑战与未来路径."『中国信息安全』. 第8期.
安晓明. 2022. ""一带一路"数字经济合作的进展, 挑战与应对."『区域经济评论』. 第4期.
赵瑞琦. 2017. "金砖国家的"事上练": 网络安全与智库合作."『公共外交季刊』. 第2期.

Sina. 2020. "俄罗斯安全官员: 全球75%的网络攻击来自美国, 他们却反过来指责中俄." (8. 16.) https://cj.sina.com.cn/articles/view/1887344341/707e96d502000xohu (검색일: 2023. 9. 16.).

京报网. 2024. "美网络安全威胁能力分析报告, 揭示七种威胁." (2. 27.) https://baijiahao.baidu.com/s?id=1790222182280174371&wfr=spider&for=pc (검색일: 2024. 3. 10.).

金台资讯. 2023. "坚持推动构建网络空间命运共同体." (7. 28.) https://baijiahao.baidu.com/s?id=1772622724763493013&wfr=spider&for=pc (검색일: 2023. 9. 17.).

同花顺财经. 2019. "一带一路网络安全高峰论坛在北京举办." (11. 12.) https://baijiahao.baidu.com/s?id=1649982297959069292&wfr=spider&for=pc (검색일: 2023. 9. 16.).

李嘉宝. 2022. "美国是全球网络安全最大"病毒"." 人民日报. (6. 25.) https://m.gmw.cn/baijia/2022-06/25/1303014515.html (검색일: 2023. 9. 16.).

林明惠. 2022. "构建网络空间命运共同体的中国方案." 光明网. (3. 4.) https://www.gmw.cn/xueshu/2022-03/04/content_35563935.htm (검색일: 2023. 9. 16.).

网信中国继续滑动看下一个轻触阅读原文. 2024. "第5集《共建网络空间命运共同体》即将推

出.˝(5. 16.) https://www.thepaper.cn/newsDetail_forward_27402314 (검색일: 2024. 5. 19.).

环球时报. 2023.˝美发布网络战略渲染˝中国威胁˝, 专家: 为越来越明显的攻击性找借口.˝(9. 14.) https://news.dayoo.com/world/202309/14/139998_54573138.htm (검색일: 2023. 9. 17.).

环洋调研中心. 2023.˝2023年全球市场网络安全实训演练测试平台总体规模, 主要企业, 主要地区, 产品和应用细.˝(4. 27.) https://www.bilibili.com/read/cv23337167/ (검색일: 2023. 9. 16.).

北晚在线. 2024.《美相关APT组织分析报告》发布: 网络攻击属于无差别攻击.˝(2. 7.) https://baijiahao.baidu.com/s?id=1790221178046440490&wfr=spider&for=pc (검색일: 2024. 3. 10.).

徐步. 2023.˝徐步等: 携手共推˝一带一路˝倡议下数字互联互通提质升级.˝中国网信. (5. 9.) https://baijiahao.baidu.com/s?id=1765398219977681705&wfr=spider&for=pc (검색일: 2023. 8. 18.).

数据安全. 2023.˝合作加强: 中俄联手打造网络安全防护体系(中俄网络安全).˝(6. 29.) https://www.dbs724.com/413230.html (검색일: 2023. 9. 16.).

新华社. 2022.˝中华人民共和国和俄罗斯联邦关于新时代国际关系和全球可持续发展的联合声明(全文).˝(2. 5.) https://roll.sohu.com/a/520629145_119038 (검색일: 2023. 9. 12.).

新华社. 2023.˝加快推进国家安全体系和能力现代化 以新安全格局保障新发展格局.˝(5. 31.) http://www.qdnwm.gov.cn/index.php/toutiao/3615.html (검색일: 2023. 8. 1.).

俄罗斯卫星通讯社. 2023.˝上合组织称合作打击网络威胁很重要.˝(7. 10.) https://baijiahao.baidu.com/s?id=1770998624265913524&wfr=spider&for=pc (검색일: 2023. 9. 10.).

俄罗斯卫星通讯社. 2023.˝俄外交部: 俄罗斯与中国在网络安全领域密切合作.˝(4. 18.) https://baijiahao.baidu.com/s?id=1763500469902366285&wfr=spider&for=pc (검색일: 2023. 9. 16.).

央视新闻客户端. 2024.˝中俄联合声明.˝(5. 16.) https://baijiahao.baidu.com/s?id=1799210604992962324&wfr=spider&for=pc (검색일: 2024. 5. 19.).

人民论坛网. 2024.˝【核心阅读】构建网络空间命运共同体发展新阶段˝新˝在哪.˝(5. 16.) https://mp.weixin.qq.com/s?__biz=MzI1ODczMjE0MQ==&mid=2247556759&idx=4&sn=db831db3515a2ff8c805aca7493c693f&chksm=ebe86098deb0149edf9cac2b36097b547ed0d6811967864150fed01e21c11dd737494d7704e8&scene=27 (검색일: 2024. 5. 19.).

人民网. 2023.˝2023金砖国家未来网络创新论坛在深圳召开.˝(9. 5.) https://baijiahao.baidu.com/s?id=1776157637848334877&wfr=spider&for=pc (검색일: 2023. 9. 16.).

张力. 2024.˝数字时代的国际秩序前景与中国方案.˝人民论坛. (5.17.) http://www.rmlt.com.cn/2024/0517/702936.shtml (검색일: 2024. 5.19.)

财闻网. 2023.˝全球市场将达2480亿美元, 网络安全面临着机遇与挑战.˝(8. 7.) https://baijiahao.baidu.com/s?id=1773545605919510257&wfr=spider&for=pc (검색일: 2023. 9. 15.).

前瞻产业研究院. 2018.˝抓住˝一带一路˝机遇 网络安全企业纷纷˝走出去˝.˝(10. 11.) https://www.qianzhan.com/analyst/detail/220/181010-90c44c92.html (검색일: 2023. 9. 16.).

驻外之家. 2021.˝一带一路˝背景下中国与非洲电子商务合作的现状, 挑战及对策.˝(11. 9.)

https://www.163.com/dy/article/GOCGVULR0528CJEP.html (검색일: 2023. 9. 16.).

中工网. 2024. "外交部: 大量证据全方位揭露美政府在全球推进网络威慑战略." (2. 8.) https://baijiahao.baidu.com/s?id=1790299912181752813&wfr=spider&for=pc (검색일: 2024. 3. 10.).

中国网信网. 2021. "中方发起"中非携手构建网络空间命运共同体倡议"." (8. 25.) http://www.cac.gov.cn/2021-08/25/c_1631480920450053.htm (검색일: 2023. 9. 16.).

中国新闻网. 2023. "上合组织成员国元首理事会第二十三次会议发表两项声明." (7. 5.) https://baijiahao.baidu.com/s?id=1770543464371282519&wfr=spider&for=pc (검색일: 2023. 9. 16.).

中国日报网. 2023. "金砖国家领导人第十五次会晤约翰内斯堡宣言." (8. 25.) https://baijiahao.baidu.com/s?id=1775161009874750257&wfr=spider&for=pc (검색일: 2023. 9. 16.).

中国日报网. 2023. "快评抵制网络霸权主义, 共建网络空间命运共同体." (9. 16.) https://finance.sina.com.cn/jjxw/2023-09-16/doc-imzmwinh0616425.shtml (검색일: 2023. 9. 17.).

中央网络安全和信息化委员会办公室. 2022. "携手构建网络空间命运共同体." (11. 7.) http://www.cac.gov.cn/2022-11/07/c_1669457523014880.htm?eqid=b87bebe4000 8e107000000000264269b3b (검색일: 2023. 9. 16.).

中华人民共和国外交部. 2021. "中阿数据安全合作倡议." (3. 29.) http://new.fmprc.gov.cn/wjb_673085/zzjg_673183/jks_674633/fywj_674643/202103/t20210329_9176279.shtml (검색일: 2023. 9. 17.).

中华人民共和国外交部. 2022. ""中国＋中亚五国"数据安全合作倡议." (6. 8.) https://www.mfa.gov.cn/web/wjb_673085/zzjg_673183/jks_674633/fywj_674643/202206/t20220609_10700811.shtml (검색일: 2023. 9. 17.).

中华人民共和国外交部. 2022. "中方主持召开金砖国家网络安全工作组第八次会议." (5. 24.) http://brics2022.mfa.gov.cn/dtxw/202205/t20220527_10693333.html (검색일: 2023. 9. 16.).

通信世界网. 2019. "俄罗斯网络安全专家: 中俄两国应建立网络安全联盟." (9. 5.) https://topics.gmw.cn/2019-09/05/content_33138659.htm (검색일: 2023. 9. 16.).

哈尔滨工业大学网络空间安全学院. 2021. ""一带一路"网络空间安全研究院成立 奇安信守护跨国企业网络安全." (4. 26.) http://cys.hit.edu.cn/info/1021/1173.htm (검색일: 2023. 9. 16.).

제4부

러시아의 사이버 안보–국방–외교 전략과 한러관계

제11장

러시아의 사이버 안보 전략

윤민우 가천대학교 경찰안보학과 교수

* 이 논문의 내용은 일부 편집, 수정되어 "러시아의 사이버 안보 개념, 인식, 그리고 전략"이라는 제목으로 『국가정보연구』(2023) 16권 2호에 게재되었다.

I. 머리말

정보통신기술의 빠른 발전과 네트워크 사회의 등장으로 인해 사이버 공간은 의미 있는 실체적 전략공간으로 자리매김하였다. 특히 사이버 공간은 전쟁과 평화의 시기적 구분이 애매모호한 특성을 가진 다영역전쟁(multi-dimensional warfare) 환경에서 땅, 바다, 하늘, 우주 등의 물리적 공간과 인간의 인지-의식(cognition-perception) 영역 등 다른 공간 또는 영역들을 이어주는 전략적 연결통로로서 중요한 가치를 지닌다. 따라서 사이버 공간을 누가 지배할 것인가에 따라 강대국들의 패권투쟁의 결과가 주요하게 영향을 받을 수 있다. 이 때문에 오늘날과 미래의 안보환경에서 미국, 러시아, 중국, EU(European Union) 등 강대국들의 국가안보전략에서 사이버 안보 전략이 차지하는 비중은 날로 커지고 있다.

오늘날 전·평시를 막론하고 수행되는 사이버 에스피오나지(espionage), 사이버 인지전, 사이버 테러, 또는 사이버 전쟁 등과 같은 각종 사이버 공간을 통한 위협들은 심각한 안보문제로 등장했다. 이는 분명하고 실존하는 위협이다. 이 같은 사이버 안보의 중요성을 감안할 때, 해외 주요 강대국들의 사이버 안보 전략을 살펴보고, 분석·평가해 보는 것은 의미가 있다. 이런 맥락에서 이 글은 해외 주요 사이버 안보 강대국들 가운데 러시아의 사이버 안보 전략을 들여다볼 것이다.

러시아의 사이버 안보 역량은 세계적으로 매우 높은 수준인 것으로 평가된다. 러시아는 대략 2000년경부터 국가 차원에서 사이버 안보 전략을 마련하고 발전시켜오고 있으며 이와 연계하여 정책, 전략, 법령, 추진체계 등을 구축하고 운용해 오고 있다(양정윤·박상돈·김소정 2018, 134). 러시아의 사이버 역량 및 군사력은 현재 매우 높은 수준으로 평가되고 있다. 하버드 대학교 벨퍼센터의 국가 사이버 역량 인덱스 2022에 따르면(Voo, Hemani, and Cassidy 2022), 2022년 현재, 러시아의 총체적인 사이버 국력은 미국(1위)과 중국(2위)에 이어 3위에 랭크된 것으로 나타났다. 특히 러시아는 총체적인 사이버 국력 평가에 포함된 8개 세부 항목들 가운데 사이버 안보 역량과 직접 관련된 사이버 공격능력과 정보통제 부문에서 미국에 이어 2위를 차지했다 (Voo, Hemani, and Cassidy 2022, 9-12). 이 밖에도 대체로 러시아의 해킹 등 사이버 공격능력과 선거개입, 영향력 공작 등과 같은 사이버 인지전 역량은 매우 높은 수준인 것으로 평가되고 있다. 실제로 러시아는 현재진행형인 러시아-우크라이나 전쟁에서 탁월하고 공격적인 해킹과 멀웨어 등의 사이버 기술공격 역량과 가짜뉴스, 허위조작정보 등의 영향력 공작능력을 보여주고 있다. 이 같은 점들을 고려하면 러시아의 사이버 안보 전략을 살펴보고 그 특성들을 분석, 평가해보는 것은 주요한 의미가 있다.

II. 러시아의 사이버 안보 개념과 인식

러시아의 사이버 안보에 대한 접근은 러시아의 지정학적 사고가 그대로 투영되어 있다. 러시아의 사이버 안보에 깔린 가장 근본적인 인식론은 러시아와 러시아 인근 지역을 독자적인 러시아/유라시아 문명(Russian/Eurasian civilization) 공간으로 보는 것이다. 이러한 인식론에 기초하여 사이버 전쟁은 미국이 이끄는 대서양 문명(Atlantic civilization)으로부터 초래되는 정보적 적대행위(informational aggression)이며 러시아의 사이버 안보는 이에 대한 대응행동이라고 이해된다.

이와 같은 러시아의 사이버 안보에 대한 개념과 인식은 러시아의 지정학적 사고 및 전략과 긴밀하게 연계되어 있다(Darczewska 2014, 5).

러시아는 인터넷을 미국 및 서방과는 다르게 인식한다. 미국과 서방은 인터넷을 정보와 개인의 연결성(connectivity), 공유(sharing), 그리고 개방성(openness)에 의해 작동되는 하나의 전일적인 공간으로 인식한다(Ristolainen 2017, 8). 하지만 러시아는 이러한 미국-서방의 인식에 반대한다. 러시아는 글로벌 인터넷을 미국이 일방적으로 기술적, 문화적, 정신적으로 지배하는 공간으로 인식한다. 따라서 이러한 미국 주도의 글로벌 인터넷으로부터 러시아 부분(segment)을 따로 떼어내어 러시아 국가의 통제 아래 러시아의 주권이 작동하는 독립된 공간으로 구축하고 싶어 한다. 러시아는 이를 '디지털 주권(digital sovereignty)'이라고 정의하며 국가는 디지털 환경에서 지정학적 국가이익을 독립적으로 결정하기 위한 권리와 능력을 가져야 한다고 주장한다(Nikkarila & Ristolainen 2017, 30-31). 러시아는 이러한 디지털 주권개념에 따라 글로벌 인터넷 공간은 독립적으로 격리된(self-contained) 각각의 디지털 주권의 영역으로 분할되어야 하며 각각의 격리된 사이버 영역(cyber domain) 내에서 국가의 배타적 주권과 다른 국가나 외부 행위자로부터의 불간섭의 원칙이 지켜져야 한다고 주장한다(Kukkola, Nikkarila, & Ristolainen 2017, 77).

러시아는 사이버 안보의 위협을 디지털 주권 공간에 대한 위협으로 인식한다. 이 같은 사이버 안보의 개념에는 해킹, 디도스, 멀웨어 등과 같은 물리적, 기술적 침해뿐만 아니라 러시아의 문화적, 정신적, 그리고 도덕적 가치를 위협하는 정보 내용도 포함된다. 이것이 사이버 안보에 대한 인식에서 미국-서방의 그것과 차별되는 지점이다. 러시아는 정보의 내용(content)을 미국-서방과는 달리 사이버 안보 위협으로 인식한다. 러시아에서는 이러한 정보의 내용과 관련된 위협이 "사회적-인도적 영역에 영향을 미치기 위한 정보 내용의 사용 위협"으로 표현된다.

　이 같은 기조에 따라 러시아는 사이버 안보의 위협을 정보-기술 (information-technology)과 정보-심리(information-psychology)로 구분하여 양자를 모두 정보안보(information security)의 위협으로 통합적, 전일적(holistic)으로 인식한다. 정보기술은 주로 악성코드(hostile code)를 활용한 하드웨어나 소프트웨어 또는 네트워크 기반설비에 대한 물리적 공격위협을 의미한다. 반면 정보심리는 대중들의 도덕과 인식에 대해 공격하는 작전을 의미하며 아랍의 봄(Arab Spring), 오렌지 혁명(Orange Revolution), 그리고 소련의 붕괴 등과 같은 사례가 여기에 포함한다. 러시아는 정보의 내용과 관련된 위협을 정보-심리의 영역에 속하는 것으로 이해하면서 인터넷 상에서의 적대적이거나 파괴적인 정보의 내용 역시 주요한 정보안보의 위협으로 받아들인다(Medvedev 2015, 47).

　러시아는 사이버 안보를 이해함에 있어 전쟁과 평화를 시기적으로 이분법적으로 구분되는 개념이 아니라 일련의 연속된 스펙트럼 상의 어떤 단계 또는 상태로 인식한다. 러시아는 평화-전쟁 스펙트럼을 4개의 하위유형으로 구분한다. 이는 ① 평화적 공존, ② 이해관계의 갈등 또는 자연적 경쟁, ③ 무장충돌, 그리고 ④ 전쟁(a full-scale war)이다. 러시아의 개념으로 전쟁은 어떤 특정 시기에 국한된 의미가 아니며 단계적으로 이해갈등과 충돌이 격화되어 가는 과정이다(Nikkari-la and Ristolainen 2017, 194). 사이버 공격-방어는 "이해관계의 갈등 또는 자연적 경쟁", "무장충돌", 그리고 "전쟁"의 단계 모두에서 국가 행위자의 전략-전술적 의지(will)나 이해(interest)를 관철하고 목표

(objective)를 달성하기 위한 주요한 수단(means)이 된다. 전면전 이전의 단계인 "② 이해관계의 갈등 또는 자연적 경쟁"과 "③ 무장충돌"의 단계들에서의 사이버 공격행위들은 사이버 범죄, 핵티비즘, 사이버 테러, 사이버 간첩(또는 사이버 스파이)활동 등으로 나타난다. 사이버전(cyberwarfare)은 본격적인 전쟁 개시 직전의 단계에서 예비공격 또는 선도공격으로 사용되거나 물리적 또는 키네틱 전쟁과 함께 수행된다. 2022년 러시아-우크라이나 전쟁 발발 직전에 우크라이나 정보통신망을 상대로 전개된 사이버-기술 공격과 전면전 수행 과정에서 관찰되는 사이버-기술 공격과 사이버 영향력 공작 등은 이 같은 전쟁 단계에서의 사이버전 수행의 대표적인 사례들이다(윤민우·김은영 2023, 109).

러시아의 이 같은 사이버 안보개념과 인식에 주요한 토대가 되는 것은 게라시모프의 제안들이다. 이에 따라, 러시아는 전통적인 피와 폭력을 동반한 물리적 폭력충돌을 넘어 사이버 심리전과 사이버 기술 공격, 외교적 압박과 경제적 위협, 그리고 테러리즘과 같은 비전쟁적 방식(Невоенный метод)을 적극적으로 새로운 전쟁개념의 범주에 포함시키고 있다. 사이버 공격을 포함한 여러 비군사적 방법과 전통적 군사적 방법의 적절한 비율은 4:1 정도가 적절한 것으로 제시된다. 게라시모프 제안에 따르면, 오늘날 전쟁의 게임규칙(rules of war)은 바뀌고 있으며, 비군사적 수단이 군사적 수단보다 더 효과적이다(윤민우·김은영 2023, 95).

이 같은 게라시모프의 제안들을 요약하면, 다음과 같은 몇 가지 핵심 포인트들이 식별될 수 있다. 첫째, 갈등에는 점차적으로 더 많은 정보와 다른 비군사적 수단들이 포함된다. 둘째, 비밀작전과 비정규부대가 오늘날의 전쟁에서 점차 더 중요해지고 있다. 셋째, 전략적

(strategic), 작전적(operational), 전술적(tactical) 수준들 사이의 구분과 공격과 방어의 작전들의 구분이 사라지고 있다. 넷째, 정보무기는 적의 이점에 대응하는 비대칭적 작전을 가능하게 해주고 적 영토의 전반에 걸친 저항전선의 형성을 가능하게 해준다. 다섯째, 정보전쟁은 적의 전투능력을 떨어뜨리는 기회를 만들어낸다. 사이버 기술공격 및 사이버 영향력 공작은 여기서 매우 핵심적인 비군사적 활동을 구성한다. 그것은 전략적이면서 동시에 작전적이고 전술적인 성격을 갖는다. 또한 그와 같은 사이버 공격의 주체는 군과 정보기관뿐만 아니라 민간부문을 모두 포함한다. 이런 측면에서 전투원과 비전투원 간의 전통적인 구분은 그 의미가 퇴색된다(윤민우 2018, 96, 100).

III. 러시아의 국가 사이버 안보 기본전략

러시아의 국가 사이버 안보 기본전략의 가장 근간이 되는 것은 러시아의 철학적 인식론, 문명사적 자기이해, 그리고 지정학적 인식이다. 이를 바탕으로 러시아의 국가안보전략이 구성되며, 이 국가안보전략은 다시 정보안보(information security)전략의 근간이 된다. 러시아의 사이버 안보 기본전략은 이 정보안보전략의 한 부문에 해당한다. 앞서 언급한 바대로 러시아는 정보안보를 사이버 안보와 오프라인에서의 방송, 라디오, 신문, 저널, 도서 등 전통적인 커뮤니케이션 채널들을 함께 아우르는 개념으로 이해한다. 따라서 사이버-기술과 사이버-심리를 포함하는 사이버 안보는 당연히 정보안보의 개념 안에 포함되어 이해된다. 이 같은 러시아의 국가 사이버 안보 기본전략과 관련된 주요한 상위수준의 인식론과 전략들을 자세히 소개하면 다음과 같다.

첫째, 러시아의 가장 최상위의 국가안보전략을 구성하는 근간이 되는 것은 러시아의 철학적 인식론과 문명사적 자기이해이다. 푸틴 러시아는 이반 일린(Ivan Ilyin), 니콜라이 베르댜예프(Nicolai Berdyaev), 블라디미르 세르게예비치 솔로비요프(Vladimir Sergeevich Solovyov)와 같은 여러 국가주의자-유라시아주의자들의 정치철학의 영향을 받았다. 역사적으로 '러시아 정체성', '단 하나의 슬로바키아 국가건설', '러시아 정교' 등 서구의 합리주의나 지성주의와 구별되는 러시아적 사상과 역사관, 국가관은 러시아의 역사를 따라 존재해 왔다고 이들은 인식한다. 이러한 영향을 받은 푸틴의 철학, 이념, 러시아에 대한 인식을 의미하는 핵심 키워드들은 다음과 같다. 그것들은 국가 사회주의(national socialism), 나쉬즘(Nashism), 러시아 민족영토회복주의(Russia irredentism)(과거 러시아 제국과 소비에트연방 영토의 회복을 의미하는), 역사수정주의(historical revisionism), 굴욕적 역사, 반서구주의, 그리고 반미주의(Anti-Americanism) 등이다(윤민우·김은영 2023, 446-450).

푸틴에 대한 포린어페어스(Foreign Affair)의 평가는 다음과 같다. "…푸틴은 메시아적 러시아 국가주의자이며 유라시아니스트이다. 그의 끊임없는 역사적 영감은 키예프 루스 때로 되돌아간다…" 이런 맥락에서 보면 오늘날 러시아-우크라이나 전쟁은 푸틴에게는 '러시아주의'나 '슬로바키아 국가관'에 기반을 둔 천년 이상 지속되는 전쟁의 한 챕터에 해당한다. 푸틴은 이러한 사상과 철학에 기반을 두고 러시아인들에게 깊이 뿌리내린 러시아 정교식 도덕관과 러시아의 정체성을 복원하고 찬양함으로써 권위주의적 중앙정부에 의한 지배를 정당화하려고 기도한다(윤민우·김은영 2023, 446 450). 이와 함께 푸틴은 구소련연방 국가들과 그 외 러시아의 전략적 이익이 걸린 모든 지역에서 러시아의 국익을 수호하는 것이 러시아의 사명이라고 주장한다(윤민우·김은영 2023, 446-450). 결국 이렇게 볼 때 푸틴이 그리는 러시아 미래비전은 서구국가들과는 문화, 종교, 정신적으로 차별화된 러시아적 정체성 위에 글로벌 강대국의 한 축으로 과거 러시아 제국과 구소련의 영토를 회복한 신러시아 제국을 건설하는 것이다.

둘째, 러시아의 국가안보전략은 러시아의 지정학적 인식과도 관련이 있다. 2000년 푸틴 정권의 출범을 기점으로 러시아는 지속적으로 강한국가(Superpower)를 재건하고 미국 주도의 단극질서를 다극질서로 바꾸려고 시도해왔다. 그리고 그러한 다극질서에서 러시아가 주도하는 세력 공간(sphere of influence)을 확보하고자 노력해왔다. 이러한 러시아 주도의 세력 공간은 러시아 연방을 포함하여 근외지역(Near Abroad)으로 정의하는 이전 소비에트 연방에 속했던 주변 국가들을 포함하는 지리적 범위에 해당한다. 러시아는 미국과 서방의 세력침투로부터 이 러시아의 세력공간을 방어하고 재건하는 것이 지난 20년 넘게 푸틴 정권의 지정학적 전략의 핵심이었다. 최근 2022년 러시아-우크라이나 전쟁 역시 이러한 맥락의 연장선상에 있다. 이와 같은 러시아의 국가안보전략에 깔린 가장 근본적인 인식론은 러시아와 러시아 인근 지역을 독자적인 러시아/유라시아 문명(Russian/Eurasian civilization) 공간으로 보는 것이다. 이러한 인식론에 기초하여 물리적 및 사이버 공간에서의 사이버 안보를 포함하는 정보-군사충돌은 미국이 이끄는 대서양 문명(Atlantic civilization)으로부터 초래되는 적대행위(aggression)에 대한 러시아의 당연한 대응행동으로 정의된다(Darczewska 2014, 5-6).

셋째, 이 같은 철학적 인식론, 문명사적 자기이해, 그리고 지정학적 인식을 기반으로 러시아의 국가안보전략이 구성되었다. 러시아는 2015년 12월에 대통령령 683호로 발표된 러시아 국가안보전략 2020(Стратéгия национальной безопасности Российской Федерации 2020)에서 국가안보 수호를 위한 포괄적 중·장기 전략방안을 제시하였다. 이는 러시아의 중·장기적 국가전략 목표를 나타냄과 동시에 푸틴 정부의 미래구상과 위험평가 등에 대한 시각을 보여준다. 전략에서는 러시아가 대외 위협에 능동적이고 적극적으로 대처할 것이며, 국제사회에서 러시아의 지위를 강화하는 한편 국민의 삶의 질 개선을 위해 노력할 것임을 밝힌다. 이 같은 메시지가 향하는 지향점은 유라시아 공간에서 러시아 세계질서(the Russian world order)를 구축하고 이에 대한 미국-나토로부터의 위협을 공세적 방어(offensive defense)로 억제하는 것이다. 또한 미국 주도의 단극질서를 미국과 러시아, 그리고 중국 등의 강대국들이 각각의 권역으로 분할하는 다극질서로 변화하려고 지향한다.

최근 2021년 6월 2일에 러시아 연방의 새로운 국가안보전략(Стратéгия национальной безопасности Российской Федерации)이 발표되었다. 이는 러시아가 1997년에 처음 국가안보전략을 발표한 이후로 5번째 국가안보전략이다. 새로운 국가안보전략에서도 러시아의 국제질서에 대한 인식은 이전 전략서와 마찬가지로 변함없이 계속되었다. 러시아는 단극질서를 거부하며, 다극질서를 지향한다. 2015년 국가안보전략 2020과 다른 유일한 점은 이전 문서에는 "다극세계(multipolar world)"라고 표현한 것을 새로운 문건에서는 "다중심세계(polycentric world)"라고 표현한다. 하지만 결국 이 둘은 같은 의미로 이해할 수 있다. 새로운 전략서에서도 러시아는 스스로를 다중심세계의 한 축을 담당하는 강대국이자 글로벌 리더로 인식한다. 동시에 미국과 서방에 대해 매우 적대적인 태도를 견지하고 있다. 특히 2015년 전략서와는 달리 새로운 전략서에서는 더 이상 EU와 미국 등과 어떤 종류의 협력이 가능할 것이라고 여기지 않고 있다. 이는 매우 주목할 만한 변화이다(Bilanishvili 2021).

특히 새로운 전략서는 러시아 사이버 안보 전략과 관련된 중요한 내용을 담고 있다. 러시아는 초국가 정보통신 기업들이 러시아에 대한 서방의 핵심 무기 가운데 하나라고 인식한다. 이에 따라 러시아는 이들 국제 소셜네트워크(특히 페이스북이나 트위트 등)에 대한 적극적인 프로파간다를 시작했다. 러시아는 파괴적인 정보-심리 영향력으로부터 러시아 사회를 보호하고 러시아의 안전한 정보공간을 발전시킬 것을 강조하고 있다. 이 같은 새로운 전략서에 담긴 러시아의 기조는 국제 소셜네트워크가 러시아 대중들에게 미치는 영향력에 대해 심각하게 고려하고 있다는 것을 알려준다(Bilanishvili 2021).

반면 서방과 자유주의의 가치들은 러시아의 허위조작정보(disinformation)와 프로파간다의 타깃이 되고 있다. 러시아는 서구와 자유주의 가치들이 타락의 길로 들어섰다는 것을 입증하고, 서구가 전통적인 가치들에 대항해 싸우고 있다는 사실을 보여주며, 전통적인 가치들의 유일한 수호자가 러시아 자신이라는 사실을 제시한다는 목표를 가지고 있다. 2015년 전략서에서 러시아는 이 같은 정신적이고 (spiritual) 도덕적인(moral) 가치들을 특히 강조했는데 새로운 전략서에서는 이를 더욱 강조하고 있다(Bilanishvili 2021). 이 같은 맥락에서 러시아의 새로운 전략서에서는 사이버 안보 전략과 관련해서 특히 정보-심리 측면에 상당한 비중을 두고 있다고 평가할 수 있다.

러시아의 정보안보전략은 국가안보전략의 하위단위의 세부실행 전략에 해당한다. 앞서 언급한 대로 러시아는 사이버 안보(cyber security)를 정보안보(information security)로 이해한다. 따라서 러시아의 사이버 안보 전략은 정보안보전략에 담겨 있다. 러시아의 정보안보전략은 상위의 국가안보전략의 기조에 따라 정보안보에 관하여 정보공간에서 국가주권 강화 및 인터넷 거버넌스 체계를 개선할 것에 대한 의지를 표방하고, 국가의 정보통제권 인정을 주장한다. 러시아의 정보안보에 관한 기본전략의 세부사항은 다음과 같다. ① 러시아 국가안보전략은 국가안보의 위협요소로 첨단기술을 활용한 불법행위 및 정보전을 명시하였으며, 국가안보 과제에 정보안보를 포함시켰다. ② 전 세계적으로 증가하는 정보 및 정보통신기술을 이용한 분쟁에 대한 우려를 표명하였다. ③ 국가안보를 저해하는 요소로 정보기술, 통신, 고도화된 기술 활용을 통한 불법 활동을 명시하였다. ④ 정보안보 확보 노력으로 공공안전을 저해하는 파시즘, 극단주의, 테러주의, 분리주의 운동에 정보통신 기술 활용 가능성을 제시하였다. ⑤ 국민의 삶의 질 증진 및 국가기관에 대한 위협 감소 방안으로 정보통신 기반시설을 발전시키고, 국민의 사회적·경제적·정신적 활동과 관련된 정보 및 정보통신기술에 대한 접근성을 강화할 것을 지적하였다. ⑥ 경제안보 위협요소로 정보기반시설의 취약성을 지적하였다. ⑦ 국가안보 확보를 위한 노력의 일환으로 국제 정보안보체제 형성 노력에 참여할 것과 러시아의 전통과 정신적 가치를 수호하기 위해 인터넷 매체 등을 통한 외국의 문화 유입에 대한 방어 태세를 강화할 것임을 명시하였다(양정윤 외 2018, 146-147).

이와 같은 러시아의 정보안보 기본전략은 다음과 같은 특성을 갖는다. 먼저 방어적 속성이 강조되어 있다. 이는 미국–서방의 패권적인 문명적, 정보적 영향으로부터 러시아의 독자적인 문명권을 보존하고 방어해야 한다는 시각이 깔려 있음을 의미한다. 다음으로 러시아인들은 정보전쟁을 정보무기로서의 정보 자원을 통제하기 위해 특별한 수단을 사용함으로써 정보공간 내에서 서로 다른 국가들에 의해 채택되는 다른 문명적 시스템들 사이의 경쟁의 한 부분으로 대중의 의식에 영향을 미치는 것으로 이해한다는 점이다. 그들은 따라서 군사와 비군사적 서열(order)[1]과 기술적(사이버 공간)이고 사회적인(정보공간) 서열(order)을 혼합하여 사용한다(Darczewska 2014, 12). 즉, 바꾸어 말하면 APT와 멀웨어 공격 같은 기술적 해킹공격과 영향력 공작(influence operation)과 같은 정보심리 공격을 함께 통합적으로 운용한다. 이와 같은 전형적인 사례는 2016년 러시아의 미국 대선개입 사례이다(윤민우·김은영 2023, 434-435).

IV. 사이버 안보 추진전략

러시아의 사이버 안보 추진전략은 국가 사이버 안보 기본전략에 따라 미국-서방과는 다른 독특한 특성을 가진 두 개의 핵심기조로 구현된다. 먼저 러시아는 앞서 언급한 대로 미국-서방의 하이브리드전이나 사이버전보다는 정보전쟁(information war) 또는 정보충돌(information confrontation)의 개념으로 접근한다. 러시아의 시각에서는 정보전쟁은 사이버 공간, 오프라인에서의 정보통신, 그리고 대중의 심리 및 여론 등을 모두 포함하는 공간에서의 충돌 또는 공격-방어이다. 따라서 러시아는 사이버 상에서의 악성 코드와 같은 물리적, 기술적 침해뿐만 아니라 러시아의 문화적, 정신적, 그리고 도덕적 가치를 위

1   서열은 전투서열을 의미한다.

협하는 정보 내용 역시 전쟁 또는 충돌의 대상으로 인식한다. 이와 함께, 러시아는 앞서 언급한 대로 이 같은 전쟁 또는 충돌은 2022년 2월 발발한 러시아-우크라이나 전쟁과 같이 전통적인 의미에서의 전쟁(a full-scale war) 상태에서만 나타나지 않으며 전면전 이전의 상태에서 상시적으로 정보전쟁 또는 정보충돌이 수행될 수 있다고 본다. 이 같은 러시아의 인식은 평화-전쟁의 시기적 혼재성 또는 통합성에 기초하여 군사부문에서의 통합적 정보전쟁 추진전략으로 나타난다.

다음으로 러시아는 사이버 공간을 러시아의 배타적인 주권공간으로 인식한다. 이 같은 러시아의 사이버 공간에 대한 접근에는 러시아의 지정학적 사고가 그대로 투영되어 있다. 러시아는 글로벌 인터넷을 미국이 일방적으로 기술적, 문화적, 정신적으로 지배하는 공간으로 인식한다. 따라서 러시아는 미국 주도의 글로벌 인터넷으로부터 러시아 부분(segment)을 따로 떼어내어 러시아 국가의 통제 아래 러시아의 주권이 작동하는 독립된 공간으로 구축하고 싶어 한다. 러시아는 이를 "디지털 주권(digital sovereignty)"이라는 개념으로 정의하며 국가는 사이버 공간에서도 배타적이고 독점적인 디지털 주권과 통제권을 갖는다고 주장한다. 러시아가 이해하는 주권의 개념은 미국-서방과는 다르다. 러시아의 주권에는 이념, 가치, 체제, 문화, 정신, 교육, 종교적 가치 등의 배타적 독자성과 국가에 의한 통제도 포함된다. 이는 배타적인 독자문명공간으로서의 미국-서방과 구별되는 러시아 세계의 지정학적 인식이 사이버 공간에 그대로 투영된 것이다. 이 같은 러시아의 사이버 공간에 대한 인식에 따라 러시아는 자신들의 인터넷망을 글로벌 인터넷망으로부터 분리하여 주권의 개념에 따라 국가가 통제하는 공간으로 구축하려는 목표를 가지고 있으며 이를 위한 추진전략을 실행하고 있다. 러시아의 비군사 부문 사이버 안보 추진

전략은 주로 이와 같은 러시아의 독자적 인터넷망 구축과 이에 대한 국가통제의 강화에 초점이 맞추어져 있다.

1. 군사 부문

러시아는 이 같은 "정보전쟁" 개념 인식에 따라 전·평시를 막론하고 사이버 작전을 수행하고 있다. 이 같은 정보전쟁은 우크라이나 사례에서 보듯 본격적인 군사적 침공 직전 단계나 전쟁수행 과정에서 적대국 정보통신망에 대한 사이버 기술공격과 허위조작정보 유포 형태로 나타나기도 하며, 선거개입, 여론조작과 영향력 공작, 해킹을 통한 사이버 스파이 활동 등과 같은 다양한 평시 사이버 작전의 모습으로 나타나기도 한다. 이 같은 정보전쟁 전략수행의 핵심 컨트롤타워는 러시아 연방군이나 정보기관들이다. 이 같은 국가기관들은 책임부인성(deniability)를 위해 다양한 민간 해커들과 핵티비스트들과 같은 비국가 행위자들을 은밀히 지휘통제, 지원, 사주하여 사이버 작전을 수행한다(윤민우·김은영 2022, 81).

러시아의 정보전쟁 수행 추진전략은 미래전에서의 전략목표 달성을 위해서는 비군사적 수단의 비중과 역할이 증대할 것이며, 이에 정보전쟁이 결정적인 역할을 할 것이라는 인식에 따라 마련되었다. 러시아는 정보전쟁을 통해 적국의 지휘통제와 정보통신 시스템, 의사결정과정과 시스템, 국가 핵심기반시설, 여론 등을 교란, 파괴함으로써 적국의 정부, 군, 민간의 전쟁수행 의지와 역량을 약화 제거시켜 전쟁을 승리로 가져가는 결정적 기반을 조성하는 것을 전략목표로 한다. 이 같은 러시아의 군사 사이버 추진전략의 목표는 물리적, 기능(논리)적, 인지(심리)적 효과를 모두 포함한다. 물리적 목적은 적국의 정보통신 네트워크를 직접적으로 파괴하거나 손상 또는 기능 조작을 유도하는 등 적국의 지휘통제 및 정보통신 시스템과 핵심기반시설 자체의 불능, 손상, 혼란, 기능저하를 유도하는 것이다. 기능(논리)적 목적은 적국의 논리 네트워크와 정보통신의 기밀성, 무결성, 가용성 등 정보보호 핵심목표에 대한 부정적 영향을 미침으로써 적국의 원활한 정보소통과 의사결정과정을 지연, 방해하는 것이다. 인지(심리)적 목적은 적국 지도부, 군, 일반대중의 인지능력, 의사결정 및 심리반응 등에 부정적 영향을 미침으로써 전쟁 수행을 위한 심리적 기반을 교란-파괴하는 것이다(장세호 2023).

러시아의 정보전쟁은 국가 차원의 연방군과 정보기관들의 사이버 부대들은 물론 다양한 민간 또는 비국가 행위자들이 최대한 동원, 활용되어 수행된다. 이와 같은 러시아 정보전쟁 수행의 가장 주요한 실행 컨트롤타워는 연방보안국(FSB), 연방군 총참모부 정보총국(GRU), 그리고 대외정보국(SVR)이다. 각각의 기관과 사이버 작전 수행의 핵심 부서 또는 부대들을 살펴보면 다음과 같다(윤민우·김은영 2022, 81).

먼저 연방보안국은 해킹과 같은 사이버 기술공격과 정보심리전 또는 영향력 공작의 수행을 위한 핵심 부서이다. 이와 같은 비밀작전은 FSB의 정보안보센터(FSB's Center for Information Security)에 의해 수행된다. 정보안보센터는 다양한 사이버 범죄자들과 해커들을 이용하여 비밀공작을 수행한다(Maurer and Hinck 2018, 46). 한편 연방보안국의 TSRRSS(Electronic Surveillance of Communication)센터는 사이버 및 신호정보(SIGINT) 부문에서 임무를 수행하며 전자통신(electronic communications)의 인터셉션, 암호해독, 그리고 처리를 수행한다(Pack 2019).

러시아 연방군의 사이버 작전의 핵심 기관은 정보총국이다. 런던 과 브뤼셀의 사이버 안보전문가들에 따르면,[2] 정보총국은 해외에서 의 공세적 정보전쟁(또는 충돌) 수행에서 가장 핵심적인 기관으로 평 가된다. 정보총국은 연방보안국과 서로 영역이 중첩되며 경쟁관계 에 있다. 대체로 러시아 국내 보안방첩에서는 FSB가 해외 정보공작 과 비밀전쟁 수행에서는 GRU가 좀 더 상대적으로 우위에 있는 것으 로 알려져 있다(ITU 2016). 정보총국은 특히 러시아의 군사전략 독트 린에 따라 정보전쟁 또는 정보충돌의 수행을 위해 공격(offense)과 방 어(defense)의 임무를 수행한다. GRU는 러시아에서 가장 큰 규모의 해외정보기관으로 알려져 있으며 가장 위험하고 복잡하며 중요한 국 익이 걸려 있는 작전들을 수행한다. GRU는 선거개입과 해킹, 정보- 심리작전 등과 같은 해외에서의 공세적 러시아 정보전쟁(또는 충돌) 의 가장 위협적이고 핵심적인 기관이다.[3] GRU는 암호기술 및 솔류션 에 관한 최고의 기술 실행력을 보유한 것으로 알려져 있으며 FSB등과 공조하여 활동한다(양정윤 외 2018, 140-141). GRU는 FSB와 마찬가지 로 해커들과 사이버 범죄자들을 프록시로 활용하는 비밀작전(Covert Operation)을 수행한다.

GRU 산하에 사이버 작전 수행과 관련된 부대들은 다음과 같다. 우선 GRU는 15개의 국(directorates)으로 구성되어 있으며, 이는 지역 별 4개 국과 임무별 11개 국으로 나뉜다. 이 가운데 사이버 공격-방어 는 12국(Twelfth Directorate)이 핵심 부서인 것으로 판단된다(Bowen 2020, 4). 또한 GRU 산하 소속 부대 가운데 사이버 공격-방어와 관련

2   인터뷰 자료.
3   인터뷰 자료.

된 임무를 수행하는 부대로는 Unit 54777, Unit 26165, Unit 74455 등이 있다. 54777부대는 72특수임무센터(72nd Special Service Center)로도 불리며, GRU의 가장 주된 심리전 수행부대이다. 이 부대의 위장조직으로는 InfoRos와 Institute of the Russian Diaspora 등이 있다. 26165부대는 Fancy Bear, STRONTIUM, 또는 APT28로도 알려져 있는 사이버 작전/해킹그룹이다. 74455부대는 Sandworm Team 또는 Main Center for Technologies로도 알려져 있다. 이 부대는 DC Leaks와 Guccifer 2.0 등과 같은 여러 다른 가짜 아이덴티티(fictitious identities)를 사용하며 맥시멈 정치적 충격/효과를 위해 위키리크스(Wikileaks)와 협조하면서 정치적으로 민감한 사이버 해킹을 통해 훔친 자료들을 공개한다. 이 부대는 2017년 NotPetya 공격과 함께 2018년 평창 동계올림픽 사이버 공격에도 관여하였다(GRU 2023).

해외 정보활동(intelligence)이나 공작(covert operation)을 주로 하는 민간 국가정보기관인 대외정보국 역시 사이버 정보활동 및 공작 임무를 수행한다. SVR은 과거 KGB의 1국(First Chief Directorate)이 담당하던 해외정보(Foreign intelligence)의 책임과 권한을 승계한 기관이다(McCauley 2001, 406). 또한 2003년 FAPSI가 해체되면서 FAPSI의 통신(communication)과 정보(information)에 관련된 정보안보 관련 책임의 일부를 승계받았다(양정윤 외 2018, 140). SVR은 해외 정보안보활동, 인간정보(HUMINT), 사이버 및 신호정보(SIGINT) 분야의 대외협력 업무를 담당하고 있으며 전략정보를 수집하며 해외 정보보호 및 통신시스템 구축에 관한 역할을 수행한다(양정윤 외 2018, 140). SVR은 업무수행을 위해 FSB와 다른 행정부 수사기관들과 마찬가지로 통신운용자들(communication operators)과 인터넷 운용자들(inter-net operators)로부터 정보통신 관련 정부를 요청할 수 있으며 다른 정부기관들로부터 데이터베이스와 정보시스템을 요청할 권한이 있다 (ICNL 2016). 네덜란드 정보부(Dutch General Intelligence and Security Service, AIVD)는 2016년 미국 대선에 개입했던 러시아 해킹 조직인 Cozy Bear가 FSB와 연계된 것이 아니라 SVR에 의해 지휘통제를 받았다고 주장했다. 미국의 민간 사이버 보안회사인 CrowdStrike 역시 이와 같은 네덜란드 정보부의 추론에 동의했다(SOCRadar 2021).

FSB, GRU, SVR 등은 해커들과 범죄자들, 그리고 애국적 핵티비스트들과 같은 민간 프록시(proxies) 병력들과 연계되어 있다. 이와 같은 민간 프록시들은 사이버 작전들(cyber operations)에 동원된다 (Maurer and Hinck 2018, 47). RBN(Russian Business Network) 등은 이러한 프록시의 사례에 해당한다. 프록시를 이용하는 이유는 비용-효과의 측면과 익명성과 러시아 정부의 책임 부인성(deniability)를 높이기 때문이다(Connell and Vogler 2017, 11). CyberBerkut라는 해커 그룹은 2014년 우크라이나 선거 기반시설에 대한 공격으로 알려졌다(Connell and Vogler 2017, 23-24). 트롤팜(troll farm)이라고 불리는 IRA(Internet Research Agency) 역시 프록시 행위자에 해당한다. IRA는 러시아 정부로부터 금전적 지원을 받고 허위조작정보, 영향력 공작 등에 동원되는 민간회사로 알려져 있다(송태은 2020, 22-23). 러시아-우크라이나 전쟁에서도 이와 같은 러시아 연방군 및 정보기관들과 해커들, 핵티비스트들의 연계가 관찰된다. 멀웨어와 피싱(phishing), DDoS 등으로 우크라이나 주요 타깃들에 대한 전방위적 사이버 공격을 감행했던(Lewis 2022; Pearson and Bing 2022) Sandworm은 GRU 의 74455부대와 연계됐던 것으로 알려졌다(Greenberg 2022). 러시아 민간 해커들은 미국과 다른 42개국의 100개 이상의 기관들의 네트워크에 침투하였고, 대용량 데이터를 절취했다(Miller 2022). 이와 함께,

정보심리전을 수행하는 익명의 친러시아 애국적 핵티비스트들은 소셜미디어에서의 여론과 내러티브 담론을 주도하기 위해 입증하거나 진위 여부를 가리기 어려운 스크린샷(screenshots)과 문건들(caches of documents), 뉴스들을 포스팅했다(Pearson and Bing 2022). 상트 페쩨르부르크에 위치한 러시아 인터넷 트롤들은 러시아의 우크라이나 침공을 지지하는 여론을 온라인에서 적극적으로 유포, 확산시켰으며, IRA의 트롤팩토리(troll factory)는 친크레믈린 내러티브를 유포, 확장시키는 활동을 특히 인스타그램과 유튜브, 그리고 틱톡 등에서 활발히 전개하였다. 이 가운데 핵심적인 역할이 "Cyber Front Z"라고 불리는 텔레그램 채널에 의해 수행되었다. 이와 같은 러시아 트롤팜들은 "애국적 활동(patriotic activity)"으로 우크라이나에서의 "특별 군사작전(Special Military Operation)"을 지원하는 업무를 위해 임금을 받고 고용된 인력들로 알려졌다(Staff and agencies 2022). IRA 이외에도 MediaSintez, NovInfo, Nevskiy News, Economy Today, National News, Federal News Agency, and International News Agency 등의 다수의 민간 참여자가 조직적으로 동원되었으며, 이들의 배후에는 러시아 연방군 또는 정보기관이 있었던 것으로 파악되었다(Staff and agencies 2022).

2. 비군사 부문

러시아의 비군사 부문 사이버 안보 추진전략은 "디지털 주권" 개념에 기초해 미국이 지배하는 글로벌 인터넷 공간과 분리-격리된 러시아의 배타적 인터넷 공간의 구축에 초점이 맞추어져 있다. 이는 사이버 안보 전략임과 동시에 러시아의 과학기술 및 경제산업발전전략의 일환으로 추진된다. 이 같은 러시아의 비군사 부문 사이버 추진전략은 러시아 국내에서의 보안방첩의 핵심 기관인 연방보안국과 함께 디지털발전통신언론부(Ministry of Digital Development, Communications and Mass Media of the Russian Federation: Minkomsvyaz)가 주도하고 있다. 이 같은 러시아의 독자적 국가통제 인터넷망 구축 추진전략을 간략히 살펴보면 다음과 같다(윤민우 2021, 102-113).

먼저, "정보 사회 국가프로그램 2011-2020"은 디지털발전통신언론부와 경제개발부에 의해 추진되었다. 이 프로그램은 정보자원에 대한 동등한 접근, 디지털 콘텐츠의 발전, 혁신적 기술의 도입, 그리고 정보안보에 대한 정부규제의 획기적 개선을 통해 정보와 통신기술의 혜택을 이용하는 기회를 개인들과 기업들에게 제공하는 것을 목표로 한다. 이 프로그램은 6개의 하위 프로그램으로 구성되어 있다. 이러한 하위 프로그램들은 ① 삶의 질과 비즈니스 활동의 조건 개선, ② E 정부와 효과적인 국가 거버넌스, ③ 정보통신기술을 위한 러시아 시장의 발전, ④ 디지털 갭을 연결하고 정보사회의 기초 기반시설(infrastructure)을 건설하기, ⑤ 정보사회에서의 보안, ⑥ 디지털 콘텐츠의 개발과 러시아 문화적 유산 보존 등이다(신범식 2021, 47-49).

다음으로 러시아의 글로벌 인터넷망과 격리된 독자적 국가 인터넷망 구축사업인 RuNet 관련 세부 추진 전략들은 다음과 같다. 2016년에 Minkomsvyaz는 러시아 핵심 인터넷 기반시설 보호를 위한 "정보사회(Information Society)" 프로그램의 새로운 지침을 추가 배포하였다. 그 내용은 RuNet의 외부네트워크 의존성을 제거하는 것과 국가의 완전한 통제를 보장하는 것을 담고 있다. 2016년 6월부터는 RuNet을 글로벌 인터넷으로부터 단절시키기 위한 세부적인 기술 계획이 논의되었다. MSK-IX는 RuNet 백업 포메이션을 연구하기 시작했다.

2016년 여름에 Minkomsvyaz는 RuNet을 글로벌 인터넷으로부터 2020년까지 단절될 것이라고 선언했다. 이는 9월 모스크바 시와 지역 정부, 국가 미디어 회사인 Rossiya Segodnya에서 오라클 데이터베이스가 공개출처 소프트웨어인 PostgreSQL로 교체되었다. 10월에는 러시아 군사 인터넷이 완전히 작동하고 있다고 선언되었다. 2016년 10월 Minkomsvyaz는 자동 시스템(autonomous system), 인터넷의 러시아 국가 부문의 기반시설(infrastructure of the Russian national segment of the Internet), 그리고 러시아의 관점에서 national .ru와 .рф 영역(zone) 도메인 네임 등록(domain name registrar)과 같은 기본 인터넷 기반시설 개념을 정의하는 새로운 법률 초안을 발표했다(신범식 2021, 50-51).

한편 디지털 경제발전 프로그램 관련 세부추진 전략들은 다음과 같다. 2017년 3월에는 디지털 경제발전 프로그램 추진을 위한 IWG(Inter-agency Working Group)가 구성되었다. 8월에는 디지털 경제 프로그램 수행을 관리하기 위한 도구로서 삶의 질과 비즈니스 조건(Quality of Life and Business Conditions)을 증진시키기 위한 IT의 사용에 관한 정부위원회(Government Commission)의 디지털 경제에 관한 분과위원회(Subcommittee)가 설치됐다. 이와 함께, 디지털 경제 발전을 위한 새로운 단계가 2018년 5월 대통령 명령(Presidential Decree)과 함께 추진되었다. 이 명령은 2024년까지 국가 사회-경제적 발전의 목표와 집중지표들을 정의했다. 이 명령에 따라 2024년까지 디지털 경제 발전의 국내 비용이 2017년과 비교하여 3배 이상 증가해야 하며, 대용량 데이터의 하이 스피드(high-speed) 전송, 처리, 저장을 위한 안정적이고 안전한 정보(information)와 원격통신(telecommunication) 기반시설이 모든 조직들과 가구들이 접근할 수 있도록 구축되어야 하고, 정부당국과 지방정부, 그리고 조직들이 국내산 소프트웨어를 주로 사용해야 한다. 그러한 국가 프로그램의 발전은 승인된 디지털 경제 프로그램과 액션플랜에 그 근거를 둔 Minkomsvyaz에 의해 주도된다(신범식 2021, 43-47).

마지막으로 매일 매일의 사이버 보안관리와 관련된 규제, 감시와 연구개발 세부정책들은 다음과 같다. 2012년 Minkomsvyaz는 "깨끗한 인터넷(Clean Internet)" 프로젝트를 추인했다. 이에 따라 "안전한 인터넷 연맹(Safe Internet League)"이 만들어지고 인터넷 감시활동을 수행한다. 이 밖에 러시아의 공무원들은 임의대로 법원명령 없이 인터넷 자료들을 쉽게 폐쇄할 수 있으며, 경제적이고 도적적인 이유로 인터넷 검열을 도입하고 인터넷으로부터 유해한 내용들을 제거할 수 있고, 필요하다면 전체 웹사이트들을 폐쇄하는 것이 쉽고 완전히 합법적이다. 이와 관련하여 통신업자들(무바일 폰 서비스 공급자들과 같은)과 인터넷 서비스 공급자들은 모든 사용자들의 모든 통신과 활동들을 기록하고 저장하도록 요구된다. 한편, 러시아는 사이버 공간을 감시하는 소프트웨어에 투자하며, 사이버 범죄에 대한 소프트웨어와 기술을 발전시키는 데 있어 세계에서 선도적이다(Giles 2012).

한편 연방보안국은 이 같은 Minkomsvyaz가 주도하는 러시아 독자 인터넷망 구축사업과 국가통제에 사실상의 컨트롤타워로서의 역할을 수행한다. FSB는 러시아 인터넷 망에 대한 컴퓨터 침해사건 대응, 감시와 정보, 수사 및 법집행, 국가핵심기반시설보호 등의 사이버 보안방첩 임무를 수행할 뿐만 아니라 기술개발과 산업생산에서 규제와 면허 업무를 수행한다. 또한 이와 함께 디지털 경제발전, RuNet 2020, 교육·연구·개발 등의 거의 모든 러시아 인터넷망 구축과 관련된 하드웨어, 부품, 장비, 소프트웨어, 프로그램, 기반설비 구축 등 거의 모든 부문에서 참여기관이거나 핵심 코디네이터이거나 선도기관이거나 컨트롤타워로서의 역할을 수행한다(윤민우 2021, 102-106).

V. 맺음말

러시아의 사이버 안보 전략은 러시아의 독특한 지정학적이고 전략적인 인식과 이해를 기반으로 한다. 러시아는 미국-서방의 지정학적, 경제적, 문화적, 정신적 침해와 세력 확장에 의해 포위되어 있다는 포위된 요새(besieged fortress)의 관념을 갖고 있다. 러시아는 이 때문에 글로벌 지정학적 지형을 미국 주도의 단극질서에서 러시아가 미국과 함께 또 다른 동등한 강대국 행위자로 받아들여지는 다극질서로 변화시키고자 노력한다.

러시아의 사이버 전략에는 이러한 러시아의 지정학적 사고가 그대로 투영되어 있다. 러시아는 글로벌 인터넷을 미국이 일방적으로 기술적, 문화적, 정신적으로 지배하는 공간으로 인식한다. 따라서 이러한 미국 주도의 글로벌 인터넷으로부터 러시아 부분(segment)을 따로 떼어내어 러시아 국가의 통제 아래 러시아의 주권이 작동하는 독립된 공간으로 구축하고 싶어 한다. 러시아의 이와 같은 주권과 사이버 공간에 대한 인식은 근본적으로 미국-서방의 주권과 사이버 공간에 대한 인식과는 다르다. 러시아의 이와 같은 인식은 중국의 주권과 사이버 공간에 대한 인식과는 상당히 유사한 측면이 있다. 러시아와 중국의 이와 같은 사이버 공간 주권에 대한 이해는 글로벌 사이버 공간을 각국 정부가 배타적-독점적으로 통제하는 주권 영역으로 분할하고 서로의 영역에 대한 기술적, 문화적, 정신적 개입 또는 침해를 금지하자는 디지털 웨스트팔리아 원칙으로 나타난다.

러시아가 인식하는 이와 같은 사이버 주권 공간에 대한 위협은 러시아의 시각에서는 악성 코드와 같은 물리적, 기술적 침해뿐만 아니라 러시아의 문화적, 정신적, 그리고 도덕적 가치를 위협하는 정보 내용이 포함된다. 러시아는 이를 정보-기술과 정보-심리의 위협으로 구분하며 모두 정보충돌 또는 정보전쟁의 위협으로 인식한다. 러시아의 격리된 배타적 사이버 공간에 대한 방어는 외부로부터의 정보-기술과 정보-심리의 위협 모두를 의미한다.

또한 러시아는 정보전쟁 또는 정보충돌을 전쟁-평화의 시기가 혼재되어 있는 회색지대에서의 이해관계를 둘러싼 갈등, 충돌로 인식한다. 이 같은 새로운 형태의 전쟁에서 승리하기 위해 러시아는 전통적인 지정학적 군사전략인 공세적 방어(offensive-defense)원칙을 사이버 전략에도 그대로 적용하고 있다. 이 같은 러시아의 전략기조에 따라 정보기술과 정보심리를 통합하고 군사-정보기관-민간 부문을 통합한 입체적 통합적 형태로 사이버 군사전략을 추진하고 있다.

이와 함께 러시아는 미국-서방의 러시아 사이버 공간에 대한 기술적, 정신적 침해를 방어하기 위해 러시아의 독자적 인터넷 망을 구축하려고 시도하고 있다. 이를 위해 정보통신 관련 과학기술 및 경제 산업발전을 도모하고 있다. 동시에 여러 법령 및 제도와 정책들을 마련하여 사이버 공간에 대한 국가 통제를 강화하고 있다.

이처럼 러시아의 사이버 안보 전략은 러시아의 유라시아 문명으로서의 독특한 자기인식과 철학, 가치관, 세계관을 담고 있으며, 이를 구체화한 국가안보전략의 기반 위에 세워져 있다. 또한 이 같은 사이버 안보 전략은 정보전쟁 수행과 독자적 러시아 인터넷망 구축이라는 구체적 추진전략으로 구현되고 있다. 이 같은 러시아 사이버 안보 전략은 적어도 2000년 이후로 지난 20여 년간 꾸준히 지속적으로 일관되게 추진되어 오고 있다.

참고문헌

송태은. 2020. "디지털 허위조작정보의 확산 동향과 미국과 유럽의 대응." 주요국제문제분석 2020-13, 국립외교원 외교안보연구소.

신범식. 2021. "러시아 사이버 안보의 개념과 원칙." 신범식·윤민우·김규철·서동주. 『러시아의 사이버 안보』. 서울: 사회평론아카데미.

양정윤·박상돈·김소정. 2018. "정보공간을 통한 러시아의 국가 영향력 확대 가능성 연구: 국가 사이버안보 역량 평가의 주요 지표를 중심으로." 『세계지역연구논총』 36(2): 133-162.

윤민우. 2018. "사이버 공간에서의 심리적 침해행위와 러시아 사이버 전략의 동향." 『한국범죄심리연구』 14(2): 91-106.

_____. 2021. "러시아 사이버 안보의 국내적 기반과 체제." 신범식·윤민우·김규철·서동주. 『러시아의 사이버 안보』. 서울: 사회평론아카데미.

윤민우·김은영. 2022. "어나니머스 등 국제해킹조직의 핵티비즘 분석연구." 2022년 12월 정보세계정치학회 연구보고서.

_____. 2023. 『모든 전쟁: 인지전, 정보전, 사이버전, 그리고 미래전쟁에 대한 전략이야기』. 서울: 박영사.

장세호. 2023. "러-우 전쟁 과정에서 나타난 러시아 사이버 공격 양상과 한국 사이버 안보에의 함의." 한국사이버안보학회 2023 추계학술회의.

Bilanishvili, G. 2021. "On the New National Security Strategy of the Russian Federation." *Security Review*. Rondeli Foundation. Available at https://gfsis.org.ge/publications/view/3011

Bowen, A. S. 2020. "Russian Military Intelligence: Background and Issues for Congress." *Congressional Research Service* R46616.

Connell, M. & Vogler, S. 2017. "Russia's Approach to Cyber Warfare." CNA.

Darczewska, J.. 2014. "The anatomy of Russian information warfare: The Crimean operation, a case study." *Point of View* No. 42, OSW(Osrodek Studiow Wschodnich) Center for Eastern Studies, Warsaw.

Giles, K. 2012. "Russian cyber security: Concepts and current activity." REP Roundtable Summary. (6 September). Chatham House. London: UK.

Greenberg, A. 2022. "Russia's Sandworm Hackers Attempted a Third Blackout in Ukraine." *WIRED*. (April 12). Available at https://www.wired.com/story/sandworm-russia-ukraine-blackout-gru/

GRU. 2023. Available at https://en.wikipedia.org/wiki/GRU#cite_note-50

ICNL(The International Center for Not-for-Profit Law). 2016. "Overview of the Package of Changes into a number of Laws of the Russian Federation Designed to Provide for Additional Measures to Counteract Terrorism." ICNL.

ITU(International Telecommunication Union). 2016. "Cyberwellness Profile Russian Federation." ITU 웹사이트. Available at http://www.itu.int/md/D14-SG02.RGQ-C-0143/en

Kukkola, J., J-P. Nikkarila, & M. Ristolainen. 2017. "Asymmetric frontlines of cyber battlefields." in J. Kukkola, M. Ristolainen, and J-P. Nikkarila eds. *Game Changer Structural transformation of cyberspace*. Puolustusvoimien tutkimuslaitoksen julkaisuja 10. Finnish Defence Research Agency Publications 10. Finnish Defence Research Agency.

Lewis, J. A. 2022. "Cyber War and Ukraine." CSIS(Center for Strategic & International Studies) Report. Available at https://www.csis.org/analysis/cyber-war-and-ukraine

Maurer, T. and G. Hinck. 2018. "Russia: Information Security Meets Cyber Security." In F. Rugge. ed. *Confronting an "Axis of Cyber."* Milano, It: Ledizioni LediPublishing.

McCauley, M. 2001. *Bandits, Gangsters and the Mafia: Russia, the Baltic States and the CIS since 1991*. Routledge.

Medvedev, S. A. 2015. *Offense-Defense theory analysis of Russian cyber capability*. Thesis, Naval Postgraduate School, Monterey, California.

Miller, M. 2022. "Russian hackers targeting U.S., other Ukraine allies." *POLITICO*. (June 22). Available at https://www.politico.com/news/2022/06/22/russian-hackers-target-u-s-00041342

Nikkarila, J-P. & M. Ristolainen. 2017. " 'RuNet 2020' – Deploying traditional elements of combat power in cyberspace?" in J. Kukkola, M. Ristolainen, and J-P. Nikkarila eds. *Game Changer Structural transformation of cyberspace*. Puolustusvoimien tutkimuslaitoksen julkaisuja 10. Finnish Defence Research Agency Publications 10, Finnish Defence Research Agency.

Pack, W. 2019. "Supplement to the 2012/3 South African Cyber Threat Barometer: Russia Case Study Report." Available at www.wolfpackrisk.com

Pearson, J. & C. Bing. 2022. "The cyber war between Ukraine and Russia: An overview." *Reuters*. (May 10). Available at https://www.reuters.com/world/europe/factbox-the-cyber-war-between-ukraine-russia-2022-05-10/

Ristolainen, M. 2017. "Should 'RuNet 2020' be taken seriously? Contradictory views about cybersecurity between Russia and the West." in J. Kukkola, M. Ristolainen, and J-P. Nikkarila eds. *Game Changer Structural transformation of cyberspace*. Puolustusvoimien tutkimuslaitoksen julkaisuja 10. Finnish Defence Research Agency Publications 10, Finnish Defence Research Agency.

SOCRadar. 2021. "APT Profile: Coza Bear/APT29." *SCORadar*. (November 16). Available at https://socradar.io/apt-profile-cozy-bear-apt29/

Staff and agencies. 2022. "Troll factory' spreading Russian pro-war lies online, says UK." *The Guardian*. (May 1). Available at https://www.theguardian.com/world/2022/may/01/troll-factory-spreading-russian-pro-war-lies-online-says-uk

Voo, J., I. Hemani, & D. Cassidy. 2022. "National Cyber Power Index 2022." Report, September 2022, Harvard Kennedy School, Belfer Center for Science and International Affairs.

제12장

우크라이나 전쟁과 사이버전: 러시아의 사이버 공격 및 NATO의 우크라이나 지원

신범식 서울대학교 정치외교학부 교수
양정윤 국가보안기술연구소 선임연구원

* 이 글은 다음 논문을 부분 수정한 것임. 신범식·양정윤. 2024. "우크라이나 전쟁과 사이버
전: 러시아의 사이버 공격 및 NATO의 우크라이나 지원과 영향에 대한 고찰."『러시아연구』
34권 1호.

I. 머리말

2022년 2월 24일 러시아의 우크라이나 침공 이후 우크라이나 전쟁은 2년 이상 지속되며 장기전화되고 있다. 러시아-우크라이나전은 제2차 세계대전과 컴퓨터와 인공위성, 인터넷으로 촉발된 제3차 산업혁명, 사이버-물리시스템의 융합으로 가속화된 4차 산업혁명 이후 유럽 지역에서 발발한 대규모 전쟁이라는 측면에서 전쟁에서의 사이버 전력 활용에 전 세계의 이목을 집중시키고 있다. 러시아-우크라이나 전쟁의 사이버전 양상과 전쟁을 지원하는 타국의 역할은 현대전에 새로이 등장한 공간인 사이버가 전쟁에 미치는 영향에 대한 귀중한 통찰력을 제공한다. 우크라이나 전쟁의 시작에 대한 다양한 의견들이 있지만, 실제 공격은 2022년 2월 23일에 감행된 사이버 공격으로부터 시작되었다는 분석이 나왔다(Microsoft 2022a).

2007년 에스토니아 공격, 2008년 러시아-조지아 전쟁 중 사이버 공격, 2014년 크리미아 병합 시 샌드웜(Sandworm)과 같은 APT 공격과 2015년 우크라이나 전력망을 목표로 한 블랙에너지(BlackEnergy) 공격, 2017년 우크라이나 기업 및 글로벌 물류체계에 영향을 미친 낫페트야(Notpetya) 공격 등 러시아는 최소 15년 이상 공격적 사이버 기술을 개발, 사용해 왔으며 세계적으로 최고 수준의 사이버 공격 역량을 보유한 것으로 알려져 왔다. 러시아는 서방의 해저케이블 및 산업제어시스템(ICS)을 포함한 중요 인프라에 대한 사이버 공격 역량 또한 갖추고 있는 것으로 평가된다. 러시아의 우크라이나에 대한 사이버 공격이 전쟁 초반 통신, 금융, 교통, 에너지 등 우크라이나의 주요 기반시설을 광범위하게 마비시킬 정도의 위력은 아니었으나, 전쟁이 개시된 이래 지속적으로 사이버 공간을 활용한 정보전, 심리전, 하이브리드전 등 공격적인 사이버(offensive cyber) 역량을 다면적으로 수행하고 있는 것으로 알려져 있다(Voo et al. 2022). 이에 대응해 우크라이나도 러시아의 사이버 공격을 적극적으로 방어하고 있는데, 물리전과 동일하게 미국과 북대서양조약기구(NATO)를 위시한 서방 국가들의 적극적인 지원을 통해 러시아의 사이버 공격에 대응하고 있는 것으로 알려져 있다.

NATO의 확장에 대한 조지 캐넌(George Kennan)의 경고와(Hodgson 2022), 미어샤이머(Mearsheimer)의 책임론에도 불구하고(Mearsheimer 2014) NATO의 동진(東進)은 진행되었으며, 전쟁 발발의 직접적인 원인이 되었다. 러시아는 전쟁 종결을 위한 협상 의제로 우크라이나의 비무장화, 탈나치화, 중립화와 함께 NATO 가입 금지 등을 주장하고 있고 NATO 회원국은 우크라이나를 정치적·경제적으로 적극 지원하고 있다. 공세적 현실주의에서 주장하는, 오히려 NATO가 더 빨리 확장하였다면 NATO 조약 제5조의 적용에 따라 2014년 크림반도가 병합되지 않았을 것이고 2022년 우크라이나전은 발발하지 않았을 것이라는 반사실적 시나리오는 현재의 답보적 상황에 해결책을 제시하지 않는다(Edinger 2022). NATO는 분쟁을 확대하지 않으면서 상대적으로 가시성이 낮은 사이버 영역에서 우크라이나를 적극적으로 지원하고 있으며, 최선의 지원을 통해 전쟁의 더 나은 결과를 도출하려는 현 상황에서 사이버 영역에서 러시아-우크라이나 전쟁의 NATO의 영향에 대한 고찰은 시의적절하다고 판단된다.

우크라이나전과 관련된 연구는 국내외적으로 다수 진행되고 있으며, 우크라이나 전쟁의 사이버전에 관한 연구도 다수 존재한다. 기존 연구들에서는 러시아가 수행하는 사이버전 기술과 전술, 위협 양상, 사이버가 재래식 전력에 미치는 함의 등에 주목하고 있다. 러시아의 초기 사이버전과 관련해 마커스 윌렛(Marcus Willett)은 러시아의 사이버전 진행 양상을 분석하며, 사이버 공간에 적용되는 국제법의 불확실성으로 인하여 사이버 분쟁이 사이버 공간을 넘어 러시아와 NATO 간 분쟁으로 확대되는 것에 대한 위험성을 지적한다(Willett 2022). 국내 연구에서 송태은은 우크라이나전을 통해 전면전에서 사이버 전력의 역할을 분석하고 있으며(송태은 2022), 부형욱은 우크라이나전의 사이버전 전개 양상과 이를 통한 한미일 사이버 안보 협력에 관한 함의를 고찰한다(부형욱 2024). 이용석·정경두는 러시아의 우크라이나 전쟁 전후 사이버 활동과 우크라이나에 대한 타국의 지원에 주목한다(이용석·정경두 2022). 문용득·박동휘는 하이브리드 전쟁의 시각에서 우크라이나전의 사이버전 진행 양상을 분석한다(문용득·박동휘 2022).

이 연구에서는 우크라이나 전쟁과 관련하여 러시아의 사이버 공격에 대항하는 우크라이나에 대해 사이버 전쟁 수행 과정에서 NATO가 어떠한 지원을 실행하고 있으며 그 영향과 함의를 살펴보고자 한다. 구체적으로 우크라이나전에서 진행 중인 사이버-물리전력이 결합되어 투사되는 하이브리드전의 전장 환경에서 우크라이나를 지원하는 NATO의 사이버 전술의 실행, 대응, 효과와 한계를 살펴볼 것이다.

II. 우크라이나 전쟁과 러시아의 사이버 공격

1. 러시아의 우크라이나에 대한 사이버 확전(擴戰)

2022년 2월 24일 탱크, 전투기, 순항미사일을 동원한 러시아의

"우크라이나에 대한 특수군사작전(Специальная военная операция на Украине)"이 실행되기 하루 전날인 2월 23일, 러시아는 파괴형 소프트웨어인 '폭스블레이드(Foxblade)'를 통해 우크라이나 전역의 19개 정부 및 주요기반시설을 공격하여 데이터 삭제를 시도한 사실이 드러났다. 러시아는 최소 2021년 3월부터 우크라이나 에너지 및 통신 네트워크에 대한 정찰 및 사이버 공격을 위한 사전작업을 수행해 온 것으로 추측된다(Willett 2022). 우크라이나전에서 사이버전의 효과와 재래식 전력과 비교한 공격의 영향에 대해서 다양한 의견이 존재하나 일정 정도 이상의 효과를 발휘하였다는 것이 일반론이다(Bateman 2022). 러시아는 지상군 투입 전 비아셋(Viasat) 위성시스템을 교란하고 독일의 5,800개의 풍력 터빈 마비를 포함하여 유럽 전역에 30,000개 이상의 인터넷 연결을 일시적으로 중단시켰으며, 우크라이나의 군사정보 소프트웨어인 Delta에 침투를 시도하였다. SpaceX 경영진은 우크라이나에서 스타링크(Starlink) 네트워크가 수 차례 러시아의 사이버 공격을 받았다고 발표하였다. 우크라이나 전쟁 발발 이후 주요기반시설 표적에 대한 러시아의 공격이 증가하였으며, 물류공급업체에 대한 랜섬웨어 위협이 증대하였고, 사이버 수단을 활용하여 지속적인 정보수집 활동이 러시아에 의해 수행되고 있는 것으로 알려지고 있다.

하버드대의 DCID 2.0은 2021년 11월부터 2022년 5월까지를 분석대상 기간으로 설정하여 2022년 전쟁 초기 러시아의 사이버 작전을 분석할 시 러시아 사이버 공격 빈도는 75% 증가하였다고 발표하였는데, 우크라이나 침공 초기 사이버 중단사고가 57.4%를 차지하였고 첩보행위가 21.3%로 그 뒤를 이었다(Harvard Dataverse 2022). 러시아 사이버 공격의 59.6%가 민간·비국가 행위자를 표적으로 하였으며, 31.9%가 국가·공공기관을 목표로 하였다. 정부군을 공격한 것은 8.5%에 불과하였으며 이러한 수치는 2000년부터 2020년까지의 러시아 사이버 공격과 유사한 경향성을 가진 것으로 나타난다. 전쟁 후 군을 목표로 한 사이버 공격이 크게 증가하지 않았다는 점이 일반의 예상과 다르게 보이나, 사이버 군사작전에 한계가 있다는 측면이 반증된다. 분석에 따르면 성공적으로 조정된 공격을 수행하기 위해서는 정교한 계획과 정보지원이 모두 필요하나 두 가지 조건을 만족할 수 없었기 때문에 사이버 공격의 효과가 과대 평가되었으며, 사이버 수단이 간첩과 범죄에는 유용하게 활용되나 무력충돌의 상황에서는 결정적인 역할을 하지 못한다는 평가도 존재한다(Lewis 2022).

전쟁 기간을 세 단계, 즉 △⟨1단계⟩ 2022년 1월~3월 말: 러시아의 우크라이나 최초 침공기, △⟨2단계⟩ 2022년 3월 말~2022년 9월: 러시아의 돈바스 집중을 위한 키이우 진격 철회기, △⟨3단계⟩ 2022년 9월~2023년 3월: 우크라이나 동부 및 남부에서 우크라이나의 반격과 러시아의 대응기로 구분하여 러시아의 사이버 공격을 분석할 시, ⟨1단계⟩에서는 데이터 삭제와 같은 파괴적인 공격이 수행되었으며, ⟨2단계⟩에서는 우크라이나 지원을 약화시키기 위한 피싱메일을 활용한 공격 등이 다수 수행되었으며, ⟨3단계⟩에서는 군수품 공급망 교란 등 군사작전과 병행한 사이버 영향력 작전이 강화되었다(Microsoft 2023).

전쟁에서 러시아가 투사하는 물리전과 병행된 사이버 공격은 위협적인 무력사용의 방편으로 활용되고 있으며, 전쟁 교착상태의 지속 및 서방 제재가 장기화되면서 러시아의 경제적 부담이 증가될 경우 러시아는 NATO에 대한 사이버 공격, 산업제어시스템(Industrial Control System, ICS) 및 주요기반시설 사이버 공격 등으로 전쟁의 소강상태 국면을 돌파하려는 출구를 찾을 수 있을 것으로 보인다. 사이버전은 효과의 가시성이 물리전보다 낮으므로, 확실한 공격 효과 또는 공격 성공을 필요로 하는 전장에서는 보완재적인 역할을 할 것이다. 개전 이후 러시아는 대규모 전투와 미사일 공격, 강제이주와 납치, 핵무기 사용 위협 등 재래식 전쟁을 이어가고 있으며, 사이버 전력 사용이 전쟁에 실질적인 영향을 끼치지 않았다는 분석에도 불구하고 사이버 작전은 무력투사와 병행한 하이브리드 공격 및 첩보수집, 영향력 작전과 같은 정보전과 심리전 측면에서 정치적 도구로 유용성이 높으므로 제한적인 강압책으로서 지속 활용될 것으로 평가된다(Mueller et al. 2023).

2. 러시아의 NATO 회원국에 대한 사이버 공격

러시아는 우크라이나전 관련 서방 제재 및 지원에 대응하고 이에 대한 보복으로 NATO 국가에 대한 사이버 공격을 수행하는 것으로 나타난다. 러시아가 수행하는 사이버 공격은 전 세계를 대상으로 하고 있으나 공격의 63%가 NATO 회원국과 관련되어 있음이 나타난다. 우크라이나를 지지하는 국가들의 연합이 우크라이나 방어를 위해 결집함에 따라 러시아에서 사이버 작전을 실행하는 정보총국(GRU), 연방보안국(FSB), 해외정보국(SVR)으로 대표되는 러시아 정보기관 및 민간·군사 정보기관(Russian civilian and military Intelligence Service, RIS)의 우크라이나 외부 동맹국 정부를 대상으로 한 네트워크 침투 및 간첩 활동이 증가한 것으로 조사된다. Microsoft는 러시아가 우크라이나 외 128개 기관을 대상으로 네트워크 침입을 시도한 것을 탐지하였으며, 최우선 공격대상국은 미국임을 밝혔다(Microsoft 2022b).

마이크로소프트 위협인텔리전스센터(Microsoft Threat Intelligence

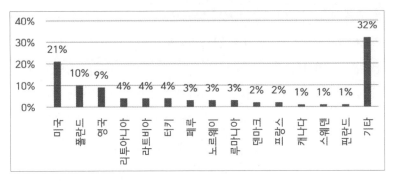

그림 12.1 러시아의 우크라이나 외 사이버 공격 대상국 (2022.2-2023.3)

출처: Microsoft(2023).

Center, MSTIC)의 분석에 따르면 러시아 사이버 스파이 활동은 미국에 가장 많이 집중되어 있으며, 우크라이나를 제외한 미국을 표적으로 한 공격은 전 세계 대상 공격 총계의 12%를 차지한다. 이 외 우크라이나의 군수와 인적 지원 조율을 담당하는 폴란드에 대한 침투가 8%였으며, 발트 3국에 해당하는 라트비아와 리투아니아에 대한 공격도 우크라이나를 제외한 지역의 전체 사이버 공격 활동 중 14%를 차지하였다. 러시아는 덴마크, 노르웨이, 핀란드, 스웨덴도 사이버 침투의 표적으로 삼았으며, 이들에 대한 공격은 전체 관찰된 공격의 약 16%를 차지하는 것으로 분석된다.

전쟁 전후의 사이버 공격을 분석할 시, 러시아의 우크라이나 대상 사이버 공격은 전쟁 전인 2020년과 비교하였을 때 전쟁 발발 이후 250% 증가하였으며, NATO 국가에 대한 공격은 전쟁 후 300% 이상 증가한 것으로 분석되었다(Huntley 2023). 〈그림 12.2〉에 따르면 2021-2022년간 러시아는 'gov.ua'와 'mil.gov.ua' 도메인을 가진 150개 이상의 기관에 대한 사이버 공격을 수행한 것이 나타난다. 러시아의 군사정보기관은 정보수집, 네트워크 파괴, 러시아에 유리한 네러

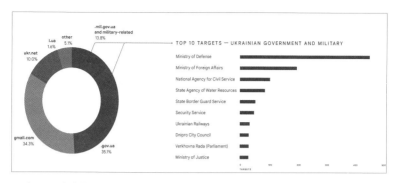

그림 12.2 러시아의 우크라이나 사이버 공격 DNS

출처: Huntley(Google)(2023).

티브 형성을 위해 사이버 공간을 적극적으로 활용하고 있으며 러시아 정부기관과 러시아 정부의 지원을 받는 친러시아 공격자들, 애국주의적 해커 등은 우크라이나와 NATO 기관, 군사시설, 주요기반시설 등 전방위적 표적을 대상으로 지속적으로 사이버 공격을 수행할 것으로 예측된다(Antoniuk 2023).

전쟁이 장기화되고 서방의 적극적 지원이 이루어짐에 따라 러시아가 우크라이나를 지원하는 국가의 에너지, 운송, 오수처리 시스템, 산업제어시스템과 같은 주요기반시설을 목표로 하는 공격이 지속될 것으로 판단된다. 러시아는 전쟁 초기 실행한 우크라이나 군 지휘통제 통신서비스를 제공하는 미국 인터넷 회사 비아셋(Viasat)에 대한 사이버 공격과 유사한 공격을 지속할 것이다(UK NCSC 2022). 비아셋 공격으로 인해 독일에서 풍력 터빈이 오작동하고 유럽 내 인터넷 연결이 일시적으로 중단되어 수천 개 기관에 장애가 발생한 것과 같이 러시아의 우크라이나 공격으로 인한 영향으로부터 서방 국가도 자유로울 수 없다(Greig 2023).

러시아는 NATO 회원국의 외교부를 비롯한 정부기관을 우선 공

표 12.1 러시아 APT 그룹의 사이버 공격 유형, 대상별 분류

공격 그룹	FROZENB ARENTS Alliances	FROZEN -LAKE Alliances	COLDRIVER Alliance	FROZEN -VISTA Aliases	PUSHCHA Aliases	SUMMIT Aliases
공격 유형	Sandworm Voodoo Bear IRIDIUM	APT28 SOFACY Fancy Bear STORONTIUM Sednit	GOSSAMER BEAR Callisto Group SEABORGIUM TA446	UNC2589	UNC1151	Turla Team Snake Uroburos VENOMOUS BEAR UNC4210
첩보	○	○	○	○	○	○
정보 작전	○	○	○	○		○
파괴	○				○	
공격대상	우크라이나 **NATO국가** 조지아 한국 중동 중앙아시아	우크라이나 **NATO국가** 유럽 남미 중동 중앙아시아	우크라이나 **NATO국가**	우크라이나 **NATO국가**	우크라이나 **NATO국가** 러시아	우크라이나 **NATO국가** 호주 남미 중동 중앙아시아
공격목표	정부 군 에너지 금융 중공업 첨단기술·통신 교육기관 미디어 NGO 물류·철도	정부 군 에너지 금융 중공업 첨단기술·통신 교육기관 미디어 NGO 물류·철도	정부 군 에너지 교육기관 미디어 NGO 물류·철도	정부 군 에너지 금융 중공업 첨단기술·통신 교육기관 물류·철도	정부 군 교육기관 미디어 NGO	정부 군 교육기관 미디어 NGO

출처: Huntley(Google)(2023)

격 대상으로 삼고 있으며, 기타 싱크탱크, 인도주의적 지원단체, IT 기업, 에너지 등 주요 인프라 공급업체도 공격 대상으로 한다. 러시아 해커들은 전쟁 관련 정보수집을 위해 키이우에 있는 20개 대사관을 표적으로 사이버 공격을 수행한 바 있으며, 우크라이나 사이버 방어에 허브 역할을 수행해 온 키이우 주재 미국 대사관 이메일 계정 침입을 시도한 것으로 드러났다. 분석에 따르면 전쟁이 시작된 이래 러시아의 사이버 공격 성공률은 29% 정도인 것으로 집계되었으며, 침입에

성공한 공격 중 25%는 침투 대상의 데이터 유출을 목표한 것으로 확인되었다(Lyngaas 2023).

또한 러시아는 우크라이나에 대한 서방의 지원을 약화시키기 위해 적극적으로 허위정보를 생성, 유포하고 있다. 사이버 수단을 통한 영향력 작전의 목표는 우크라이나에 대한 서방의 신뢰를 약화시키는 것이다. 러시아가 사이버 및 재래식 전력 통합을 위해 고군분투하나 우크라이나의 높은 사이버 방위력으로 사이버 교착상태에 빠져 있으며, 이에 따라 공격 대상을 미국으로 선회함과 동시에 서방의 우크라이나 지원을 감소시키기 위한 영향력 작전에 주력하고 있는 것으로 분석된다(Mueller et al. 2023). 마이크로소프트는 러시아가 우크라이나 외 40개 이상 국가의 100개 이상 기관의 네트워크에 침입하였다고 발표하였으며, 이러한 활동에는 허위정보를 생성, 유포하는 APM(Advanced Persistant Manipulator)팀의 공격이 포함되는 것으로 알려져 있다. 러시아는 허위정보를 통해 전쟁에 대한 러시아인, 우크라이나인, 서방 국가의 인식을 변화시키려고 하며, 이를 위해 가짜 소셜미디어 계정을 생성하여, 조작된 허위정보를 타겟팅된 사용자를 대상으로 봇을 통해 유포하는 것으로 알려진다(Stanford Internet Observatory 2019). 이러한 활동은 남반구 국가에서도 효과적으로 작용하여 러시아를 서구 신제국주의의 희생자로 만들고, 푸틴을 노령의 독재자가 아닌 21세기의 체게바라로 이미지화하고 있으며, 생성형 AI를 적극적으로 활용하여 딥페이크 기술이 적용된 허위정보 컨텐츠를 활용한 소셜미디어 공세를 통해 전쟁에 대한 서방의 냉소주의를 확산시키고 있다. 러시아는 사이버 수단을 통해 분쟁을 확대하고 사회를 양극화하며 전쟁에 대한 미국의 개입 여론을 약화시키기 위해 영향력 작전에 주력한다.

III. NATO의 우크라이나전 사이버 지원

1. NATO의 사이버 방위 정책 기조

사이버 방위에 대한 NATO의 목표는 △NATO의 네트워크 및 회원국 보호, △회원국의 회복력(resilience) 강화 지원, △NATO 회원국 간 정치적 협력 및 공동행동(집단행동)을 위한 플랫폼 제공이다. 사이버 공격에 대한 NATO의 방어역량 강화의 필요성은 2002년 프라하에서 열린 정상회담에서 연합국 지도자들에 의해 최초로 인정되었으며, 이후 사이버는 NATO 정상회담 의제에서 주요 쟁점이 되었다.

2008년, 러시아와 조지아 간의 갈등은 NATO에 사이버 공격이 재래식 전쟁의 주요 구성 요소가 될 가능성이 있음을 인식하게 해주었으며, NATO는 2008년 최초의 〈NATO 사이버 방어 정책〉을 채택하였다. 2011년, NATO 국방장관은 빠르게 진화하는 위협 및 기술환경에서 동맹 전체의 사이버 방어에 대한 조정된 노력에 대한 비전을 제시한 사이버 방어에 관한 두 번째 NATO 정책을 승인하였으며, 2012년 사이버 안보가 NATO의 국방계획에 포함되었다. 2014년 NATO 정상회담에서 회원국은 새로운 사이버 방어 정책에 대해 지지를 표명하였으며, 이 정책에서 회원국에 대한 사이버 공격은 NATO의 핵심 임무인 〈NATO 조약(The North Atlantic Treaty, 1949)〉 제5조가 발동될 수 있는 집단방위의 일부로 인정되었다. 또한 회원국들은 또한 기존 국제법이 사이버 공간에 적용됨을 인정하였다.

2016년 NATO는 NATO의 방위에 관한 임무 조항을 재확인하고 사이버 공간을 NATO의 작전영역으로 인정하였다. 〈NATO 전략적 개념(2022)〉은 국가의 개방성, 상호 연결성, 디지털 환경을 악용하여 다자간 규범과 제도를 훼손하는 위협이 증가하고 있음을 지적하였으며 NATO가 사이버 및 우주 공간에서 치열한 경쟁이 진행 중이며, 새로운 파괴적 기술이 글로벌 경쟁의 핵심 영역으로 부상하였음에 대한 인식을 나타내고 NATO의 3대 핵심임무로 ① 억지 및 방어, ② 위기 예방 및 관리, ③ 안보협력을 명시하였다(NATO 2022). 2023년 NATO 회원국은 〈사이버방위서약(2016)〉을 강화하고 주요기반시설을 포함한 회원국 사이버 방어를 최우선 과제로 NATO의 사이버 안보 목표를 강화할 것임을 선언하였다. 또한 교육, 훈련을 포함한 NATO의 사이버 역량 강화를 위한 활동을 지속하였다.

NATO는 억지력과 방어태세를 강화하여 잠재적인 적의 공격 가능성을 차단할 것이며, 핵과 재래식 공격에 대한 방어태세 강화는 사이버 및 우주 역량을 통해 보강될 것임을 명시하였다. 또한 NATO는 자체 디지털 전환을 촉진하여 정보화시대에 적합한 NATO의 지휘체제를 갖출 것이며, 효과적 억지 및 방어를 위해 우주, 사이버 능력을 강화할 것이고 가용한 모든 수단을 통해 위협의 예방, 탐지, 대응이 가능하도록 우주, 사이버 역량을 향상시킬 것임을 선언했다. NATO 회원국은 NATO의 방어 임무를 재확인하고 집단적 대응에 대한 고려를 포함하여 항시 전방위의 사이버 위협을 적극적으로 억제, 방어 및 대응하기 위해 모든 역량을 동원할 것임을 서약하였으며, 또한 이러한 대응에 있어 지속적이고 정치적, 외교적, 군사적 도구를 포함한 전체 NATO의 가용한 수단을 활용할 것임을 확인한 바 있다. 동맹국들은 또한 앞서 언급한 것과 같이 중대하고 악의적인 사이버 활동에 대해 NATO 조약 제5조가 발동 가능한 무력 공격으로도 간주될 수 있음을 인식한 바 있다. 신흥기술 관련, NATO는 DIANA(Defence Innovation Accelerator for the North Atlantic) 창설과 NATO AI 전략개발을 포함하여 신흥기술을 계획 및 운영에 통합하기 위해 노력하고 있는 것으로 알려져 있다.

2. NATO의 대러시아 사이버 대응에 관한 인식

기존 NATO는 러시아와의 관계에 대하여 NATO는 전략문서에서 러시아와의 협력 의지를 피력하거나(1991), 러시아와의 전략적 파트너십(2010)을 표명하기도 하였으나, 러시아의 우크라이나 침공 이후에는 러시아를 NATO의 가장 중대하고 직접적인 위협으로 인식하게 되었다(NATO 2022). 러시아에 대한 NATO의 위협인식은 〈NATO 전략적 개념(2022)〉에서 비교적 명확히 나타나는데, 전략에서 러시아가 회원국의 안보와 유럽-대서양 지역의 평화, 안정에 가장 중대하고 직접적인 위협이며 러시아가 사이버 및 하이브리드 수단을 통해 국제질서를 훼손하고 있음을 명시한다.

NATO 회원국에 대한 러시아의 사이버 위협은 복잡하고 파괴적이며 강압적으로 증가하고 있다고 평가된다(NATO 2024). 러시아의 NATO 대상 사이버 공격에 관한 고려사항으로, 러시아가 사이버 공격을 통하여 NATO에 어떠한 압력을 가할 것인가와 함께 NATO가 이에 대응하여 집단적 자위권을 발동할 것인가와 같은 기존 국제법 적용에 관한 문제들이 수반된다. 〈NATO 조약〉 5조의 집단적 자위권은 전시상황을 염두한 조항으로, 최근 우크라이나 전쟁과 관련하여 사이버 작전의 영향이 무력 공격 수준의 임계값을 넘으며 결과의 심각성이 확인될 때 집단적 자위권이 발동될 수 있는 것으로 해석되는데, NATO를 대상으로 한 사이버 공격이 무력 공격의 임계값을 충족시키게 될 것인지에 관한 사항이 관건이 될 것이다. 2024년 3월 미국 정보

공동체(Intelligence Community, IC)가 발간한 연례위협평가(Annual Threat)는 러시아가 미국 및 NATO와 직접적인 군사적 대립을 원하지 않으며, 타국에 대한 군사적 충돌 임계점 이하의 비대칭 공격 활동을 지속적으로 수행할 것으로 판단하고 있다(US ODNI 2024).

관련하여 러시아가 NATO 회원국에 미치는 '유해한 영향'과 '규모', '효과'에 대한 검토가 필요하다. 우선 '유해한 영향'은 개방적 정의로 러시아의 사이버 작전이 NATO 회원국에 물리적 침해나 영토 주권의 불법적 침해를 발생할 시, 사이버 공격이 국가 기능의 손실이나 데이터 조작 또는 변경을 야기할 시, 국가가 심각한 손실 및 영국적 주권 침해를 받을 시 유해한 영향을 미친 것으로 판단된다(Jacobsen 2021). 또한 사이버 작전은 규모와 효과에 대한 고려에 따라 유엔헌장 제2조 4항과 국제관습법을 위반하는 불법적 무력사용을 구성한다는 입장을 취하고 있다.

러시아와 NATO 회원국은 직접적인 군사 충돌을 피하기 위해 계속 노력할 것으로 관측되나, 기존 군사 분쟁과 달리 공세적인 사이버 공격에 적용되는 레드라인과 전쟁과 평화, 법과 규범에 관한 기존 사례가 부재한 사이버 공격의 특성상, 전장이 사이버 공간으로 확대되는 상황은 러시아와 NATO 모두 유의해야 하는 부분임이 분명하다. 국제법적으로 러시아가 NATO 회원국을 겨냥하여 사이버 작전을 수행하는 것은 피해국의 국가주권을 침해하는 행위임이 명백함에도 불구하고 러시아의 사이버 작전에 대한 NATO의 대응 옵션 또한 명확하지 않은 상황이다. 2014년 NATO는 사이버 방어를 집단 방어의 핵심 임무로 설정한 바 있으나 NATO는 회원국이 제공하는 장비와 인력에 의존하기 때문에, 러시아의 사이버 공격에 대한 NATO의 대응은 하나 이상의 회원국에 의해 수행된다. 또한 사이버 공격의 귀속 문제, 공격의 부인 등의 문제가 존재한다.

개별적 자위권 또는 〈NATO 조약〉상의 집단적 자위권이 무력 공격이 발생한 경우에만 발동될 수 있기 때문에 극단적인 상황을 제외하고는 사이버 개입에 따라 발동될 가능성이 낮은 것으로 판단된다. 그럼에도 불구하고 〈NATO 조약〉에 따라 집단적 자위권이 합법적이며 NATO가 사이버 공격을 집단적 자위권 발동 요건으로 인정하고 있다는 사실은 NATO 회원국에 대해 러시아가 우크라이나전과 연계한 사이버 공격을 수행할 시 확전의 위험이 존재함을 의미한다. 또한 전쟁의 '긴장고조의 동학(escalation dynamics)'에도 주목해야 할 필요성이 존재하는데, NATO가 우크라이나를 지원하는 현재 러시아는 국제법하에서 이에 대한 대응이 가능하기 때문이다.

3. NATO의 우크라이나 사이버 안보 지원

NATO의 우크라이나 사이버 안보 지원에 있어, 주지해야 하는 사실은 NATO가 전쟁 당사국이 아니고, 우크라이나 또한 NATO 회원국이 아니라는 것이다. 전쟁에서의 NATO의 우크라이나 지원은 재정적 지원, 인도주의적 지원, 군사적 지원으로 구분할 수 있으며 기타 정치적 지원도 있고 개별 동맹국의 양자적 군사 지원이 주를 이룬다. 러시아의 침공 직후 웹사이트 공격과 서비스 거부 공격, 광범위한 정보전과 선전전이 확산되었으나 NATO를 위시한 서방 국가 및 민간기업의 악성코드 탐지 및 즉각적 패치와 같은 적극적 지원에 따라 러시아의 사이버 공격이 전체적인 혼란을 야기하지 않았다고 평가된다(KIEL Institute 2023).

침공 이전부터 NATO 회원국가는 우크라이나의 사이버 역량과 회복탄력성 강화를 위해 상당한 투자를 지속해 왔었다. 우크라이나는 NATO의 우크라이나 신뢰기금(NATO Trust Fund Ukraine) 중 사이버 방위 기금을 통해 기술역량을 강화해 왔으며, 평화와 안보를 위한 과학 프로그램(Science for Peace and Security(SPS) Programme of Co-operation, SPS)을 통해 2014-2017년에만 220만 유로와 사이버보안 사고 조사에 관한 사고관리센터(Incident Management Centre, IMC)의 지원을 받았다. 또한 국방자원에 대한 사이버 공격 대응 방법을 포함한 사이버 방위 훈련을 받아왔다(Spinu 2020). 미국 사이버사령부(U.S. Cyber Command)는 우크라이나에 방어적 사이버 작전 수행 전문 인력을 배치하여 공격 탐지 및 취약점 식별활동을 수행하였으며, 원격으로 정보 분석 및 자문을 지원했다. 미국은 2018년부터 우크라이나의 전력망, 물류 및 인프라, 군사장비 등에 대하여 헌트포워드(hunt for-ward) 작전의 일환으로 지원을 실행하였으며, 2021년에는 최대 규모의 헌트포워드 작전 부대를 배치하여 잠재적 위협 식별 및 실재하는 위협에 대응하고, 중요 네트워크에 대한 방어 활동 수행 및 원격 지원을 제공한 것으로 알려진다. 영국 정보통신본부(GCHQ)는 전쟁 발발 후 미 연방수사국(FBI)과 공동으로 공격조사 및 기술자문을 수행하였으며 미 국제개발처(USAID)는 기술전문가 파견 및 필수 서비스제공업체, 정부관료 및 주요기반시설 운영자에 6,750건 이상의 비상통신을 제공하였다(Willett 2022).

전쟁에서 NATO는 사이버 방위 분야의 역량 강화와 회복탄력성 구축을 목적으로 한 우크라이나에 대한 지원을 계속하고 있다. 우크라이나의 긴급 사이버 지원 필요성에 따라 지원 규모가 증가하였으며, 이러한 지원은 장비, S/W, 기타 관련 지원이었고, 전쟁 개시 후 1년 6개월 간 약 1,070만 EURO 규모의 지원이 이루어진 것으로 추산

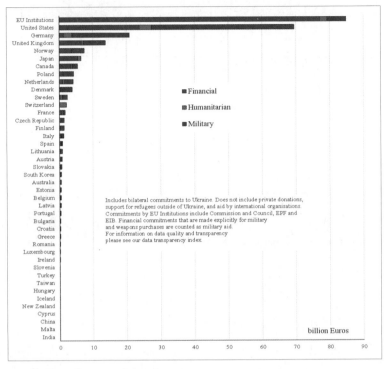

그림 12.3 국가 및 분야별 우크라이나 지원액(단위: €)

출처: KIEL Institute for the World Economy(2023).

된다.

　EU와 우크라이나에 대하여 EU 사이버보안청(ENISA)과 우크라이나 국가사이버안보조정센터(NCCC), 우크라이나 특수 통신 및 정보보호 국가서비스국(Administration of the State Service of Special Communications and Information Protection of Ukraine, SSSCIP) 간 협약이 체결되었으며 EU의 우크라이나에 대한 사이버 지원을 공식화하였다(2023. 11.). 협약을 통해 EU는 우크라이나의 사이버 복원력 강화를 위한 사이버 인식 및 역량 구축, 입법 부문에서 모범사례 공유, 사이버 안보 위협 환경에 대한 공동의 상황인식 향상을 위한 체계적 정보공유를 강화하게 된다. EU는 2022년 10월 최초로 국가 행위자의 사이버 공격에 대한 합동 점검을 실행하였는데, EU와 NATO 간 긴밀한 협력 관계임을 고려하였을 때 NATO의 우크라이나 사이버 지원이 유럽 차원에서 광범위하게 일어나고 있음을 알 수 있다.[1]

사이버 방위 측면에서 NATO는 사이버 관련 교육·훈련, 사이버 방위서약 등 공동 독트린과 전략을 통해 동맹의 안정성 강화에 기여하는데, 우크라이나 전쟁에서 NATO의 사이버 지원의 목적은 NATO의 사이버 관련 동맹의 안정성을 강화하고 적대적 사이버 작전으로 인한 국제체제 불안정에 대항하고자 하는 것에 있다. 전쟁 관련 NATO는 우크라이나 지원은 △사이버 공격 대응 지원, △허위조작정보 대응 지원, △사이버 안보 교육·훈련 지원, △민간의 사이버 방위 지원으로 구분할 수 있다.

1) 사이버 공격 대응 지원

러시아는 우크라이나에 대해 파괴적 맬웨어와 같은 고도의 전방위적 공격을 실행하고 있으며, 전쟁이 장기화됨에 따라 재래식 공격과 함께 하이브리드 방식의 사이버 공격을 실행하는 것으로 분석된다. NATO 사이버보안센터(NCSC)는 중앙집중식 24/7 사이버 방어 지원을 제공하여 NATO의 자체 네트워크를 보호한다. NATO는 정보공유 및 모범사례 공유를 촉진하고 개별 국가의 전문성을 발전시키기 위한 합동 사이버 방어훈련을 실시함으로써 동맹국이 국가 사이버 방어를

---

1   NATO의 2022 전략 개념(2022 NATO Strategic Concept)과 EU 사이버보안전략(EU's Cybersecurity Strategy for the Digital Decade, 2020)은 위협정보 및 모범사례 공유, 교육·연구 협력 등 국방 및 안보 분야에서 더욱 긴밀한 EU-NATO 파트너십의 필요성을 명시하고 있음.

강화할 수 있도록 지원한다. 개별 동맹국은 자발적으로 NATO의 지원을 받아 다른 동맹국이 국가 사이버 방어 능력을 개발하도록 지원하는 체계를 갖춘다. NATO 사이버 신속 대응팀은 북대서양 평의회의 요청과 승인이 있을 시 동맹국을 지원하기 위해 항시 대비체계를 갖추고 있다.

NATO는 모든 회원국의 국가 사이버 방어 담당 기관과의 연락을 포함하여 상황 인식을 높이고 정보 교환을 촉진하는 여러 가지 실용적인 도구를 보유하며 이를 회원국의 우크라이나 사이버 지원에 활용하는 것으로 알려져 있다. NATO는 사이버 사고를 예방하고 회복력(resilience) 및 대응 역량을 개선을 목적으로 우크라이나에 사이버 방어 정보 및 지원을 제공하고 정보공유 관련 조치를 실행한다. NATO의 사이버 공격 정보 침해 지표의 신속 공유를 목적으로 구축된 맬웨어 정보공유 플랫폼(MISP)을 통해 NATO 기관 및 회원국의 전반적인 방어 태세를 강화하고 우크라이나에 정보지원을 제공한다(NATO 2013).

2) 허위조작정보 대응 지원

사이버 공격 대응 지원과 동시에 전쟁의 장기화에 따라 주요 이슈로 부상하는 러시아발 허위정보에 대응하여 NATO는 우크라이나 정부와 공조하여 허위정보에 대한 적극적 대응을 지속하고 있다. 특히 러시아는 대형언어모델(LLM), 인공지능(AI), 머신러닝(ML) 기술을 활용한 해킹코드 생성과 더불어 허위정보를 유포하고 딥페이크(deepfake) 기술을 허위정보 생성에 활용하고 있다. 러시아의 사이버 영향력 작전의 대상은 러시아 국민, 우크라이나 국민, 서방국, 제3국을 대상으로 실행되는 것으로 분석된다(Microsoft 2022b). 러시아는 자국민

표 12.2 우크라이나 사이버 방어를 위한 국제 지원 활동

구분	활동내용	정보활동	민간활동
네트워크 방어(배치)	• (우크라이나/인접국 대상) 사이버 인력 파견	• 미 사이버사 hunt forward 작전(긴장고조 시) • EU 긴급 사이버대응팀(Cyber Rapid Response Teams) 작동	-
네트워크 방어(원격)	• 원격 사이버 보안 지원	• 영 민간부문 사이버 보안 서비스 예산 지원 • USAID의 민간부문에 대한 예산 지원	• BitDefender, Cisco, Cloudflare, ESET, Google, Microsoft, and Sophos • 우크라이나국민 대상 무료 보안 지원
위협정보	• 공격지표 등 기밀/독점 데이터 공유 • 적의 전술, 기술 및 절차, 전략 평가	• FBI, CISA 등 US 기관, 우크라이나와 정보공유	• 긴급정보공유 메커니즘 구축
역량강화	• 교육, 기관강화 및 정책조정	• CISA와 합동교육실시협약 • NATO CCDCOE의 파트너로 우크라이나 가입	• AWS(Amazon Web Services) 우크라이나 국민 대상 클라우드 훈련
기술 지원	• 취약성 및 공격 영향 완화를 위한 하드웨어 및 기술적 지원 제공	• 하드웨어 업그레이드 제공	• Cloudfare 암호키 재배치 • SpaceX Starlink 위성통신 군, 민간 사용 제공
클라우드 지원 회복탄력성	• 우크라이나 외부에 위치한 민간 ISP 운영 상용 클라우드에 데이터 이전 지원	-	• 공공-민간 부문 데이터 AWS 이전 • Google Cloud 특정 기관체 credits 제공 • MS, 정부기관 및 국영기업 대상 무료 클라우드 이전 허용

출처: Beecroft(2022).

을 대상으로는 전쟁에 대한 책임이 우크라이나군에 있는 것으로 묘사함으로써 러시아 내 전쟁 지지 여론 조성을 목표로 허위정보를 유포하고, 우크라이나 국민에 대해서는 러시아의 공격을 견딜 수 있는 국

가의 의지와 능력에 대한 신뢰를 훼손하고 항전의지를 약화시키려는 목적으로 영향력 작전을 전개하는 것으로 알려져 있다. 미국을 위시한 서방국에 대해서는 영향력 작전을 통해 서방 국가들의 통합을 약화·와해시키고 러시아의 군사 전쟁 범죄에 대한 비판여론을 억제시키고자 한다. 제3국에 대해서는 러시아가 UN 등 국제활동을 통해 지원하는 비동맹 국가들을 대상으로 민주주의 및 서방국에 대한 비판여론을 조성하고 식량부족, 유가상승 등 우크라이나 전에 의한 부정적 파급효과에 대한 비난을 서방국으로 향하게 하는 영향력 작전을 실행한다. 러시아는 APM(Advanced Persistent Manipulator) 팀을 통해 공개 인터넷 영역에 허위정보 및 거짓정보를 사전에 공개·배치·유포하고 정부지원 인플루언서, 블로그, 채널, SNS, 인터넷 공격 도구를 통해 허위조작정보를 확대·유포하는 것으로 알려져 있다.

사이버 침투와 허위정보를 통해 NATO 회원국 간 동맹 내 분열을 발생시키기 위한 러시아의 적대적 노력에 대항하여, NATO는 이를 NATO 회원국에 대한 직접적인 안보 도전으로 인식하고 있으며 국제체제와 사이버 공간의 안정성 강화를 기치로 이러한 러시아의 활동에 대항하고 있다. NATO는 허위정보에 대항한 팩트체크를 재유포하거나, 정보 수요자에 대한 인식제고 활동을 적극적으로 수행하고 있다. NATO는 러시아의 침공 이전부터 인지전을 위시한 하이브리드 위협에 대응하기 위해 우크라이나와 협력해 왔으며, 2014년 이후 지속적으로 인지전 관련 합동 훈련을 실시하였고, 2016년 NATO 정상회담에서 협력 플랫폼을 구축하였다. NATO의 연합변혁사령부(Allied Command Transformation, ACT)는 허위조작정보를 활용한 인지전에 대응 책임을 맡고 있으며, NATO의 전문기관(Centres of Excellence, 이하 COE)인 NATO 전략적커뮤니케이션센터(STRATCOM COE), NATO

사이버방위센터(CCDCOE), NATO 하이브리드센터(Hybrid CoE)가 관련 교리 및 상호협력을 발전시키고, 동맹 간 전문성과 경험을 공유한다. EU 집행위원회는 '유럽의 보호: 하이브리드 위협 대응 진척 사항(European Commission 2019)'의 22개 실행계획에 허위조작정보에 대응하여 신속하게 사실을 전달하고 대중의 경각심을 높이는 전략커뮤니케이션(strategic communication) 강화를 포함한 바 있다(송태은 2020).

3) 사이버 안보 교육, 훈련 지원

NATO는 연례 사이버 연합훈련과 같은 정기훈련을 실시하고 위기관리 훈련(Crisis Management, Exercise, CMX)을 포함한 동맹 훈련의 전체 범위에 사이버 방어 요소와 고려사항을 통합하는 것을 목표로 훈련을 수행한다. NATO는 에스토니아 탈린에 있는 NATO 사이버 방위 협력센터(CCDCOE)는 인정된 전문 지식을 위한 사이버 방위 허브이며 사이버 방위 교육, 자문, 교훈 및 연구 개발 활동을 수행하고 있으며 NATO Cyber Range를 포함하여 교육 및 훈련 능력을 강화하고 있다.

포르투갈의 NATO 통신 및 정보(NCI) 아카데미는 NATO 통신 및 정보 시스템의 운영 및 유지 관리와 관련하여 동맹국(및 비NATO) 국가의 인력을 대상으로 사이버 방어 훈련 및 교육을 제공한다. NATO 학교는 동맹국의 운영, 전략, 정책, 교리 및 절차를 지원하기 위해 사이버 방어 관련 교육 및 훈련을 실시하고 있으며, 이탈리아의 NATO 국방대학은 사이버 방위를 포함하여 정치-군사 문제에 대한 전략적 사고를 육성한다. 이러한 교육 자원을 기반으로 러시아의 공격에 대항한 우크라이나 군, 정부, 민간을 대상으로 교육, 훈련을 제공한다.

4) 민간의 사이버 방위 지원

우크라이나 전쟁은 사이버 보안에 대한 비국가 행위자(Starlink, MS, Mandiant 등)의 영향력과 민군협력의 중요성을 보여주었다. 전쟁 초기 우크라이나 데이터 센터에 대한 와이퍼 공격의 영향을 우크라이나가 선제적으로 디지털 인프라를 아마존웹서비스(Amazon Web Service, AWS)의 지원으로 퍼블릭 클라우드에 분산시킴으로써 피할 수 있었으며 사이버 보안 기업인 클라우드플레어(Cloudflare)는 프로젝트 갈릴레오(Project Galileo) 서비스를 통해 우크라이나 전역의 인권, 시민사회, 언론과 같은 민주주의 증진을 위한 부문을 보호하였고, 구글의 Project Shield는 사이버 침입으로부터 우크라이나를 방어하였다.

맨드언트사(Mandiant)는 우크라이나 엔지니어에 대한 기술 지원을 수행하였으며, 러시아 사이버 침략에 직면한 플랫폼과 가용성 유지를 위한 마이크로소프트 등의 이니셔티브가 실행되었다. 마이크로소프트는 우크라이나 전쟁 초기 러시아와 NATO 회원국 간 경쟁을 피할 수 있었던 것에 마이크로소프트의 역할이 컷으며, 마이크로소프트가 우크라이나의 마이크로소프트 제품에 대한 러시아 맬웨어를 무력화하였음을 주장한다. 또한 신속한 공공-민간 파트너십 덕분으로 NATO와 러시아 간 직접적 대결을 피할 수 있었다고 강조한다. 스타링크(Starlink)의 일론 머스크(Elon Musk) 또한 우크라이나에 위성 인터넷 액세스 제공하여 인터넷 연결 안정성을 지원하였다. NATO 또한 세 차원의 사이버 방어 수준(정치, 군사, 기술)을 더욱 통합하여 평시, 위기 및 분쟁을 통해 항시 민군협력을 보장하고 민간부문과의 참여를 적절하게 보장할 것임을 확인하였는데, 전시 우크라이나 방어에서도 이를 적극적으로 활용하는 것으로 나타난다.

민간 사이버 역량 구축을 목표로 NATO 회원국은 2023년 12월 우크라이나와 다수의 NATO 회원국의 참여하에 탈린 매커니즘이 출범하였는데(Украина.ру 2023), 이를 통해 우크라이나가 사이버 공간에서 기본적 자위권을 유지하고 사이버 복원력 향상을 위한 민간 사이버 역량 구축을 촉진할 것을 선언하였다(U.S. Department of State 2023).

IV. NATO의 우크라이나에 대한 사이버 지원의 영향

1. 우크라이나 전쟁에 대한 영향

NATO의 사이버 지원이 우크라이나 전쟁에 어떤 영향을 미쳤을까? 전쟁 전후 러시아가 대대적으로 실행한 사이버 공격으로 전쟁에서 승기를 잡고 전쟁을 속전속결로 끝내려는 러시아의 전략은 우크라이나의 사이버 방어역량과 NATO의 적극적 사이버 지원으로 실패하였다. 우크라이나는 소위 러시아의 사이버 놀이터(cyber playground)라고 불릴 정도로 러시아로부터 많은 사이버 공격을 받아왔으며, 2015년과 2016년 러시아의 대대적 사이버 공격으로 전략시설의 마비까지 발생한 피해를 겪었다. DCID(Dyadic Cyber Incident and Campaign Data)에 따르면 2000년에서 2020년간 우크라이나 사이버 공격의 93% 러시아에 의한 것이었고, 공격에 대한 자국 및 서방의 지원에 따른 방어력 강화, 모범사례 축적, 학습효과에 따른 회복력(resilience) 강화에 따라 전쟁에서의 사이버 전력 효과가 제한적이었다는 평가가 존재한다(Mueller et al. 2023). 이와 같이 우크라이나의 선전은 전쟁 10년 전부터 준비한 러시아의 사이버 공격을 통해 학습한 결과로 우크라이나의 방위역량 강화와 NATO의 지원에 기반한 것이었다.

우크라이나는 자체적으로 지난 7년간 신기술 개발을 통해 국방력을 강화하고 민간의 적극적인 참여하여 자국의 사이버 방위력 강화를 이루었으며 여기에는 미 국토안보부(DHS)와 EU, NATO의 적극적 지원이 있었다. 우크라이나는 2023년 5월 NATO CCDCOE에 가입하여, NATO의 사이버 정책, 전략, 방어 및 교육 훈련에 더욱 적극적으로 참여하게 되었다. 우크라이나는 2021년부터 NATO CCDCOE에 가입을 추진해 왔으며, 러시아 침공의 영향으로 가입이 성료되었다(NATO CCDCOE 2023).

러시아-우크라이나 전쟁에 대한 평가로 '현대전이 일반 인식보다 현대적이지 않음'에 대한 평가가 존재한다(Michaels 2022). 그러나 전쟁에서 물리적 공격에 앞선 사이버 공격, 드론 등 다양한 수단에 사용되는 사이버 공격 무기의 영향력을 과소평가할 수 없다. 러시아의 사이버 공격과 사이버 작전은 주요기반시설 파괴, 정부 데이터 삭제, 우크라이나와 전 세계의 개인을 대상으로 한 파괴적인 스파이활동 및 공격 수행과 같은 여러 목적으로 활용할 수 있는 공격이 시도되었다. 우크라이나전은 육안으로 확인할 수 있는 진화된 공세적 사이버 기술 및 전술작전이 활용되는 전쟁으로, 전쟁을 통해 사이버 공격 및 사이버 안보 역량이 진화되는 모습을 보인다. 러시아는 전쟁 전후 파괴적 맬웨어 중 하나인 사이버 '와이퍼' 공격으로 정부 시스템을 공격하고, 주요기반시설 등에 대한 전면적 공격을 감행하였으며,[2] 우크라이

---

2   우크라이나 CERT(CERT UA)와 이셋연구소(ESET Research)는 샌드웜(Sandworm)이 ICS에 사용되는 특정 통신 프로토콜을 이용해 망 운영을 제어하고 공격하기 위해 설계된 맬웨어인 Industroyer2이 우크라이나 전력망을 타겟으로 하였으며, 이를 조기에 포착·방어하였음을 발표함.

나 전쟁에서 개전 초기 러시아는 우크라이나 정부 데이터센터에 물리적 공격을 가하였다.

러시아-우크라이나전에서의 사이버는 작전영역으로 포함됨이 나타난다. 전쟁에서 러시아는 우크라이나군, 정부, 민간 등을 목표로 선제적 사이버 공격을 실행하여 전략적 우위를 얻고자 하였으나 이를 달성하지 못함이 드러났으며, 러시아-우크라이나전에서의 사이버 전력의 활용은 사이버 수단의 전쟁에서 유용한가에 대한 시험대가 되었다는 판단은 적절해 보인다(Stevens and Burton 2023). 전쟁을 통해 사이버 작전이 제한적으로 유효함을 나타냄에도 불구하고, 사이버 작전에 대항하기 위한 노력이 충분하였다고 판단된다.

2. NATO에 대한 영향

우크라이나전에서 전개되는 사이버전에 관한 분석에 따르면 2022년 한 해 동안 탐지된 러시아 공격의 90%가 NATO 회원국을 대상으로 했으며 이러한 공격의 48%는 회원국에 기반을 둔 IT 기업을 대상으로 했음이 나타났다(Vanberghen 2022). 세계 최고의 군사동맹인 NATO의 안보태세는 국제안정에 지대한 영향을 끼치며 NATO가 사이버 공간을 작전영역으로 지정하며 소위 군사화한 것은 러시아, 중국에 큰 영향을 끼친 것이 사실이다.

러시아의 적극적 사이버 공세에도 불구하고 사이버 공격에 따른 우크라이나전의 확대는 NATO 및 러시아가 가장 우려하는 상황이다. 즉 러시아의 공격 영향이 지리적 경계를 넘어 NATO 회원국에 미칠 경우 NATO 조약 제5조의 집단방위체제가 가동될 것을 우려하고 있으며 이는 러시아와 미국을 위시한 EU, 서방 모두가 경계하는 상황이다. 이에 따라 NATO가 NATO 조약 5조에 따른 집단 사이버 방어 및 공격 가능성에 대한 정책적 대안을 마련해 둘 것을 촉구하는 주장이 제기되고 있다(Klipstein and Japaridze 2022). 사이버 공간에 대한 교전규칙은 부재하며 국가들의 행동을 통일시킬 수 있는 대응지침이 부족한 상황에서 NATO는 자구책으로 촉발요인(trigger)과 한계선(redline)을 식별하고 이에 대한 합의(consensus)를 강구해야 하는 상황이다. 앞서 언급한 2022년 우크라이나 내 통신을 차단하기 위해 비아셋 위성 네트워크에 대한 러시아의 사이버 공격으로 독일 풍차 발전 및 배전이 중단되는 사건은 우크라이나에 대한 사이버 공격이 NATO 회원국으로 전이된 대표적 사례이다.

유사한 맥락에서 NATO 국가의 공세적 사이버 대응 지원의 영향이 물리공간으로 확대되어 NATO가 전쟁의 당사자가 되는 상황은, 공세적 사이버 작전의 국제법적 인정 여부는 차치하더라도, NATO 회원국이 피하고자 하는 상황이다. 러시아 또한 2022년 3월까지 많은 사이버 공격을 받은 것으로 알려져 있으며, 이러한 공격은 크렘린, 정부기관(Roskomnadzor 등), 국영뉴스 방송사(RT, TASS 등), RUTUBE 등을 대상으로 광범위하게 이루어진 것으로 알려져 있다. 2023년 4월 FSB는 성명서를 통해 러시아연방의 주요기반시설에 대한 사이버 공격이 5,000건 이상 발생한 것으로 집계되었으며, 미 국방부와 NATO가 우크라이나전 관련 러시아에 대한 대규모 사이버 공격의 배후가 있다고 발표하고 서방을 규탄한 바 있다(ФСБ 웹사이트). 이와 같이 우크라이나 지원 국가 및 민간 연합의 적극적 공세는 사이버 분쟁의 확산 가능성을 증대시키고 보복 및 잘못된 귀속 등의 문제를 낳는다.

우크라이나 전쟁에서 NATO 역할이 커짐에 따라 전쟁의 게임체인저가 될 집단방위에 관한 5조의 발동 조건에 대한 논란이 지속될 것이다. NATO는 사이버 공간이 유엔헌장, 국제인도법 및 국제인권법을 포함한 국제법에 따를 것임을 강조한다. NATO는 자유롭고 개방적이며 평화롭고 안전한 사이버 공간을 지속적으로 촉진하고 국제법 존중을 보장하고 사이버 공간에서 책임 있는 국가 행동의 자발적 규범을 지원함으로써 사이버 공간의 안정성을 강화하고 분쟁의 위험을 줄이기 위한 노력을 촉진하고 있음을 밝힌다.

V. 맺음말

러시아는 우크라이나 침공으로 인해 국내외적으로 막대한 손실을 받았으며, 2023년 발생한 PMSC(Private Military & Security Company) 바그너그룹 반란과 같이 엘리트 계층의 변화, 경제적 압박(에너지 부문 외국인 투자감소 등), 우크라이나 전쟁 부담 등에 직면하고 있으나, 여전히 회복력 있고 유능한 서방의 경쟁자며 국방과 경제 발전을 위해 중국, 이란, 북한뿐 아니라 서방제재에 동참하지 않는 인도, 아세안, 중남미 등 글로벌 사우스 국가들과 관계를 강화하고 있다. 러시아는 우크라이나의 중요 영토 탈환 노력이 무뎌졌고, 자국이 전쟁의 승기를 잡았으며 이스라엘-하마스 전쟁을 통해 우크라이나에 미국과 서방의 지원이 제한적일 것이라 판단하고 있는 것으로 평가된다(US ODNI 2024). 우크라이나전에서 초기 군사적 목표였던 우크라이나의 탈군사화, 탈나치화, 중립화는 실패하였고, 제2차 세계대전 이후 최대치의 군사적 손실이 초래되었으나, 2023년 후반부터 서방 군사지원의 불확실성으로부터 이익을 얻고 있는 현재, 2023년 유가상승으로 인한 이익을 보았으며 해상 석유 수출이 증가하고 있다. 러시아는 국익을 증진하고 미국과 동맹국 약화를 위해 에너지 활용, 악의적 영향력 작전, 사이버 작전 등을 광범위하게 수행하고 있다. 또한 핵무기를 현대화하고 핵무기 비축량을 유지하여 미국과 NATO에 대한 잠재적 군사적 충돌에 대한 억지력을 유지할 것이다. 생화학무기(CBW) 위협을 지속적으로 가하고 있으며, 비공개 화학무기 프로그램을 보유한 것으로 판단되고 관련 기술을 연구·개발중이다(US Department of State 2024).

이러한 상황에서 전선에서의 전투가 교착상태에 빠져 있고 신뢰성 있는 협상의 타결 가능성이 모호한 현재 미국을 비롯한 NATO 국가들의 전쟁 피로감에 따른 우크라이나의 군사적·경제적 원조 확보에 어려움이 존재하고 있다. 우크라이나 전쟁이 장기화될 것이라는 예측이 지속되는 현재, 사이버를 포함한 모든 영역에서 미국과 NATO의 직접적이고 강력한 군사적 개입이 전쟁의 향방에 어떠한 영향을 미치게 될 것인지에 대한 영향성 타진이 필요하다. 전쟁이 촉발한 NATO의 확장과 전쟁 후 우크라이나의 NATO 가입 유무에 대한 가능성, 핵전력 사용 가능성을 포함한 러시아의 전략적 선택에 따른 전쟁의 향방 등에 관한 다양한 예측들이 존재한다. 전쟁 종결을 위해 우크라이나는 영토의 해방과 2014년 이전 국경의 회복을 주장하지만, 러시아는 우크라이나 정권 교체, 중립화, 그리고 점령지의 영토화를 주장한다. 전쟁의 결과에 따라 지역정치 구도는 완전히 다른 방향으로 전개될 것이라는 점에서 전망의 불확실성은 높기만 하다.

하지만 최종적 결론에 도달하기까지 긴 시간을 요할 것이며, 전쟁이 계속됨에 따라 러시아와 해커들은 반대 의견을 무마하고 우크라이나의 에너지, 운송 및 디지털 인프라를 무력화하기 위해 사이버 작전을 지속할 것이며, NATO의 도움을 받은 우크라이나는 이에 대응하면서 러시아의 공격력을 약화시키기 위한 다양한 사이버 공격도 감행할 것으로 예측된다. 사이버 공격이 전쟁에서 결정적인 역할보다는 전쟁을 지원하는 역할과 대규모 분쟁 발생 시 강압의 도구로 제한적인 역할을 수행한다는 평가도 존재하나(Mueller et al. 2023), 분쟁에 대한 해결책이 없는 상황에서 사이버 도구는 점점 더 중요한 무기가 될 것이며 이를 통제할 비재래식, 재래식 수단은 제한적이다(Vanberghen 2022). 하지만 한 가지 분명한 점은 우크라이나 전쟁에서 나타난 바와 같이 현재로 성큼 다가온 미래전에서 사이버전은 필수적인 요소로 확고히 자리잡게 되었다는 것이다.

또한 미국, NATO 등 우크라이나를 지원하는 서방은 사이버 공간을 통해 국제 여론을 왜곡하여 전쟁에서 승기를 잡으려는 심리·정보전에 더욱 적극적으로 대응해야 한다. 악성코드에 대한 대응이 허위정보를 방어하는 것보다 수월하다는 평가가 주는 경각심을 상기하여, 국가안보적 관점에서 허위정보를 통한 영향력 작전에 대한 대응체계가 필요하다. 러시아는 서방동맹을 분열시키고 미국의 글로벌 지위를 약화시키고 국내 혼란을 야기하기 위하여 사이버 영향력 작전을 수행하고 있으며 생성형 AI 등 신기술을 활용한 영향력 작전을 증대하고 있는 것으로 평가된다(US ODNI 2024). 특히 2024년 미 대선의 결과가 우크라이나에 대한 서방의 지원에 결정적 역할을 할 것임을 인지하여 선거 대상 영향력 작전을 수행하고 있음이 공공연한 사실이며 이에 대한 유의가 필요하다.

더불어 우크라이나 전쟁에서 마이크로소프트(MS), 시스코(Cis-co), 스타링크(Starlink)가 나타내듯 공공부문이 가진 자원의 제약성을 극복하고 데이터의 폭넓은 활용을 통해 사이버 전장에서 승기를 획득하기 위해 민간의 역할이 강조되고 민관파트너십을 최대한 활용하여

야 할 필요성이 증가한다. 민간부문과의 협력과 우크라이나의 사이버 방어가 NATO와 NATO 회원국을 통해 가능하였다는 점에서 동맹국 및 파트너국과의 적극적인 협력을 통해 정보공유와 상호운용성을 증대하여 효과적 사이버 방어를 달성해야 함이 드러난다.

NATO는 한국을 포함하여, 호주, 일본 등 파트너국을 NATO 정상회의에 초대하여 아태지역 국가와의 협력을 확대하는 노력을 강화하고 있다. 한국 또한 미국, 일본과의 안보협력을 강화하고 있으며, NATO 정상회의에서 한국과 NATO 간 핵심가치를 공유하고 있음을 강조하면서 가치에 기반한 안보협력의 강화에 뜻을 모으고 있다. 한국과 NATO는 국제사이버훈련센터 설치 등과 관련하여 긴밀한 협력 의지를 피력하고 있으며, 2022년 5월 아시아국가로는 최초로 NATO 사이버방위센터(CCDCOE)에 가입하였고 락드 쉴즈(Locked Shields) 등 국제 사이버 보안 합동훈련에 참여하고 있다.

이와 같은 협력 체제를 구축하는 과정은 한국을 지구적 진영화의 과정과 깊이 연결시킬 가능성이 높지만, 한국은 이와 관련된 분쟁 연루의 문제에 대하여 보다 신중한 대응책을 마련해 둘 필요가 있다. 또한 우크라이나 전쟁이 수행되는 과정에서 NATO와 우크라이나 간의 사이버 방위 분야에서의 협력은 물론이고 러시아의 사이버 작전의 수행 과정과 그 성과 및 한계에 대한 면밀한 검토를 통해 한국의 사이버 방위체계를 고도화하려는 시사점들을 도출하려는 노력을 기울여야 할 것이다.

참고문헌

문용득·박동휘. 2022. "러시아의 사이버전 전략: 러시아–우크라이나 전쟁초기 전역을 중심으로." 『민족연구』 80: 10-34.

부형욱. 2024. "우크라이나 전쟁에서의 사이버전과 한·미·일 사이버 안보 협력의 향배." 『국가전략』 30(1): 83-108.

송태은. 2020. "하이브리드 위협에 대한 최근 유럽의 대응." 외교안보연구원. IFANS 주요국제문제분석. 2020-31호(10월 21일). https://www.ifans.go.kr/knda/ifans/kor/pblct/PblctView.do (accessed 2024. 02. 18).

_____. 2022. "현대 전면전에서의 사이버전의 역할과 전개양상: 2022년 러시아–우크라이나 전쟁 사례." 『국방연구』 65(3): 125-236.

이용석·정경두. 2022. "러시아 대 우크라이나 사이버 전쟁의 교훈과 시사점." 『국방정책연구』 137: 37-79.

Antoniuk, Daryna. 2023. "War brought big spikes in cyberattacks on Ukraine, NATO allies, Google says." *Recorded Future News* (February 16, 2023). https://therecord.media/ukraine-cyberattacks-russia-google-tag-mandiant (accessed 2023. 12. 13.).

Bateman, Jon. 2022. "Russia's Wartime Cyber Operations in Ukraine: Military Impacts, Influences, and Implications." Carnegie Endownment (December 16, 2022). https://carnegieendowment.org/2022/12/16/russia-s-wartime-cyber-operations-in-ukraine-military-impacts-influences-and-implications-pub-88657 (accessed 2023. 12. 16.).

Beecroft, Nick. 2022. "Evaluating the International Support to Ukrainian Cyber Defense." Carnegie Endowment for International Peace (November 3, 2022). https://carnegieendowment.org/2022/11/03/evaluating-international-support-to-ukrainian-cyber-defense-pub-88322 (accessed 2023. 6. 15.).

Edinger, Harald. 2022. "Offensive ideas: structural realism, classical realism and Putin's war on Ukraine." *International Affairs* 98(6): 1873-1893. https://doi.org/10.1093/ia/iiac217

European Commission. 2019. "A Europe that protects: good progress on tackling hybrid threats." https://www.bing.com/search?q=A+Europe+that+protects%3A+good+progress+on+tackling+hybrid+threats&cvid=0c62d5c178d84e81a555e59b6e88430c&gs_lcrp=EgZjaHJvbWUyBggAEEUYOdIBBzMyMmowajSoAgCwAgA&FORM=ANAB01&PC=LGTS (accessed 2024. 2. 18.).

European Commission. 2022. "EU's Cybersecurity Strategy for the Digital Decade, 2020." (December 16, 202). https://digital-strategy.ec.europa.eu/en/library/eus-cubersecurity-strategy-digital-decade-0 (accessed 2023. 4. 15.).

Greig, Jonathan. 2023. "NSA, Viasat say 2022 hack was two incidents; Russian sanctions resulted from investigation." *Recorded Future News* (August 11, 2023). https://therecord.media/viasat-hack-was-two-incidents-and-resulted-in-sanctions (accessed 2023. 10. 12.).

Harvard Dataverse. 2022. "Dyadic Cyber Incident Dataset v 2.0." https://dataverse.

harvard.edu/dataset.xhtml?persistentId=doi:10.7910/DVN/CQOMYV) (accessed 2023. 12. 2.).

Hodgson, Thomas. 2022. "Kennan Revisited: NATO Expansion into the Former USSR in Retrospect." *Foreign Affairs Review* (April 4). https://www.foreignaffairsreview. com/home/kennan-revisited-nato-expansion-into-the-former-ussr-in-retrospect (accessed 2023. 12. 25.).

Huntley, Shane. 2023. "Fog of war: how the Ukraine conflict transformed the cyber threat landscape." Google Threat Analysis Group (February 16, 2023). https://blog. google/threat-analysis-group/fog-of-war-how-the-ukraine-conflict-transformed-the-cyber-threat-landscape/ (accessed 2023. 12. 24.).

Jacobsen, Jeppe T. 2021. "Cyber offense in NATO: challenges and opportunities Get access Arrow." *International Affairs* 97(3): 703-720. https://doi.org/10.1093/ia/iiab010.

KIEL Institute for the World Economy. 2023. "Ukraine Support Tracker Data." https://www.ifw-kiel.de/publications/ukraine-support-tracker-data-20758/ (accessed 2023. 3. 10.).

Klipstein, Michael and Tinatin Japaridze. 2022. "Collective cyber defence and attack:NATO's Article 5 after the Ukraine conflict." (May 16, 2022). https://www. europeanleadershipnetwork.org/commentary/collective-cyber-defence-and-attack-natos-article-5-after-the-ukraine-conflict/ (accessed 2023. 11. 5.).

Lewis, James Andrew. 2022. "Cyber War and Ukraine." CSIS White Papers (June 16, 2022). https://www.csis.org/analysis/cyber-war-and-ukraine (accessed 2023. 12. 15.).

Lyngaas, Sean. 2023. "Russian hackers targeted NATO forces and diplomats to aid Ukraine war effort." *CNN* (December 7, 2023). https://edition.cnn.com/2023/12/07/politics/russian-hackers-nato-forces-diplomats/index.html (accessed 2023. 12. 24.).

Mearsheimer, John J. 2014. "Why the Ukraine Crisis Is the West's Fault." *Foreign Affairs* 93(5)(Septemver/October 2014): 77-84, 85-89. https://www.foreignaffairs.com/articles/russia-fsu/2014-08-18/why-ukraine-crisis-west-s-fault (accessed 2023. 12. 4.).

Michaels, Daniel. 2022. "Lessons of Russia's War in Ukraine: You Can't Hide and Weapons Stockpiles Are Essential; U.S., its allies study Europe's biggest conflict in decades; 'You can't cyber your way across a river'." *Wall Street Journal* (Online) (July 1, 2022). https://www.wsj.com/articles/lessons-of-russias-war-in-ukraine-you-cant-hide-and-weapons-stockpiles-are-essential-11656927182 (accessed 2024. 02. 24.).

Microsoft. 2022a. "An overview of Russia's cyberattack activity in Ukraine." Special Report: Ukraine (April 27, 2022). https://query.prod.cms.rt.microsoft.com/cms/api/am/binary/RE4Vwwd (accessed 2023. 12. 12.).

_____. 2022b. "Defending Ukraine: Early Lessons from the Cyber War." (June 22, 2022). https://blogs.microsoft.com/on-the-issues/2022/06/22/defending-ukraine-early-lessons-from-the-cyber-war/ (accessed 2023. 4. 15.).

_____. 2023. "A year of Russian Hybrid warfare in Ukraine." (March 15, 2023). https://

www.microsoft.com/en-us/security/business/security-insider/wp-content/
uploads/2023/03/A-year-of-Russian-hybrid-warfare-in-Ukraine_MS-Threat-
Intelligence-1.pdf (accessed 2023. 10. 16.).

Mueller, Grace B., Benjamin Jensen, Brandon Valeriano, Ryan C. Maness, Jose M. Macias.
2023. "Cyber Operations during the Russo-Ukrainian War From Strange Patterns to
Alternative Futures." Center for Strategic and International Studies. https://www.
csis.org/analysis/cyber-operations-during-russo-ukrainian-war (accessed 2023. 12.
15.).

NATO. 2013. "Sharing malware information to defeat cyber attacks." (December 29,
2013). https://www.nato.int/cps/en/natolive/news_105485.html (accessed 2024. 2.
12.).

_____. 2022. "2022 NATO Strategic Concept." (June 29, 2022). https://www.nato.
int/cps/en/natohq/topics_210907.htm#:~:text=The%202022%20Strategic%20
Concept%20describes,and%20management%3B%20and%20cooperative%20security
(accessed 2023. 4. 15.).

_____. 2024. "Cyber defence." https://www.nato.int/cps/en/natohq/topics_78170.
htm#:~:text=NATO's%20policy%20on%20cyber%20defence&text=Allies%20
reaffirmed%20NATO's%20defensive%20mandate%20and%20committed%20to%20
employing%20the,including%20by%20considering%20collective%20responses
(accessed 2024. 2. 24.).

NATO CCDCOE. 2023. "The NATO CCDCOE welcomes new members Iceland, Ireland,
Japan and Ukraine." (May 17, 2023). https://ccdcoe.org/news/2023/the-nato-
ccdcoe-welcomes-new-members-iceland-reland-japan-and-ukraine/ (accessed
2024. 2. 24.).

Spinu, Natalia. 2020. "Ukraine Cybersecurity Governance Assessment." DCAF(Geneva
Centre for Security Sector Governance) (November 2020). https://www.dcaf.ch/
sites/default/files/publications/documents/UkraineCybersecurityGovernanceAssess
ment.pdf (accessed 2024. 2. 24.).

Stanford Internet Observatory. 2019. "Evidence of Russia-Linked Influence Operations
in Africa." (October, 2019). https://cyber.fsi.stanford.edu/io/news/prigozhin-africa
(accessed 2024. 2. 24.).

Stevens, Tim and Joe Burton. 2023. "NATO and strategic competition in cyberspace."
NATO (June 6, 2023). https://www.nato.int/docu/review/articles/2023/06/06/nato-
and-strategic-competition-in-cyberspace/index.html (accessed 2023. 6. 15.).

UK NCSC. 2022. "Russia behind cyber attack with Europe-wide impact an hour before
Ukraine invasion." (May 10, 2022). https://www.ncsc.gov.uk/news/russia-behind-
cyber-attack-with-europe-wide-impact-hour-before-ukraine-invasion (accessed
2024. 3. 16.).

US Department of State. 2023. "Formalization of the Tallinn Mechanism to Coordinate
Civilian Cyber Assistance to Ukraine." (December 20, 2023). https://state.gov/
formalization-of-the-tallinn-mechanism-to-coordinate-civilian-cyber-assistance-to-
ukraine/ (accessed 2024. 2. 24.).

_____. 2024. "Imposing New Measures on Russia for its Full-Scale War and Use of

Chemical Weapons Against Ukraine." (May 1, 2024). https://www.state.gov/imposing-new-measures-on-russia-for-its-full-scale-war-and-use-of-chemical-weapons-against-ukraine-2/#:~:text=The%20Department%20of%20State%20has,Chemical%20Weapons%20Convention%20(CWC) (accessed 2024. 5. 10.).

US ODNI. 2024. "Annual Threat Assessment of the U.S. Intelligence Community." https://www.dni.gov/index.php/newsroom/reports-publications/reports-publications-2024/3787-2024-annual-threat-assessment-of-the-u-s-intelligence-community (accessed 2024. 3. 20.).

Vanberghen, Cristina. 2022. "Ukraine marks a turning point for cyberwarfare." *Politico*. https://www.politico.eu/article/russia-ukraine-cyber-invasion-warfare-kremlin-nato/ (accessed November 31, 2023).

Voo, Julia, Irfan Hemani, Daniel Cassidy. 2022. "National Cyber Power Index 2022." Havard Kennedy School Belfer Center (September 2022). https://www.belfercenter.org/sites/default/files/files/publication/CyberProject_National%20Cyber%20Power%20Index%202022_v3_220922.pdf (accessed 2023. 12. 15.).

Willett, Marcus. 2022. "The Cyber Dimension of the Russia – Ukraine War." *Survival* 64(5)(September 2022): 7-26. https://doi.org/10.1080/00396338.2022.2126193

Украина.ру. 2023. Девять стран НАТО и Швеция подписали пакт о защ ите киберпространства Украины(December 20, 2023). https://ukraina.ru/20231220/1052280907.html?ysclid=lry0q4j7ep76567031 (accessed 2024. 1. 12.).

ФСБ. http://www.fsb.ru/fsb/press/message/single.htm%21id%3D10439694%40fsbMessage.html (accessed 2024. 1. 24.).

ФСБ. 2023. "ФСБ заявила, что за массированными кибератаками из Украины проти в РФ стоят Пентагон и НАТО." (February 13, 2023). https://tass.ru/proisshestviya/17515409?ysclid=lry0f90v7n446551626 (accessed 2024. 1. 15.).

러시아의 사이버 안보외교: 중러의 전략적 협력과 권위주의 국가의 사이버 국제연대

두진호 한국국방연구원 국제전략연구실장

I. 문제제기[1]

세계적 차원의 전략경쟁이 디지털 플랫폼 경쟁으로 확산하고 있다. 첨단기술을 탑재한 디지털 플랫폼은 사이버 공간에서 광범위하게 영향력을 행사할 수 있으므로 군사력 등 물리적 자원과 역량 투입 없이 소기의 전략목표를 달성하는 이점을 갖는다. 러시아는 푸틴 대통령 집권 이후 슬라브주의 복원 및 역사 공정이라는 국가 대전략을 추구하고 있다. 2022년 2월 러시아의 우크라이나 침공이 국가 대전략 실현을 위한 '직접 전략'이라면, 침공에 앞서 러시아군이 우크라이나를 상대로 장기간 지속적으로 실시한 DDos 공격 및 허위조작정보 확산, 네트워크 교란 등 '영향력 공작'은 대표적인 '간접전략'이다.[2]

러시아의 우크라이나 침공은 역설적으로 사이버 영향력 공작 등 간접전략의 실패에 따른 극단적 행위이다. 2014년 러시아군은 크림 자치공화국과 세바스토폴 특별시 등 크림지역에 무혈입성했다. 러시아군은 군사적 관여 이전에 '영향력 공작'을 통해 결정적 군사행동은 최소화하면서 러시아의 승리를 '기정사실화' 했다. 우크라이나군은 크림 피탈 이후 북대서양조약기구(NATO) 등 서방의 조력을 받아 전방위적 국방개혁을 추진했다. 우크라이나는 나토와 연합 사이버 방위센터를 개소한 이후 러시아의 사이버 공격에 효율적으로 대응할 수 있었다. 우크라이나에 대한 러시아의 사이버 영향력 공작은 크림 병합 이후 실효성을 상실했다. 오히려 러시아가 우크라이나 및 나토의

---

1   본 원고는 2024년 7월 31일 기준으로 작성되었다.
2   러시아는 정찰총국 산하의 해커집단 샌드웜(Sandworm)을 이용해 우크라이나에 여러 와이퍼(Wiper) 악성코드를 활용한 공격을 수행하고 있다. 와이퍼 악성코드는 시스템의 철저한 불능화를 목적으로 개발돼 여타 악성코드에 비해 대처와 복구가 까다롭다고 평가된다.

사이버 공격에 노출되면서 '디지털 주권'에 도전을 받는 역전 현상이 발생하고 있다.

표 13.1 전통적 경쟁과 사이버전의 비교분석

구 분	직접 전략(전통적 경쟁)	간접 전략(사이버전)
속도	• 물리적 한계	• 순간적
비용	• 고비용	• 저비용(고효율, 가성비)
공격 행위자	• 가시적, 직관적	• 비가시적, 불분명
전·평시 구분	• 비교적 분명	• 불분명
공격 원점 식별	• 공격 징후 관측 및 식별 가능	• 식별 제한
대상 범위	• 인명 및 주요 인프라에 집중 등 치명적 효과	• 다양한 종류의 피해 발생, 사안에 따라 치명적 효과 유발

출처: 한국국방연구원 『국방논단』 제1431호 및 국방기술진흥연구소 『국방과학기술정보』 제118호 등을 참고하여 일부 수정.

우크라이나는 나토 회원국 등 서방 30개국의 전력 제공에 힘입어 전쟁 지속 능력을 강화하면서 러시아의 총체적 국력 약화를 강요하고 있다. 푸틴 대통령은 5선 취임 이후 첫 해외 일정으로 중국을 국빈 방문하여 연합훈련 강화 및 경제 분야에서 무제한적 협력에 합의하는 등 2019년 체결된 '신시대 전면적 전략 협력동반자 관계'를 질적·양적으로 격상하고 있다.[3] 한편, 중국은 2010년대 중반부터 '사이버 주권' 개념을 본격적으로 사용하며 금융-빅테크 부문의 연계를 통해 생산우위와 가격 경쟁력을 앞세워 서방의 디지털 시장에 파고드는

---

3   중국은 러시아의 침공에 대해 소극적인 찬성 입장을 취할 뿐 적극적인 협력에는 선을 긋고 있다. 양국이 장기간 군사협력 등 초보적 수준에서 연합태세를 확립한 만큼 러시아는 중국이 어떤 행태로든 특별군사작전에 대한 관여를 기대하지만 중국의 물리적 지원 가능성은 적다.

등 미국의 디지털 패권에 대응하고 있다. 미중 전략경쟁 및 우크라이나 전쟁 장기화, 그리고 이스라엘-하마스 전쟁 발발 등 글로벌 전략환경은 중러의 전략적 협력을 촉진한다.

중국은 러시아에 대한 물리적 지원 대신 인공지능(AI) 및 사이버 안보 협력 등 비물리적 차원의 협력을 통해 미국의 일극주의에 대응하기 위한 '디지털 권위주의 블록'을 구성할 가능성이 커지고 있다. 한편 러시아는 전쟁의 장기화로 재래식 무기와 탄약이 고갈되면서 지리적 접근성과 상호 운용성을 갖춘 북한과 '위험한 거래'에 나섰다. 특히 푸틴 대통령은 24년 만에 평양을 방문해 양국 관계를 '포괄적 전략동반자 관계'로 수직 격상시키고, 북한과 동맹 관계를 부활해 우크라이나 전쟁 장기화에 대비하고 한미동맹 및 한미일 안보협력에 대응하기 위한 법률적 기초를 확립했다.

II. 러시아의 사이버 안보: 위협인식과 사이버 주권

푸틴 집권 기간 네 차례에 걸쳐 발표된 국가안보전략서를 검토해 보면, 나토의 확장과 동유럽 지역에서 미국이 주도하는 미사일 방어 시스템(Missile Defense, MD) 및 중·단거리 미사일 배치 등은 러시아를 위협하는 가장 심각한 전통적 요인으로 평가된다. 한편, 비전통 안보 분야에서 위협 요인은 테러 및 색깔 혁명,[4] 정보 왜곡 등으로 파악

---

4   색깔혁명(color revolution)은 CIS 지역에서 발생한 민주화를 위한 시민운동을 의미한다. 2003년 조지아의 '장미 혁명'으로 셰바르드나제 대통령이 퇴진하고 친미 성향의 사카슈빌리 대통령이 당선됐다. 2004년 우크라이나에서는 '오렌지 혁명'을 통해 친서방 성향의 유셴코 대통령이 집권했다. 2005년 키르기스스탄에서는 국회의원 부정선거를 규탄하는 시위가 정권 퇴진운동으로 발전하면서 '튤립 혁명'을 통해 정권 교체가 이루

된다.[5]

국가안보전략서에 기술된 정보 왜곡에 대한 러시아의 위협인식은 미국의 사이버전, 정보통신기술을 활용한 서방의 반러 선전·선동 및 러시아의 이미지와 역사 왜곡, LGBT(Lesbian, Gay, Bisexual, Transgender)의 사회적 확산 등 전통적·종교적 측면에서 러시아 고유의 가치 왜곡과 정체성 형해화 등으로 요약된다.

러시아는 2023년 3월 대외정책개념을 발표했다. 사실상 '전시 문서' 성격의 대외정책개념은 '러시아는 독자적 문명권을 가진 국가로서 서방의 위협으로부터 고유의 전통과 정체성 수호 등의 사명'을 기술하고 있다. 즉, 슬라브주의를 독자적인 문명으로 규정하고 러시아 문명의 시각에서 세계질서를 해석하고 확립하겠다는 의지를 재확인했다. 러시아의 사이버 안보는 국가안보전략 및 대외정책개념의 전략 지침을 적극적으로 수용하고 있다. 러시아는 미국 등 서방에 대해 서구식 민주주의 확산 및 NGO 등의 정치 공작을 통해 러시아의 정체성을 무력화하고 궁극적으로 러시아 연방 붕괴 등 국가전복을 시도하는 '악한 세력'으로 인식한다.[6] 따라서 러시아 관점에서 사이버 공간은

어졌다. 러시아는 색깔혁명을 서방의 '정치 공작' 혹은 '영향력 공작'으로 인식한다. 러시아는 CIS에 대한 서방의 '영향력 공작'은 정보조작 및 허위정보 유포, 역사 왜곡 등 인터넷 등 디지털 수단을 활용해 궁극적으로 러시아의 연방제 붕괴를 추구한다고 인식한다.

5   Стратегия национальной безопасности Российской Федерации; Концепция внешней политикиРоссийской Федерации; Доктрина информа-ционной безопасности Российской Федерации.

6   러시아는 미국과 서방세계의 합의된 개념과는 매우 다른 사이버 공간의 본질과 잠재성, 그리고 이용에 대한 관점과 인식을 가지며, 이러한 서로 다른 인식과 관점의 차이는 미국-서방과 러시아 사이에 사이버 안보에 대한 근본적인 불일치와 갈등을 야기한다. 러시아의 인식에서 인터넷은 지배적인 미국 과학기술과 문화 그리고 패권의 부산물이며, 이 같은 인터넷은 러시아의 과학기술 및 문화의 온전성과 독립에 대한 중대한 위협이

서방의 영향력 공작과 슬라브주의가 경쟁하는 '제2전선'과 다름없으며, 러시아의 영토적 완전성 실현 및 헌정 질서 유지 등 국가통합을 위해 반드시 확보해야 할 주권적 영역이다.

III. 중국의 사이버 안보 인식과 중러의 전략적 협력

중국은 대내적으로 정보화 및 경제성장으로 정보의 양 증가는 물론 정보의 자유로운 유통이 중국 공산당의 통제 수준을 벗어나고 있는 상황에 대한 대응이 요구된다. 한편 대외적으로 정부 및 기업의 정보통신 의존도는 외부로부터의 사이버 공격, 테러 및 관련 범죄 양산 등 내부의 취약성을 키우는 위협 요인으로 인식한다. 이에 따라 중국은 금융-빅테크 부문의 연계를 통해 사이버 주권을 강화하고 있다. 모바일 결제의 보편화 등 디지털 수단의 발전으로 중국 사회에서 현금 결제가 사라지고 있으며, 현금 유통의 보편적 수단인 ATM 활용도 감소하고 있다(최선경 2023, 43-44). 반면 알리페이와 위챗페이 등 대규모 핀테크 전자 거래를 통한 자금 유통은 시·공간을 초월해 중국의 거대 금융망을 형성하고 있다.

문제는 모바일 결제의 경우 중국 은행 계좌 보유가 전제되어야 하며, 중국 국적을 보유하거나 6개월 이상의 체류 비자가 있어야 중국 은행 계좌 개설 가능하다는 점이다. 알리페이나 위챗페이 계정을 통한 모바일 결제는 중국의 국가 통제 시스템에 개인 정보의 유통과 통

다. 정보의 자유롭고 개방적 공간인 인터넷의 확장을 미국이 일방적으로 주도하는 것은 러시아의 정치, 경제, 군사, 문화, 역사, 종교적 주권에 대한 중대한 지정학적 도전이며 위협으로 받아들여진다. 신범식·윤민우(2020, 169).

합을 의미한다. 모바일 결제 서비스는 사회 신용 시스템과의 연동을 지향하며, 모바일 서비스를 통해 수집된 내·외국인의 모든 통신 및 금융 정보는 중국 정부의 사회보장 정책에 활용되는 측면과 함께 사이버 공간에서 주요 통제 수단으로 활용될 수 있다.

중국은 미국이 전략경쟁 수단으로 사이버 안보를 활용한다는 인식을 견지하고 있으며, 미국 중심의 사이버 패권을 중요한 대외 위협 요인으로 간주한다. 이에 따라 중국은 사이버 안보에서 국가의 주도적 역할을 기반으로 내부적 관리 및 통제력을 확립하여 공산당의 통치 안정성과 예측성을 높이고 대외적으로 디지털 독립을 추구하여 국익을 보호하고자 한다.

2016년 중국은『국가 사이버 공간 안전전략』과『사이버 공간 국제협력전략』등의 전략문서를 통해 사이버 주권을 강조하면서 국가 안전 유지 및 사이버 국제협력 강화 등 일련의 전략목표를 제시하고 있다.[7] 특히 해킹으로 인한 국가 분열과 반란 및 선동, 국가기밀 누설 등의 행위를 중대 범죄행위로 간주하고 이를 예방하기 위한 군사적 수단의 동원 필요성을 정당화한다(김상배 2017, 83-86). 또한 사이버 공간에 대한 전략적 실행은 미국의 대중국 견제 및 사이버 패권 확보에 대항하기 위해 우호적인 국제 연합전선 구축 및 자체 기준의 국제 표준화를 지향한다. 2014년부터 2018년까지 중국에서 개최된〈세계인터넷대회〉, 상하이협력기구(Shanghai Cooperation Organization, SCO)와 아세안지역안보포럼(ASEAN Regional Forum, ARF) 내 영향력 확대, 국제연합(UN)과 국제기구 규범 수립 과정 참여, 국제전기통신연합

---

7 9가지 전략목표는 다음과 같다. △국가안전 유지, △정보 기반시설 보호, △사이버 문화 건설, △사이버 범죄와 테러 예방, △사이버 거버넌스 체제 개선, △사이버 안전 기초 마련, △사이버 방어력 향상, △그리고 사이버 국제협력 강화.

표 13.2 중러의 사이버 안보 인식과 전략적 협력

구 분	중국	러시아
위협요인	• 디지털 수단에 대한 의존 심화 • 해킹, 허위정보, 정보탈취 등 국가기밀 유출 • 미국의 사이버 패권	• 러시아 전통 및 정체성을 부정하는 허위정보 유통 등 국가전복 행위 • 미국과 나토의 사이버 패권
대응개념	• 국가중심적 사이버 주권 확립	• 국가중심적 사이버 주권 확립
대응목표	• 공산당 통치 안정성 확보, 사이버 강국 달성	• 주권 보호 및 영토적 완전성 보장, 헌정 질서 확립
국제협력	• 상하이협력기구(SCO), 아세안지역안보포럼(ARF) 영향력 확대	• 상하이협력기구(SCO), 집단안보조약기구(CSTO), 아세안지역안보포럼(ARF) 영향력 확대

(ITU)이 주도하는 인터넷 관장 권한 요구가 이를 뒷받침하는 대표적인 사례다(김진형 2022, 2-3).

사이버 안보에 대한 중국과 러시아의 공통적인 관점은 '사이버 주권'과 같은 국가 중심적 역할의 필요성과 정당성이다. 중국과 러시아는 사이버 공간에서 벌어지는 각종 허위조작정보 유통과 각종 기밀 누설, 특정 개인과 단체를 대상으로 발생하는 해킹 공격 및 정보 탈취 행위 등에 대해 '국가전복'이라는 극단적인 위협인식을 공유한다. 양국 모두 사이버 공간을 통해 장벽 없이 유입되는 서구식 민주주의 가치는 궁극적으로 '색깔 혁명'을 인위적으로 조작한다는 인식을 같이한다. 따라서 중러의 사이버 공간은 고유의 전통과 정체성, 정권의 안정성 확보를 위해 주권과 같은 불가침 영역이다. 이런 점에서 사이버 안보에 대한 중러의 이해관계는 일치한다.

한편, 중국과 러시아는 사이버 분야에서 국가 주도의 자원과 역량 동원 등 중앙집권적 관리 및 통제라는 유사성을 공유한다. 특히 러시아는 특별군사작전의 시행착오를 통해 수많은 인명피해와 사이버 기술의 진화적 발전을 촉진하는 광범위한 데이터 수집을 교환했다. 러시아 국방 당국이 향후 인공지능의 군사적 목적을 천명한 만큼 인명 피해와 교환된 데이터는 러시아의 중앙집권적 통제 아래 디지털 권위주의 강화에 적극 수용될 것이다.

중러 정상은 2024년 베이징 정상회담 공동성명에서 "개별 국가의 인공지능 개발을 악의적으로 억지하는 데 반대한다"는 입장을 발표하는 등 첨단 산업에 대한 미국 견제에 공동 대응 의지를 밝혔다. 특히 푸틴 대통령이 방중 이튿날 중국의 지능화 사회를 첨단 혁신기술로 뒷받침하는 하얼빈 공대를 방문한 것은 향후 사이버 안보 협력 고도화 등 인공지능 협력을 위한 정치적 의지로 보인다. 이런 배경에서 특별군사작전을 통해 습득 및 검증된 러시아의 데이터와 사이버 안보 기술 등은 중국에 매력적이다.

IV. 권위주의 국가의 사이버 연대

1. 디지털 권위주의 블록의 출현과 지향성

중국과 러시아는 미국 중심의 단극적 사이버 패권을 경계한다. 형식상 민주주의 체제를 유지하고 있으나 내용상 공고화된 권위주의 체제를 지향하는 러시아에 사이버 공간을 통한 서구식 민주주의 확산 등 색깔 혁명 가능성은 푸틴 정권의 안위에 치명적이다. 푸틴 정권의 안위는 러시아 연방의 불확실성과 맞닿아 있으므로 사이버 주권 수호는 사활적 이익이다. 여기에 특별군사작전 장기화로 나토 등 서방의 사이버 공격에 빈번하게 노출된 러시아의 상황은 유사한 사이버 안보

위협을 공유하는 동맹 및 우방국들과의 협력을 촉진하는 요인이다.[8]

2024년 5월 푸틴 대통령의 5선 취임 이후 중국 국빈 방문을 계기로 중러 양국은 2019년 합의한 '신시대 전면적 전략 협력동반자 관계'를 심화·발전시키는 데 합의했다.[9] 다만, 러시아의 우크라이나 침공에 대한 중국의 소극적인 입장으로 중러의 전략적 협력이 정치적 수사 수준에 갇혀 있다는 평가도 존재한다. 중국은 내수 활성화 등 경제 회복을 위해 서방과 디커플링(탈동조화)을 회피하고 디리스킹 (De-risking, 위험 억제)을 견인해야 하는 상황에서 러시아와는 물론 북중러 3각 협력 등 민감한 분야에서 적극적인 행보에 나서는 데 부담을 안고 있다.

하지만 미국의 사이버 패권에 대한 중국과 러시아의 위협인식은 유사하다. 기본적으로 양국은 미국의 사이버 패권에 반대하며, 독자적 사이버 질서를 확립하여 독립적이고 고유한 디지털 생태계를 추구한다. 특히 미국의 사이버 패권에 대해 '국가전복'과 같은 냉전적·대

---

8 러시아 선거 당국은 2024년 3월 15일부터 17일까지 치러진 대통령 선거에서 원격 전자 투표를 대상으로 한 다수의 사이버 공격을 차단했다고 밝혔다. 러시아 선거 당국은 모스크바의 선거 정보 시스템에 대한 사이버 공격이 미국과 영국에서 일어났으며, "사이버 공격 주체의 서버는 미국과 영국에 위치하고 있다"고 주장했다. Российская Газета (2024).

9 푸틴 대통령과 시진핑 주석 간 정상회담을 계기로 중러 양국은 공동성명을 채택하고, 정치·경제·군사·인공지능(AI) 등 모든 분야에서 협력을 심화·발전하는 데 합의했다. 중러 정상은 공동성명에서 "미국과 그 동맹국의 군사적 위협 행동(military intimidation) 과 북한과의 대결을 유발하는 무장 충돌 도발로 한반도 정세의 긴장 격화에 반대한다" 고 적시했다. 한편 푸틴 대통령은 중국 방문 계기에 '동방의 모스크바'이자 양국 간 교류협력을 상징하는 하얼빈을 찾아 중국과의 경제 협력에 공을 들였다. 푸틴 대통령은 중러 엑스포 개막식과 지역 협력 포럼에 각각 참석해 "에너지 분야에서 양국의 전략적 동맹은 강화될 것이라며, 러시아는 중국에 환경친화적 에너지 자원을 중단 없이 공급할 준비가 돼 있다"고 강조했다. 중국은 경제 분야에서 러시아와의 무제한적 협력을 강조했고, 군사 분야와 관련해 향후 연합 훈련을 확대한다는 원론적인 입장을 채택했다.

결적 관점을 견지한다는 측면에서 사이버 공간에서 양국의 전략적 협력은 합리적이다.

중국의 디지털 실크로드(Digital Silk Road) 전략에 주목할 필요가 있다. 중국의 디지털 전략은 중국 기업과 표준에 유리한 무역 네크워크 구축을 추구한다. 중국은 일대일로 참여국을 중심으로 네트워크 통신인프라를 구축하여 자국 중심의 디지털 생태계를 확대해 왔으며, 제도 구축과 규범 설정과 같은 '중국식' 사이버 거버넌스 표준의 수출도 병행했다. 중국 인민해방군 및 공안 등 정부 당국은 스리랑카 공무원들에게 웹사이트 필터링 기술을, 공안은 캄보디아 경찰에 감시 카메라 설치에 관해 자문을 제공했으며, 탄자니아에 국가 데이터센터 건설 방안 경험을 공유했다. 상기 국가들은 중국과 지정학적 관계를 맺고 있으며, 중국 기업들의 활동이 활발하고 범죄율이 높은 국가들이다.

Freedom House의 인터넷 자유 지수에 따르면, 중국의 인터넷 사용 환경은 매우 억압적이며, 9년 연속 세계 최악의 인터넷 자유 침해 국가로 평가받고 있다. 중국 인터넷 사용자는 약 10억 7,000만 명으로 전체 인구의 약 75.6%에 달한다. 중국의 인터넷 연결 속도는 정부의 광범위한 검열 장치로 인해 의도적으로 조정되고 있으며, 외국에서 호스팅되는 웹사이트의 콘텐츠 연결도 선택적으로 지연되는 것으로 추정된다. 중국 지역별로 인터넷 속도의 편차가 존재하며, 분리주의 움직임이 강한 신장 위구르 자치구의 경우 상하이에 비교해 현격하게 낮은 인터넷 속도를 보인다. 중국의 인터넷 자유는 '만리 방화벽(Great Firewall)'과 같은 중국 당국의 비공식 인터넷 검열 시스템에 의해 구속된 상태라고 할 수 있다.

러시아의 인터넷 자유 지수는 중국과 비교해 상대적으로 높게 나타나고 있으나, 중국과 마찬가지로 인터넷 자유 억압이라는 측면에서 유사하다. 러시아는 우크라이나 침공 이후 정보 공간을 통제하기 위해 비민주적인 인터넷 규제를 시행하고 있으며, 특히 전면적인 침공에 대한 국내 비판을 억제하기 위해 인터넷 자유가 후퇴하고 있다. 러시아 당국은 페이스북, 인스타그램, 트위터 등 글로벌 소셜 미디어 플랫폼을 원천적으로 차단했으며, 사이버 공간에서 우크라이나 침공을 비판하는 개인과 조직에 대해 '허위조작정보'를 유포하는 범죄 세력으로 관리하고 있다. 러시아 정보통신 당국은 통신 사업자가 연방보안국(FSB)과 더욱 긴밀하게 협력하도록 의무화하는 법률을 도입했다. 상기 법안은 웹사이트 차단 및 감시를 용이하게 하는 TSPU(Technical Measures to Combat Threats) 시스템 설치 의무이행을 거부하는 운영자에게 벌금을 부과하는 등 인터넷 공간 감시 및 감독 활동을 강화하고 있다.[10]

〈표 13.3〉에서 보는 바와 같이 미국과 한국 등은 비교적 높은 인터넷 자유 지수를 보여주는 것과 대조적으로 중국의 디지털 실크로드에 영향을 받고 있는 스리랑카 및 캄보디아 등의 인터넷 자유 지수는 상대적으로 낮은 수준을 보인다. 특히 러시아의 주요 동맹 및 우방국인 벨라루스와 이란은 각각 25점과 11점으로 중국과 러시아 등 디지털 권위주의 국가와 유사한 수준을 보인다.

한편, 북한은 인터넷 자유 지수를 평가할 수 있는 데이터 자체가 존재하지 않는다. 북한은 일반 주민의 인터넷 자유를 억압하고 통제하고 있으나, 이메일 계정 탈취 및 가상자산 탈취 시도 등 인터넷을 사이버 공격 수단으로 활용하고 있다. 북한 사회의 특성상 인터넷 자유

10   https://freedomhouse.org/country/russia/freedom-net/2023 (검색일: 2024. 5. 18.).

표 **13.3** 인터넷 자유 지수[11]

구분	Total Score and Status (100)	Obstacles to Access (25)	Limits on Content (35)	Violations of User Rights (40)
미국	76 / Free	21	30	25
한국	67 / Partly Free	22	24	21
중국	**9 / Not Free**	**7**	**2**	**0**
러시아	**21 / Not Free**	**10**	**5**	**6**
스리랑카	52 / Partly Free	12	22	18
캄보디아	44 / Partly Free	13	17	14
탄자니아	데이터 없음			
북한	데이터 없음			
이란	11 / Not Free	6	4	1
벨라루스	25 / Not Free	13	7	5

출처: https://freedomhouse.org/countries/freedom-net/scores

지수 평가는 의미 자체가 구성될 수 없다. 오히려 북한의 사이버 안보 인식은 감시 및 감독 등 내부 단속보다 외부의 특정 표적에 대해 정보 및 가상자산 탈취, 허위조작정보 유통 등 정치·경제적 목적 달성을 위한 공세적 사이버 공격에 집중되어 있다고 볼 수 있다.

　최근 경찰청 국가수사본부에 따르면, 북한의 정찰총국 산하 해킹 조직인 '김수키(Kimsuky)'는 외교안보 분야 전·현직 공무원과 전문가 등에 사이버 공격을 감행하여 내국인 1468명의 이메일 계정을 탈취했다. 김수키는 국내·외 서버 500여 개를 경유하며 인터넷주소(IP

11　인터넷 자유 지수(Internet Freedom Status)란 인터넷 사용자들에게 제공되는 서비스의 접근성과 개방성 등 인터넷 사용자의 권리 보장의 수준을 보여준다. 인터넷 자유 지수는 인터넷 접근 제한(25점), 콘텐츠 이용 제한(35), 사용자 권리 침해(40) 등 총 3개 요소 100점으로 구성된다. 인터넷 자유가 억압될수록 0에 수렴하고, 그 반대의 경우는 100으로 수렴한다. 한편, 인터넷 자유 지수 총점을 기준으로 0-39는 Not Free, 40-69는 Partly Free, 70-100은 Free를 의미한다.

사건 개요도

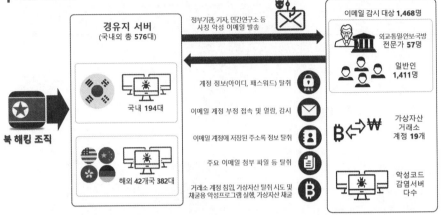

그림 13.1 북한 해킹조직 '김수키'의 해킹 공격 개요

출처: 동아일보 https://www.donga.com/news/Society/article/all/20231121/122282660/1 (검색일: 2023. 11. 22).

주소)를 변경한 뒤 피싱용 이메일을 발송해 표적 대상의 개인용 컴퓨터의 내부 정보를 유출할 수 있는 악성 프로그램이 설치 및 실행되는 수법을 사용한 것으로 나타났다. 북한의 사이버 공격은 한국 사회의 유력 계층에 대한 '영향력 공작'을 통해 국가정책에 영향을 미치고, 가상자산 탈취를 통해 통치자금을 확보하는 한편 국내 디지털 금융시장에 혼란을 유도하고 우리 정부의 대응 능력을 약화하기 위한 목적으로 볼 수 있다.

중국·러시아·북한 그리고 이들과 연결된 이란·벨라루스 등 디지털 권위주의 국가들의 인터넷 자유는 사실상 존재하지 않으며, 사이버 공간의 주권적 위상은 사안에 따라 개인의 정보 자율성과 이익을 침해하고 압도한다. 또한 디지털 권위주의 블록의 사이버 공간은 국가의 특정 이익과 목표 달성을 위해 정부 당국에 의해 광범위하게 조작되고 동원될 수 있는 잠재적 유사성을 공유한다고 볼 수 있다.

2. 디지털 권위주의 블록의 예상 행태

중국의 국가인터넷 정보판공실과 중앙군사위 산하의 Net-Force, 61398,61486 부대와 러시아의 해외정보국(SVR) 및 정보총국(GRU) 과의 교류협력을 통해 사이버 협의 체계를 형성해 왔을 것으로 추정된다. 다만 중러의 전략적 협력이 초보적 수준에 정체되어 있으므로 사이버 안보 공동 기획 및 실행 등은 확장성의 한계를 갖는다.

이런 배경에서 북중러는 한미·한미일 안보협력 발전을 고려해 서방 연대의 사이버 협력을 모방한 디지털 권위주의 블록 고유의 사이버 협력을 추구할 가능성이 있다. 지난 5월 중러 정상회담 공동성명에 "미국과 그 동맹국의 군사적 위협 행동(military intimidation)과 북한과의 대결을 유발하는 무장 충돌 도발로 한반도 정세의 긴장 격화에 반대한다"고 적시됐다. 푸틴 대통령이 북한과 동맹 관계를 확립한 만큼 이번 중러 정상회담에서 북중러 3각 협력 의제도 논의됐을 가능성도 배제할 수 없다. 이런 배경에서 중국과 러시아는 북한의 참여를 전제로, 한미가 워싱턴 선언을 계기로 합의한 핵협의그룹(NCG)과 한미일 캠프 데이비드 정상회의 결과를 고려한 유사한 경로를 모방해 공동대응에 나설 가능성도 있다. 북중러 디지털 권위주의 블록이 전개할 사이버 안보 연대는 △정치적 연대(사이버 협의체 구성), △기술 및 데이

표 13.4 한미일 캠프 데이비드 정상회의 결과 중 사이버 분야

구분	내용
역내 평화	• 인도-태평양 수역에서 중국의 일방적 현상변경 시도 반대 • 해외 정보조작·감시기술 오용에 따른 위협 대응 노력
대북 공조	• 북한의 완전한 비핵화와 자유롭고 평화로운 통일 한반도 지지 • 북한 불법 사이버 활동 대응 '사이버 협력 실무그룹' 신설

터 공유, △사이버 공동대응 등을 고려할 수 있다.

1) 정치적 연대

중국·러시아·북한 그리고 이들과 연결된 이란과 벨라루스 등 권위주의 진영은 사이버 안보 인식에서 유사한 정체성을 공유하며, 다양한 형태의 협력을 통해 '디지털 권위주의 블록'을 가시적으로 구성할 가능성이 있다. 중국·러시아·북한은 한미일 안보협력에 비례적으로 대응하기 위해 점진적으로 사이버 안보 분야에서 협력을 모색할 것으로 전망된다.

미국의 인도–태평양 전략은 대중국 견제뿐만 아니라 중국과 연계된 러시아와 북한의 위협 대응도 포함한다. 하지만 중국이 북러와 즉각적으로 물리적이고 가시적인 안보협력에 나설 가능성은 적다. 이런 점에서 중국은 군사 협력과 비교해 비가시적이고 정치적 부담이 적은 사이버 분야에서 북러와 연대를 선호할 수 있다.

중국과 러시아는 수년간 초보적인 수준에서 연합태세를 발전시켜 왔다. 시진핑 주석과 푸틴 대통령 모두 중러 연합훈련이 특정 국가를 겨냥하지 않는다고 강조하지만(SPUTNIK 2023), 미국의 패권 약화 및 다극질서 형성 등 전략 균형 달성은 중러의 공통된 이익이다. 따라서 한미일 안보협력에 대응하기 위한 회색지대 전략은 중러 및 북중러의 합리적 선택이 될 수 있다. 특히 세르게이 쇼이구 러시아 전 국방장관이 안보 서기로 영전함에 따라 중러 간 사이버 협력 등 정보 공조는 보다 높은 수준으로 격상될 가능성이 있다.

한편, 2024년 3월 지난 3월 북한 조선중앙통신은 세르게이 나리시킨 러시아 대외정보국장(SVR)의 평양 방문 사실을 보도하고, '적대세력들의 정탐모략 책동에 대처해 협력을 더욱 강화하기 위한 실무적 문제들이 폭넓고 진지하게 토의됐다'고 강조했다. 통상적으로 정보 수장 간 회동에 대해 비공개 관례를 고수해 온 북한 당국이 러시아 대외정보국장의 방북 사실을 공개한 것은 푸틴 대통령의 방북 준비를 넘어서는 정보 협력 가능성을 의미한다. 북러 정보 수장의 전례 없는 만남은 향후 북러 간 해외 파견 북한 노동자 관련 인원 및 시설에 대한 방첩은 물론 사이버 안보 분야에서 협력 가능성을 시사한다. 중러·북러 양자 간 정보 공조 및 사이버 공동대응 등 정치적 연대는 북중러 3각 협력을 견인할 수 있다.

2) 기술 및 데이터 공유

중국과 러시아는 국가 주도의 사이버 대응 체계를 구축해 기술 및 데이터를 중앙집권적으로 통제하고, 국가의 자원과 역량도 비교적 수월하게 동원할 수 있다. 이런 점에서 디지털 권위주의 블록은 민주주의 국가와 비교해 상대적으로 우월한 기술 역량과 빅데이터를 구축하고 있다. 중국의 경우 핀테크 기업을 활용해 전자금융거래 플랫폼을 통해 개인정보 수집 및 처리 등 핵심 기술과 데이터를 확보하고 있으며, 러시아도 중국의 경로를 밟고 있다. 특히 특별군사작전 등 실전 경험을 통해 축적된 러시아의 광범위한 데이터가 사이버 첨단기술과 결합될 경우 상당한 파괴력을 갖출 수 있다.

국제사회는 점증하는 사이버 위협에 효과적으로 대응하기 위한 사이버 기술 개발에 박차를 가하고 있다. 초지능형 사이버 지휘통제 및 방어기술의 경우, 네트워크 영역별로 네트워크 이상징후를 인공지능으로 실시간 감시하여 사이버 위협 상황을 조기에 식별하고, 노드 차단을 통해 피해 확산 방지 및 비인가자의 침입 예방을 차단한다. 특히 빅데이터와 인공지능 기반으로 생성되는 악성코드 등 사이버 위협정보를 자동 수집 및 분석해 새롭게 식별되는 사이버 위협으로부터 내부 자산을 효과적으로 보호할 수 있다. 한편, MTD(Moving Target Defense) 기반으로 IP를 기만하여 공격자가 내부 네트워크 구조를 파악하지 못하게 침입을 방지하고 데이터를 분산 저장하여 자산을 보호하는 등의 기술 개발이 완료됐거나 추진되고 있다.

표 13.5 국내 사이버전 핵심기술 개발 동향

구분	기술 개요
사이버 공간의 객체이동 및 침입감내 기술	• 정보 수집, 취약점 분석을 제공하며 시나리오 및 객체 기반의 공격 기술 • 미상의 사이버 공격 탐지 및 자원 제어, 서비스 복구를 통한 침입 감내
다중 사이버 센터 융합 및 위협분석 기술	• 다중 사이버 센서 정보 융합 및 사이버자산 구성정보 자동분석을 통한 사이버 위협정보 융합모델 개발
초지능형 사이버 지휘통제 및 능동방어 기술	• 빅데이터 및 인공지능 기반 사이버 정보 수집 및 분석 • MTD 기반의 네트워크 능동 방어
허니팟 기반 공격패턴 DNA 추출 사이버게놈 기술	• 허니팟 기반 기만 네트워크 구성 • 악성코드 DNA 추출 및 유사도 분석

출처: 국방과학기술정보, No. 118.

중국과 러시아 또한 빅데이터를 활용해 다양한 사이버 방호기술 및 사이버 회복탄력성(Cyber Resiliance) 개발에 공을 들이고 있다. 미국 주도의 기밀정보 공유 동맹체인 '파이브 아이즈(five eyes)'가 중국의 인공지능 등 첨단기술 탈취 시도 등을 위협으로 인식하고 공동대응을 강화하고 있다. 미국 주도의 대중국 '사이버 포위'는 중국이 러시아·북한 등 권위주의 국가에 기술과 데이터를 공유해 미국 등 적대세력에 사이버 공동대응을 유인하는 기제로 작용할 수 있다. 인공지능의 능력은 학습 데이터의 질과 양에 의해 결정된다. 학습할 데이터

양을 기하급수적으로 늘리고, 성공 및 실패 등 광범위한 사례를 모두 학습한다면 인공지능의 역량 또한 고도화된다. 개발도상국이자 군사 강국 북한과 이란 등 인공지능 분야의 후발주자에 중국과 러시아가 보유한 사이버 기술과 빅데이터 역량은 매력적이다.

3) 사이버 공동대응

북중러는 잠재적 경쟁 상대이자 '비우호' 국가인 미국과 유럽연합, 한국과 일본 등과 관련된 광범위한 정보공유를 통해 다른 공간에서 같은 표적에 대한 사이버 공격 등의 공동 실행을 모의할 수 있다. 즉, 북중러는 비우호국의 특정 기관 및 조직, 유력 인사에 대한 해킹 등을 통해 제3의 공간에서 공통 표적을 향해 정보 및 가상자산 탈취 등 약탈적 범죄는 물론 허위조작정보 확산 및 선거 개입을 통한 정치 관여 등의 행태도 예상된다.

중국은 공산당 산하의 다양한 요소들이 운용하는 통전 공작 조직들이 한국에서 유학생, 화교 등을 중심으로 광범위하게 조직되어 운영 중이며, 국내 시민단체와의 직·간접적 연대를 통해 선거 개입 및 여론 조작 등 '영향력 공작' 가능성이 제기된다. 또한 북중러는 이란·시리아·벨라루스 등 전통적 우방국은 물론 중동 및 아프리카, 아시아 저개발 국가 등에 '영향력 공작'을 통해 디지털 권위주의 블록의 영향력을 확산할 수 있다. 북중러가 공통적으로 국제사회 제재의 표적이고, 이란시리아·벨라루스 등도 제재 대상인 만큼 제재 회피 및 무력화를 위한 디지털 권위주의 블록의 연대는 '비가시권 영역'에서 영향력 확장을 모색할 가능성이 있다.

V. 시사점

우크라이나 침공을 계기로 러시아의 대외정책은 권위주의 국가들에 대한 접근성 선호 및 강화 현상이 심화하고 있다. 국제형사재판소(ICC)가 전쟁범죄의 사유를 들어 2023년 3월 푸틴 대통령에 대해 체포영장을 발부하면서 푸틴 대통령은 124개 ICC 회원국[12]에 입국이 금지된 상태이다. 러시아는 최근 상하이협력기구(Shanghai Cooperation Organization, SCO) 및 집단안보조약기구(Collective Security Treaty Organization, CSTO) 등 전통적 영향권 국가에 대한 구심력 강화는 물론 아프리카 및 중동 등 권위주의 국가들과의 협력에 공을 들이고 있다. 여기에 기존 5개국 중심의 브릭스(BRICS) 체제는 올해부터 10개국 체제로 확대 출범했다. 중국은 BRICS-Plus를 기반으로 미국 중심의 경제 및 사이버 패권에 대한 대응을 강화할 것으로 보이며, 러시아는 중국의 사이버 위협인식을 활용해 우크라이나 전쟁에 활용하는 '사이버 편승 전략'을 구사할 가능성이 있다.

미중 전략경쟁과 우크라이나 전쟁, 이스라엘-하마스 무력충돌 등 중동 사태 불안정 등 변화된 안보환경은 중러 중심의 '디지털 권위주의 블록'을 창출할 가능성을 높인다. 중러는 지정학적 리스크 관리 차원에서 당분간 전략적 협력을 고수할 것이며, 우크라이나 침공을 계기로 러시아는 이란·시리아·북한 등 전통적 우방국들과 권위주의 연대 등 전략적 공조에 더욱 의존할 것이다. 여기에 중동발 반이스라엘·반미 정서의 확산 추세는 디지털 권위주의 블록의 출현을 가속화할

---

12 The States Parties to the Rome Statute. https://asp.icc-cpi.int/states-parties (검색일: 2024. 6. 25).

수 있다. 디지털 공간의 세력권 분리 현상은 북한의 정보 탈취 및 해킹 등 사이버 공격 강화로 이어질 수 있다는 점에서 사이버 위협 공동대응 및 사이버 회복탄력성 강화를 위해 디지털 민주주의 블록의 적극적인 정보 공조가 필요하다.

참고문헌

김상배. 2017. "세계 주요국의 사이버 안보 전략: 비교 국가전략론의 시각."『국제지역연구』 26(3): 67-108.

김진형. 2022. "중국 사이버안보의 전략과 체계."『KIEP 전문가 오피니언』.

손태종·김영봉. 2012. "국방 사이버전 수행 발전방향."『국방논단』1431.

송유근. 2023. "北해킹조직 '김수키', 1400명 이메일 해킹…일반인 가상자산 노렸다."『동아일보』. (11. 23.) https://www.donga.com/news/Society/article/all/20231121/122282660/1 (검색일: 2023. 11. 30.).

신범식·윤민우. 2020. "러시아의 사이버안보 전략 실현의 제도와 정책."『국제정치논총』 60(2): 167-209.

장욱. 2024. "러시아-우크라이나 사이버전 사례로 보는 사이버전 동향과 핵심기술 발전방향."『국방기술정보』118.

최선경. 2023. "중국의 사이버 안보와 국가의 확장."『Sungkyun China Brief』11(1).

https://freedomhouse.org/country/russia/freedom-net/2023 (검색일: 2024. 5. 18.).

https://asp.icc-cpi.int/states-parties (검색일: 2024. 6. 25.).

SPUTNIK. 2023. "Путин: Россия и Китай не создают военных союзов." (11. 8.) https://sputnik.by/20231108/putin-rossiya-i-kitay-ne-sozdayut-voennykh-soyuzov-1080991096.html (검색일: 2024. 4. 5.).

Концепция внешней политики Российской Федерации; Доктрина информацио-нной безопасности Российской Федерации.

Российская Газета. 2024. "Московская система ДЭГ отразила в ходе выборов свыше 4,6 млн кибератак." (3. 17.) https://rg.ru/2024/03/17/moskovskaia- sistema-deg-otrazila-v-hode-vyborov-svyshe-46-mln-kiberatak.html (검색일: 2024. 4. 5.).

Стратегия национальной безопасности Российской Федерации.

찾아보기

저자 소개

1장 김상배

서울대학교 정치외교학부 교수이며, 한국사이버안보학회 회장과 정보세계정치학회 회장, 서울대학교 미래전략연구센터장을 겸하고 있다. 서울대학교 외교학과를 졸업하고 동 대학에서 석사학위를 받은 뒤 미국 인디애나대학교에서 정치학 박사학위를 취득했다. 정보통신정책연구원(KISDI)에서 책임연구원으로 재직한 이력이 있다. 주요 관심 분야는 '정보혁명과 네트워크의 세계정치학'의 시각에서 본 권력변환과 국가변환 및 중견국 외교의 이론적 이슈이며 우주 안보와 사이버 안보, 디지털 경제 및 공공외교의 경험적 이슈 등의 주제 등을 연구하고 있다.

2장 김소정

국가안보전략연구원 책임연구위원이자, 미국 CSIS의 객원연구원이다. 현재 외교부 장관 과학기술분야 자문위원, 한-미 사이버안보 워킹그룹 자문위원으로 활동하고 있다. 2004년부터 국가보안기술연구소 정책연구실에서 재직하였으며, 정책연구실장을 역임했다. 고려대학교 정보보호대학원에서 박사학위를 받았다. 미국 등 주요국 사이버안보 트랙2 협의에 참가하고 있으며, 2019년 국가 사이버 안보 전략 수립 시 자문, 제4차, 제5차 UN 정보안보 정부전문가그룹(GGE) 한국대표단 자문 등을 수행했다. 주요 연구 분야는 사이버안보 전략, 하이브리드 위협 대응, 허위조작정보 대응, AI와 사이버 안보, 기반보호정책 등이다. 주요 연구결과로는 "미국의 선제적 방어 전략과 한미동맹의 미래", "Canada-ROK Cybersecurity Cooperation 2024", "하이브리드 위협 대응을 위한 정책 고려사항", "AI/사이버 외교 분야 한국의 과제", "미국의 사이버안보 전략과 한미 동맹", "러북 신조약의 사이버안보 함의 및 시사점", "사이버안보와 개발협력 연계 접근에 관한 연구", "해양 사이버안보 현황과 대응방안", "소셜미디어를 활용한 선거개입 공격이 한국에 주는 시사점" 등이 있다.

3장 박용한

고려대학교에서 북한학 박사·석사학위를 받았다. 중앙일보 국제외교안보팀 기자를 지냈고, 연세대학교 글로벌인재대학 객원교수를 맡고 있다. 주요 연구 분야는 북한 체제 안정성, 북한 군사 및 핵 전략, 동북아 안보, 해양 및 신흥안보 등이다. 주요 연구 성과로 『신흥기술·사이버 안보의 국가전략』(공저), 『한미동맹의 디지털 전환』(공저), "북한의 핵탄두 수량 추계와 전망"(공저), "북한 제8차 당대회 규약 개정과 김정은 정권 안정성 평가"(공저), "북한의 '공세적 핵전략' 평가와 '실존적 위협' 전망", 『국방우주개발 정책연구』 등이 있다.

4장 정성철

명지대학교 정치외교학과 교수이다. 서울대학교에서 서양사학(학사)과 외교학(석사)을 공부했고 미국 럿거스대학교에서 정치학 박사학위를 받았다. 통일연구원 부연구위원을 역임하였다. 최근 연구로는 "Middle Powers and Minilateralism against Hybrid Threats in the Indo-Pacific", "Economic Slowdowns and International Conflict", "탈냉전기 미중 관계와 북한의 대외전략" 등이 있다.

5장 이정환

서울대학교 정치외교학부 교수이다. 서울대학교 외교학과를 졸업하고 동 대학에서 석사학위를 받은 뒤 미국 버클리 소재 캘리포니아주립대학교에서 정치학 박사학위를 받았다. 현대 일본의 정치경제와 외교안보에 대해 연구하고 있다.

6장 조은일

한국국방연구원 안보전략연구센터 선임연구원이다. 일본 와세다대학 정치경제학부 정치학과를 졸업하고 연세대학교 국제학대학원에서 국제학 석사학위를 받은 뒤 동 대학 일반대학원 정치학과에서 정치학 박사학위를 받았다. 한국국방연구원 정책개발실 정책개념팀장, 미래전략연구위원회 미래전략팀장을 역임하였다. 대표 논문으로는 "Regional Security Order and South Korea-Japan Relations" 등이 있다.

7장 윤대엽

대전대학교 군사학과 및 PPE(정치·경제·철학)전공 교수다. 연세대학교에서 비교정치경제를 전공으로 박사학위를 취득했다. 일본 게이오대, 대만국립정치대, 중국 베이징대학 국제관계학원에서 방문학자로 연구했으며, 서울대학교 미래전연구센터, 연세대학교 중국연구원의 객원연구원으로 활동하고 있다. 정치경제 시각에서 동아시아의 상호의존, 분단체제, 군사전략, 군사혁신 및 국가안보혁신 네트워크에 관심을 가지고 연구하고 있다. 최근 연구로는 "한국과 일본의 데이터 규제와 통상정책: 디지털 상호의존의 정치경제", "우주공간의 군사화와 우주군사혁신", "인공지능의 무기화 경쟁과 인공지능 군사혁신" 등이 있다.

8장 김상규

경기연구원 연구위원이다. 한양대학교 학사, 석사를 마치고 중국 칭화대학에서 박사학위를 받았다. Sciences Po CERI에서 연구를 진행하고 한양대학교 Post Doctor를 하였다. 한국연구재단 학술연구교수, 한양대학교 연구조교수를 역임하였다. 현재는 경기연구원 글로벌 지역 연구실 연구위원으로 재직 중이다. 대표 연구로는 "중국 국제관계학계의 이론과 연구 영역 발전에 관한 재고찰"(2024), "Digital Trade: A New Chance for China-South Korea-Japan Trilateral Cooperation?"(2023)가 있으며 대표 저서로는『미래전략과 군사혁신 모델: 주요국 사례의 비교연구』(공저),『디지털 파워』(공저)가 있다.

9장 양정학
육군사관학교 외국어학과 중국지역학 교수이다. 육군사관학교를 졸업하고, 중국 외교학원에서 국제관계학 석사를 취득한 뒤, 중국 베이징대학교에서 국제관계학 박사학위를 받았다. 주요 저서 및 논문으로는『군사문제 중국어 강독』(공저),『중화민족의 위대한 부흥』(공저),『포스트-코로나 시대 동북아 군비경쟁과 한반도 안보 협력』(공저),『2023 중국정세보고』(공저), "중국공산당 100년의 변화와 지속: 군사분야를 중심으로", "중국의 인공지능(AI) 정책과 군사현대화에 관한 연구: AI 기술의 군사적 활용을 중심으로", "중·일 국방개혁 현황과 한국에의 함의" 등이 있다.

10장 차정미
국회미래연구원 연구위원으로 국제전략연구센터장을 맡고 있으며, 연세대학교 객원교수를 겸하고 있다. 연세대학교에서 정치학 박사학위를 취득했다. 연세대학교 연구교수, 국가안보전략연구원 선임연구원, 중국사회과학원 방문학자 등을 역임하였다. 주요 관심 분야는 중국 외교안보, 과학기술외교, 기술지정학, 미중 기술경쟁, 군사혁신, 경제안보 등 과학기술-안보-외교 넥서스를 중심으로 연구하고 있다. 대표연구로 *The Future of US-China Tech Competition: Global Perceptions, Prospects and Strategies*, "미중 전략경쟁과 과학기술외교(Science Diplomacy)의 부상" 등이 있다.

11장 윤민우
가천대학교 경찰안보학과 교수이다. 성균관대학교 정치외교학과를 졸업하고 미국 인디애나주립대학교에서 범죄학 석사학위를 취득하였다. 이후 미국 샘휴스턴주립대학교에서 형사사법학 박사학위를 그리고 서울대학교 외교학과에서 외교학 박사학위를 취득하였다. 국가안보실 정책자문위원을 지냈다. 대표 저서로는『러시아의 사이버 안보』,『모든 전쟁』,『국가정보론』 등이 있다.

12장 신범식
서울대학교 정치외교학부 교수이다. 서울대학교 외교학과를 졸업하고 동 대학원에서 석사학위를, 러시아 국립모스크바국제관계대학교에서 정치학 박사학위를 받았다. 현재 서울대학교 국제문제연구소 소장을 맡고 있다. 주요 논저로,『국제 안보환경의 도전과 한반도』,『유라시아의 지정학적 중간국 외교』,『러시아의 사이버안보』(2021),『북·중·러 접

경지대를 둘러싼 소지역주의 전략과 초국경이동』, 『21세기 유라시아 도전과 국제관계』, "Russia's Perspectives on International Politics, A Comparison of Liberalist, Realist and Geopolitical Paradigms" 등이 있다.

12장 양정윤

국가보안기술연구소 선임연구원이다. 성균관대학교 유학대학을 졸업하고 서울대학교 국제대학원에서 석사학위를, 서울대학교 정치외교학부에서 박사를 수료했다. 『사이버 안보의 국가전략 2.0』, 『사이버 안보의 국가전략 3.0』의 공저자로 참여하였으며, 주요 논문으로 "정보공간을 통한 러시아의 국가 영향력 확대가능성 연구", "타국의 전략적 사이버공격 대응에 대한 국가 안보전략적 함의", "미국의 법제도 정비와 사이버안보 강화: 국가사이버안보보호법 등 제·개정된 5개 법률을 중심으로" 등이 있다.

13장 두진호

한국국방연구원 국제전략연구실장이며, 한국군사문제연구원 객원연구위원이다. 육군사관학교 교수부에서 북한학을 강의했으며, 러시아연방 프룬제 군사 아카데미를 수료했다. 국방부 국방정책실에서 러시아 및 CIS 담당 업무를 수행했다. 현재 통일부 정책자문위원으로 활동하고 있다. 모스크바 국제관계대학에서 정치학석사를 받았으며, 한양대에서 러시아지역학으로 박사학위를 취득했다. 전문 연구 분야는 유라시아 통합, 우크라이나 전쟁, 한러 관계, 북러 관계 등이다.